심리학 —원리와 적용—

PSYCHOLOGY

| 남승규 · 이재창 · 우석봉 · 박준호 공저 |

학지사

머리말

모든 학문이 그러하듯이 심리학은 시대적 요구에 의하여 태동하였다. 심리학은 인간에 대한 본질적인 이해를 위한 출발점이다. 인간은 선천적으로 타고난 유전적 요인에 의하여 영향을 받기도 하지만, 후천적으로 경험하는 환경적 요인에 의한 영향이 훨씬 더 크다. 물론 인간의 행동과 심리과정에 대한 실체를 밝히기 위해서는 유전적 요인과 환경적 요인 간의 상호작용 결과로 나타나는 영향까지도 꼼꼼히 살펴야 한다.

세상이 달라졌다. 오늘의 세상이 어제의 세상과 달라졌다면, 어제의 시각과 관점으로 오늘의 현상을 기술하고 설명할 뿐만 아니라 내일을 예측하고 미래를 대비하는 것은 적절하지 않다. 새로운 세상에 맞는 새로운 시각과 관점이 필요하다. 세상이 달라지면서 사람들도 변했기 때문에, 달라진 사람들을 제대로 이해하기 위한 노력을 시작할 시점에 도달한 것이다.

인간의 본성이 갑자기 변할 수는 없지만, 사람들이 보이는 행동과 심리과정은 이전과는 많은 차이를 보이고 있다. 더욱이 심리학의 연구 분야와 연구 업적도 많은 변화가 있었다. 새롭게 제안되는 이론과 보고되는 연구결과들은 심리학을 새롭게 정리해 볼 필요가 있음을 실감하게 만들었고, 저자들은 이러한 시대적 흐름에 맞는 구성과 내용을 갖춘 심리학 교재를 각각 자신의 관심 분야에 중점을 두면서 공동집필하자는 데 마음을 모아 『심리학』이란 새로운 심리학 서적을 출판하게 되었다.

이 책은 전체 16장으로 구성되어 있다. 먼저, 제1장과 제2장은 현대 심리학의 현주소를 알아보기 위한 내용을 담고 있다. 제1장 '심리학의 본질'은 심리학에 대한 오해부터 심리학의 학문적 차별성, 현대 심리학의 접근방법 및 연구방법을 담았으며, 제2장 '심리학의 현황과 자격증'은 여러 학회를 중심으로 심리학의 현황을 정리하였고, 심리학과 관련된 국가자격증과 학회자격증을 소개하였다.

제3장 ‘감각과 지각’은 우리의 오감을 통하여 이루어지는 감각에 대한 부분과 감각기관을 통하여 들어온 정보의 재구성 및 재해석을 다루는 지각에 대한 부분으로 이루어져 있다. 제4장 ‘발달과 성장’은 발달에 대한 다양한 관점과 전 생애에 걸친 발달과정을 설명하였고, 제5장 ‘의식’은 우리의 의식과 관련된 다양한 내용과 수면, 꿈에 대한 내용을 다루었다. 제6장 ‘기억과 망각’은 동전의 양면과 같은 기억과 망각의 내용을 심도 있게 다루었는데, 기억이론, 기억제어과정, 지식, 망각이론 및 기억증진전략을 다루고 있다. 제7장 ‘학습과 행동’은 학습의 의미, 조건형성, 인지학습에 대한 내용을 다루었고, 제8장 ‘언어와 사고’는 이해와 산출 과정, 언어와 사고의 관계, 개념과 범주, 추리 등의 내용을 다루었다. 제9장 ‘창의성과 지능’은 창의적인 문제해결과 지능연구의 역사 및 지능이론, 지능의 결정요인을 살펴보았다. 제10장 ‘동기와 정서’는 동기의 특성, 동기이론, 정서의 특성, 인간의 정서 등을 다루었다. 제11장 ‘스트레스와 건강’은 스트레스 유발요인, 스트레스 반응, 스트레스 대처 및 관리뿐만 아니라 스트레스와 건강 간의 관계를 다루었다. 제12장 ‘성격과 개인차’는 성격이론, 성격의 측정 및 건강한 성격에 대하여 다루었고, 제13장 ‘사회적 행동’은 사회지각, 태도와 태도변화, 집단심리학 및 집단역학을 다루었다. 제14장 ‘심리장애’는 심리장애의 기준, 원인, 분류체계 및 종류에 대하여 살펴보았고, 제15장 ‘심리치료’는 다양한 심리치료 접근방법에 대하여 살펴보았다. 마지막 제16장 ‘심리학의 응용 분야’는 심리학의 다양한 응용 분야들의 현주소와 앞으로의 발전방향에 대하여 살펴보았다.

지식정보화사회에 걸맞는 심리학에 대한 새로운 지식과 정보를 담고자 하는 마음에서 시작한 일이지만, 목표한 바를 충분히 달성하지 못한 부분이 있을 수 있다는 염려가 있다. 많은 건설적인 비판을 기대하면서, 이 책이 심리학을 이해하는 데 그리고 사람을 이해하는 데 도움이 되기를 바란다.

2015. 1.

저자 일동

차 / 례

제 1 장

심리학의 본질

PSYCHOLOGY

제1장 심리학의 본질

20세기가 물리학의 시대였다면, 21세기는 심리학의 시대다. 사람들이 있는 모든 시간과 공간에 항상 함께 존재하고 있는 학문영역을 고르라면 단연 심리학일 것이다. 심리학은 단순히 인간의 본성에 대한 연구로 그치는 것이 아니다. 인간과 관련된 모든 영역에 관심을 갖고 체계적으로 깊이 있게 연구를 진행한다. 심리학은 인간학(human science)이다. 인간의 본성을 어떻게 보느냐에 따라서 인간에 대한 관점은 달라질 수 있지만, 어느 한편에 치우친 접근방법을 취하는 것은 절대 아니다. 여러 가지 관점을 통합하고 다양한 연구방법을 활용하여 인간에 대하여 올바르게 이해하고, 사람들이 보다 바람직한 인간적인 삶을 추구할 수 있도록 구체적인 도움과 방향을 제시해 주는 것이 심리학의 본질이다.

1. 심리학에 대한 오해

심리학을 제대로 이해하려면, 먼저 심리학에 대한 오해부터 풀어야 한다. '심리학(psychology)' 혹은 '심리학자(psychologist)'라고 하면 떠오르는 것들을 먼저 살펴보자. 매번 심리학 강의를 시작할 때 학생들에게 '지금까지 알고 있었던 심리학' '심리학이나 심리라는 말을 떠올렸을 때 연상되는 것' 혹은 '심리학자'에 관한 것을 물어보면 다음과 같은 용어들이 반드시 나온다.

- 철학, 사주, 관상, 궁합, 점쟁이
- 독심술, 심령학, 초감각 현상, 무당, 텔레파시
- 프로이트(Freud), 정신분석학, 최면술, 정신과 의사, 사이코패스, 원초적 본능
- 스키너(Skinner), 쥐 실험, 심리테스트, 혈액형, 별자리

영어 '사이코(psycho)'는 영혼을 의미하는 '프시케(psychē)'에서 나온 말이고, '로지(logy)'는 학문이란 의미를 지닌다. 흔히 영혼이란 사람들의 마음과 활동을 지배하는 것이지만 인간은 알 수 없는 초자연적인 것으로 인식되는 경향이 있다. 또한 한자로 심리학은 '마음 心' '다스릴 理' '배울 學'으로 이루어지기 때문에, 심리학 하면 사람들은 마음을 다스리는 이치를 배우는 학문이라고 생각하는 경향이 있다. 이런 연유로 많은 사람들은 "심리학에 대하여 생각해보라." 하면, 우선적으로 지혜와 마음의 이치를 다루는 철학을 연상하게 된다. 더욱이, 마음의 이치를 잘 알면 남의 마음도 잘 알 수 있을 것 같으니, 독심술이 쉽게 연상된다. 이와 함께 우리 문화권에서 남을 아는 데 흔히 의존하는 것으로 사주, 관상, 점, 무당 등이 있기 때문에, 이것들도 심리학의 일종이라 생각하고 또 실제로 그렇게 믿게 되는 경향이 있다.

또한 TV나 영화와 같은 대중매체의 잘못된 정보전달이 만들어 낸 결과일 수 있다. 예를 들어, 심리학 수업 장면을 방영하면서 심령현상이니 영생이니 하는 내용들을 보여 준다. 더욱이, 심리학을 하는 사람들은 '별난 사람' 또는 '묘한 사람'으로 취급하는 경우가 많다. 사이비 역술가들이 자신을 보다 전문적이고

신뢰할 수 있게 보이기 위해 자신이 심리학을 전공한 것처럼 떠들고 다니기도 한다. 이런 요인들 모두가 심리학에 대한 사람들의 인식에 편견을 심어 주는 것이다.

일반인들에게 가장 널리 알려진 심리학자들이라면 프로이트와 스키너 정도다. 그런데 일반 대중은 이들의 정신분석학이나 조작적 조건형성에 제안하는 많은 주장과 이론을 깊이 있게 알기보다는 '사람들의 의식보다는 본능에 의하여 좌지우지되는 무의식이 훨씬 더 중요하다.' 혹은 '사람들은 마음을 가지고 있지 않으며 쥐와 같은 동물처럼 보상과 처벌을 통하여 사람을 원하는 대로 만들어 갈 수 있다.' 식의 단편적인 지식을 갖고 있다. 이런 편향적 생각은 심리학자의 관심영역이 인간의 존엄성이나 가능성에 대한 가치를 간과하는 시시한 내용에 국한하는 것처럼 심리학의 전반적인 이미지를 부정적으로 왜곡하고 있다. 실제로, 미국심리학회(American Psychological Association: APA)의 회원 중 프로이트의 정신분석학에 관여하고 있는 회원들은 전체 회원의 10%도 되지 않으며, 심리과학학회(Association for Psychological Science: APS)의 경우에는 5%도 되지 않는다.

대부분의 사람들은 심리학자들이 이상행동의 치료와 연구에 종사하고 있다고 생각한다. 많은 사람들의 주의를 끄는 3대 주제인 '성생활' '체중감량' 그리고 '돈벌이'에 대한 것만큼 심리학자들의 관심사가 정신병리적이고 이탈적인 것이라고 생각하지만, 대부분의 심리학적 연구는 모든 사람들에게 전형적인 정상 행동을 지향하며 그 영역 또한 광범위하고 다양하다. 실제로, 미국심리학회에는 특정한 연구영역이나 응용분야를 대표하는 52개의 분과가 있으며, 국내의 경우에도 14개의 분과가 한국심리학회에 포함되어 있다.

심리학적 연구와 이론의 가치를 인정받아 노벨상을 수상한 심리학자가 있다는 사실을 많은 사람들이 모르고 있다. '심리학자가 웬 노벨상?'이라며 의아해하는 사람도 있겠지만, 노벨상을 수상한 심리학자가 적어도 5명이 존재한다. 물론 노벨상에는 심리학상이 없기 때문에 '노벨 심리학상'을 받은 것은 아니다. 1981년에 데이비드 허블(David Hubel)과 토르스텐 비셀(Torsten Wiesel)은 시각시스템의 정보처리에 관한 연구로, 로저 스페리(Roger Sperry)는 좌우 대뇌반구의 기능적 전문화에 관한 연구로 노벨 생리학상을 공동수상하였다. 허버트

사이몬(Herbert Simon)은 1978년에 경제조직에서 이루어지는 의사결정 과정에 대한 연구로, 다니엘 카너먼(Daniel Kahneman)은 2002년에 의사결정에 관한 연구로 노벨 경제학상을 수상하였다.

앞으로는 '심리학' 하면 '인간의 참된 이해를 위한 과학'이라는 말을 가장 먼저 떠올려 주기 바란다. 현대사회에서 심리학은 사람들을 제대로 이해하기 위한 핵심적인 학문 분야로 세상에 널리 알려져 있고, 확실하게 자리 잡고 있다. 링컨의 '국민의, 국민에 의한, 국민을 위한 정치'라는 연설이 민주주의 정신을 가장 간결하고 적절하게 표현하는 말로 널리 알려진 것처럼, 심리학은 '사람의, 사람에 의한, 사람을 위한 학문'이라고 말할 수 있다.

2. 인간이해의 출발점인 심리학

'사람의, 사람에 의한, 사람을 위한 학문'인 심리학을 말할 때, 흔히 '심리학의 과거는 길지만 그 역사는 짧다.'라고 한다. 이 말에서 긴 과거란 인류가 지구상에 탄생한 이래로 계속해서 인간이해에 대한 깊은 관심을 갖고 있었음을 반영하는 말이고, 짧은 역사란 과학적인 하나의 학문으로 발전된 현대 심리학의 역사가 그리 오래되지 않았다는 점을 일컫는 말이다. 사회과학에 속하는 모든 학문들이 철학에 시발점을 두고 있는 것처럼, 현대 심리학이 학문으로 자리 잡게 된 기원의 한 줄기는 철학에 그 배경을 두고 있다. 그러나 철학과는 다르게, 심리학은 자연과학적인 요소들도 포함하고 있다.

의식에 관한 철학자들의 경험론과 인식론의 이론을 배경으로 신경감각생리를 발전시킨 과학적 방법과 자극의 물리적 속성을 측정하는 방법을 도입하여 의식을 연구하는 것으로부터 현대 심리학이 시작되었다. 인간의 이해에 있어서 자연과학적인 측면을 강조하게 된 것은 데카르트(Descartes)의 유기체론에서 출발했다고 볼 수 있다. 데카르트 이전에는 육체 속에 있는 영혼인 마음을 이해하면 인간이해가 이루어진다고 주장한 아리스토텔레스(Aristotle)의 사상과 아리스토텔레스 사상에 기초한 중세 기독교 사상이 지배적이었다. 그러나 종교개혁과 데카르트의 유기체론에 영향을 받아 생명현상에는 육체를 구성하는 사물 자체의 법칙도 관여되는 것이어서 모든 생명현상을 오로지 영혼의 작용에만 귀속시킬 수 없다는 사상이 대두하게 되었다. 또한 그때까지 금기로 되어 있던 인체해부도 자유롭게 되면서 신경생리학적인 연구가 활발해졌다. 그 후 뮐러(Müller)는 신경에너지의 원리를 밝혔고, 헬름홀츠(Helmholtz)는 신경충격의 속도를 측정하였으며, 베버(Weber)와 페히너(Fechner)는 물리적인 자극과 심리적인 감각 사이의 관계를 양적으로 측정하는 방법을 도출해 냄으로써 반사의 신경기제를 밝혔다. 이와 같이 감각의 물리학적 근거를 찾아가는 과정은 정신물리학의 발전뿐만 아니라 현대 심리학의 성립에 기초가 되었다.

한편, 다윈(Darwin)은 『종의 기원(*The Species of Origin*)』이라는 책을 통해서 자연도태설에 근거한 진화론을 주장하였다. 생물은 신의 의지에 의하여 현재에 주어진 형태로 존재하는 것이 아니라, 환경에 적응할 수 있도록 진화했다는 그의 주장은 심리작용이나 생명현상을 과학적 방법으로 연구할 수 있는 길을 마련했다. 다윈의 영향을 받은 갈톤(Galton)은 인간에게 유전적 특질에 따른 유전자가 있다고 주장하며 이러한 특질들을 측정할 수 있는 방법을 고안하기도 했다. 물론 그가 고안한 측정 도구들은 원시적인 것이기는 하지만 현대 지능검사와 성격검사의 원조가 되었다. 또한 피어슨(Pearson)과 스피어만(Spearman) 등의 도움을 받아 상관관계의 기법을 포함한 통계방법의 발전은 현대 심리학의 과학적 방법에 크게 기여를 했다.

심리학이 하나의 독립된 학문 분야로 도약할 수 있는 길을 최초로 정립한 사람이 바로 빌헬름 분트(Wilhelm Wundt)이다. 그는 독일의 라이프치히(Leipzig) 대학에 의식연구를 위한 심리실험실을 1879년에 처음으로 만들었고, 그 후로 많은 연구자들을 양성하면서 세계 곳곳에서 심리학 강좌와 심리실험실을 개설하면서 현대 심리학을 발전시켰다. 그때까지 철학에서 관념적이거나 사변적으로 다루어 왔던 심리학을 과학적인 현대 심리학으로 독립시킨 점을 높이 사서 그를 현대 심리학의 아버지라고 부른다.

그 후로 많은 심리학자들이 등장하게 된다. 〈표 1-1〉은 심리학의 역사에 공헌한 연구자들과 주요 업적을 간단하게 정리한 것이다. 이들의 공헌으로 심리학은 우리에게 인간이해를 위한 징검다리를 하나씩 만들어 줄 수 있었다. 이제는 너무도 잘 알려져 상식 수준의 지식이 되어 버린 내용도 있고, 아직까지 일

〈표 1-1〉 심리학의 주요 연구자와 업적

연구자	업적
Rene Descartes(1596~1650)	인간본성을 연구할 수 있다고 생각한 최초의 철학자
Charles Darwin(1809~1882)	진화심리학의 아버지
Wilhelm Wundt(1832~1920)	심리학 실험실을 최초로 시작한 임상심리학의 아버지
Sigmund Freud(1856~1939)	정신분석학의 창시자
J. McKeen Cattell(1860~1944)	미국 최초의 심리학 교수
John B. Watson(1878~1958)	최초의 미국 행동주의자
John Dewey(1859~1952)	미국 최초의 심리학 교과서 출판
Karl S. Lashley(1890~1958)	생물 심리학의 선구자
Jean Piaget(1895~1980)	아동이 사고하고 추리하는 것을 학습하는 방법을 연구한 초기 인지주의자
Lev Vygotsky(1896~1934)	사회문화 심리학의 선구자
Carl Rogers(1902~1987)	자존감 확립을 주장한 주요 인본주의자
Francis Galton(1822~1911)	유전적 특질에 기초한 개인차 연구
William James(1842~1910)	『심리학의 원리(*Principles of Psychology*)』(1890) 발간
Alfred Binet(1857~1911)	최초의 지능검사 개발
Ivan P. Pavlov(1849~1936)	고전적 조건형성에 대한 연구결과 발표
Max Wertheimer(1880~1943)	형태심리학에 대한 원리 발표
Edward C. Tolman(1886~1959)	목적적 행동주의 제안
B. F. Skinner(1904~1990)	『유기체의 행동(*The behavior of organism*)』(1938) 발간

반인들의 관심 밖에 있는 내용도 많다.

3. 심리학의 학문적 차별성

심리학이 다른 학문들과 차별화되는 독특성은 무엇인가? 단지 심리학이 '인간행동에 관심을 갖는다.'고 말하는 것만으로는 심리학을 다른 학문과 차별화시킬 수 없다. 다른 학문 분야(경제학, 법학, 사회학, 정치학, 역사학, 인류학, 문학 등)도 부분적으로는 인간행동에 관심을 갖는다. 이런 면에서 심리학은 전혀 독특하지 않다. 심리학은 '사람들을 돕기 위한 것이다.'는 측면도 이미 많은 학문 분야(사회복지학, 교육학, 간호학, 의학, 경찰학 등)에서 이루어지고 있다.

우선적으로, 심리학을 독립된 학문 분야로 정당화시켜 주는 근거는 심리학이 내놓는 결론들이 과학적 증거로부터 도출된다는 점과 심리학을 현실적으로 적용할 때 과학적 방법을 통해서 도출되어 왔으며 과학적 방법으로 검증된다는 점이다. 심리학자들은 어떤 감이나 주먹구구가 아니라, 모든 현상들을 믿을 수 있고 타당한 과학적 방법으로 객관적이고 엄격한 기준에 입각하여 구체적으로 살펴본다.

더불어, 심리학은 사람 자체에 대한 연구다. 심리학을 전공하는 사람들은 무엇보다도 사람에게 관심이 있다. 우리가 가질 수 있는 관심사는 너무도 다양하다. 그런데 심리학은 사람들에게 관심이 있다. 도로를 질주하는 자동차도 아니고, 광활한 우주도 아니고, 자그마한 미생물도 아니다. 사람에게 관심이 있는 것이다. 사람 자체에 대한 완벽하고 본질적인 이해를 얻는 데 관심을 갖는다. 인간이 지닌 많은 오류, 불합리성, 한계뿐만 아니라 인간의 잠재력과 무한한 가능성에 대하여 관심을 갖는다. 그리고 사람을 올바르게 이해하기 위하여 다방면에서 여러 가지 관점을 취하면서 최선의 노력을 기울인다.

예를 들어, 교육학의 아버지로 칭송되는 프랑스 철학자 루소(Rousseau)가 자신의 사생아 4명을 낳자마자 고아원 앞에 버렸다든지, 자본가들의 노동자 착취를 목 놓아 고발한 마르크스(Marx)가 자신의 하녀를 동전 한 닢 주지 않은 채 45년간 부려 먹었다든지, 톨스토이(Tolstoy)가 사창가를 드나들면서도 여성과의 교제를 사회악이라고 주장한 일이 있는데, 이를 보면서 지식인들이 너무도 위선적이고 허위적이라고 말할 수 있을 것이다. 그러나 그런 사실만으로 그 사람을 어느 한쪽으로 매도해야 하는가? 다른 관점에서 평가될 수는 없는가? 과연 우리는 우리 자신이 존중하는 진리를 개인적인 생활에서도 똑같이 실천할 수 있는가? 심리학은 이런 의문들에 좋은 해답을 제공해 줄 수 있다.

4. 초기 심리학의 접근방법

심리학이 사회과학의 한 분야로서 시작한 1879년은 우리나라의 연혁으로 따져보면, 고종 16년에 해당하는 시기다. 이것만 보더라도 심리학의 태동은 그리 멀지 않은 역사를 가지고 있다. 초기 심리학에 있어서 사람들을 참되게 이해하

〈표 1-2〉 초기 심리학의 접근방법

특성 \ 학파	구성주의	기능주의	형태주의	행동주의	정신분석
연구목적	정신구조 분석	정신기능 연구	정신 전체성	행동 통제	성격 이해
대표자	티치너 (Titchener)	제임스 (James)	베르트하이머 (Wertheimer) 코프카 (Koffka) 쾰러 (Köhler) 레빈 (Lewin)	왓슨 (Watson)	프로이트 (Freud)
연구대상	의식적인 경험	의식적인 경험	의식적인 경험	관찰 가능한 행동	무의식적 동기
연구방법	내성법	내성법	내성법	관찰과 실험	사례연구
비고	마음의 구성요소를 알아내기 위하여 정신경험을 심상, 느낌, 감각의 세 가지 요소로 분석하는 분석적 내성법을 사용하였다.	심리학을 일상생활에 적용하거나 응용하였다. 존 듀이(John Dewey)는 교육장면에, 뮌스터버그(Münsterberg)는 산업장면에 심리학을 적용하였다.	정신경험을 각각의 부분으로 분석하는 구성주의는 벽돌과 시멘트의 심리학이라고 비평하였다. 전체는 부분의 합이 아니다.	정신경험과는 달리, 행동은 측정되고 다른 사람들에 의해 증명될 수 있는 것이다.	무의식에 저장된 아동 초기의 경험들이 인간 행동의 비논리성과 심리학적 장애의 근원이 된다.

기 위한 노력은 크게 다섯 가지 정도로 구분하여 살펴볼 수 있다. 구성주의, 기능주의, 형태주의, 행동주의, 정신분석이 바로 그것이며, 이의 특성을 정리하면 〈표 1-2〉와 같다.

5. 현대 심리학의 접근방법

세상에서 벌어지는 모든 현상들은 그것을 보는 관점에 따라 다르게 보일 수 있다. 예를 들어, 서울 서초구에 있는 예술의 전당에서 뮤지컬을 본 사람들에게 소감을 물어봤을 때 나올 수 있는 답은 다음과 같이 매우 다양하게 나올 수 있다.

- "예술의 전당 시설이 끝내주게 좋더라."
- "공연하는 사람들의 분장이 환상적이더라."
- "비싼 만큼 돈값을 하더라."
- "의자가 푹신해서 잠자기 좋더라."
- "하나도 알아듣지 못하겠더라."

마찬가지로, 인간의 본질을 파악하고자 하는 심리학도 인간 행동이나 심리 과정을 보는 여러 관점에 따라 다르게 설명할 수 있다. 〈표 1-3〉에 제시한 것처럼, 심리학에서 인간을 어떻게 볼 것인가에 대한 접근방법은 크게 여섯 가지로 나누어 볼 수 있는데, 이것들은 인간의 본질을 밝히는 데 상호 보완적이다.

심리학의 역사를 살펴보면, 시대적인 흐름에 따라서 여섯 가지 접근방법이 등장하였다. 가장 먼저 나타난 것은 신경생물학적 접근방법이다. 심리학의 관점에서 보면 성향적 관점(dispositional perspective)이라고 한다. 그다음이 프로이트의 정신분석(psychoanalysis)에 기반을 둔 정신역동적 접근방법, 스키너의 조작적 조건형성으로 대표되는 행동주의적 접근방법, 매슬로(Maslow)의 자기실

〈표 1-3〉 현대 심리학의 접근방법

특성 \ 접근방법	신경생물학적 접근방법	정신역동적 접근방법	행동주의적 접근방법	인본주의적 접근방법	인지주의적 접근방법	긍정심리학적 접근방법
인간관	중립	비관	중립	낙관	중립	낙관
개인 대 환경	개인	개인	환경	개인	개인과 환경	개인과 환경
심리과정의 중요성	중립화	최대화	최소화	최대화	최대화	최대화
연구대상	신경생물학적 기능	무의식적 요인들	관찰 가능한 행동	자기실현	사고와 이해의 정보처리과정	행복과 대표강점
주요 관련 순수 분야	생리심리학 동물심리학 지각심리학	발달심리학 성격심리학 사회심리학	학습심리학 발달심리학 성격심리학	발달심리학 성격심리학 사회심리학	인지심리학 실험심리학 학습심리학	사회심리학 긍정심리학 행복심리학
주요 관련 응용 분야	광고심리학 법정심리학 스포츠심리학	산업심리학 상담심리학 임상심리학	산업심리학 교육심리학 학교심리학	산업심리학 상담심리학 임상심리학	광고심리학 소비자심리학 공학심리학	임상심리학 상담심리학 긍정심리학

현으로 널리 알려진 인본주의적 접근방법, 인지혁명과 함께 두각을 나타나게 된 인지주의적 접근방법, 그리고 1998년에 망각한 심리학의 사명을 강조하면서 태동한 긍정심리학적 접근방법이 심리학 전반에 영향을 미치고 있다.

1) 신경생물학적 접근방법

신경생물학적 접근방법(neurobiological approach)은 기본적으로 모든 심리적 현상을 뇌(brain), 특히 대뇌피질(cerebral cortex)과 신경계(nervous system) 그리고 내분비선(endocrine gland), 특히 호르몬(hormone)이 활동한 결과로 본다. 따라서 신경계 및 뇌 세포의 활동만을 제대로 밝힌다면 인간을 이해할 수 있다는 것이다. 그러나 뇌 세포(약 120억 개)가 너무 복잡하고, 살아 있는 인간의 뇌를 실험용으로 사용하기 어려우며, 삶의 가치나 인생의 목표 등은 신경세포의 활동으로 설명하는 것이 불가능하다는 문제점이 있다.

그럼에도 최근의 뇌과학 발전에 힘입어 신경생물학적 접근방법은 심리학 연구에 한 축을 담당하고 있다. 뇌과학(brain science)은 인간의 감각과 행동방식뿐만 아니라 인공지능 등을 연구하는 학문인 인지과학, 뇌와 신경 관련 생명현상을 생물학적으로 연구하는 학문인 신경생물학 그리고 PET(positron emission tomography), fMRI(functional magnetic resonance imaging) 등 여러 영상 장비들을 사용하여 뇌를 연구하는 학문인 뇌영상 분야 등을 말한다. 신경생물학적 접근방법은 이런 뇌과학의 도움을 받아 인간의 심리과정과 행동을 이해하고 설명하는 데 기여하고 있다.

2) 정신역동적 접근방법

정신역동적 접근방법(psychodynamic approach)의 대표 학자는 인간의 행동을 생득적인 본능(instinct)과 무의식적 동기(unconscious motive)로 설명하고자 한 정신분석학을 창시한 프로이트, 집단무의식을 강조하는 융(Jung), 열등감의 극복을 중시하는 아들러(Adler) 등이다. 그들은 인간의 마음과 행동을 제대로 이해하기 위해서는 의식이 아니라 인간을 지배하는 무의식 과정을 연구해야 한다고 보았다. 본능과 무의식은 사회적으로 금기시되기 때문에 억압되어 있지만, 꿈이나 말의 실수, 버릇, 정신질환, 문학, 예술 등으로 나타나게 된다고 본다. 따라서 면접, 자유연상, 꿈의 분석, 최면 등을 연구방법으로 사용한다.

이런 정신역동적 접근방법은 성격심리학, 상담심리학 및 이상심리학 분야에서 폭넓게 연구되고 다루어지고 있다. 그러나 무의식적 연구 기법이나 방법이 비과학적이므로 객관적인 근거가 미약하고, 인간에 대해 지나치게 비관적인 입장을 취한다는 점에서 비판을 받고 있다.

3) 행동주의적 접근방법

행동주의적 접근방법(behavioral approach)은 객관적인 연구가 결여된 성향적 관점과 정신역동적 접근방법의 반발로 생겨났다. 행동주의는 누구나 객관적으로 관찰할 수 있는 행동을 연구의 대상으로 삼아야 한다고 보았다. 대표적인 학자로는 행동주의를 처음 주창한 왓슨(Watson), 고전적 조건형성을 제안한 파블로프(Pavlov), 조작적 조건형성을 제안한 스키너가 있다. 행동주의적 접근은 로크(Locke)의 경험주의에 영향을 받아서 심리학에서 관찰할 수 없는 마음이나 의식 등을 연구대상에서 제외하고, 행동만을 연구대상으로 삼으려고 하였다. 인간이 보이는 모든 행동은 특정한 자극(stimulus)에 대한 반응(response)으로서 습득된 결과로 본 것이다. 따라서 어떤 자극조건이 원인이 되어 어떤 반응결과가 나타나는가를 알아봄으로써 행동을 연구할 수 있다고 보는데, 이런 연유로 행동주의를 S-R 심리학이라고 한다. 더욱이, 사람들이 보이는 행동은 모두가 환경의 산물이다. 또한 사람들은 긍정적인 결과가 따르는 행동을 반복하는 경향이 있기 때문에 적절한 강화(reinforcement)를 통하여 원하는 바람직한 결과를 낳을 수 있다고 본다. 따라서 환경을 개선하는 것이 보다 나은 삶을 영위하게 만들 수 있다고 본다.

이런 행동주의적 접근방법은 교육현장에서의 교육훈련, 산업현장에서의 생산성 향상, 임상장면에서의 심리장애 치료 등과 같은 많은 영역에 광범위한 영향을 미쳤다. 그러나 행동주의적 접근은 사람들을 환경에 수동적으로 반응하는 존재로 가정하기 때문에, 인간의 능동적이고도 주체적인 가치와 능력을 과소

평가했다는 비판을 받고 있다.

4) 인본주의적 접근방법

인본주의적 접근방법(humanistic approach)은 인간에 대하여 비관적이고 부정적인 입장을 취하는 행동주의적 접근방법의 반발로 생겨났다. 철학적 사조인 인본주의(humanism)와 실존주의(existentialism)의 영향을 받아서 개인의 주관적인 경험과 자유의지(free will)를 중시한다. 정신적인 면을 강조하지만 과정보다는 결과를 중시하며, 자기개념, 자기인식, 자존심, 자기실현 등에 관심을 갖는다. 대표적인 학자는 욕구위계이론을 제안한 매슬로와 내담자중심치료로 널리 알려진 로저스(Rogers) 등이 있다.

이런 인본주의적 접근방법은 인간의 주관적이고 현상학적인 경험을 강조하기 때문에 객관성이 결여된다는 비판을 받고 있다.

5) 인지주의적 접근방법

인지주의적 접근방법(cognitive approach)은 인간의 심리과정을 무시하는 행동주의적 접근방법의 반발로 나타났다. 보이지 않는다고 하여 과학적 연구대상에서 제외시킨다면, 천문학, 물리학, 화학 등에서 다루는 블랙홀, 원자구조, 세균 등과 같은 많은 현상들도 직접 관찰 가능한 것이 아니므로 연구대상에서 제외되어야 한다. 그러나 이 모든 것은 과학으로 자리매김하고 있다. 이처럼, 마음도 엄연히 실재하는 것이기 때문에 심리과정도 과학적인 연구대상이 되어야 한다. 인지주의적 접근은 사람들이 지각하고, 생각하고, 기억하는 모든 정신과정에서 어떤 원리들이 작용하는가를 연구한다. 객관성을 높이기 위하여 엄격하게 통제된 실험, 컴퓨터 시뮬레이션, 프로토콜 분석 등을 통하여 정보 선택, 처리, 판단, 기억, 문제해결, 언어이해 등과 같은 정보처리과정(information processing)을 연구한다.

이런 인지주의적 접근은 행동주의적 접근에서 주장하는 것처럼 사람들이 정보를 수동적으로 수용하는 것이 아니라, 능동적으로 선택하는 존재라는 것을 밝혔다. 더욱이, 사람들의 정보처리과정은 적극적이며 재구성적이라는 사실도 확인하였다. 실제로, 사람마다 지니고 있는 사고의 틀이 다르기 때문에, 객관적으로 동일한 자극이라고 할지라도 사람에 따라서 다르게 지각되고 해석된다. 최근까지 인지주의적 접근은 심리학 전반에 걸쳐서 수없이 많은 영향을 미쳤을 뿐만 아니라 인공지능(artificial intelligence: AI)이나 인간공학(ergonomics)과 같은 영역에서도 폭넓게 영향을 미치고 있다.

6) 긍정심리학적 접근방법

긍정심리학(positive psychology)은 삶을 살 만한 가치가 있게 만들어 주는 것을 연구하는 학문으로서, 심리학에서 사람들에게 긍정적인 마음 상태를 개발할 수 있는 능력을 주는 것이 중요하다는 믿음으로부터 긍정심리학이라는 이름이 탄생했다. 사람들로 하여금 가능한 한 가장 보람 있고 행복한 삶을 살 수 있게 해 주는 것이 인간의 약점과 병리현상의 치유에만 집중해 온 전통적인 심리학의 관심사 못지않게 중요한 연구대상으로 취급되어야 한다는 것이다.

긍정심리학은 인간의 긍정적인 심리적 측면을 과학적으로 연구하고 인간의 행복과 성장을 지원하는 학문이다. 이는 인간의 긍정적이고 적응적이며 창조적이고 자기실현적인 모습을 이해하고 증진하기 위해서 심리학 이론, 연구방법, 개입방법을 사용한다. 긍정심리학은 심리학자들로 하여금 인간이 지니는 잠재력, 동기 그리고 능력을 좀 더 열린 마음으로 높이 평가하는 관점을 취하도록 촉구하는 노력이다. 대다수 심리학자들이 인간의 긍정적 측면과 부정적 측면을 연결하는 연속선상에서 다양한 활동을 하고 있으며, 부정적 측면의 이해와 극복 역시 소중하고 필요한 일이다. 다만 긍정심리학은 부정적 측면의 제거보다는 긍정적 측면의 향상에 더 많은 관심을 가진다.

긍정심리학의 연구주제는 긍정 심리 상태, 긍정 특질 그리고 긍정 기관이다. 첫째, 긍정심리학은 인간이 주관적으로 경험하는 다양한 긍정적 심리 상태를 연구한다. 이러한 긍정 상태로는 행복감, 안락감, 만족감, 사랑, 친밀감 등과 같은 긍정 정서를 비롯하여 자신과 미래에 대한 낙관적 생각과 희망, 열정, 활기, 확신 등이 포함된다. 둘째, 긍정심리학은 개인이 지니는 긍정적인 특질, 즉 개인의 긍정적인 성격 특성과 강점의 연구에 초점을 맞추고 있다. 긍정 특질이란 일시적인 심리 상태가 아니라 개인이 지속적으로 나타내는 긍정적인 행동양식이나 탁월한 성품과 덕목을 의미한다. 긍정심리학자들이 관심을 지니는 긍정 특질로는 창의성, 지혜, 끈기, 진실성, 겸손, 용기, 열정, 리더십, 낙관성, 유머, 영성 등이 있다. 끝으로, 긍정심리학은 구성원의 행복과 자기실현을 지원하는 긍정적인 기관에 대해서 관심을 가진다. 긍정심리학은 행복하고 건강한 가족, 학교, 직장, 지역사회의 특성과 실현방법을 탐구한다.

6. 현대 심리학의 연구방법

심리학 연구(psychological research)는 일상생활에서 나타나는 다양하고 복잡한 인간행동을 이해하고, 여기서 밝혀진 원리와 지식들을 실제 문제해결에 적용함에 있어서 과학적 방법을 사용한다. 심리학 연구의 핵심은 인간을 제대로 이해하고 보다 바람직한 방향으로 원하는 바를 달성하기 위한 최적의 해결방안을 모색하는 것이다. 따라서 인간을 연구할 때 사용할 수 있는 연구방법이나 연구과정에 대한 연구방법론(research methodology)의 지식을 숙지하고 있는 것은 심리학 연구의 결과를 이해하거나 적용하는 데 큰 도움을 받을 수 있을 뿐만 아니라 새로운 기법이나 주장의 타당성을 평가하고 실제 문제해결에 대한 안목을 기르는 데 중요한 영향을 미칠 수 있다. 기본적으로, 과학적 연구에 기반을 둔 심리학은 사회현상에 초점을 둔 사회과학이고, 행동에 초점을 맞춘 행동과학이며, 자료에 기초한 경험과학이다. 심리학 연구는 다양하고 체계적인 연구방법들을 사용한다.

과학의 목표는 자연현상이나 사회현상을 기술하고, 설명하고, 예측하고, 통제하는 것이다. 과학의 목적을 달성하기 위해서는 그 현상에 대하여 조심스럽고 정밀한 관찰을 하는 것이 필요한데, 이것이 측정(measurement)의 문제다. 다양한 관찰들은 어떤 설명체계 내에서 해석되어야만 하는데, 이런 설명체계가 바로 이론(theory)이다. 더불어 설명의 신뢰성 혹은 건전성이 평가되어야만 하는데 이것이 바로 타당화(validation)다.

1) 과학적 연구

(1) 과학적 연구의 목적

과학적 연구(scientific research)는 보다 명확한 기술과 이해 그리고 보다 정확한 예측을 기본 목적으로 삼는다(Kaplan, 1964). 과학적 연구는 주어진 현상 내의 많은 변인들 중에서 특정 변인들에 대해 주목하여 이 변인들의 특성이나 관계가 어떠한지 먼저 기술(description)하고, 왜 그러한 관계가 성립하게 되는지를 설명(explanation)하며, 이를 통해 보편타당한 지식체계, 즉 이론을 정립함으로써 주어진 현상에 대해 구체적으로 예측(prediction)하고, 나아가 현상을 통제(control)하는 것을 그 목적으로 한다. 대체로 연구의 목적을 어떤 현상을 기술하고 설명체계를 정립하여 구체적인 예측이 가능하도록 하는 데까지만 두면 기초과학으로 분류되고, 여기서 더 나아가 현상을 통제하는 데까지 관심을 가지면 응용과학으로 분류된다. 소비자심리학은 응용과학에 해당하며, 소비자의 행동 및 심리를 기술하고 설명할 뿐만 아니라 소비자의 차후 행동 및 심리를 예측하고 통제하는 데 그 목적을 둔다.

(2) 과학적 연구의 특성

과학적 연구란 변수와 변수 사이의 관계에 대한 가설적 명제들을 통제된 관찰을 통하여 실증적으로 검증하는 방법으로서, 그 결과는 객관적이고 합리적이며 잠정적인 특징을 지니고, 체계적인 평가과정을 통하여 끊임없이 지식을 교정해 주는 특징이 있다. 이를 구체적으로 살펴보면 다음과 같다.

- **실증적이다:** 과학적 방법이란 개인의 단순한 의견이나 신념이 아니라 자료에 근거를 둔 실증적 연구방법이다.
- **객관적이다:** 과학적 방법이란 결과의 참 · 거짓이 다른 어떤 사람에 의해서도 확인될 수 있어야 한다.
- **합리적이다:** 과학적 방법은 이미 알려진 다른 사실들과 논리적으로 합치될 수 있어야 한다.
- **체계적이다:** 과학적 방법은 귀납적 방법과 연역적 방법을 모두 사용하면서

하나의 현상에 대한 여러 가지 대안적인 설명의 가능성을 하나씩 체계적으로 검토해 가는 과정이다.

- 가설검증적이다: 과학적 방법은 변수들 간의 관계에 대해 연구자가 잠정적으로 진술한 가설명제들을 검증하는 방법이다.
- 일반적이다: 과학적 방법은 어떤 특수한 조건에 국한되지 않고 일반성에 입각해야 한다.
- 절약적이다: 과학적 방법은 가장 단순하고 가장 적은 수의 가정을 내포한 절약적이고 간명한 설명이 되어야 한다.
- 잠정적이다: 아무리 검증된 명제라도 모든 경우에 항상 성립하는 진리는 될 수 없으며, 단지 현재 시점에서 다른 명제들에 비해 그것이 참일 가능성이 확률적으로 더 높다는 것이며 언제라도 기각될 수 있음을 뜻한다.
- 스스로 교정된다: 과학적 방법은 또 다른 연구자에 의해 끊임없이 평가되고 비판되는 과정을 거치기 때문에 과학은 항상 스스로 교정되는 특징을 갖는다.

(3) 과학적 연구의 요건

과학적 연구방법에서 가장 중요시하는 것은 연구자료의 신뢰성과 연구절차의 타당성 그리고 연구결과의 일반성 문제다. 이를 위하여 다음과 같은 사항들이 준수되어야 한다.

- 공개성: 연구 목적과 내용 그리고 결과에 대한 완전한 공개가 이루어져야 한다.
- 개념의 정의: 연구 범위는 물론 중요 개념과 연구대상의 문제를 구성하고 있는 여러 변수에 대한 정의가 정확하게 내려져야 할 뿐만 아니라 측정방법도 정확하게 명시되어야 한다.
- 객관성: 연구자의 주관이나 편견이 지배되지 않고 상황을 정확하게 반영해 주는 자료가 수집됨으로써 연구의 신뢰성을 유지할 수 있다.
- 연구결과의 재검 가능성: 과학적 연구는 한 번에 완성되지 않고 여러 차례에 걸쳐서 그 결과가 검토되고 입증되어야 한다. 그 결과가 여러 차례의 반복

연구를 통하여 과학적 이론으로서 인정받을 수 있게 된다.

- **관계성**: 각기 다른 연구들이 과학적 이론 형성에 기여하려면 연구방법상의 체계적 관리와 결과의 축적 가능성이 있어야 한다. 이런 관계성에 의하여 보다 통합된 지식체계가 형성될 수 있다.

(4) 과학적 연구에서 이론의 역할

이론이란 하나의 현상을 설명하고 예측하기 위해서 그 현상 내에 존재하는 변인들 간의 관계를 구체적으로 밝힘으로써 그 현상을 체계적으로 이해하게 해 주는 개념, 정의 및 명제들의 집합이다(Kerlinger, 1973). 이론은 분명히 실제와는 다르지만, 실제의 의미를 파악할 수 있도록 해 주는 유용한 도구이며, 다만 이론 그 자체만을 위한 연구나 전혀 이론적인 기반이 없이 행해지는 연구는 양자 모두 어떤 기능적 가치를 가지기 어렵다. 이론과 실제에 대한 입장은 학자마다 여러 견해를 취하고 있다. 예를 들어, 쿠르트 레빈(Kurt Lewin)은 "좋은 이론보다 더 실제적인 것은 없다."면서 이론의 중요성을 강조하는가 하면, 스키너는 "이론에만 몰두하는 연구는 쓸모없게 될 가능성이 많다."면서 이론에 부정적인 입장을 취하고 있다. 캠벨(Campbell)은 "이론은 목적을 위한 수단이지 그 자체로서 어떤 가치를 지니는 것은 아니며, 이론은 우리로 하여금 보다 나은 연구문제를 도출할 수 있도록 도와 주고, 자료를 보다 유용하게 해석할 수 있는 틀을 제공하며, 앞으로의 연구를 위한 안내자의 역할을 해야 한다."는 주장과 함께 상호 보완적인 입장을 취하고 있다.

2) 실증연구과정

전형적인 실증연구과정은 '이론적 접근방법'과 '문제해결적 접근방법', 두 가지로 구분할 수 있다. 어떤 접근방법이 더 옳은 모델인가의 차원에서 볼 때, 이 두 접근방법은 서로 대립되는 모델이 아니라 연구의 목적에 따라 달리 선택될 수 있는 것이다.

(1) 이론적 접근방법

이론적 접근방법이 이루어지는 과정은 다음과 같다.

- **문제의 정의**: 연구과제에 대한 사전조사와 선행연구들의 분석을 통하여 연구과제를 이론적으로 정립하고 개념화한다.
- **가설 설정**: 연구할 문제를 제기하고 구체적인 가설(hypothesis)을 도출하여 설정한다.
- **연구 설계**: 가설에 포함된 주요 개념을 정리하고 모든 변수와 변수 간의 관계를 정의 내리며, 실제로 자료를 수집하여 분석하게 될 연구자료의 수집과 가설 검증을 위한 연구 설계(research design)를 구체화한다.
- **자료 수집**: 설문조사, 면접, 참여관찰, 실험, 사례연구 등 연구에 적합한 방법을 활용하여 연구자료를 수집한다. 이 과정에서 적절한 표본의 산출을 위한 통계적 방법이 많이 활용된다.
- **자료 분석 및 가설 검증**: 수집된 자료를 통계분석하여 가설을 검증한다. 이 과정에는 컴퓨터를 사용한 통계적 그리고 기타 분석방법이 많이 활용된다.
- **결과 보고 및 논의**: 가설 검증의 결과를 중심으로 연구의 결론을 정리하고, 연구의 제한점 그리고 후속 연구방향을 제시한다.

(2) 문제해결적 접근방법

문제해결적 접근방법이 진행되는 과정은 다음과 같다.

- **문제 진단 및 기본 전제 설정**: 문제의 경위와 배경 그리고 증후를 중심으로 문제를 진단하고 문제상황과 문제해결의 기본 전제를 정리한다.
- **문제해결 전략 및 계획 수립**: 문제해결의 시기와 속도, 구성원들의 참여 정도 등 문제해결의 전략과 방법 그리고 구체적인 계획을 수립한다.
- **자료 수집**: 문제해결을 위한 행동계획에 필요한 자료를 수집한다.
- **문제해결**: 조직개편, 방침과 제도의 개선, 교육훈련, 현장관리와 리더십 개선 등 문제해결의 구체적인 방법과 행동계획을 적용하고 집행한다.
- **평가 및 조정**: 효과와 성과를 측정하고 평가하며 그 결과 여하에 따라서 문

제해결의 전략과 방법, 행동계획을 조정해 나간다.

3) 횡단적 연구와 종단적 연구

연구는 횡단적 연구와 종단적 연구로 구분할 수 있다. 횡단적 연구(cross-sectional study)는 대부분의 조사연구에 해당하는 것으로, 5월의 고객만족도 조사처럼, 일정한 기간에 걸쳐서 연구대상과 관련된 현재의 실태나 현상을 연구하는 것이다. 횡단적 연구는 단기간에 연구가 완료되기 때문에 시간이 적게 소요되며 모집단을 대표하는 표본의 결과를 얻게 되므로 연구결과를 일반화할 수 있다는 장점이 있으나, 한 시점에서의 현상만을 조사하므로 연구의 깊이가 덜할 수 있다는 단점이 있다.

반면에, 종단적 연구(longitudinal study)는 연구대상의 특성이 시간에 따라 어떻게 변화하는가를 지속적으로 연구하는 방법으로 추세연구, 동류집단연구, 패널연구가 여기에 해당한다. 추세연구(trend study)는 월별 고객만족도의 변화를 알아보는 것처럼, 연구대상은 다르나 연구목적이 같은 조사를 시간간격을 두고 실시하는 것이다. 동류집단연구(cohort study)는 모집단은 고정되어 있으나 매년 다른 표본을 추출하여 모집단의 변화 경향성을 분석하는 연구다. 예를 들어, 특정 카드사용 고객을 대상으로 만족도를 알아보는 경우에 모집단은 전체 카드사용 고객이지만, 실제 표본은 매번 무선표집하여 자료를 수집한다. 패널연구(panel study)는 동일 대상의 변화에 대한 지속적인 연구로 일정한 연구대상을 미리 정해 놓고 그들의 변화 원인을 분석하는 것이다. 패널연구는 심도 있는 연구가 가능하다는 장점이 있지만, 연구대상이 손실될 때 연구결과의 타당성뿐만 아니라 연구 자체가 중단될 수 있다는 단점을 지니고 있다.

4) 연구방법

지난 40여 년 동안 사회과학과 행동과학에서는 두 가지 패러다임 혹은 연구모형에 관하여 격렬한 논쟁이 있었다. 여기서 두 가지 모형이란 '실증주의자/경험주의자 접근'과 '구성주의자/현상학적 접근'을 말하는데, 전자는 양적인 정량적 연구(quantitative research)의, 후자는 질적인 정성적 연구(qualitative research)의 토대가 되었다(Tashakkori & Teddlie, 1998).

정량적 연구는 다양한 측정도구를 활용하여 객관적인 방법과 절차를 통해 구조화된 양적 자료를 수집하고, 자료분석에 있어서도 기술통계 혹은 추리통계 방법을 활용하는 가치중립적인 연구다. 반면에, 정성적 연구는 연구자가 중요한 연구도구가 되며, 연구 방법이나 절차가 연구자의 주관에 의해 결정되므로 비구조화된 질적 자료가 수집된다. 따라서 자료분석에 있어서도 내용분석을 포함한 질적인 분석을 하거나 간단한 기술통계 분석방법을 활용한다.

정량적 연구는 일반적 원리와 법칙의 발견을 목적으로 하므로 연구결과의 일반화에 관심을 갖지만, 특정 현상에 대한 이해를 목적으로 하는 정성적 연구는 그 상황에만 적용되며 다른 상황에까지 일반화하여 적용시킬 수 없다는 특성이 있다. 그러나 정량적 연구와 정성적 연구를 양분하기보다는 동일선상에 놓고 보완적으로 사용하는 통합적 연구방법이 바람직하다. 정량적 연구에서 깊이 분석하지 못한 내용을 정성적 연구에서 보완해 줄 수 있으며, 정량적 연구는 주관적이기 쉬운 정성적 연구의 결과에 객관적인 근거를 제공하여 정성적 연구를 보완할 수 있기 때문에 상호 보완적인 관계다. 특정한 연구방법이 다른 연구방법보다 무조건 더 좋은 방법이라는 주장은 연구의 특성을 파악하지 못한 데서 비롯된 것이다. 연구목적, 연구대상, 연구상황에 따라서 적합한 연구방법을 선택해야 한다. 그렇다면 이러한 정량적 연구와 정성적 연구에는 어떤 것들이 있는지 구체적으로 살펴보도록 하자.

(1) 정량적 연구

① 실험법

실험법(experimental method)은 인과관계를 규명하는 것이 목적일 때 주로 사용하는 방법으로, 과학적 방법의 원칙에 따라 연구대상에 대한 가설을 설정하고 실험에 의하여 그 가설을 입증하는 것이다. 실험법을 제대로 파악하기 위해서는 적어도 여섯 가지의 개념을 알아야 한다. 첫 번째는 가설이다. 가설은 독립변수와 종속변수 간의 관계에 대한 잠정적인 결론으로 다음과 같이 “광고모델이 매력적일수록 매출이 증가할 것이다."라고 설정할 수 있다. 두 번째는 피험자(subject)다. 피험자는 실험에 참여한 연구대상이다. 예를 들어, 대학생들을 대상으로 실험을 한다면 피험자는 실험에 참여한 대학생이다. 세 번째는 독립변수(independent variable)다. 독립변수는 처치가 가해지는 원인이 되는 변수로서, 위의 가설에서 원인이 되는 광고모델의 매력도가 독립변수가 된다. 네 번째는 처치(treatment)다. 처치는 연구자가 알아보고자 하는 독립변수의 효과를 수준으로 나누는 작업이다. 실험을 통해 광고모델의 효과를 알아보기 위해 전지현과 전원주를 기용하는 것이 처치라고 할 수 있다. 다섯 번째는 종속변수(dependent variable)다. 종속변수는 독립변수에 영향을 받아서 결과로 나타나는 변수이며, 위의 가설에서 결과가 되는 매출이 종속변수다. 끝으로, 통제(control)가 있는데, 이는 연구에 포함된 변수 외의 나머지 가외변수의 영향을 제거하거나 일정하게 유지하는 것을 말한다.

실험법의 장점은 ㉠ 가외변수의 영향을 엄격히 통제할 수 있고, ㉡ 피험자나 실험조건의 무선배치가 가능하며, ㉢ 독립변수를 자유롭게 조작할 수 있고, ㉣ 정확한 측정과 반복측정을 할 수 있다. 단점은 ㉠ 연구장면의 자연성이 훼손되어 외적 타당도가 낮으며, ㉡ 인위적인 환경에서 연구를 하기 때문에 독립변수의 효과가 약하게 나타나거나 다르게 나타날 수 있고, ㉢ 윤리적이나 생명과 관련된 현상들은 실험실에서 전혀 다룰 수 없는 경우도 있다.

② 검사법

검사법(test method) 혹은 심리검사법(psychological testing)은 보다 정밀한 측정이 요구되는 장면에서 사용되는 것으로 개인의 동기, 흥미, 태도, 성격, 지능 및 적성을 측정하는 것이다. 이는 개인차(individual difference)를 규명하는 것을 목적으로 한다. 검사법은 신뢰도, 타당도 및 실용성을 지닌 검사를 개발 · 제작하여, 표준화된 절차에 따라 실시하고 해석할 때 그 결과를 제대로 수용할 수 있다. 모든 응용분야에서 고객들의 심리 상태를 밝히고자 하는 관심과 중요성이 높아지고 고객응대방법의 맞춤화 추세가 증가하는 현실에 비추어 볼 때 검사법은 앞으로 심리학 분야를 넘어서 다양한 학문 분야에서 중요한 연구방법으로 자리매김하게 될 것이다.

사람들의 개인차를 규명할 수 있는 좋은 심리검사가 되기 위해서는 몇 가지 요건을 갖추어야 한다. 첫째, 좋은 심리검사는 적합성을 지니고 있어야 한다. 심리검사가 측정하고자 하는 바를 실제로 측정하는 정도로 나타내는 것으로 원하는 바를 정확하게 측정할 수 있어야 한다. 이것을 심리검사에서 타당도(validity)란 이름으로 검토하게 된다. 둘째, 좋은 심리검사는 일관성이 있어야 한다. 검사를 실시하는 사람이 달라도 동일한 인물의 검사결과는 일관되게 나와야 하고, 시간이나 장소에 상관없이 일관된 검사결과를 얻어 낼 수 있어야 한다. 이것을 심리검사에서 신뢰도(reliability)라는 이름으로 다루게 된다. 셋째, 좋은 심리검사는 현실성이 있어야 한다. 좋은 심리검사는 검사를 실시하거나 결과를 도출하는 데 들이는 시간과 처리과정에서 경제성이 있어야 하며, 시사하는 바나 적용범위가 넓어 실용성이 있어야 한다. 넷째, 좋은 심리검사는 객관성을 지니고 있어야 한다. 검사의 실시와 검사결과의 채점, 분석 및 해석이 표준화되어 객관성을 지니고 있어야 한다.

③ 조사법

조사법(survey method)은 다양한 사회현상들의 실태를 알아보고, 인간의 내면에 있는 태도, 의견, 의식상태, 심리과정을 이해하기 위하여 자료를 수집하는 방법으로, 질문지(questionnaire)나 면접(interview)을 이용하여 심리현상 및 실제 행동을 확인하는 것을 목적으로 한다. 주로 현상(status quo)을 밝히는 것이 목적일 때 사용하는데, 널리 알려진 조사에는 킨제이(Kinsey)의 성행동 연구, 갤럽(Gallup)의 여론조사, A. C. 닐슨(Nilson)의 마케팅조사가 있다.

조사법은 전체 연구대상인 모집단을 모두 조사하는 전수조사와 모집단의 일부를 추출해서 조사는 표본조사로 나눌 수 있는데, 비용과 시간상의 문제 때문에 실제적인 조사는 모집단을 대표하는 표본을 대상으로 하는 표본조사가 대부분이다. 대표적인 조사방법은 ㉠ 직접 응답자를 찾아가서 일대일 면접방식으로 진행하는 방문면접법, ㉡ 우편물을 발송하여 자료를 수집하는 우송조사법, ㉢ 일정한 장소로 응답자를 모아서 자료를 수집하는 유치조사법, ㉣ 전화나 콜센터 등을 이용하여 자료를 수집하는 전화조사법, ㉤ 번화가에서 자료 수집을 하는 가두조사법, ㉥ 이메일과 인터넷을 사용하여 자료 수집을 하는 온라인조사법 등으로 나눌 수 있다.

조사법은 제한된 시간 내에 많은 자료를 비교적 쉽게 모을 수 있다는 점에서 효과적이다. 그러나 ㉠ 표준화된 질문지, ㉡ 훈련을 받은 조사요원, ㉢ 연구 모집단을 대표하는 응답자의 표집, ㉣ 제대로 조사설계에 맞춰서 자료 수집이 이루어졌는가에 대한 과정 확인, ㉤ 적절한 통계분석기법을 갖추었을 때 그 결과를 신뢰할 수 있다.

(2) 정성적 연구

① Q 방법론

Q 방법론(Q methodology)은 주로 특정 자극에 대해 비슷한 태도를 가진 사람들을 분류하기 위한 방법으로 사용되거나 특정 집단의 사람들을 유사한 태도를 지니고 있는 자극이나 대상으로 분류하는 방법으로 활용된다. 응답자들에게 '가장 좋아하는' '가장 싫어하는' '가장 만족한' 혹은 '가장 불만족스러운'과 같은 특정 기준에 따라 항목들을 분류하게 하여 측정대상을 나누게 한다. 응답자들로 하여금 항목들을 정한 기준에 따라서 나열한 소집단에 정규분포(normal distribution)로 지정된 숫자만큼 나누게 한다. 이렇게 정규분포에 따라 지정된 수로 나누게 되면 정규분포를 이용한 통계기법을 사용할 수 있다. 각 항목들은 소집단의 순서대로 점수를 부여 받고, 이 점수를 개인별로 비교하여 상관분석, 요인분석, 군집분석 등을 사용해 개인 간의 유사성을 찾아서 분류하게 된다.

② 초점집단면접

초점집단면접(focus group interview: FGI)은 6～12명 정도 선발하여 한 장소에 모이게 한 후 면접자의 진행 아래 보통 1시간 30분에서 2시간 정도에 걸쳐 연구 목적과 관련된 토론을 함으로써 자료를 수집하는 것으로, 소비자 심리를 파악하거나 마케팅 기획을 위한 예비조사에 주로 사용된다. 초점집단면접의 결과로 실제적인 조사에 사용될 설문지를 작성하는 데 필요한 기본 정보를 수집할 수 있고, 신제품에 대한 아이디어, 소비자의 제품구매심리 및 사용실태에 대한 이해, 제품사용에서 겪는 불편함이나 문제점 등을 파악할 수 있다.

초점집단면접의 시작은 연구목적을 달성할 수 있도록 해당 분야에 기본적인 지식과 경험이 있을 뿐만 아니라 적극적으로 의견개진을 할 일반 사람들을 참가자로 모집하는 것이다. 알고자 하는 모든 정보가 참가자들에게서 얻어지기 때문에 참가자의 구성이 매우 중요하다. 또한 초점집단면접은 진행할 면접자의 역량과 경험이 중요하다. 일정한 자격을 갖춘 참가자들의 상호작용을 통하여 유익한 정보가 도출되어야 하므로 면접자는 응답자 전원이 자유로운 분위기에서 자신의 의견을 말할 수 있도록 유도해야 한다. 또한 참가자들의 대화에 의해 자료가 수집되므로 면접자의 대인 간 커뮤니케이션 능력과 청취 능력, 응답자 발언에 이은 탐사질문 능력이 요구된다.

초점집단면접은 실험실과 같은 제한적인 환경에서 참가자의 기억에 의존하거나 얄팍한 응답, 진행자에 의해 좌지우지되는 결과, 꿈보다 해몽이 좋은 해석 등등이 난무하기 때문에, 소비자 내면이나 실체에 대한 심층연구가 필요한 경우에는 초점집단면접 진행만으로는 충분한 정보와 자료를 얻어 내는 데 역부족이라는 단점이 있다.

③ 문화기술연구

문화기술연구(ethnography)의 기원은 문화인류학자들이 말이 통하지 않는 종족을 연구하기 위해 함께 생활하면서 관찰하는 방법을 취한 것에서 시작되었다. 관찰이라는 핵심개념을 심리학 연구에 도입하여 사람들의 내면과 실체에 대한 해답을 찾는 방법이다. 구체적인 문화기술연구에는 먼저, 소비자들의 가정에 직접 방문하여 라이프스타일 전반을 포함하여 제품 사용환경 및 사용자, 제품, 환경 간의 상호작용을 알아보는 가정방문(home visit)이 있으며, 그림자처럼 소비자를 따라 다니면서 관찰과 면접을 병행하여 모바일이나 자동차와 같은 제품의 사용행동과 사용맥락을 관찰하는 그림자면접(shadowing interview)이 있다. 그리고 실제 구매방식을 관찰하기 위하여 쇼핑에 동반하여 구매과정, 고려요인, 매장 내 광고물의 영향 등 전반적인 범주에 대한 이해를 돕고 브랜드에 대한 동기, 태도, 행동을 파악하는 동반쇼핑(accompanied shopping), 유동인구가 밀집하는 장소에서 연구대상을 관찰하는 방법으로 트렌드를 파악하는 데 효과적인 도심관찰(town watching) 등이 있다.

④ **관찰법**

관찰법(observation method)은 다양한 심리현상 및 사회현상에 대하여 인위적인 조작을 하지 않고 자연상태에서 행동표본(behavioral sample)을 관찰함으로써 연구하는 것을 말한다. 생태학자인 로렌츠(Lorenz)의 오리에 대한 각인 연구가 대표적이다. 이 방법은 객관적인 정의가 어렵거나 폭도(mob)행동과 같이 다른 방법으로 연구가 불가능한 경우에 행동특성을 관찰하여 연구하는 것이다. 이론을 확정할 수는 없지만 과학의 초기 단계에 유용하며 후속연구에 참고가 된다.

관찰법의 장점은 ㉠ 연구장면의 자연성이 전혀 훼손되지 않은 상태에서 연구가 이루어지기 때문에 외적 타당도가 매우 높으며, ㉡ 한번에 많은 변인들에 대한 자료를 동시적으로 수집할 수 있고, ㉢ 다른 방법에 비해 연구자의 편파(bias)가 개입될 가능성이 상대적으로 작다는 것이다. 하지만 단점은 ㉠ 변인에 대한 조작이나 통제가 없기 때문에 인과성 추론을 거의 할 수 없고, ㉡ 변인의 측정도 실험법에 비하여 엄밀하지 않고, ㉢ 연구대상의 반응이 편파적이거나 전집을 대표하고 있지 못할 수도 있고, ㉣ 관찰자의 주관을 배제하기가 어렵고, ㉤ 어떤 사실에 대한 기술이라기보다는 해석이 될 위험이 있으며, ㉥ 통제가 불가능하다는 것이다.

⑤ **사례연구법**

사례연구법(case study)은 심리학 분야에서는 주로 임상장면에서 문제의 개별성과 특유성을 인정하면서 적응문제나 행동장애가 있는 개인을 진단하고 치료하기 위한 임상법과 개별적인 사례를 역사적으로 분석함으로써 그를 이해하는 사례사가 있다. 그러나 다양한 연구 분야에서 사례연구법은 마케팅 성공 · 실패사례나 광고 성공 · 실패사례처럼, 기존의 선행연구들을 포함하는 2차 자료들을 통하여 이루어지는 연구들을 지칭한다.

(3) 연구방법의 평가

여러 가지 연구방법들은 내적 타당도와 외적 타당도에 의해 평가된다. 내적 타당도(internal validity)란 어떤 연구에서 종속변수에 나타난 변화가 독립변수의 영향 때문에 나타난 변화라고 추론할 수 있는 정도를 의미하는 것으로, 연구설계가 얼마나 엄격하게 진행되었는가를 알아보는 데 사용된다. 외적 타당도(external validity)란 어떤 연구의 결과를 해당 연구장면 이외의 다른 대상이나 장면에까지 일반화시킬 수 있는 가능성 정도를 의미하는 것으로, 표본의 대표성을 얼마나 확보했는가와 가외변수를 얼마나 잘 통제했는가를 알아보는 데 사용된다. 일반적으로 연구장면이 자연상태에 가까울수록 가외변수를 통제하기가 어렵기 때문에 외적 타당도는 높지만 내적 타당도는 낮으며, 이와는 반대로 가외변수의 영향을 통제할수록 연구장면의 자연성이 훼손되기 때문에 내적 타당도는 높지만 외적 타당도는 낮다.

제 2 장

심리학의 현황과 자격증

P S Y C H O L O G Y

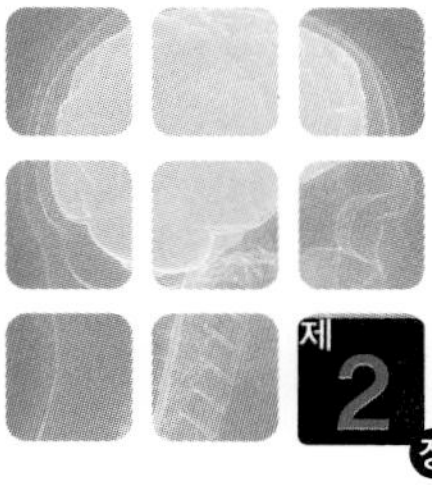

제2장 심리학의 현황과 자격증

1. 심리학의 현황

대부분의 전문 분야와 마찬가지로, 심리학자들이 관심을 갖고 연구하는 전문적인 분야도 순수 영역과 응용 영역으로 구분할 수 있다. 심리학자 중에는 연구 자체를 위한 이론 연구에만 관심을 갖는 순수심리학자가 있는가 하면, 연구결과를 응용하여 일상적 실천에 관심을 갖는 응용심리학자도 있다. 그러나 이론적 연구를 하다 보면 실제 생활에 응용할 만한 결과를 발견하게 되고, 실제 상황에 응용해 보는 가운데 해당 이론이나 법칙이 수정되거나 새로운 가설을 검증할 필요성도 생긴다. 실제적인 검증과 활동이 없는 이론은 가치가 떨어지거나 무용해지기 쉽다. 이론을 위한 이론은 과학이 아니고 과학주의일 뿐이며, 반대로 지지해 주는 이론이 없는 응용실천도 단순히 기술에 불과한 것이다. 이렇게 볼 때, 순수심리학과 응용심리학은 상호 보완적이며 밀접한 관련이 있어서 확연히 구별이 되지 않는 경우도 있다. 따라서 심리학의 활동 분야를 순수와 응용으로 구분하기보다는 현재 왕성하게 활동 중인 분과학회별로 살펴보는 것이 바람직할 것이다.

한국심리학회의 분과학회는 1964년에 설립된 '임상심리학회' '상담심리학회' '산업 및 조직심리학회'를 포함한 3개의 분과학회가 시작이다. 그 이후에 11년이 지난 1975년에 '사회 및 성격심리학회'와 '발달심리학회'가 발족되었고, 2014년 현재는 14개의 분과학회가 운영되고 있다.

1) 임상심리학회

임상심리학회는 임상심리학의 제반 학술연구, 회원의 자질향상과 권익신장 및 회원 상호 간의 친목을 도모함을 목적으로 한다(한국심리학회, 2007). 임상심리학회는 임상심리전문가와 임상심리사라는 자격규정을 정하여 자격시험을 실시하고 있다. '임상심리전문가'의 자격시험과목은 기초과목으로 성격이론, 인지 및 학습이론, 생리심리학, 임상심리학 연구방법이 포함되고, 임상과목에는 정신병리학, 심리평가, 심리치료가 포함된다. '임상심리사'의 자격시험과목은 기초과목으로 성격심리학, 학습심리학, 발달심리학, 심리통계가 포함되고, 임상과목에는 이상심리학, 임상심리학, 심리검사 및 측정이 포함된다.

임상심리학(clinical psychology)은 정신이상이나 심한 행동장애의 문제를 진단하고 치료하는 데 심리학적 원리를 적용한다. 임상심리학자들은 의학적 수련을 받지 않았기 때문에 이상행동을 치료하는 약물적 처방은 하지 못하나, 연구방법론에 대한 훈련을 받았기 때문에 임상장면에서 검사를 실시하여 행동장애를 진단하고 이상행동을 이해하고 치료하는 데 관심을 갖는다. 그러나 현대의 임상심리학자들이 관심을 갖는 분야는 매우 다양하다. 가족과 결혼의 문제, 만성적 통증의 관리, 외과치료의 준비, 정신지체자의 기술훈련, 노령자의 우울증 치료, 뇌 손상자의 평가와 회복, 알코올 · 약물 중독의 관리, 죽음이 임박한 환자 및 배우자와 사별한 사람에 대한 상담 등 다양하다. 또한 임상심리학자들은 인간행동의 부정적인 측면에만 관심을 두지 않고, 개인의 정서와 기분의 통제, 효과적인 사고, 주의집중, 복지문제, 대인관계, 자존심, 신체적 건강과 같은 보다 긍정적인 측면에 관심을 갖는다. 임상심리학자는 당면한 문제해결을 위해 심리학의 원리와 법칙을 활용하는 심리학자이고, 개인의 복잡한 문제를 해결해 주는 임상가이며, 문제해결을 위해 과학적 방법을 활용하는 과학자이고, 개인사회 그리고 공동사회가 직면하고 있는 심리적 문제를 해결하고 개인의 복지 증진에 봉사하는 전문직업인이다(이현수, 1994).

2) 상담심리학회

상담 및 심리치료학회는 상담심리학 및 심리치료에 관한 제반 학술연구, 회원의 자질향상 및 회원 상호 간의 친목을 도모함을 목적으로 한다(한국심리학회, 2007). 상담 및 심리치료학회에서는 '상담심리전문가'와 '상담심리사'라는 자격규정을 정하여 자격시험을 실시하고 있다. 상담심리사 자격을 취득하려면, 상담심리학, 이상심리학, 학습심리학, 발달심리학 및 심리검사 5과목에 대한 필답시험에 합격해야 한다. 상담심리전문가는 공통과목인 상담 및 심리치료 이론 1과 상담 및 심리치료 이론 2(선택), 집단상담, 성격이론, 심리통계 및 상담심리 연구방법론을 자격획득 시험과목으로 정해 놓았다.

상담심리학(counselling psychology)은 상담 실제(실천, 실무)에 관한, 상담 실제를 위한 학문으로 상담이라는 활동에 관한, 상담이라는 활동을 위한 학문적 노력 혹은 학문적 체계라 할 수 있다(김계현, 1998). 상담심리학은 상담 실제를 위한 이론과 연구다. 상담심리학의 이론들은 크게 둘로 구분할 수 있는데, 하나는 심리치료를 위한 이론 중심으로 구성된 것이고, 다른 하나는 적용 분야를 중심으로 구성된 것이다. 따라서 병리적 현상뿐만 아니라 개인의 성장욕구를 충족시키는 부분에도 관심이 많다. 비교적 가벼운 성격적인 문제나 대인관계에서의 문제와 같은 일반적인 적응문제와 진로결정과 같은 성장문제를 다룬다.

3) 산업 및 조직심리학회

산업 및 조직심리학회의 목적은 산업 및 조직심리학의 발전과 회원 상호 간의 친목을 도모함에 있다(한국심리학회, 2007). 산업 및 조직심리학(industrial and organizational psychology)이란 심리학적 방법, 사실, 원리를 산업장면에 응용하는 학문 분야로 인간행동에 관한 과학적 방법, 사실, 원리를 여러 조직구성원들에게 적용하여 산업체의 능률과 직무만족을 향상시키고, 직장생활을 통한 삶의 질적 향상을 도모한다. 세부 영역으로는 인사심리학, 조직심리학, 공학심리학, 산업상담 등이 있다.

(1) 인사심리학

인사심리학(personnel psychology)은 산업 및 조직심리학의 역사를 고려할 때 산업심리학자들이 활동한 가장 오래되고 전통적인 분야로 개인차(individual differences)와 관련된 모든 부분들을 다룬다. 특정한 직무에 필요한 인적 기술과 재능이 무엇인가를 결정하고, 그 직무에 적합한 사람들을 선발하며, 적성에 맞게 배치하고, 직무수행을 평가하고, 직무수행을 개선하기 위한 훈련을 실시하고, 임금과 승진 등을 결정한다. 전체적으로 인사심리학은 조직수준이라기보다는 개인수준에서 이루어지는 영역이다(Muchinsky, 1993).

(2) 조직심리학

조직심리학(organizational psychology)은 조직맥락이나 사회맥락에서 심리학적 연구방법과 이론들을 적용하여 조직행동(organizational behavior: OB)을 다루는 분야로 산업심리학 분야 중에서 가장 활발하고 폭넓은 활동이 이루어지고 있다. 조직심리학에서 다루는 주제들은 역할행동, 집단압력, 조직몰입, 조직의사소통, 직무만족, 작업동기, 리더십, 조직개발, 조직문화, 노사관계 등으로 조직생활과 관련된 제반 사항들과 조직 효율성 향상을 위한 방안을 다룬다.

(3) 공학심리학

공학심리학(engineering psychology)은 작업자의 생산성과 안전을 증진시키기 위하여 장비와 기계의 설계를 포함하여 사람-기계 시스템에서 사람들의 수행을 이해하기 위하여 심리학적 관점을 취하는 것이다. 공학심리학의 목표는 하나의 기계에 대해 가능한 두 가지 설계를 비교하는 것이 아니라[이것은 인간요인(human factor) 분야의 역할이다], 인간의 능력과 한계를 명시하여(이것은 실험심리학적 연구의 데이터베이스를 생성한다) 어느 쪽이 더 나은 설계인지를 추론할 수 있도록 한다. 비록 공학심리학의 연구주제는 응용적인 필요에 의해 선택되지만, 일회적인 적용을 넘어서 인간수행에 유용한 이론을 제공하고자 하는 폭넓은 목적을 지니고 있다(진영선, 곽호완 역, 1994).

(4) 산업상담

산업상담(industrial counseling)은 기존의 인사심리학이나 조직심리학 분야에서 다루었던 하위 영역이었지만, 산업사회가 지속됨으로써 현실적인 필요에 의하여 새롭게 부각되는 분야다. 흔히 노사관계(industrial relations)나 직업 및 경력 상담(vocational and career counseling)으로 명명되지만, 산업심리학적 토대하에 상담심리학적 접근을 접목시킨 분야다.

4) 사회 및 성격심리학회

사회 및 성격심리학회의 목적은 사회심리학의 발전과 보급을 도모함에 있다(한국심리학회, 2007). 사회심리학(social psychology)은 인간의 사회화 과정을 기초로 다른 사람들과의 상호작용이 태도나 행동에 어떻게 영향을 미치는가에 관심을 갖는다. 또한 집단행동에도 관심을 가져 여론조사, 시장조사 등을 수행하여 선전과 설득, 집단 간 갈등, 태도형성과 변화에 관한 연구를 한다.

성격심리학(personality psychology)의 원류는 샤르코(Charcot), 프로이트(Freud), 자넷(Janet) 등의 정신의학자의 임상경험에서 성격심리에 대한 관심으로 시작되었고, 환경에 적응할 수 없는 개인의 행동을 이해하고자 노력하였다. 그러나 심리학의 한 영역으로 성격심리학이 태동하게 된 것은 하버드대학의 올포트(Allport)가 성격론을 강의하고, 『성격: 심리학적 해석(Personality: A psychological interpretation)』을 출판한 1937년 무렵이다(박아청, 1992). 그 후로 성격심리학자들은 정상적인 성격의 개인차에 관심을 갖고, 개인의 특성에 따라 사람들을 분류하려 하며, 관찰 및 심리검사의 방법을 주로 사용하였다.

5) 발달심리학회

발달심리학회의 목적은 발달심리학의 발전, 보급 및 그 적용에 있다(한국심리학회, 2007). 발달심리학회는 '발달심리전문가'와 '발달심리사'의 자격규정과 함께 자격시험을 실시하고 있다. 발달심리사는 아동(발달)심리, 청소년심리, 장·노년발달심리 3과목의 공통필수과목이 있고, 발달장애, 상담심리, 성격심리, 심리검사, 가족관계, 인지심리, 생리심리를 포함한 7과목 중에서 2과목을 선택하여 총 5과목으로 자격시험을 봐서 취득할 수 있다. 발달심리전문가는 공통필수과목인 발달이론, 연구방법론(통계 및 연구설계), 상담심리, 심리평가 및 검사, 인지발달, 사회(정서)발달 6과목 중에서 3과목을 선택하고, 아동·청소년 영역과 가족 및 장노년 영역으로 전공을 구분하여 각각 2과목을 선택하여 총 5과목으로 시험을 보고 자격을 취득한다.

발달심리학(developmental psychology)은 인간이 태아에서부터 사망에 이르는 전 생애를 걸쳐 인간의 신체적, 심리적 변화를 연구하는 학문 분야로 그 체계적인 변화를 설명하고 기술하는 데 중점을 둔다. 발달심리학 분야는 초기에는 인간의 성장과정에 따른 신체적 발달과 함께 감각기관의 성숙, 지적 능력의 발달, 언어획득 그리고 성격형성 등의 상승적 변화에만 관심을 가졌으나, 인간의 일생은 상승적 변화는 물론 쇠퇴적 변화도 동시에 경험하기 때문에 최근에는 성인기 이후의 발달도 중요시하여 전 생애에 걸쳐 폭넓게 연구되고 있다. 또한 노년기의 심리적 문제를 다루는 노인심리학 분야도 각광받고 있다.

6) 인지 및 생물심리학회

인지 및 생물심리학회는 개별적인 영역을 구축하던 '생물 및 생리심리학회'와 '실험 및 인지심리학회'가 합해져서 만들어진 분과학회다. 생물 및 생리심리학회의 목적은 생물·생리 심리학을 연구, 보급, 발전시키고 이를 관련 분야에 적용시키는 데 있다(한국심리학회, 2007). 생리심리학(physiological psychology)은 인간행동의 생리적 기초를 다루는 분야로 주로 뇌의 기능과 신경계통 및 내분비계가 행동에 미치는 영향을 연구한다. 최근에는 약물과 신체 및 심리적 반응 사이의 관계를 다루는 약물심리학도 포함하여 광범위한 분야의 명칭으로 생물심리학(biological psychology)이란 용어도 등장하였다.

실험 및 인지심리학회의 목적은 실험심리학 및 인지심리학의 연구와 그 적용에 있다(한국심리학회, 2007). 실험심리학(experimental psychology)은 실험중심의 심리학 분야를 총칭하는 용어다. 좁은 의미의 실험심리학은 지각, 생리, 학습 심리학 분야를 뜻하지만, 넓은 의미로는 성격, 사회 심리학 등의 실험적 방법을 사용하는 모든 이론 심리학 분야까지 포함된다.

인지심리학(cognitive psychology)은 감각기관을 통해서 현실이 인지되는 과정을 다룬다. 인지는 사고이고 지식에 관계하며, 인지심리학은 지식의 습득과 활용 그리고 지식의 구조와 과정을 다룬다(김영채, 박권생 역, 1997). 인지심리학 분야의 가장 극적인 발전은 특정한 이론이나 실험연구결과가 아니라 복합적인 현실세계의 과제를 연구하는 데에 점차 더 많은 관심을 가지고 있으며 사람들이 과제를 수행하기 위하여 환경으로부터 어떻게 정보를 받아들이고 해석하며 의미 있는 형태로 수용하고 처리하는가를 연구한다.

학습심리학(leaning psychology)은 기억과 학습의 원리를 다루는 분야다. 인간의 융통적인 행동에 내재해 있는 심리적 과정을 우리는 학습과 기억이라고 부른다. 학습이란 경험을 통해서 이루어지는 유기체 내의 어떤 변화인 바, 이 변화는 유기체 행동에 영향을 준다. 그리고 기억이란 이 변화가 오랫동안 지속되는 것을 말한다. 학습심리학은 철학으로부터 지식에 대한 관심을 전해 받았고, 생물학으로부터는 적응에 대한 관심을 이어받았다. 철학적 전통은 심리학 내에서 인지주의(cognitivism) 분야로 나타났고, 생물학적 전통은 행동주의(behaviorism)에 반영되었다. 따라서 학습에 대한 연구는 이 두 가지 전통의 발전과정에서 이루어졌다. 인간의 학습을 연구하게 된 것은 인지주의에 대한 관심이 극적으로 재생된 1960년대부터이며, 컴퓨터의 등장으로 큰 발전을 이룰 수 있었다(이훈구 역, 1985). 일상적으로 사용하는 언어와 지식, 신념이나 태도 등은 모두 학습된 것이다. 학습에는 단순한 연합학습과 복잡한 인지학습이 있는데, 과거에는 주로 동물실험을 통하여 학습의 원리를 연구하였으나, 근래에는 인간의 기억과정에 더 많은 관심을 갖는다.

7) 문화 및 사회문제심리학회

문화 및 사회문제심리학회의 목적은 문화 및 사회문제를 분석하고 해결함에 있다(한국심리학회, 2007). 문화 및 사회문제심리학회는 사회심리학자들과 임상심리학자들이 주축이 되어 현실 참여적인 활동을 벌이고 있다. 성범죄, 청소년 비행, 결손가정, 실직자 문제, 가치관 해체 등 다양한 영역에서 발생하는 사회병리적인 현상들을 심리학적 관점에서 이해하고 해결하려고 노력하고 있다.

환경심리학(environmental psychology)은 환경문제들, 즉 소음, 오염, 과밀, 개인공간 등과 관련하여 심리학적으로 최적의 환경설계를 하는 것과 관련된 분야다. 인간은 환경을 파괴 혹은 창조하기도 하지만, 그 결과로 인해 심각한 영향을 받기도 한다. 환경심리학은 여러 연구영역이 결합된 것으로서, 인간과 환경과의 상호작용을 주로 연구한다. 그러므로 환경심리학자는 사람들이 최적의 환경에서 최고의 안녕을 누릴 수 있도록 물리적인 환경뿐만 아니라 심리적 환경에 이르는 제반 요인을 확인하고 이를 재구성하는 목표를 갖고 연구하게 된다.

8) 건강심리학회

건강심리학회의 목적은 건강과 질병에 관한 학술적 이해, 예방 및 치료와 관련된 심리학적 활동을 하는 데 있다(한국심리학회, 2007). 건강심리학회는 기존의 상담심리학자, 임상심리학자, 성격심리학자 및 재활심리학자들이 건강이란 공통분모를 갖고 활동 영역을 확대해 나가고 있다. 현대사회에서 경험하는 질병의 50~80%가 스트레스에 의한 것이며, 한 국가의 1년 예산보다 몇 배 많은 비용이 스트레스로 인한 문제를 해결하는 데 사용되기 때문에, 건강심리학회는 매우 중요하게 부각되는 영역에서 활동을 한다. 미국심리학회에서는 1978년 8월 30일 38번째로 건강심리분과회를 창설하였다. 미국심리학회의 정의에 의하면, 건강심리학은 건강을 증진시키고 유지하고 질병을 예방하고 치료하기 위해 심리학의 지식을 교육적으로, 과학적으로, 전문적으로 활용하는 종합과학이다. 또한 건강심리학은 건강, 질병 그리고 기능장애의 원인을 규명하고 진단한다(이현수, 1994).

9) 여성심리학회

여성심리학회의 목적은 여성심리의 분석과 여성심리학의 발전, 보급 및 연구 방향을 제시하고 적용하는 데 있다(한국심리학회, 2007). 여성심리학회는 1973년에 미국심리학회의 35분과로 출발하였고, 우리의 경우 1997년에야 비로소 분과학회가 출범하였기 때문에, 일반에게는 물론 심리학계 내에서도 그 존재가 확실하게 인식되지 못하고 있다. 그러나 다가오는 세기가 여성의 시대가 될 것으로 예상되는 만큼, 그 중요성은 새롭게 부각될 것이다(방희정, 1999). 여성심리학의 주요 쟁점은 남녀 간의 우월성과 관련된 성차(sex difference), 성차에 상관없이 여성에 대한 부정적 고정관념과 그와 관련된 차별을 다루는 성차별(sexual discrimination), 성차와 성차별의 근본적 원인이 되는 세력(power) 등에 관한 것이다.

10) 소비자광고심리학회

소비자광고심리학회는 1964년에 설립된 산업 및 조직심리학회에서 같이 활동하던 소비자 분야와 광고 분야에서 활동하는 심리학자들을 주축으로 1999년에 발족되었다. 전통적인 산업심리학의 한 영역이었으나, 산업사회의 진전과 소비자에 대한 관심 증대 그리고 대중매체의 발달로 소비자 분야와 광고 분야에서 심리학적 토대를 지닌 전문성이 요구됨에 따라 소비자심리 전문가와 광고심리 전문가의 활동 또한 활발하게 이루어지면서 결성된 학회다.

(1) 소비자심리학

소비자심리학(consumer psychology)은 사람들이 보여 주는 다양한 소비행동과 소비심리를 규명하기 위하여 기본적으로 사람들의 정보처리과정과 의사결정과정에 초점을 맞춘다. 그러나 소비자의 쇼핑 행동을 포함한 소비자행동을 제대로 규명하기 위해서는 다양한 측면들을 함께 고려해야 한다. 소비자심리학은 기업의 내부가 아니라 기업의 외부에 있는 소비자를 대상으로 이루어지지만, 소비자의 행동은 가치, 태도, 동기, 지각, 성격 등과 같은 심리적 요인뿐만 아니라 사회문화적인 환경적 요인과 제품, 가격, 유통, 촉진과 같은 마케팅 요인들의 영향을 복합적으로 받는다. 따라서 이런 요인들을 종합적으로 함께 고려하여 소비자가 제품, 서비스, 아이디어와 같은 상품과 광고 및 유통과 관련된 정보를 어떻게 처리하고, 어떻게 구매결정을 내리는가를 다룬다(남승규, 1999).

(2) 광고심리학

광고심리학(advertising psychology)은 심리학적 이론과 연구결과를 광고 분야에 적용시킨 것으로 광고카피전략, 광고매체전략, 광고예산전략을 포함한 광고전략과 구체적인 실현방법들에 대한 심리학적 접근을 지향한다(김원형, 남승규, 이재창, 1999). 광고효과를 높이기 위하여 설득과 공감이라는 심리적 반응과 관련된 차원을 포함하여 네 가지 광고반응 차원을 고려해야 하는데, 다양한 상품에 대한 사실과 정보를 포함하는 정보 차원, 다른 광고와는 차별화되게 제작하는 것과 관련된 창의 차원, 보다 많은 상품을 더 자주 더 많이 구매하도록 유도하는 설득 차원 그리고 소비자의 필요와 욕구 그리고 생각에 부합되는 공감 차원이 그것이다.

11) 학교심리학회

학교심리학(school psychology)은 주로 학령기 아동이나 청소년들의 학습 문제, 정서 문제 및 행동 문제를 다룬다. 대부분의 정서 문제와 부적응적 행동 문제가 아동기와 사춘기에서 비롯된다. 이를 위해 학교심리학자는 아동 발달, 교육 및 상담심리학 그리고 임상심리학적 훈련에 기초하여 각각의 학생들을 대상으로 여러 가지 검사를 실시하고 평가한다. 또한 학령기 아동과 청소년들의 학습 문제 및 진로 고민을 상담하고 가정, 학교, 사회의 적응을 돕는 역할을 한다.

교육심리학(educational psychology)은 교육과 관련한 여러 가지 장면에서 인간의 학습과정에 관한 연구를 하는 분야다. 그러므로 교육심리학자는 정신지체에서부터 영재교육에 이르기까지 주제별 교육방법과 학습동기의 개발에 심리학적 원리를 적용하며, 각각의 발달과정에 적합한 교육 프로그램을 개발하고 이를 실제 교육장면에 적용한다.

12) 법정심리학회

사람이 존재하거나 관련된 모든 영역이 심리학자들의 연구대상이 되므로, 심리학자들의 전문 분야는 매우 폭넓고 점차 범위도 확대되어 가고 있다. 범법자들의 문제를 다루는 범죄심리학(crime psychology), 재판과 관련하여 피의자의 인간문제에 대한 이해를 증진시키고 적절한 판단이 내려질 수 있도록 돕는 법정심리학(forensic psychology) 등이 있다.

13) 중독심리학회

중독심리학회는 중독에 대한 학술적 이해, 진단, 예방, 치료, 재활 및 정책과 관련된 심리학적 활동을 하는 것을 목적으로 2011년에 발족하였다(한국중독심리학회, 2014). 최근 미국 정부가 선정한 10대 건강과제 중 5개 분야(비만, 물질남용, 성적 난잡성, 흡연, 폭력)가 중독과 밀접하게 관련되어 있다. 한국의 경우도 인터넷도박, 게임, 쇼핑, 성, 섭식 등 다양한 중독이 중요한 개인 및 사회 문제로 등장하고 있다. 중독은 개인의 문제로 볼 수 없으며, 심리적 · 생물학적, 사회문화적 요소들을 함께 고려할 때 제대로 이해할 수 있다. 중독심리학회는 물질 및 행동 중독과 관련된 심리학적 연구, 전문서비스 제공, 정책과제를 다루고, 이 세 가지 핵심과제가 상생을 이루도록 할 뿐만 아니라 중독정신의학, 의료사회학, 문화인류학 등 인접 학문 분야와의 협력과 상생을 통해 국민의 건강과 삶의 질 향상에 전문적으로 기여하고자 한다.

14) 코칭심리학회

코칭심리학회는 코칭심리에 관한 제반 학술적 이해와 연구, 현장에의 적용을 위한 활동, 이를 수행할 코칭심리전문가의 양성 및 정책과 관련된 심리학적 활동을 하는 것을 목적으로 2011년에 발족하였다(한국코칭심리학회, 2014). 기존의 코칭은 주로 개인의 행동변화에 주목했지만, 코칭심리학은 정상적인 사람들을 대상으로 기존의 심리치료적 접근방법에 근거해 다양한 코칭모형들을 토대로 일과 일상생활에서 이들의 웰빙과 수행을 증진시키기 위한 학문이다. 이는 코칭관계의 설정과 개입과정에 심리학적 이론과 모델을 접목시키는 영역이다. 다시 말해서, 코칭심리학은 심리학을 바탕으로 한 새로운 코칭이론, 기법, 프로그램 개발, 코칭의 효과에 대한 과학적 검증, 코칭전문가 육성을 위한 커리큘럼 등에 대해 연구할 뿐만 아니라, 심리학자와 코칭과 관련된 활동을 하는 연구자, 실무자, 현장전문가와 상호 협력하여 코칭 관련 영역에 심리학적 지식이 활용될 수 있도록 돕고 있다.

2. 심리학 관련 자격증

1) 평생교육사(2급)

(1) 자격 취득 방법

① 「평생교육법」에 따라 평생교육사 2급 자격증을 취득하고자 하는 학생은 매 학기 초 개강 후 10일 이내에 평생교육사 과정 이수신청서를 학과사무실로 제출하고, 이수허가를 받은 다음 이수하여야 한다.

② 2009학년도 입학생부터 평생교육과정을 이수하려는 자는 「평생교육법」과 「평생교육법시행령」이 정하는 바에 따라 지정된 평생교육 교과목 중 공통필수 영역 및 평생교육실습(4주 이상)을 포함하여 영역별 1과목 이상, 총 10과목 이상을 이수하고(과목당 3학점) 그 성적이 각 과목을 100점 만점으로 하여 평균 80점 이상이어야 한다.

③ 필수과목은 평생교육실습을 포함하여 15학점 이상을 이수하여야 하고 선택과목은 1, 2학기 포함해서 15학점 이상 이수하여야 한다.

④ 선택과목은 기업교육론, 원격교육론, 인적자원개발론 중 1과목 이상, 노

인교육개론, 성인학습 및 상담, 아동교육론, 청소년교육개론, 시민교육론 중 1과목 이상 15학점 이상 이수하여야 한다.

⑤ 2008학번까지의 학생들은 성인학습 및 상담, 인적자원개발론, 원격교육론을 선택과목으로 개설되어 있어도 필수로 이수하여야 한다(2008년도 입학자까지는 구 교과과정 적용).

⑥ 2014년도부터 평생교육사 자격증 발급자 명의가 총장에서 교육부장관으로 이관되었다.

(2) 평생교육사 실습 운영규정

① 평생교육과정 이수자는 소속 학부(과)장의 지도를 받아 평생교육 시설을 갖춘 평생교육기관에서 평생교육실습을 실시한다.

② 2009년도 이후 입학자부터 평생교육실습 과목을 수강신청한 후 그 학기에 현장실습을 실시하여야 한다. 평생교육 현장실습 대상자는 평생교육기관에서 현장실습(최소 4주간, 총 160시간 이수)을 실시하여 이수해야 하며, 평생교육실습을 마친 후 실습일지와 실습평가서를 제출해야 한다

③ 2014학년도 2학기부터 평생교육실습 과목을 수강하려는 학생들은 평생교육론, 평생교육방법론, 평생교육경영론, 평생교육프로그램개발론 과목을 선수과목으로 모두 이수한 이후에 수강해야만 실습 인정이 가능하다.

④ 평생교육과정 교과목을 이수했으며, 실습과정까지 마치고 난 뒤 졸업예정학기 말에 평생교육사 2급 자격 발급신청서를 작성하면 자격증이 발급된다.

2) 전문상담교사(2급)

교직과정이 설치된 학과의 학생 중 교직과정을 이수하고자 하는 학생은 2학년 1학기 초에 교직과정 이수희망신청서(소정양식)를 소속 학부(과)장에게 제출해야 하며, 학부(과)장은 교직과정이수 희망자 중 인성, 적성 및 성적 등을 고려하여 3학년 1학기 시작 전에 학과별 교직정원(입학정원 10%) 이내에서 최종 교직이수 예정자를 확정 선발한다. 교직복수이수 희망자의 경우 역시 2학년에 교

구분	2008학년도 이전 입학자	2009학년도 이후 입학자
교직과정	• 전공 42학점 이상 –기본이수과목 14학점(5과목) 이상 포함 • 교직 20학점 이상 –교직이론 14학점(7과목) 이상 –교과교육 4학점(2과목) 이상 –교육실습 2학점 이상	• 전공 50학점 이상 –기본이수과목 21학점(7과목) 이상 포함 –교과교육영역 8학점(3과목) 이상 포함 • 교직 22학점 이상 –교직이론 14학점(7과목) 이상 –교직소양 4학점(2과목) 이상 –교육실습 4학점 이상

직과정 복수전공 이수희망 신청서(소정양식)를 소속전공 학과와 복수전공 희망학과에 제출하고 복수전공 교과목을 이수하되, 주전공 소속학과의 교직이수 예정자로 최종 확정 선발된 후 복수전공 희망학과별 승인 인원 2배수 내에서 학과 내규에 근거하여 최종 교직복수전공 이수대상자로 선발된다.

(1) 교직과목 수강범위

구분	2008학년도 이전 입학자	2009학년도 이후 입학자
복수전공 신청 시	• 주전공 교직과정 이수예정자만 가능 • 전공 42학점 이상[기본이수과목 14학점(5과목) 이상 포함] • 교과교육 4학점(2과목) 이상	• 주전공 교직과정 이수예정자만 가능 • 전공 50학점 이상[기본이수과목 21학점(7과목) 이상 포함, 교과교육영역 8학점(3과목) 이상 포함]
기타		• 교직 적성 · 인성 검사 1회 이상 적합 판정

(2) 교원자격증(무시험검정)

① 신청시기

교원자격증(무지원검정)의 신청은 최종 학기(4학년 2학기)에 실시하며 교원자격무시험검정서(소정양식) 및 주민등록초본 등을 제출하여 신청하고, 교원자격증 수령은 학위수여식 당일에 학과(전공)사무실에서 수령한다.

② 합격기준

구분	2008학년도 이전 입학자	2009학년도 이후 입학자
합격기준	• 교직과목 수강범위 모두 이수 • 전공 평균성적 80점 이상 • 교직 평균성적 80점 이상	• 교직과목 수강범위 모두 이수 • 졸업 전체 평균성적 75점 이상

3) 청소년상담사(3급)

매년 1회 시험이 실시되는 국가자격증이다. 2014년 기준의 자격기준은 다음과 같다.

구분	수험원서접수 (인터넷)	시험시행일	필기시험 합격 예정자 발표	응시자격 서류제출 (필기시험 합격 예정자에 한함)	응시자격 서류 심사 합격자발표 (면접 일시 및 장소 공고)	시행 지역	최종 합격자 발표
필기시험	2.24(월) 09:00 ~3.5(수) 18:00 (필기·면접 동시접수)	3.29(토)	4.23(수)	4.23(수) ~ 4.30(수)	5.23(금)	서울, 부산, 광주, 대전, 대구(5개)	
면접시험		5.31(토) ~ 6.1(일)				서울, 부산, 광주, 대전, 대구(5개)	6.18(수)

※ 필기시험과 면접시험의 원서접수기간이 같으며, 필기시험 면제자도 동일기간에 접수하여야 함.
※ 시험관련 세부사항은 한국산업인력공단 청소년상담사 홈페이지(www.q-net.or.kr/sangdamsa) 참조.
※ 면접시험은 수험인원에 따라 1일만 실시할 수 있음.

(1) 응시자격

① 대학 및 「평생교육법」에 따른 학력이 인정되는 평생교육시설의 상담관련 분야 졸업(예정)자

② 제1호에 규정된 사람과 같은 수준 이상의 자격이 있다고 여성가족부령으로 정하는 사람

여성가족부령이 정하는 그 밖의 '상담관련 분야'(「청소년기본법」 시행규칙 제7조)	제출서류
상담의 이론과 실제(상담원리 · 상담기법), 면접원리, 발달이론, 집단상담, 심리측정 및 평가, 이상심리, 성격심리, 사회복지실천(기술)론, 상담교육, 진로상담, 가족상담, 학업상담, 비행상담, 성상담, 청소년상담 또는 이와 내용이 동일하거나 유사한 과목 중 4과목 이상을 교과과목으로 채택하고 있는 학문 분야	성적증명서 또는 학과장 직인이 날인된 재학 중 1년 커리큘럼

③ 졸업예정자의 경우 해당 시험에 졸업예정자에 한하여 응시 가능하다. 예를 들어, 2014년 청소년상담사 3급 시험 응시자격은 2014년 2월 졸업예정자다.

④ 복수전공으로 상담관련 분야를 선택한 경우 인정받을 수 있다. 연계전공 혹은 부전공으로 상담관련 분야를 선택했을 경우 상담관련과목을 전공으로 4과목 이상 이수한 경우에만 인정된다.

(2) 취득절차

① 청소년상담사 시험공고는 자격검정일 최소 2개월 전에 공고한다.

② 원서교부 및 접수는 인터넷 교부 및 접수(www.q-net.or.kr)로 이루어진다. 신규응시자 및 재응시자 전원 응시원서 작성 필수다.

③ 필기시험은 5과목 필수과목과 선택 1과목 총 6과목을 본다. 필수과목은 발달심리, 집단상담의 기초, 심리측정 및 평가, 상담이론, 학습이론이고, 선택과목은 청소년이해론, 청소년수련활동론 중 1과목을 선택할 수 있다. 합격기준은 필기과목의 경우 각 과목 40점 이상이고, 전 과목 평균 60점 이상이어야 한다. 문제는 과목당 객관식 30문제로 구성된다.

④ 서류심사는 필기시험 합격자 대상으로 서류심사가 실시된다. 신규응시자는 졸업증명서, 상담관련학과 증빙서류(해당자에 한함)를 제출해야 하고, 면접시험 재응시자는 전년도 필기시험 합격자(재응시자)에 한하여 응시자격 증빙서류 제출을 면제받을 수 있다.

⑤ 면접시험은 개별면접 또는 집단면접으로 이루어진다.

⑥ 자격검정 합격자 발표

⑦ 자격연수는 11월에 실시되는데, 자격검정에 합격한 자에 한하여 본원에서

실시하는 100시간 연수를 받아야 하는데, 연수비 일부는 본인 부담이다.

⑧ 자격증 교부는 자격검정시험에 합격하고 연수를 수료한 자 본인 또는 대리인(위임장 지참)이 직접 수령해야 한다.

4) 직업상담사(2급)

직업상담사 자격증은 매년 3회 실시하는 국가자격제도다. 2014년 기준 다음과 같은 일정으로 진행된다.

구분	필기원서접수 (인터넷)	필기시험	필기합격 (예정자)발표	실기원서 접수	실기시험	최종합격 발표일
2014년 정기 기사 1회	2014.2.7 ~ 2014.2.13	2014.3.2	2014.3.14	2014.3.17/ 3.19~3.21 (3.18 제외)	2014.4.19 ~ 2014.5.2	2014.5.30
2014년 정기 기사 2회	2014.4.18 ~ 2014.4.24	2014.5.25	2014.6.5	2014.6.9 ~ 2014.6.12	2014.7.5 ~ 2014.7.18	2014.8.22
2014년 정기 기사 3회	2014.7.25 ~ 2014.7.31	2014.8.17	2014.8.29	2014.9.1 ~ 2014.9.4	2014.10.4 ~ 2014.10.17	2014.11.14

1. 원서접수시간은 원서접수 첫날 09:00부터 마지막 날 18:00까지임.
2. 필기시험 합격예정자 및 최종합격자 발표시간은 해당 발표일 09:00임.

(1) 응시자격

응시자격에 대한 제한은 없다.

(2) 취득방법

① 시행처는 한국산업인력공단이다.

② 시험과목은 필기시험과 실기시험으로 이루어진다. 필기시험과목은 직업상담학, 직업심리학, 직업정보론, 노동시장론, 노동관계법규로 각 20문제가 출제된다. 실기시험은 직업상담실무다.

③ 검정방법은 필기시험의 경우에 객관식 4지 택일형으로 100문제이고, 150분

동안 실시된다. 실기시험은 필답형으로 2시간 30분 동안 실시된다.

④ 합격기준은 필기시험의 경우에 매 과목 40점 이상, 전 과목 평균 60점 이상이며, 실기시험은 60점 이상을 맞아야 합격된다.

5) 소비자전문상담사(2급)

소비자전문상담사 자격증은 매년 2회 실시되는 국가자격제도에 의해서 발급된다. 2014년 기준 다음과 같은 일정으로 진행된다.

구분	필기원서접수 (인터넷)	필기시험	필기합격 (예정자)발표	실기원서 접수	실기시험	최종합격 발표일
2014년 정기 기사 1회	2014.2.7 ~ 2014.2.13	2014.3.2	2014.3.14	2014.3.17/ 3.19~3.21 (3.18 제외)	2014.4.19 ~ 2014.5.2	2014.5.30
2014년 정기 기사 3회	2014.7.25 ~ 2014.7.31	2014.8.17	2014.8.29	2014.9.1 ~ 2014.9.4	2014.10.4 ~ 2014.10.17	2014.11.14

1. 원서접수시간은 원서접수 첫날 09:00부터 마지막 날 18:00까지임.
2. 필기시험 합격예정자 및 최종합격자 발표시간은 해당 발표일 09:00임.

(1) 응시자격

응시자격에 대한 제한은 없다.

(2) 취득방법

① 시행처는 한국산업인력공단이다.

② 시험과목은 필기시험과 실기시험으로 이루어지는데, 필기시험과목은 소비자상담 및 피해구제, 소비자관련법, 소비자 교육 및 정보제공, 소비자와 시장이고, 실기시험은 소비자 상담 실무다.

③ 합격기준은 필기시험의 경우에는 매 과목 40점 이상이고, 전 과목 평균 60점 이상이어야 하며, 실기시험의 경우에는 60점 이상이어야 하고, 시험시간은 2시간 30분 동안 진행된다.

6) 사회조사분석사(2급)

사회조사분석사 자격증은 매년 3회 실시되는 국가자격제도다. 2014년 기준 다음과 같은 일정으로 진행된다.

구분	필기원서접수(인터넷)	필기시험	필기합격(예정자)발표	실기원서 접수	실기시험	최종합격 발표일
2014년 정기 기사 1회	2014.2.7 ~ 2014.2.13	2014.3.2	2014.3.14	2014.3.17/ 3.19~3.21 (3.18 제외)	2014.4.19 ~ 2014.5.2	2014.5.30
2014년 정기 기사 2회	2014.4.18 ~ 2014.4.24	2014.5.25	2014.6.5	2014.6.9 ~ 2014.6.12	2014.7.5 ~ 2014.7.18	2014.8.22
2014년 정기 기사 3회	2014.7.25 ~ 2014.7.31	2014.8.17	2014.8.29	2014.9.1 ~ 2014.9.4	2014.10.4 ~ 2014.10.17	2014.11.14

1. 원서접수시간은 원서접수 첫날 09:00부터 마지막 날 18:00까지임.
2. 필기시험 합격예정자 및 최종합격자 발표시간은 해당 발표일 09:00임.

(1) 응시자격

응시자격은 제한이 없다.

(2) 취득방법

① 시행처는 한국산업인력공단이다.

② 시험과목은 필기시험과 실기시험으로 이루어진다. 필기시험과목은 조사방법론 I, 조사방법론 II, 사회통계이고, 실기시험과목은 사회조사실무로 설문작성, 단순통계처리 및 분석에 대한 것을 다룬다.

③ 검정방법은 필기시험의 경우에 객관식 4지 택일형 100문제로 150분간 실시하고, 실기시험은 복합형으로 2시간 정도씩 이루어지는 작업형과 필답형으로 구성된다.

④ 합격기준은 필기시험의 경우에 매 과목 40점 이상, 전 과목 평균 60점 이상이어야 하고, 실기시험의 경우에 60점 이상이어야 한다.

7) 정신보건임상심리사

정신보건임상심리사 자격증은 임상심리학회가 주관하고, 보건복지부가 자격수여기관인 국가자격제도에 의한 것으로, 매년 최소 1회 시행을 한다. 2014년 기준 다음과 같은 일정으로 진행된다.

구분		일정
정신보건임상심리사	접수 및 전형료 납부	2014.1.13(월) 오전 10시 ~ 2014.1.15(수) 오후 5시
	학습평가	2014.2.8(토)
	결과발표	2014.2.10(월)

(1) 응시자격

① 「고등교육법」에 따른 대학 또는 이와 동등한 학력이 있다고 교육과학기술부장관이 인정하는 학교에서 심리학을 전공(보건복지부장관이 정하는 임상심리관련 과목을 이수한 경우에 한한다)한 학사학위 이상 소지자로서 보건복지부장관이 지정한 전문요원 수련기관에서 1년 이상 수련을 마친 경우

② 「국가기술자격증 시행령」 제10조 제1항에 따른 임상심리사 2급 자격소지자로서 보건복지부장관이 지정한 전문요원 수련기관에서 1년 이상 수련을 마친 경우

(2) 자격시험(시험과목)

자격시험의 시험과목은 개인심리치료 I, 심리평가 I, 정신사회재활이론, 면담기법, 정신병리학(이상심리학), 정신약물학이다.

(3) 합격기준

① 1과목(1, 2급 공통과목)의 점수가 60점 이상이어야 한다.

② 2급 이수과목의 평균점수가 60점 이상이어야 한다.

③ 다음과 같은 유의사항이 있다. 1급 수련생(석사학위 취득 후)으로 등록하여

1년차 수련을 마치고 2급 자격증을 취득하려는 수련생의 경우, 학습평가에 응시하여 합격하면, 추후 1급 자격증을 취득하고자 할 때 2급 취득 시 합격했던 공통과목(2급 이수과목, 1급 1년차 과목)은 면제된다.

(4) 자격취득 절차

① (대학)임상심리 필수 및 선택 과목 이수
② (심리학 전공) 학사학위 취득
③ 보건복지부장관이 지정한 전문요원 수련기관에서 1년 이상 수련
④ 한국임상심리학회 주관 자격시험 합격
⑤ 자격 취득

8) 상담심리사(2급)

상담심리사는 한국상담심리학회에서 주관하는 자격증으로 자격시험은 매년 6~7월에 실시하고, 자격심사는 매년 7~8월에 실시한다.

(1) 응시자격

한국상담심리학회 준회원 이상 자격 취득 후 1년 이상 경과된 자로서 다음의 각 항에 해당하는 자다.

① 상담관련 분야의 석사과정에 재학 중이거나 그 이상의 학력을 소지하고 본 학회가 인정하는 수련감독자의 감독하에 1년 이상의 상담경력을 가진 자
② 상담관련 분야의 학사학위를 취득하고 본 학회가 인정하는 수련감독자의 감독하에 2년 이상의 상담경력을 가진 자
③ 학사학위를 취득하고 본 학회가 인정하는 수련감독자의 감독하에 3년 이상의 상담경력을 가진 자

(2) 취득절차

① 먼저 학회 가입을 해야 한다. 상담관련 분야의 학사학위 취득 후 준회원으

로 가입 신청(http://www.krcpa.or.kr)을 한다.

② 상담경력 및 과목 이수조건을 충족시켜야 한다. 학사학위 취득 후, 2년(24개월) 이상의 상담경력이 있고, 학부과정 중 상담 3과목, 기초 3과목을 이수하여야 한다. 이수과목은 다음과 같다.

• 이수과목

* 상담관련과목: 심리치료이론, 집단상담, 상담사례실습, 정신병리, 심리평가, 가족상담, 청소년상담, 진로상담, 아동상담, 상담심리학, 이상심리학, 심리검사, 임상심리학, 학교심리학, 교육심리학 등
* 기초과목: 심리통계, 연구방법론, 실험설계, 동기와 정서, 성격심리학, 사회심리학, 발달심리학, 학습심리학, 조사방법론 등

• 주의사항

* 상담경력은 본 학회 1급 전문가 감독하의 상담경력만 인정
  단, 수련받을 당해년도에 1급 전문가가 슈퍼바이저 자격보유자여야 함
  (매년 슈퍼바이저 자격보유자 명단은 공지사항 참고)
* 모든 수련내용은 학회 입회일 이후부터 인정
* 학회 준회원 자격 취득 후 1년 이상 경과해야 자격시험에 응시 가능

③ 자격시험 응시를 해야 한다. 자격시험 응시서류(자격시험 응시원서, 상담경력 확인서, 학부 성적증명서, 응시료 입금증 사본, 학회비 납부 확인서)를 제출해야 한다.

• 공통사항

* 시험과목: 상담심리학, 발달심리학, 이상심리학, 학습심리학, 심리검사(5과목)
* 각 과목별 40점 이상, 평균 60점 이상 합격
* 자격시험 합격 유효기간은 5년

• 자격시험 부분 과목 면제

* 상담관련 박사학위 취득 후 2학기 이상의 해당과목 대학교 강의경력, 저서 등의 실적이 있는 자는 최대 3과목까지 면제
* 제출서류: 자격시험 응시원서/자격시험 면제신청서/강의경력 및 저서 등의 실적에 관한 증빙서류

④ 수련내용을 충족시켜야 한다. 최소 수련내용은 다음과 같다.

영역		~2009년 수료자	2010~2011년 수료자	2012년 수료자~
접수면접		-	10회 이상	10회 이상
개인상담	면접상담	2사례, 합 20회기 이상	3사례, 합 30회기 이상	4사례, 합 40회기 이상
	슈퍼비전	5회(공개사례발표 2회 포함) 이상	7회(공개사례발표 2회 포함) 이상	7회(공개사례발표 2회 포함) 이상
집단상담	참여	–	–	1개 집단
	실시	–	–	–
	슈퍼비전	–	–	–
심리평가	검사실시	5사례 이상(1사례당 2개 이상, 그중 개인용 검사 1개 포함)	10사례 이상(1사례당 2개 이상, 그중 개인용 검사 1개 포함)	10사례 이상(1사례당 2개 이상, 그중 개인용 검사 1개 포함)
	해석상담	5사례 이상	10사례 이상	10사례 이상
	슈퍼비전	2사례 이상(1사례당 2개 이상, 그중 개인용 검사 1개 포함)	5사례 이상(1사례당 2개 이상, 그중 개인용 검사 1개 포함)	5사례 이상(1사례당 2개 이상, 그중 개인용 검사 1개 포함)
	검사종류	• 자격검정위원회에서 인정하는 개인용 검사(예: MMPI, HTP, BGT, DAP, SCT, KFD), 성인 및 아동용 개인용 지능검사(예: K-WAIS, K-WPPSI, K-WISC, KEDI-WISC, K-ABC) 등		
		• 자격검정위원회에서 인정하는 표준화 검사(개인용 이외의 검사)−검사의 실시, 채점, 해석 등 전 과정이 표준화되어 있고, 공인된 출판사에서 제작, 판매하는 검사(예: 성격진단검사, 적성진단검사, MBTI 등)		
		• 단, 한 검사가 전체 사례의 1/2을 초과할 수 없음(검사 실시, 해석, 슈퍼비전 모두 해당함)		
공개사례발표		분회, 상담사례 토의모임에서 개인상담 2사례 이상, 총 10회기 이상 −3주 이상 간격을 두고 발표 −외국자격증 소지자로 자격시험 면제자는 개인상담 1사례, 총 10회기 이상		
공개사례발표		학회 학술 및 사례 심포지엄(월례회) 2회 이상을 포함하여 분회, 상담사례 토의모임에 총 10회 이상 참여		

⑤ 자격심사를 청구한다. 자격심사 청구서류를 제출해야 하는데, 1차 심사는 서류심사이고 2차 심사는 면접심사다.

⑥ 자격증 취득은 한국심리학회 정회원 가입 및 취득 연도 연회비 납부를 완료하고, 한국상담심리학회 취득 연도 연회비 납부가 완료되고, 자격변경에 따른 연회비 차액 납부가 완료되면 자격증 수여식에 참석하여 자격증을 수령한다.

9) 산업 및 조직심리사

산업 및 조직심리학회에서 매년 1, 2회 시행하고, 자격심사 및 자격수련 일정은 매년 1~2월 학회 홈페이지에 공지한다. 2013년 기준 다음과 같은 일정으로 진행되었다.

(1) 13회차 산업 및 조직심리사 자격증 시험일정

① 필기시험: 2013년 11월 9일(토) 2:00~4:00 p.m.

② 원서접수: 2013년 10월 21일(월)~11월 1일(금) 18:00까지

(2) 자격증 취득 절차

필기시험 ⇨ 수련 교육과정 이수 ⇨ 자격심사 ⇨ 자격증 부여

(3) 응시자격

심리학과나 관련학과의 전공을 하고 있는 자(복수전공, 부전공 모두 가능)로 현재 심리학 전공 교과목을 18학점 이상 수강한 재학생과 이러한 조건을 충족한 졸업생

(4) 자격증 수여 조건

① 자격증 수여를 위한 제출서류는 필기시험 합격증, 수련 교육과정 이수 필증, 학부 졸업(또는 예정)증명서, 학부 성적표다.

② 한국심리학회(http://www.koreanpsychology.or.kr)에 준회원 등록 후 해당

회비를 납부 처리해야 한다.

10) 임상심리사(2급)

정신보건임상심리사 자격증은 임상심리학회가 주관하고, 한국산업인력공단에서 시행하는 국가자격제도에 의한 것으로 매년 1회 시행한다. 2014년 기준 다음과 같은 일정으로 진행된다.

• 2014년 기준

구분	필기원서접수(인터넷)	필기시험	필기합격(예정자)발표	실기원서 접수	실기시험	최종합격 발표일
2014년 정기 기사 3회	2014.7.25 ~ 2014.7.31	2014.8.17	2014.8.29	2014.9.1 ~ 2014.9.4	2014.10.4 ~ 2014.10.17	2014.11.14

1. 원서접수시간은 원서접수 첫날 09:00부터 마지막 날 18:00까지임.
2. 필기시험 합격예정자 및 최종합격자 발표시간은 해당 발표일 09:00임.

(1) 응시자격

임상심리사 2급은 임상심리와 관련하여 1년 이상 실습수련을 받은 자 또는 2년 이상 실무에 종사한 자로서 대학졸업자 및 졸업예정자 등이다.

(2) 취득방법

① 시행처는 한국산업인력공단이다.

② 시험과목은 필기시험과 실기시험으로 이루어진다. 필기시험과목은 심리학개론, 이상심리학, 심리검사, 임상심리학, 심리상담(상담심리학)이고, 실기시험과목은 임상실무로 시험시간은 3시간이다.

③ 합격기준은 필기시험은 매 과목 40점 이상, 전 과목 평균 60점 이상이어야 하고, 실기시험은 60점 이상이어야 한다.

11) 발달심리사

발달심리사는 한국발달심리학회가 주관하는 자격증으로 매년 최소 1회 시행한다. 2014년에는 1월 25일 자격시험이 실시되었는데, 시험일시 관련사항은 발달심리학회 홈페이지 공지사항에 기재한다.

(1) 응시자격

심리학과나 관련학과를 전공한 자로서 발달심리학회 회원 또는 입회를 신청한 자, 즉 관련학과에서 3년 이상의 학부과정을 이수한 자, 학부전공과는 별개로 관련 전공 대학원에서 3학기 과정을 이수한 자도 응시 가능하다.

(2) 취득절차

한국발달심리학회에 가입을 한 후(http://baldal.or.kr), 연 1회 시행하는 발달심리전문가 및 발달심리사 자격시험을 위한 워크숍에서 발달심리전문가 과정을 이수한 후에 필기시험을 응시할 수 있다.

(3) 필기시험

① 공통 및 필수 과목은 아동(발달)심리, 청년심리, 장 · 노년 심리이고, 선택과목은 발달장애, 상담심리, 성격심리, 심리검사, 가족관계, 인지심리, 생리심리 7과목 중 2과목을 선택할 수 있다.

② 합격은 필기시험에서 각 과목 100점 만점에서 전체 평균이 70점 이상이고 모든 과목이 60점 이상이어야 한다.

③ 전체 과목 평균이 70점 이상인 자로서 60점 미만의 과목이 있을 경우에는 차기 시험에 한해서 합격한 과목들을 면제받을 수 있다.

④ 합격하지 못한 과목은 차기에 한하여 유효하며 연속 2년 이내에 합격하지 못했을 때는 전 과목을 무효로 한다.

제 3 장

감각과 지각

PSYCHOLOGY

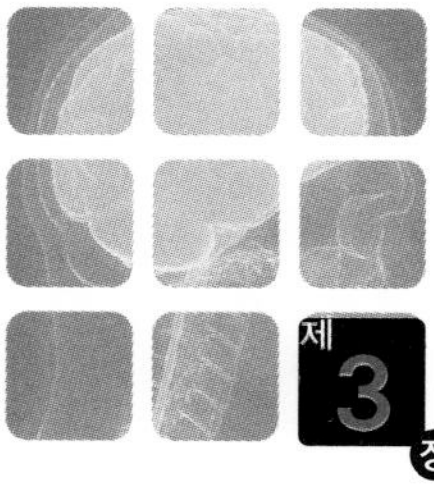

제3장 감각과 지각

우리는 아침에 눈을 떠서 밤이 되어 잠들 때까지 끊임없이 외부 환경 자극에 노출된다. 그럼에도 우리는 이렇게 폭주하는 환경 자극을 관리하는 데 별다른 어려움을 느끼지 않는다. 일례로, 인파에 섞여 있는 친구를 알아보고는 반갑게 인사를 하기도 하고, 하굣길에 건널목에서 파란불이 들어오면 길을 건너도 된다는 신호임을 알아차려 길을 건넌다. 덩치 큰 개가 이빨을 드러내고 으르렁거리며 다가오면 도망갈 준비를 하고, 어떤 사람이 마주 보고 걸어오면 부딪히지 않기 위해 한쪽으로 피할 줄도 안다. 이 모든 것은 우리가 감각기관에 입력되는 외부 자극인 원감각 정보로부터 의미를 만들어 적절하게 행동하기 때문에 가능하다. 이 장에서는 이처럼 외부로부터 감각기관에 제공되는 원감각 재료에 어떻게 의미를 부여하는지 알아볼 것이다. 먼저 감각(sensation)을 다루고, 다음으로 우리의 감각기관에서 수집된 정보를 분류, 분석, 해석하고 통합하는 지각(perception)에 대해 살펴보기로 한다.

1. 감 각

1) 감각 과정

우리는 외부 자극에 어떻게 반응하는 것일까? 먼저 외부 자극은 시각, 청각, 미각, 촉각 그리고 후각의 특정 감각기관의 수용기 세포(receptor cell)를 자극한다. 더 정확하게 이야기하자면, 특정 형태의 에너지가 수용기 세포를 자극한다. 시각 수용기 세포는 빛의 파장 에너지에, 그리고 청각 수용기 세포는 공기 압력 에너지에 자극된다. 감각 수용기 세포가 에너지에 반응하려면 이들 에너지는 일정 범위 내에 있어야만 한다. 개가 들을 수 있는 소리를 인간이 듣지 못하는 것은 공기 압력 에너지가 인간의 청각 수용기 세포를 자극할 수 있는 범위 밖에 있기 때문이다.

수용기 세포가 에너지를 받아들이면 수용기에서는 전기화학적 신경신호가 발생하며, 이 신경신호는 중추신경계(central nervous system)를 따라 대뇌로 전달된다. 물론 대뇌로 전달되는 신경신호는 감각 수용기 세포가 받아들인 에너지 유형에 따라 다르다. 튀김 냄새인 후각 수용기가 생성한 신경신호와 파란 신호등에 대한 시각 수용기가 생성한 신호는 같지 않다. 이렇게 전달된 신경신호에 의해 대뇌는 비로소 감각 경험을 만들어 낸다. 이렇듯 감각이란, 우리의 감각기관이 환경 자극에 반응하여 환경 자극이 신경충동으로 번역되어 대뇌로 전달되는 자극탐지 과정이다.

2) 감각 식역

신제품 음료 시음회에 참가해 본 적이 있는가? 통상 브랜드가 가려진 두세 개의 컵에 음료가 들어 있고, 참가자가 해야 할 일은 어떤 컵에 있는 음료가 더 단맛이 강한지 혹은 쏘는 맛이 강한지를 평가하거나 알아맞히는 것이다. 피곤하여 대야에 발을 담그고 있다가 물이 식어서 뜨거운 물을 조금씩 대야에 붓다가 어느 순간 '더 이상 뜨거우면 곤란하겠는 걸.' 하고는 뜨거운 물 붓기를 멈춘적이 있을 것이다. 이러한 일상 경험은 이제 우리가 알아보려고 하는 감각 식역(threshold)에 관한 것이다.

(1) 절대 식역

우리가 환경에 존재하는 모든 물리적 자극을 알아차릴 수 없다는 것은 너무나 명백하다. 그러면 환경에 존재하는 물리적 자극을 우리의 감각기관이 탐지할 수 있으려면 그것은 얼마만큼 강해야 할까? 이러한 의문이 바로 절대 식역(absolute threshold)에 관한 것이다. 절대 식역이란 유기체가 물리적 자극의 존재를 알아차리는 데 필요한 최소한의 에너지 강도라 정의할 수 있다. 물론 개인차가 있긴 하지만 대체로 우리의 감각은 놀랄 만큼 민감하다. 감각 유형별 절대 식역은 〈표 3-1〉과 같다(Galanter, 1962). 다만 절대 식역에 대한 실험실 검사결과는 이상적 조건에서 나온 것임을 참고할 필요가 있다.

우리의 감각 민감성은 물리적 자극이 어떤 배경에서 제시되느냐에 의해 영향을 받는다. 우리는 보름달이 있을 때에 비해 달이 뜨지 않은 칠흑 같이 어두운 밤에 별을 더 잘 볼 수 있다. 책상 위 시계의 째깍거리는 소리는 많은 소음으로 가득한 낮보다는 잠자리에 든 조용한 시간에 더 잘 들린다.

감각 민감성은 물리적 요인뿐만 아니라 심리적 요인에 의해서도 영향을 받는다. 이에 관한 것이 신호탐지이론이다. 신호탐지이론(signal detection theory)에 의하면 절대 식역은 고정된 물리적 크기가 아니라 신호 자극이 그것의 탐지를 방해하는 소음(noise)과 동시에 존재할 때 다른 방해 자극과 식별되어 탐지되는 것이다. 이런 식별을 위해 사람들은 결정 기준을 정해 놓고 판단 반응을 하게 되는데, 이때 반응 유형은 적중, 헛 경보, 실수, 정확 거부의 네 가지 범주 중

〈표 3-1〉 감각 유형에 따른 절대 식역

감각	절대 식역
시 각	맑고 어두운 밤 50km 떨어진 거리에서 빛나는 촛불
청 각	조용한 환경의 6m 거리에서 들리는 시계의 째깍거리는 소리
촉 각	뺨으로부터 1cm 높이에서 떨어진 벌의 날개
미 각	500l의 물에다 넣은 한 스푼의 설탕
후 각	방 3개짜리 아파트에 떨어뜨린 한 방울의 향수

하나가 된다. 적중(hit)은 목표 자극이 제시되었을 때 정확히 탐지하는 반응이고, 헛 경보(false alarm)는 목표 자극이 제시되지 않았는데도 목표 자극을 탐지하였다고 반응하는 것이다. 실수(miss)는 목표 자극이 제시되었는데도 제시되지 않았다고 판단하는 반응이며, 마지막으로 정확 거부(correct rejection)는 목표 자극이 제시되지 않았을 때 제시되지 않았다고 바르게 판단하는 반응이다. 이러한 네 가지 반응 범주의 비율은 대체로 다음의 세 가지 요인에 의해 결정된다.

- 신호 자극과 방해 자극 간의 관계로 방해 자극이 신호 자극과 유사하거나 관련성이 높을수록 헛 경보와 실수 반응이 증가한다.
- 판단 기준을 엄격하게 하면 실수는 많아지지만 헛 경보는 거의 나타나지 않는다.
- 신호 자극에 대한 개인차로 사람마다 신호 자극에 대한 민감도가 다르기 때문에 반응 범주에서 차이가 나타난다. 개인의 집중력을 예로 들 수 있다.

심리적 요인으로서 관찰자의 동기와 기대도 판단에 영향을 미친다. 신호탐지이론을 적용하는 심리학자는 적절한 통계 절차를 사용해 관찰자 요인이 상이한 상황에서 감각 자극에 대한 판단에 어떻게 영향을 미치는지를 이해하려고 한다. 신호탐지이론은 공군의 레이더 기사, 목격자의 피의자 판단 등 실생활의 중요한 측면에 적용된다.

(2) 차이 식역

맛이건, 소리건, 빛이건 간에 우리가 자극 간에 차이가 있는지를 알아채려면 물리적 자극이 얼마나 더 강해야 하는 것일까? 이러한 질문이 차이 식역에 관한 것이다. 차이 식역(differential threshold)이란 2개의 자극을 지각적으로 구분하는 데 필요한 최소한의 에너지 변화다. 차이 식역은 최소 가지 차이(just noticeable difference: JND)라고도 한다. 예를 들어, 두 자극의 차이를 알아보려 한다고 하자. 첫 번째 자극을 100g으로 고정시키고, 두 번째 자극을 시행마다 조금씩 무게를 증가시키면서 두 자극의 차이가 있는가를 보고하게 한다고 하자. 만약 107g에서 다른 한 자극이 더 무겁다고 반응한다면 차이 식역은 7g이 된다. 두 자극의 차이를 변별할 수 있는 최소한의 물리적 에너지인 차이 식역은 물리적 강도와 관련이 있다. 그러나 둘 간의 관련성은 다음과 같이 여러 학자에 따라 다르게 설명된다.

- **베버(Weber)의 법칙**: 처음 제시한 자극 강도가 약하면 최소 가지 차이가 적고, 처음 제시한 자극 강도가 강하면 최소 가지 차이는 비례적으로 증가한다. 이는 $I / I=K$의 식으로 표현된다. 여기서 I는 최소 가지 차이고, I는 물리적 자극의 강도며, K는 상수(constant)다.
- **페히너(Fechner)의 법칙**: 물리적 자극 강도가 최소 에너지 수준에서 최대 에너지 수준까지 변화할 때의 감각 강도를 측정하는데, 물리적 강도가 대수함수(logarithmic function)로 증가할 때 감각 강도는 산술적으로 증가한다. 이는 $S=ClogM$으로 표현된다. 여기서 S는 감각 강도이고, C는 감각 상수이며, M은 물리적 자극 강도다.
- **스티븐스(Stevens)의 법칙**: 물리적 강도가 역함수(power function)로 증가할 때 감각 강도는 산술적으로 증가한다. 이는 $S=aIn$으로 표현된다. 여기서 S는 감각 강도이고, a와 n은 감각 상수이며, I는 물리적 자극 강도다.

3) 감각 적응

우리의 감각은 유연하기 때문에 동일한 자극에 지속적으로 노출되면 자극 강도에 대한 민감도는 변하게 된다. 처음에는 큰 소리의 소음이라도 그 소리를 자꾸 듣게 되면 시간이 지나면서 덜 큰 소리로 들린다. 이러한 현상을 감각 적응(sensory adaptation)이라 한다. 감각 적응은 어떤 자극에 익숙해져서 그 자극에 대한 준거 틀에 변화가 발생함으로써 야기되는 것이다.

그러면 이러한 감각 적응의 기제는 무엇일까? 우리의 감각신경 수용기 세포는 변화에 민감하며 자극에 대한 정보를 쉬지 않고 계속 대뇌로 보낸다. 하지만 동일한 자극에 지속적으로 노출되면 수용기 세포는 더 이상 그 자극에 대한 메시지를 대뇌로 보내지 않기 때문에 자극에 대한 민감도에 변화가 야기되는 것이다. 감각 적응은 청각에만 해당되는 것은 아니며 시각, 촉각 등의 모든 감각 양상에 적용되는 현상이다.

2. 지 각

지금까지 감각기관이 외부의 물리적 자극을 수집하는 감각 과정과 그에 상응하는 감각 경험을 알아보았다. 감각기관으로부터 수집된 정보를 분류, 분석, 해석하고 통합하여 의미를 부여하는 과정을 지각(perception)이라고 한다. 지각은 능동적인 과정이기 때문에 동일한 감각정보라 하더라도 다르게 해석될 수 있다. [그림 3-1]을 보라. '13'은 어떤 맥락에 놓이느냐에 따라 다르게 해석된다. 알파벳 맥락에서는 'B'로 보이지만, 숫자 맥락에서는 숫자 13으로 보인다.

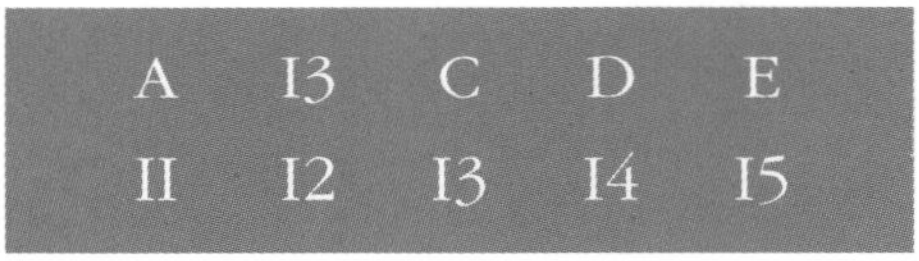

[그림 3-1] 지각의 능동성/13과 알파벳 B

이러한 지각 경험은 상향식 처리(bottom-up processing)와 하향식 처리(top-down processing)의 두 가지 처리과정에 의존한다. 상향식 처리는 자극의 개별 요소를 받아들여서 그것들을 하나의 통합된 지각으로 결합한다. 한편, 하향식 처리는 기존 지식이나 기대를 토대로 감각 정보를 해석한다.

이제부터는 지각에 대해 자세히 알아볼 것이다. 먼저, 지각이 일어나기 위한 전제 조건인 주의(attention)에 대해 알아보고, 다음으로 외부의 자극요소를 조직화하고 의미를 부여하는 지각과정에 대해 알아본다.

1) 주 의

우리는 매일 엄청나게 많은 외부 자극에 노출된다. 노출(exposure)이란 외부 자극이 우리의 특정 감각기관이 알아차릴 수 있는 범위 내에 떨어지는 것이다. 건널목을 건널 때 지나가는 사람들, 맞은편 가게에 진열된 제품과 간판, 지나가는 자동차, 자전거를 타고 가는 사람 등 많은 자극이 우리의 망막을 자극한다. 하지만 길을 건너기 위해 신호등의 불이 바뀌는지 쳐다보는 순간에는 마치 주위의 많은 자극이 사라진 것처럼 느끼게 된다. 이러한 현상은 비록 시각기관이 외부의 많은 정보를 받아들이지만 우리가 그중 일부 자극만을 의식하기 때문에 일어난다.

[그림 3-2] 루빈의 술잔

건널목 건너기와 같이 어떤 상황에서 적절한 행동을 하려면 우리는 외부의 수많은 자극 중 특정 자극을 선택하지 않으면 안 된다. 왜 그럴까? 우리의 감각기관이 외부의 자극을 처리하는 용량에는 한계가 있기 때문이다. 주어진 순간에 우리의 감각기관에 존재하는 여러 자극 중에서 특정 자극에만 정신적 에너지를 집중하는 과정을 주의 또는 주의 집중이라고 한다. [그림 3-2]를 보았을 때 당신은 무엇을 보는가? 실제 그림에는 술잔과 마주 보는 여인의 두 가지 도형이 들어 있다. 하지만 우리가 어느 한 도형을 보는 순간, 나머지 한 도형은 마치 사라진 것처럼 경험하지 못한다. 이 같은 가역성 도형의 예는 우리가 외부 자극을 의식하는 것은 제한적임과 동시에 선택적이라는 것을 보여 준다.

그런데 우리는 알아차리지 못한 외부 자극에 의해서도 영향을 받을까? 주의와 관련하여 심리학자의 관심을 끈 흥미로운 질문은 '역하 지각(subliminal perception)'에 관한 것이다. 역하 지각이란 우리가 알아차리지 못한 자극에 대한 지각이다. 단어나 문장 또는 소리나 냄새 등 감각기관을 자극하는 모든 것이 이에 해당될 수 있다. 하지만 역하 지각에서 이들 자극은 '알아차렸다'고 할 수 있을 만큼 강하지 않다. 예컨대, 순간노출기를 사용하여 피험자가 알아차리지 못할 만큼 짧은 시간에 스크린에 성격 특징을 묘사하는 단어를 제시하면 피험자는 스크린에 어떤 단어가 있었는지 알아채지 못한다. 그럼에도 불구하고 이후 인상 형성 과제에서는 순간노출기로 제시된 단어들의 영향을 받는 것으로 나타났다(Bargh & Pietromonoco, 1982). 하지만 역하 지각이 태도나 행동에 실질적 영향을 미치는지에 대해서는 회의적인 결과를 보고하는 연구도 있다.

그린왈드와 동료들(Greenwald, Spangenberg, Pratkānis, & Eskenazi, 1991)은 자존감 향상이나 기억력 증진을 희망하는 지원자를 모집하고 이들에게 자존감이나 기억력 향상용으로 제작된 3개의 오디오테이프를 구입하여 제공하였다. 이 3개의 테이프에는 각각 고전음악, 대중음악, 그리고 나무가 바람에 움직이는 소리 등 '실제 들을 수 있는' 소리와 함께 자존감이나 기억력을 향상할 목적으로 삽입된 역하 자극이 담겨 있었다. 연구자들은 역하 지각의 효과를 입증하기 위해 테이프의 제목을 조작하였다. 예컨대, 기억력 향상을 희망하는 지원자에게는 실제 내용은 자존감 향상이었지만 제목은 기억력 향상의 테이프를 제공한 것이다. 그리고 통제집단의 지원자에게는 제목을 조작하거나 알려 주지 않은 상태로 테이프를 제공하였다. 몇 달 동안 테이프를 들은 후 자존감이나 기억력 향상을 측정한 결과, 통제집단에서는 아무런 효과가 없음을 발견하였다. 하지만 제목을 알려 준 지원자의 경우는 테이프의 내용과 관계없이 제목과 일치하는 향상을 보고하였다. 이처럼 역하 지각의 영향에 대해 회의적인 결과가 많음에도 불구하고 관심과 연구는 지속되고 있다.

2) 지각 조직화

환경 자극을 의미 있는 것으로 경험하려면 우리는 복잡한 자극을 단순화하고 이해 가능한 것으로 전환해야 한다. 20세기 초에 일단의 독일 심리학자들은 우리가 어떻게 외부의 감각 정보를 해석하는지에 관심을 가졌다. 그들은 우리가 외부의 감각 자극을 조직화하여 '형태(gestalt)'를 구성한다는 것을 발견하였다. 그래서 그들을 형태주의 심리학자라고 한다. 형태는 '전체' '형상' 또는 '양식(pattern)'을 의미하는 것으로, 이들 독일 심리학자들은 '전체는 부분의 단순 합 그 이상'이라고 말하기를 좋아한다. 어떤 대상의 조합이 만들어 내는 결과는 대상들을 단순히 합한 것 그 이상이라는 것이 형태주의 심리학의 기본 원리다. 환경 자극에 대한 우리의 지각은 그 자극을 구성하는 개별 요소에 대한 우리의 감각을 넘어서는 것이며, 그 과정은 능동적이며 구성적이다. [그림 3-3]을 보라.

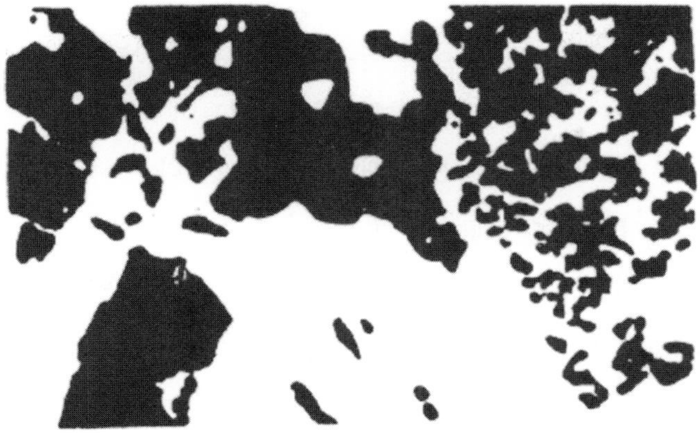

[그림 3-3] 이 그림에서 무엇을 보았는가?
우리의 지각능력은 자극을 구성하는 부분들의 단순 합을 능가한다.

지각 조직화(perceptual organization)는 부분과 전체 간 관계의 본질, 그리고 그것들의 결정기제이며 우리가 어떤 자극이나 대상과 관련된 많은 요소를 통합하는 심리적 기제다. 형태주의 심리학은 현상학적 방법론과 환원주의적 태도를 취하며, 부분과 전체 간 관계에 초점을 맞추고 최소화의 이론적 원리를 따른다(Kubovy, 1999). 우리는 어떤 대상을 가급적 단순하고 완전하며 의미 있는 것으로 지각하려 한다. 이런 과정은 무의식적이다. 따라서 지각이란 기본적인 감각요소들로 구성된다고 주장하는 구조주의자나 지각을 공간적 또는 시간적 근접성에 의한 연합으로 단순화하는 연합주의자의 가정을 거부하고, 자극 구조와 그에 상응하는 대뇌 활동 간의 상호작용에 의해 생겨나는 전체적이고 조직화된 것으로 규정한다.

(1) 형태 지각

형태 지각은 다양한 지각현상과 형태주의 심리학파와 관련된 이론적 원리로서, 도형과 배경 그리고 집단화를 주요 원리로 다룬다.

① 도형과 배경

형태 지각의 주요 현상 중 하나는 도형과 배경의 조직화다. 도형(figure)은 지각의 초점으로 자극에서 보다 두드러진 요소로 받아들이는 부분이며, 배경

[그림 3-4] 보링의 아내와 계모

(ground)은 상대적으로 덜 두드러진 것으로 지각되는 부분이다. 우리가 형태를 지각하려면 우선적으로 도형과 배경의 분리가 이루어져야 한다. 도형-배경 조직화를 지배하는 원리를 '다른 사정이 같다면(ceteris paribus)' 규칙이라 한다. 이는 다른 모든 것이 동일하다면 주위를 둘러싸고 있고, 상대적으로 작고, 대비가 되고, 볼록하게 튀어나와 있거나 대칭적 영역을 도형으로 보는 경향이 있다.

[그림 3-4]처럼 도형과 배경이 역전되어 나타날 수 있다. [그림 3-4]는 어떤 때는 젊은 여인의 얼굴로 보이고, 어떤 때는 노파의 얼굴로 보인다. [그림 3-2]의 경우에도 흰 부분에 초점을 맞추면 술잔으로, 검은 부분에 초점을 맞추면 두 사람이 마주 보는 얼굴로 지각된다. 이처럼 도형과 배경은 역전될 수 있기 때문에 도형과 배경을 분리하는 과정에서 원하는 바가 도형으로 분리되도록 하는 것이 무엇보다 중요하다.

② 집단화 원리

우리는 혼란스럽고 역동적인 자극 요소를 통합하여 응집된 하나의 전체로 볼 수 있도록 가능한 한 단순하게 형태를 지각하려는 경향이 있는데, 이런 경향성을 집단화 원리라고 한다(Wertheimer, 1923). 집단화 원리(principles of grouping)는 여러 요소를 분리된 낱개의 단위가 아니라 묶음으로 지각하는 것이다.

집단화 원리에는 근접성, 유사성, 연속성, 완결성, 연결성 등이 있다([그림 3-5] 참조). 근접성(proximity)은 한 자극 요소를 공간적 · 시간적으로 가장 가까운 다른 자극 요소와 관련지어서 지각하는 경향이다. 유사성(similarity)은 자극 요소 중 크기나 색상이 유사한 것끼리 관련지어서 지각하는 경향성이며, 연속성(continuation)은 자극 요소를 분리하여 단절된 것으로 지각하는 것이 아니라 연속적인 것으로 지각하는 것을 말한다. 완결성(closure)은 자극이 불완전할 때 불완전한 부분을 완전하게 채워서 가급적 완전한 자극으로 지각하는 경향성이다. 마지막으로 연결성(connectedness)은 연결된 대상이 있을 때 그것을 하나의

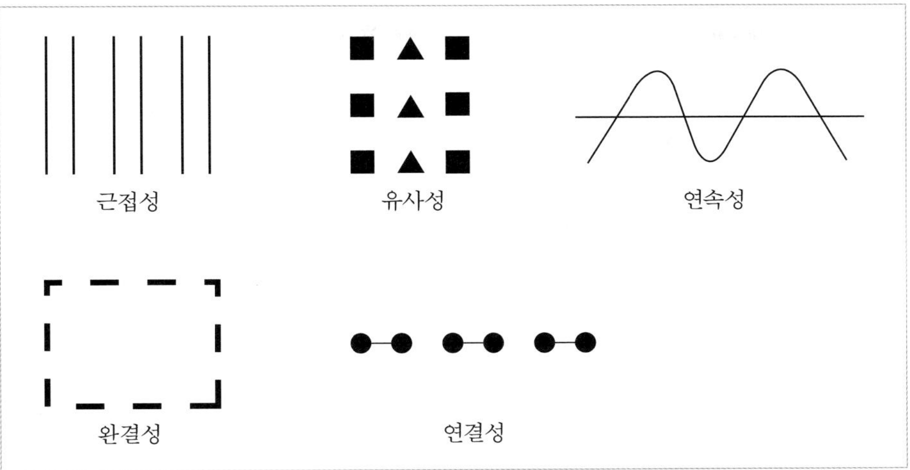

[그림 3-5] 근접성, 유사성, 연속성, 완결성, 연결성

단위로 지각하는 것이다.

(2) 특징 분석

지각의 형태주의 관점은 자극을 구성하는 개별 요소보다는 통합된 하나의 완전한 전체를 강조한다. 하지만 외부 자극의 지각에 대한 다른 접근도 있다. 특징 분석(feature analysis) 접근은 모양이나 장면, 대상에 대한 지각은 일차적으로 그것을 구성하는 개별 요소에 반응함으로써 이루어지며, 우리는 이들 개별 요소의 특징에 대한 분석결과를 토대로 지각 대상의 성격을 이해한다고 본다. 이러한 특징 분석은 세 단계에 걸쳐 이루어진다. 첫 번째 단계에서는 망막에 맺힌 대상의 이미지를 토대로 대상의 특징에 대한 확인이 이루어진다. 두 번째 단계에서는 요소들의 결합이 이루어지고 그것이 대뇌에서 하나의 총체적인 대상으로 표상된다. 마지막 단계에서는 기억에 저장된 정보와 그것을 대조한다. 비더만(Biederman, 1987)은 특징 분석에서 한걸음 더 나아가 자극의 형태 지각이 구성요소 간의 관계에 의해 이루어진다고 보았다. 그는 단지 36개의 구성요소[이를 지온(geons)이라 함]만 있으면 대부분의 사물을 인식할 수 있음을 보여 주었다([그림 3-6] 참조).

특징 분석에서와 같이 지각이 자극의 세부 구성요소를 분해함으로써 이루어진다면 완전하지 않고 모호한 자극에 대한 이해는 어떻게 가능한 것일까? 우리

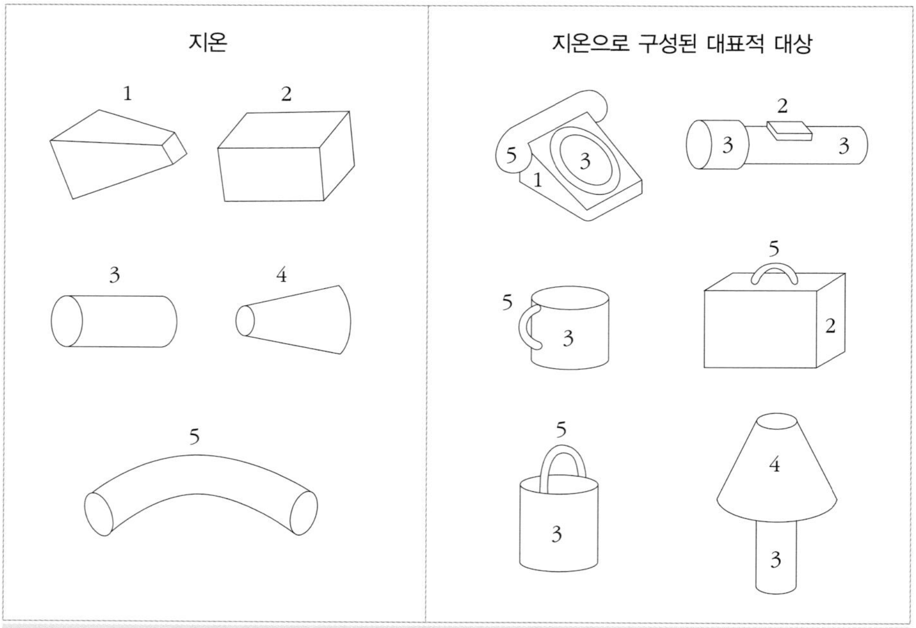

[그림 3-6] 지온의 예

가 불분명하고 모호한 자극도 어려움 없이 이해한다는 것은 우리의 지각이 한 가지 방식에만 의존하지 않음을 시사한다. 앞서 설명하였듯, 우리의 지각은 두 가지 방식에 의해 이루어진다. 하나는 하향식 처리이며, 다른 하나는 상향식 처리다. 상향식 처리는 자극의 개별 구성요소에 대한 정보의 재인과 처리로 이루어진다. 예컨대, 문장의 이해는 개별 낱자에 대한 인식 없이는 불가능하다. 한편, 하향식 처리에서의 지각은 고차 수준의 지식이나 과거 경험, 기대 그리고 동기에 의해 영향을 받는다. 하향식 처리는 자극의 지각에서 맥락이 중요한 역할을 한다는 점에서 상향식 처리와의 차이가 잘 드러난다. 상향식 처리와 하향식 처리는 모두 우리가 세상을 이해하는 데 중요한 역할을 한다([그림 3-1] 참조).

3) 공간 지각

공간 지각은 거리와 깊이에 대한 지각이다. 우리는 끊임없이 자신과 다른 대상 사이의 거리를 판단해야 한다. 강의실을 지나 걸어갈 때도 거리 지각은 책상에 부딪히거나 기둥에 받혀 넘어지는 일을 피하는 데 도움이 된다. 팔을 뻗어 무언가를 잡으려 할 때에도 팔을 얼마나 뻗어야 할지 판단한다. 또한 대상의 깊이를 판단하는 데도 공간 지각은 필수다. 우리가 살아가는 환경은 3차원의 세계다. 환경의 3차원에 대한 정보는 2차원인 우리의 망막 표면에 투영되어 대뇌로 전달되고 3차원으로 해석된다. 이런 과정은 우리 스스로 지각하지는 못하지만 2차원적인 정보에서 3차원을 느낄 수 있도록 만들어 주는 다양한 단서가 있기에 가능한 것이다. 깊이에 대한 정보 출처를 깊이 단서라고 하는데, 여기에는 안구운동 단서와 시각 단서가 있으며, 시각 단서는 다시 단안 단서와 양안 단서로 구분된다(Sekuler & Blake, 1985).

(1) 안구운동 단서

공간 지각에서 안구의 근육운동으로부터 거리나 깊이 지각에 대한 단서를 얻는데, 이를 안구운동 단서(oculomotor cues)라 한다. 안구운동에는 조절과 수렴이 있다. 조절(accomodation)은 물체의 거리에 따라서 수정체의 두께가 자동적으로 변하는 것을 말하는데, 수정체가 두꺼워질수록 물체가 가까이 있는 것으로 지각하게 된다. 수렴(convergence)은 물체의 거리에 따라 두 안구가 좌우로 위치를 변화시키는 것을 말한다. 아주 먼 곳에 있는 물체에서 반사된 에너지는 두 눈에 거의 일직선으로 투영되지만, 아주 가까운 곳에 있는 물체에서 반사된 에너지는 두 눈에 서로 다른 각도로 투영된다. 예컨대, 어떤 물체를 미간 사이로 가까이 가져가면 이 물체에 초점을 맞추기 위해 두 눈의 중심부는 코 쪽으로 각도가 조정된다. 두 눈의 초점이 중심부로 모이는 정도가 심할수록 물체가 가까운 곳에 있는 것으로 지각하게 된다.

(2) 시각 단서

시각 단서는 한쪽 눈을 사용할 때 가용한 단안 단서(monocular cues)와 양쪽 눈 모두를 사용할 때 가용한 양안 단서(binocular cues)로 구분된다. 단안 단서에는 중첩, 크기, 원근법 그리고 운동 시차가 있으며, 양안 단서에는 양안 부등이 있다.

① 중첩

중첩(interposition)은 어떤 물체가 다른 물체의 일부를 시야에서 가리고 있을 때, 가려진 물체가 가리는 물체보다 멀리 있는 것으로 지각되는 것이다. 중첩 단서는 물체와 우리 눈 간의 실제 거리가 아니라 물체 간의 상대적 거리를 나타낸다. 이 중첩 단서는 착시현상을 일으킨다.

② 크기

크기(size)로도 깊이 지각이 가능하다. 큰 사물은 작은 물체보다 가까이 있는 것으로 지각된다. 크기가 공간 지각에 사용될 수 있는 것은 개인과 물체 간의 거리가 달라짐에 따라서 그 사물이 망막에 맺히는 상의 크기가 변하기 때문이다. 물체의 크기에 익숙하다면 망막상의 크기로부터 사물이 얼마나 멀리 떨어져 있는지 판단할 수 있다. 망막에 맺히는 상의 크기가 변화함에도 불구하고 사물의 크기를 동일하게 지각하는 경향성을 크기 항상성(size constancy)이라 한다. 크기 항상성은 관찰자가 사물로부터 객관적인 거리를 고려하여 크기를 해석하기 때문에 나타난다. 이처럼 크기는 지각된 거리의 결정 요인으로 고려될 수 있다. 특수하게 꾸며진 방에 동일한 크기의 두 명의 여성을 다른 거리에 위치시켜 다르게 보이도록 하는 '아메스의 방(Ames room)'이나 하늘 높이 있을 때보다 수평선에 있는 달이 더 크게 보이는 달 착시(moon illusion)도 크기가 거리 지각의 단서임을 보여 주는 예다.

[그림 3-7] 아메스의 방

③ 원근법

원근법(perspective)은 표면이나 사물의 외양이 관찰자와 멀리 떨어짐에 따라 달라지는 것을 말한다. 원근법을 통해 물리적으로 동일한 사물이 다른 크기로 보일 수 있으며, 크기가 다름에도 불구하고 동일한 크기로 보일 수도 있다. 원근법과 관련된 것으로는 다음과 같은 선형 원근법, 대기 원근법, 표면의 결 등이 있다.

- 선형 원근법(linear perspective): 어떤 장면의 2차원 표상이 3차원이 되도록 보이게 만드는 직선의 수렴이다. 기차 선로처럼 길게 뻗은 2개의 평행선은 멀리 위치한 부분에서 수렴하는 형태를 보이는데, 수렴하는 정도가 클수록 더 멀리 있는 것으로 보인다.
- 대기 원근법(aerial perspective): 사물에 반사된 빛이 먼지와 수분을 함유한 대기를 통해 이동하기 때문에 먼 거리에 있는 사물이 덜 분명하게 보이는 경향성을 말한다. 윤곽이 뚜렷한 사물은 가까운 곳에 있는 것으로 지각되고, 흐릿하게 보이는 사물은 멀리 떨어져 있는 것으로 보이게 된다.
- 표면의 결(texture gradient): 표면의 결을 이루는 구성요소 간의 간격은 거리를 지각하는 단서로 작용한다. 표면의 결이 촘촘할수록 멀리 있는 것으로 보인다.

④ 운동 시차

운동 시차(motion parallax)는 관찰자와 다른 거리에 위치한 사물의 상들 간의 상대적 움직임 차이 때문에 생기는 깊이 지각 단서다. 사람들이 움직일 때 망막을 가로질러 가는 시각상의 운동 속도에서 차이가 나는 것은 거리와 깊이에 대한 중요한 단서를 제공한다. 가까이 있는 사물은 빠르게 움직이고 멀리 떨어져 있는 사물은 천천히 움직이는 것처럼 보이거나, 가까이 있는 사물은 움직임과 반대 방향으로 움직이지만 멀리 있는 사물은 같은 방향으로 움직이는 것처럼 보인다.

⑤ 양안 부등

두 눈은 약 65~70mm 정도 떨어져 있기 때문에 양쪽 눈에 맺히는 망막 상과 시야가 조금씩 다른데, 이것을 양안 부등(binocular disparity)이라 한다. 양안 부등에 의해 우리는 입체시(stereopsis)를 경험한다. 두 눈을 뜨고 볼펜을 들어 실내의 모서리 부분과 일치하도록 한 다음, 두 눈을 번갈아 감아 보면 볼펜과 일치하였던 모서리 부분이 이리저리 움직이는 것을 경험할 수 있다. 이것은 두 눈의 망막에 맺히는 사물의 상이 서로 다름을 의미한다.

양안 부등에 의한 양안 단서와 마찬가지로 청각적 양이 단서도 있다. 양이 단서(binaural cues)란 얼굴을 중심으로 두 귀는 다른 곳에 위치하기 때문에 한쪽 귀에 가까운 곳에서 나는 소리 신호는 다른 쪽 귀에서 들을 수 있는 소리 신호보다 더 크게 들린다. 우리는 이 같은 양이 단서를 통해 사물의 위치를 판단할 수 있다.

4) 운동 지각

운동이란 공간에서 일어나는 사물의 위치 변화를 말한다. 운동 지각은 망막에서 나오는 시각 정보와 움직임의 대상을 눈이 따라갈 때 눈 주위에 있는 근육으로부터 오는 정보를 포함하는 복잡한 과정이다(Morris, 1985). 사물이 실제로 움직이면 운동 지각이 생기는데, 실제 운동은 어떤 사물이 한 위치에서 다른 위치로 물리적으로 대치되는 것을 의미한다. 운동 속도와 배경 자극은 운동 지각에 영향을 미친다.

사물이 움직이는 것으로 지각되려면 운동 속도가 2m 거리에서 초당 0.2cm 이상, 그리고 초당 150m 이하로 이동해야만 한다. 초당 0.2cm 미만으로 움직이거나 초당 150m를 초과하여 운동하게 되면 움직임이 없거나 번쩍거리는 희미한 광선만 보게 된다. 시계를 볼 때, 시계의 초침은 움직이는 것으로 지각되지만 시침은 움직이지 않는 것으로 지각된다. 총알이 날아가는 것을 육안으로 볼 수 없는 것도 마찬가지 원리 때문이다. 배경 자극도 운동 지각에 영향을 미친다. 배경 자극은 정지되어 있는 자극이다. 정지된 상태에 있는 배경이 움직이는 자극에 의해 순간적으로 가려졌다 보였다 하기 때문에 운동이 지각된다(Gibson, 1979).

그러나 감각기관을 연속으로 자극하지 않아도 운동 지각이 일어날 수 있으며, 실제 움직임이 없음에도 불구하고 운동이 있는 것으로 지각될 수 있다. 이것을 가현운동(apparent motion)이라 하는데, 이는 일종의 착시현상이다. 대표적인 가현운동에는 영사운동, 자동운동, 유인운동이 있다.

(1) 영사운동

영사운동(stroboscopic motion)은 영화나 방송 프로그램처럼 정지하고 있는 시각 영상이 빠르게 연속적으로 제시됨으로써 움직이는 것으로 보이는 것이다.

영사운동의 가장 단순한 예는 파이현상(phi phenomenon)이다. 파이현상은 네온사인처럼 원의 형태를 이루는 정지된 전구의 불빛이 연속적으로 점멸할 때 정지된 전구의 불빛이 마치 움직이는 것처럼 지각되는 것이다.

(2) 자동운동

자동운동(autokinetic movement)은 깜깜한 암실에서 고정된 작은 불빛을 계속 응시하면 실제 불빛은 고정되어 있지만 움직이는 것으로 지각하는 착시현상이다. 자동운동이 일어나는 이유는 불빛이 고정되어 있다는 것을 입증해 줄 만한 아무런 참조 틀(frame of reference)이 존재하지 않기 때문이다. 동공의 움직임만이 유일한 단서이기 때문에 눈동자의 움직임에 의해 불빛이 움직이는 것으로 지각된다.

(3) 유인운동

유인운동(induced movement)은 움직이는 물체가 정지되어 있을 때 정지된 물체를 움직이는 것으로, 그리고 움직이는 물체를 정지한 것으로 지각하는 착시현상이다. 유인운동이 일어나는 이유는 머리와 눈의 운동 정보 없이 단지 시각적으로만 운동 정보가 주어질 때 큰 물체가 정지해 있고 작은 물체가 움직인다는 경험에 입각한 일반적인 생각 때문이다. 흘러가는 구름 사이에 달이 있을 때 상대적으로 크기가 작은 달이 움직이는 것으로 보이는 것도 유인운동의 예가 된다.

5) 착시

착시(illusion)는 부정확한 지각현상이다. 부정확한 지각은 자극의 성격에 대한 우리의 잘못된 지각 가설 때문에 발생한다. 그럼에도 불구하고 착시는 우리의 지각과정이 어떻게 작동하는지를 이해하는 데 중요한 정보를 제공한다.

대부분의 시각적 착시는 지각 항등성(perceptual constancy) 때문이다. 예컨대, 크기 항등성은 사물의 크기를 판단하기 위해 거리 단서를 사용하는 능력과 관련이 있다. 하지만 거리 단서가 착시를 유발하게 된다. 지각 항등성 연구는 우리의 지각 가설은 자극이 놓인 맥락에 의해 강력하게 영향을 받는다는 것을 보

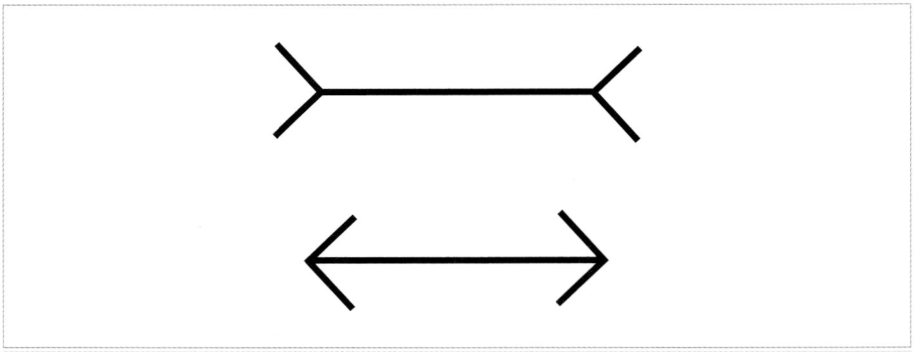

[그림 3-8] 뮐러리어 (Müller-Lyer) 착시

여 준다. [그림 3-8]에서 두 선의 길이는 다르지 않다. 하지만 맥락은 이 두 선의 길이가 달리 보이게 만든다.

6) 지각적 해석

외부 환경 자극을 조직화하면 다음으로 우리는 그 자극을 해석하게 된다. 감각 과정과 지각 조직화로 얻은 자극 요소에 대해 자기 나름대로의 의미를 부여하는 것을 지각적 해석(perceptual interpretation)이라 한다. 지각적 해석에는 지각적 범주화와 지각적 추론의 두 가지 원리가 작용한다.

(1) 지각적 범주화

지각적 범주화는 사람들이 자극에 노출되면 그 자극을 기억 속에 가지고 있던 도식 정보와 관련지어 자신의 방식으로 범주화하는 것이다. 지각적 범주화는 우리가 환경의 복잡성을 극복하고 환경과 효율적으로 상호작용할 수 있게 하는 등의 이점이 있다(Bruner, Goodnow, & Austin, 1988). 이를 좀 더 구체적으로 알아보자.

- 사물의 범주화는 환경의 복잡성을 줄여 준다.
- 사물의 범주화는 세상 사물을 확인하는 수단이다.
- 범주화는 환경의 복잡성을 줄여 주고, 사물 확인의 수단이 되므로 계속적

인 학습의 필요성을 경감시켜 준다.

- 범주화는 적절한 행동이 무엇인지 결정할 수 있도록 한다.
- 범주화는 사물과 사건을 분류하여 순서를 정하고 서로 관련지을 수 있도록 해 준다.

(2) 지각적 추론

지각적 추론(perceptual inference)은 어떤 요소로부터 다른 요소를 추리하는 것으로 삼단논법(syllogism), 연역법(deduction), 귀납법(induction)이 있다. 삼단논법은 2개의 전제에 입각하여 결론을 내리는 것이다. 또한 연역법은 일반 원리에 입각하여 구체적 사실을 추리하는 것이며, 귀납법은 구체적 사실을 토대로 일반 원리를 규명하는 것이다.

① 삼단논법

2개의 전제가 참이라 가정하고 결론이 주어진 전제에 대해 참인지의 여부를 검토한다(Wessells, 1982). 그런데 삼단논법은 추론 과제를 해결하는 과정에서 논리적 근거보다는 자신의 선행 지식이나 태도에 따르는 오류를 범하기 쉽다. 예를 들어, '공산당원은 이상주의자가 아니다. 모든 공산당원은 러시아인이다. 그러므로 러시아인은 이상주의자가 아니다.'와 같은 경우, 이는 타당한 삼단논법이 아니지만 공산당과 러시아인에 대해 부정적인 태도를 지닌 사람들은 이 삼단논법에 동의하는 경향이 있다.

② 연역법

결론이 참이 되려면 모든 전제도 참이어야만 한다는 연역적 논리를 따른다(Rips, 1999). '멋진 여성은 일하는 동안 자신의 손톱을 뜯는다.'와 '멋진 여성이 일을 하고 있다.'라는 전제에서 '멋진 여성이 손톱을 뜯고 있다.'라는 결론을 생각해 보자. 결론이 참이 되려면 전제가 참이어야 하기 때문에 전제는 결론을 함의하고 있다. 반대로 '예쁜 여성은 일을 하는 동안 자신의 손톱을 뜯는다.'와 '예쁜 여성이 손톱을 뜯고 있다.'는 예쁜 여성이 일을 하지 않는 동안에도 손톱을 뜯을 수 있기 때문에 '예쁜 여성이 일을 하고 있다.'를 함의하고 있지 않다.

③ 귀납법

좁은 의미로는 어떤 특별한 종류의 추론을 일반화하는 것이고, 넓은 의미로는 개념 형성, 유추, 가설 생성 및 수용을 포함하는 모든 비연역적 형태의 학습을 말한다(Thagard, 1999). '내가 만난 심리학자들은 지적이다.'라는 구체적 사실에서 '모든 심리학자는 지적이다.'라고 일반화하는 것이 좁은 의미의 귀납법이 적용된 예이며, 일단의 범죄 사건에 이전의 법규를 적용하여 사건을 공식화하는 것은 넓은 의미의 귀납법이 적용된 예가 된다.

7) 지각자 특징

앞서 '하향식 처리'에서 살펴본 것과 같이, 우리의 지각적 해석은 외부 자극의 물리적 특징이나 생리적 처리기제뿐만 아니라 동기, 지식, 기대 등과 같은 심리학적 변인에 의해서도 영향을 받는다.

(1) 동기

동기는 주의에 영향을 미칠 뿐만 아니라 지각에도 영향을 미친다. 우리는 배가 고플 때 식당에서 풍겨 나오는 음식 냄새를 더 잘 맡는다. 목이 마를 때 가게에 들어가면 냉장고에 진열된 음료들 중에서 생수가 가장 눈에 잘 들어온다. 이처럼 우리가 뭔가에 대해 박탈 상태에 있을 때 그것을 충족시키는 자극에 주의를 더 잘 기울이고 지각할 가능성이 커진다. 한 연구에서, 음식을 박탈한 시간을 달리한 집단별로 형태가 모호한 그림을 보여 주고 그 그림이 무엇인지를 해석하도록 하였는데, 음식을 오랫동안 박탈당한 집단에서는 모호한 그림을 음식으로 해석하는 경향이 있음을 발견할 수 있었다(McClelland & Atkinson, 1948).

(2) 지식

사람들은 노출된 자극에 대한 지식이 많을수록 그 자극을 보다 정확하게 지각하는 경향이 있다. 또한 특정 대상에 대한 지식이 많은 사람은 그렇지 않은 사람에 비해 그 대상과 관련된 자극에 노출되었을 때 메시지가 주장하는 바에 대해 깊게 생각한다. 반면, 대상에 대한 지식이 많지 않은 사람은 메시지보다는 주변 요소에 주의를 기울이는 경향이 있다.

(3) 기대

사전에 무엇을 지각할지 미리 알게 됨으로써 지각은 영향을 받을 수 있다. 기대가 자극에 대한 지각에 미치는 영향은 시각에서 청각, 미각에 이르기까지 광범하다. 예를 들면, 시음대회에서 브랜드를 가린 채로 두 음료의 맛을 평가하게 하면 맛 차이가 없다는 반응을 보이지만, 한 컵에 있는 음료의 브랜드를 허위로 알려 주고 두 음료를 비교하게 하면 브랜드를 알려 준 컵의 음료 맛에 대한 평가가 달라지는 경향이 있다. 이러한 현상은 평가자가 이미 브랜드를 알게 되어서 과거 경험에 입각해 그 브랜드의 맛을 기대하기 때문에 일어난다.

제 4 장

발달과 성장

PSYCHOLOGY

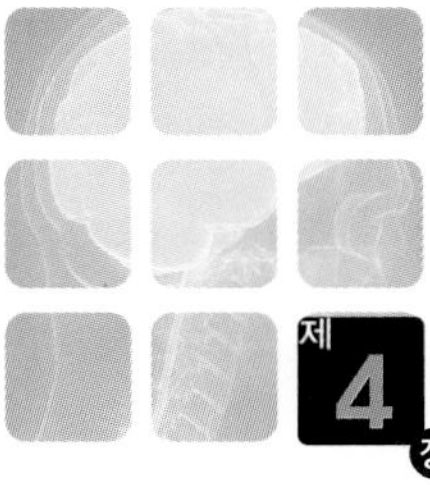

제 4 장 발달과 성장

인간은 모든 포유동물 중에서 가장 미숙한 존재로 태어나지만, 성장하면서 점차적으로 성인처럼 활동할 수 있는 능력과 기술을 익히게 된다. 성인이 나타내는 성격 특성과 행동은 그가 생애 초기에 어떤 경험을 하였는가에 따라 결정된다. 따라서 인간의 정신 과정과 행동을 보다 정확하게 이해하기 위해서는 그의 발달 과정을 체계적으로 살펴보아야 한다.

그렇다면 발달이란 무엇인가? 발달(development)은 개체에서의 모든 변화의 연속적인 과정을 뜻한다. 즉, 발달이란 개체가 유전과 환경의 작용에 의하여 변화하면서 점차 개성을 뚜렷이 나타내는 것을 의미한다. 이와 같이 발달이란 많은 변화를 뜻하며, 그 변화가 발생하는 방향과는 관계가 없으나, 일반적으로 변화가 어떤 바람직한 목표를 향하여 나타나는 경우에 발달이라고 하고, 그 반대 방향의 변화를 쇠퇴 또는 퇴화라고 한다. 그런데 유기체의 이런 변화는 개체가 그를 둘러싸고 있는 환경에 보다 잘 적응해 갈 때 일어난다고 볼 수 있으므로, 발달이란 개체가 생활하면서 환경에 적응해 가는 과정이라고 할 수 있다.

신생아는 태어나면서부터 외부의 물체나 대상에 대해 매우 민감하게 반응하여 움직이는 물체를 눈으로 따라가고 소리가 나는 방향으로 머리를 돌리기도 한다. 12개월이 지나면서부터는 신체적 · 인지적 · 언어적 · 정서적 · 사회적 측면 등에서 뚜렷한 발달을 보인다. 그리고 이러한 변화는 개인의 독특한 행동 양식과 특성으로 전 생애에 많은 영향을 미치게 된다. 많은 발달심리학자는 아동기뿐만 아니라 청년기, 장년기, 노년기까지의 발달 과정을 체계적으로 연구하고 있으며, 최근의 연구는 발달의 중요한 변화가 아동기, 청년기뿐만 아니라 노년기에도 일어나므로 전 생애를 발달적 관점으로 설명하고 있다. 따라서 인간의 발달은 태내의 발달에서 시작하여 영아기, 유아기, 아동기, 청소년기, 청년기, 장년기, 노년기에까지 이르므로 전 생애에 걸친 발달 과정을 탐색할 필요가 있다.

1. 발달에 대한 다양한 관점

인간의 발달 과정을 이해하는 데는 여러 가지 다양한 접근방법이 있을 수 있으나, 크게 네 가지 방향으로 나눌 수 있다. 즉, 인간의 성적 발달에 초점을 맞춘 프로이트(Freud)의 심리성적 발달 이론, 성적 욕구에 대한 지나친 강조를 부정하고 심리적 · 사회적 측면의 발달을 중요시한 에릭슨(Erikson)의 심리사회적 발달 이론, 사물과 주위 환경에 대한 개인의 이해 및 사고 능력 등 모든 인지적 능력의 발달 과정에 초점을 둔 피아제(Piaget)의 인지적 발달 이론, 그리고 도덕성 발달 연구에서 가장 영향력이 있는 도덕적 추론의 단계 이론을 제안한 콜버그(Kohlberg)의 도덕적 발달 이론 등이 있다.

1) 심리성적 발달 이론

프로이트(S. Freud)

프로이트의 주장에 따르면 아동기의 발달은 여러 단계를 거치게 된다. 그런데 이 단계는 아동이 쾌락을 추구하는 신체적 부위에 따라 달라진다. 그러므로 성적 욕구인 리비도가 신체의 어느 부위를 통하여 만족 또는 좌절되느냐에 따라 성인기의 성격 및 발달에 결정적인 역할을 하게 된다.

(1) 구강기(oral stage: 0~2세)

신생아에게 있어 생존에 가장 밀접한 부위는 입, 입술, 혀 등과 같은 구강이다. 이때 리비도는 입을 중심으로 한 구강 영역이 되므로, 프로이트는 생후 첫 발달 단계를 구강기로 보았다. 구강기는 주로 다른 사람에게 의존하여 자신의 욕구를 충족시키는 시기이므로 아이를 돌보는 사람(특히, 부모)의 신뢰할 만한 행동이 중요하다.

(2) 항문기(anal stage: 2~3세)

이 시기에는 신체적 쾌락이 항문으로 이동되고, 배설물 보유와 배출에 대한 관심이 증가한다. 이때 부딪히게 되는 중요한 과업은 배변 훈련(toilet training)으로, 대소변을 적절한 시기에 적절한 방법으로 배설하는 것을 학습하는 과정에서 자신의 욕구를 조절하는 능력을 얻고 그에 대한 만족감을 느낄 수 있게 된다. 또한 배설 과정을 일종의 수단으로 사용하여 부모를 자기 뜻대로 조종하는 방법도 배우게 된다.

(3) 남근기(phallic stage: 3~5세)

4세경에 이르면 성기 부분이 성적 쾌감과 흥미의 대상이 된다. 자신의 신체에 관심을 갖고, 남자와 여자의 신체적 구조에서의 차이를 깨닫게 되면서 자신과 가장 친밀한 관계에 있는 부모가 강한 사랑과 애착의 대상이 된다. 남아의 경우 어머니에 대한 성적 관심과 함께 아버지를 경쟁자로 인식하게 되고, 이 때문에 아버지의 보복에 대한 두려움과 내적인 갈등을 경험한다. 프로이트가 오이디푸스 콤플렉스라고 명명한 이 복합적 갈등 상황에서 아동은 어머니를 소유하기 위해서는 아버지와 같이 강한 사람이 되어야겠다고 생각한다. 그리하여 아버지의 모든 행동을 보고 따라 하는 동일시 행동을 하게 된다. 반면, 여아의 경우에는 아버지를 소유하고 싶은 강한 욕구가 생기고 이를 위해서 어머니와 같은 사람이 되어야겠다고 생각한다. 이와 같이 여아가 경험하는 복잡한 갈등 상황을 엘렉트라 콤플렉스라고 부른다.

(4) 잠복기(latency stage: 5~12세)

남근기가 지나면 12~13세의 청소년기까지 잠시 성적인 에너지가 억제되거나 의식 밑에 가라앉는 잠복기를 갖게 된다. 즉, 성에 대한 외현적인 관심이 적어지고 성적 활동이 잠잠해진다. 대신에 지적 호기심이 강해지고 또래관계를 중시하는 경향이 나타난다.

(5) 성기기(genital stage: 12세 이상)

청소년기에 이르러 2차 성징의 출현 등 신체적 변화가 생기면서 성적인 본능이 다시 활발히 나타나고 성숙한 성인의 모습으로 이성을 사랑하게 된다. 이와 같이 구강기의 빨기, 삼키기 등으로 시작되는 성 본능은 성인기의 성숙함에서 절정에 이르고, 아동기의 자기도취, 자기성애, 즉각적 쾌락의 추구가 타인에 대한 사랑, 일, 책임감 등으로 바뀌게 된다. 따라서 이 시기는 심리성적 발달의 최종적인 성숙 단계가 된다.

지금까지 살펴본 프로이트의 심리성적 발달 단계를 정리하면 〈표 4-1〉과 같다. 이러한 프로이트의 발달 이론은 인간의 성격 발달 과정에 대한 설명뿐만 아니라 생애 초기 경험의 중요성을 강조하였다는 점에서 커다란 공헌을 하였다. 그러나 인간의 성적 욕망을 지나치게 강조하였고, 비정상인에 대한 연구를 기반으로 하였다는 점에서 비판의 대상이 되기도 하였다.

〈표 4-1〉 프로이트의 심리성적 발달 단계

연 령	리비도 부위	특 징
0~2세	구강기	리비도가 입에 집중됨, 원초아 발달(빨기, 씹기 등)
2~3세	항문기	리비도가 배변 훈련에 집중됨, 통제 요구에 대처해야 함
3~5세	남근기	리비도가 성기에 집중됨, 동성 부모를 경쟁상대로 인식함 (오이디푸스 콤플렉스, 엘렉트라 콤플렉스)
5~12세	잠복기	성적 감정이 잠복됨, 또래집단(peer group) 중시
12세 이상	성기기	성적 관심이 성숙함, 생리적으로 성적 활동에 참여함

2) 심리사회적 발달 이론

에릭슨(E. H. Erikson)

에릭슨은 인간행동의 기초로서 원초아(id)보다는 자아(ego)를 강조하고 또 자아가 형성되는 심리사회적 환경을 중시하여, 인간의 발달은 전 생애를 통해 개인이 경험하는 사회적 상호작용과 개인 내적인 요인이 결합되어 진행된다고 보았다. 에릭슨의 심리사회적 발달 이론은 청소년기까지가 아니라 전 생애를 통한 발달이라는 점과 자아를 성격의 중심적 구조로 보고 있다는 점에서 프로이트의 이론과 구분된다.

에릭슨의 심리사회적 발달 단계는 각각의 단계마다 개인에게 부과되는 사회적 요구가 따르는데, 이 요구는 하나의 위기(crisis)로서 그 해결 여부가 개인 인생의 전환점이 됨을 강조한다. 다시 말하면, 에릭슨은 인생의 발달 과정을 다음과 같은 8단계로 구분하고, 각 단계마다 해결되어야 할 사회 발달 문제가 있어서 그것을 어떻게 해결하느냐가 성격 발달에 영향을 미친다고 보았다.

(1) 신뢰감 대 불신감(trust vs. mistrust: 0~1세)

유아가 출생 후 가장 먼저 만나는 사람은 어머니다. 이때 어머니가 유아의 욕구에 어떻게 반응하느냐에 따라 사람들에 대한 유아의 신뢰 여부가 결정된다. 어머니가 유아에게 친밀감을 주고 지속적으로 일관된 행동을 보여 주면 유아는 자신과 어머니의 관계에 대한 신뢰를 갖게 되고, 이 신뢰는 외부 세계에 대한 확신이 생기도록 한다. 반면, 어머니가 친밀감을 주지 않고 일관된 행동을 보여 주지 않으면 어머니에 대한 불신감과 외부 세계에 대한 두려움을 갖게 된다.

(2) 자율성 대 수치심(autonomy vs. shame: 1~3세)

유아가 2세가 되면 주변 사물에 대한 탐색행동이 증가하고 자신이 직접 사물을 살펴보고 건드려 보고 싶어 한다. 이때 부모가 유아의 이런 행동을 격려하고 관심을 가져 주면 유아는 자립심을 갖추기 시작한다. 반면, 부모의 간섭이나 과잉보호를 받는 경우는 자신의 행동에 대해 수치심과 의심의 감정이 발달하게 된다.

(3) 주도성 대 죄책감(initiative vs. guilt: 3~5세)

아동이 3~5세경이 되면 이미 형성된 자립심을 토대로 스스로 어떤 활동을 계획하고 그것을 실천에 옮기는 능력을 갖추게 된다. 따라서 주도성을 지닌 아동은 계획을 세우며 목표를 수립하고 이를 성취하려 한다. 그러므로 부모는 권위를 완화시켜 아이의 흥미 있는 계획에 아이와 같은 입장으로 참여함으로써 이러한 과정을 도와줄 수 있다. 그러나 아동에게 스스로 일을 완수할 기회를 주지 않으면 자신에 대한 죄책감을 갖는다. 반면, 아동이 이런 위기를 극복하면 주도성을 갖게 된다.

(4) 근면성 대 열등감(industry vs. inferiority: 5~12세)

초등학교 시기가 되면서 아동은 공식적인 교육을 받고 사회에서 요구하는 모든 기초적 기술을 배우게 된다. 이때 이 모든 기술을 잘 습득하는 아동은 자신감을 갖게 되어 근면성이 발달하지만, 동료에 비해 뒤떨어지는 아동은 열등감을 갖게 된다. 이 시기에는 개인적인 관심, 독립적인 사회생활 등을 포함하여 완전히 기능하는 어른이 되기 위해 필요한 기술을 배워야 한다. 특히, 이 시기에는 아동에게 많은 영향을 미치는 교사의 역할이 중요하다. 즉, 교사는 아이에게 자신감을 심어 주는 말과 행동을 가능한 한 자주 사용해야 한다.

(5) 정체감 대 역할혼란(identity vs. role confusion: 청소년기)

청소년기는 발달 단계상 가장 중요한 단계라 할 수 있다. 이 시기에는 '나는 어떤 사람인가?' '인생을 어떻게 살아가야 할 것인가?' '진리란 무엇인가?' '우정이란 중요한 것인가?' 등에 대해 끊임없이 고민해야 한다. 이런 과정을 통해 자아정체감이 확고하게 정립될 수 있다. 이 자아정체감은 다수의 역할을 내적인 연속감 또는 정체감을 제공하는 일관된 양식으로 통합함으로써 성취할 수 있다. 그렇지 못할 경우 역할혼란 상태에 빠져 진학 및 직업 선택에 곤란을 가져올뿐더러 무기력감과 혼란 속에서 부모의 기대와는 전혀 다른 행동을 하게 된다. 청소년기에 자아정체감을 확립하는 것이 앞으로 자신의 인생을 보다 만족스럽게 사는 데 필요하기 때문에 이 시기에는 자아정체감의 확립이 무엇보다 중요하다.

(6) 친밀감 대 고립감(intimacy vs. isolation: 성인 초기)

공식적인 사회생활을 시작하는 20대의 성인은 보다 폭넓은 대인관계를 갖는 시기다. 이 시기가 되면 직장생활을 시작하게 되고, 어느 정도 시간이 지나면 결혼을 하여 부부생활을 한다. 그러려면 남과 친하게 지내고 서로 사랑을 주고받는 친밀한 인간관계를 형성해야 한다. 이때 누군가를 사랑하기 위해서는 반드시 이전의 위기를 성공적으로 해결하고 정체감을 확립해야 한다. 이 정체감이 형성되어야만 친밀감을 획득하고, 다른 사람과 친숙한 관계를 형성할 수 있다. 반면, 이런 친밀한 인간관계가 형성되지 못할 때는 다른 사람에게 소외되어 고립감을 경험하게 된다.

(7) 생성감 대 자아탐닉(generative vs. stagnation: 중년기)

40대는 생산의 시기다. 사회를 이끌어 가는 중추적인 세대로서 자녀의 양육은 물론 후세대에 대한 관심과 배려가 증가하는 시기다. 이 시기는 인생의 모든 부분에서 생산적이고 창조적이며 개인의 모든 활동에서 의미와 기쁨을 발견하게 된다. 따라서 이 시기가 되면 후세대를 위한 활동(자연보호, 환경보존 등)에 많은 참여를 하고 인류 복지를 위해 노력한다. 반면, 생산적인 일원으로서 제 기능을 다하지 못하는 사람도 있는데, 그들은 일신의 안위와 욕구 충족을 위해 애쓰는 자아탐닉에 빠지게 된다.

(8) 자아통합 대 절망감(ego integrity vs. despair: 노년기)

노년기가 되면 자신의 지난날의 인생과 성취의 결과에 대해 회고하고 반성을 한다. 노인은 신체적 쇠퇴와 사회적 상실에 대처해야 하며 다가오는 죽음에 대해서도 생각한다. 이 시기에 자신의 인생을 돌이켜 보아 스스로 만족스러웠다고 여기면 자아통합감을 느낀다. 그러나 자신의 인생이 후회스럽고 실패의 연속이었다고 생각되면 절망감에 빠지게 된다.

〈표 4-2〉 에릭슨의 심리사회적 발달 단계

연 령	심리사회적 위기	과 제(적응/부적응)
0~1세	신뢰감 대 불신감	• 욕구가 만족되면 기본적인 신뢰감이 발달함 • 그렇지 않으면 불신과 의혹이 발달함
1~3세	자율성 대 수치심	• 의지를 나타내고 스스로 행함 • 그렇지 않으면 자신의 능력을 의심하게 됨
3~5세	주도성 대 죄책감	• 과제를 스스로 하며 계획을 실행함 • 그렇지 않으면 죄책감을 느낌
5~12세	근면성 대 열등감	• 과제를 수행하는 즐거움을 학습함 • 그렇지 않으면 열등감을 느낌
청소년기	정체감 대 역할혼란	• 자아개념을 정교화한 후에 정체감으로 통합시킴 • 그렇지 않으면 자신에 대한 혼란이 초래됨
성인 초기	친밀감 대 고립감	• 친밀한 관계를 형성하고자 노력하며 이러한 능력을 획득함 • 그렇지 않으면 사회적 고립감을 느낌
중년기	생성감 대 자아탐닉	• 가족과 일을 통해 사회에 공헌한다는 느낌을 가짐 • 그렇지 않으면 목표감을 상실하고 쾌락에 빠짐
노년기	자아통합 대 절망감	• 지난날의 자신의 삶에 대해 만족감을 느낌 • 그렇지 않으면 실패감 및 절망감을 느낌

3) 인지적 발달 이론

피아제(J. Piaget)

피아제는 인간의 지적 능력의 발달 과정에 관심을 가지고 있었는데, 특히 왜 아동들이 특별한 훈련이나 교육을 받지 않더라도 연령 단계에 따라 그 능력에 차이가 나는지를 궁금하게 여겼다. 그 예로, 5세 아동들이 일반적으로 정답을 맞히지 못하는 문제를 6세 아동들은 잘 맞힌다. 피아제는 이것을 사람이면 누구나 거쳐 가야 하는 지적 능력의 성숙 단계가 있기 때문으로 보았다. 그는 이러한 지적 능력을 환경에 대한 적응 능력이라고 하였으며, 이러한 적응 능력의 발달이 네 가지 단계로 순서적으로 일어난다고 보았다. 이것은 일정한 순서대로 일어나는 것이며, 지적 성숙을 통하여 환경 적응에 필요한 어떤 새로운 기본 개념을 획득하는 것이다.

(1) 감각운동기(sensori-motor period: 0~2세)

이 시기는 빨기, 잡기 등 기본적인 반사(reflex)와 관련된 것들이 발달한다. 점차 빨 수 있는 것과 없는 것을 구분하며, 무엇이든 본능적으로 잡고 소리도 알아듣는다. 이와 같은 방법으로 유아는 경험을 범주화하고 구조화하기 시작한다. 이 시기에 이루어지는 주요한 발달은 빨기, 삼키기 등의 기본적인 반사능력, 눈과 손의 협응, 즐거웠던 일을 반복해서 하기, 우연히 인과관계를 알게 된 것을 계속해서 하기, 사물의 연속성 파악하기, 대상 및 물체를 자세히 관찰하고 재조작하기 등이 있다.

(2) 전조작기(preoperational period: 2~7세)

이 시기가 되면 어떤 사물을 나타내기 위해 상징 체계를 이용할 수 있게 된다. 가장 일반적인 상징 체계는 단어 및 언어다. 또한 사고의 능력이 매우 자기중심적이어서 모든 것이 자기 자신을 중심으로 존재하고 움직인다고 인식한다. 따라서 자기 자신을 남의 입장에서 생각하지 못한다. 이는 자기중심적 사고에서 벗어나지 못하여 타인의 입장에 대한 이해 능력이 아직 발달하지 못하였기 때문이다. 그리고 모든 무생물에도 생명이 있다고 여기는 물활론적 사고(animism)를 갖는다.

이 시기의 유아는 보존(conservation) 개념을 아직 획득하지 못하고 있다. 보존 개념이란, 예를 들면 모양은 다르지만 용량이 똑같은 2개의 유리컵에 물을 옮겨 담았을 때 그 양이 같다고 보는지 또는 물의 양의 증가 및 감소가 일어났다고 보는지의 능력이다([그림 4-1] 참조). 그런데 전조작기에는 이러한 보존 개념을 정확히 이해하지 못한다. 이 시기의 유아는 사물의 높이, 넓이, 색깔 등 어느 한 차원에만 주의를 기울이고 파악할 수 있을 뿐 여러 차원을 동시에 파악할 수 있는 능력이 없다.

(3) 구체적 조작기(concrete operational period: 7~11세)

이 시기가 되면 사고가 더욱 유연해지고 자신의 사고를 검토하고 수정할 수 있다. 아동은 구체적인 사물이나 상황에 대해서는 보존 개념을 획득하고 한꺼번에 여러 차원을 동시에 고려할 수 있게 된다. 특히, 어떤 하나의 차원에 대한 중심화에서 벗어나 보다 융통성 있는 사고를 할 수 있게 된다. 또한 어떤 문제

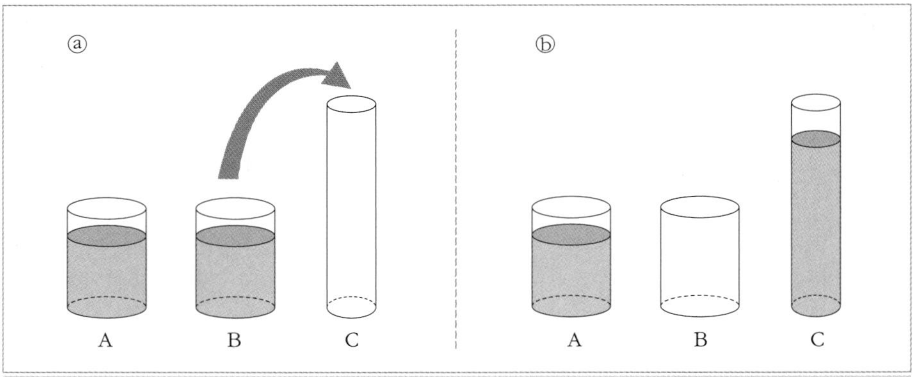

[그림 4-1] 보존 개념의 이해

에 대한 접근방법이 매우 논리적이나, 다루는 것을 상상할 수 있는 구체적인 사물의 관점에서만 가능하다.

(4) 형식적 조작기(formal operational period: 11~15세)

이 시기에 나타나는 가장 중요한 능력은 추상적 사고 능력이다. 즉, 추상적으로 사고할 수 있고 자신의 생각을 논리적으로 설명할 수 있다. 또한 일반적인 규칙을 형성하고 사실에 비추어 그것을 검증하며 우연에 의한 방법으로 관념을 다루지 않고 체계적이고 과학적으로 다룬다. 특히, 이 시기에 발달하는 추상적 사고 능력이란 현실적으로 존재하건 존재하지 않건 여러 가능성을 동시에 고려할 수 있으며, 가설적인 견지에서 추론할 수 있으며, 비유와 은유를 이해할 수 있는 능력을 말한다.

〈표 4-3〉 피아제의 인지적 발달 단계

연 령	인지적 단계	특 징
0~2세	감각운동기	• 기본적 반사(빨기, 잡기 등)가 발달함 • 감각적 인상과 신체운동이 발달함
2~7세	전조작기	• 단어나 이미지로 대상을 표상함 • 논리적 추리보다는 직관을 사용함
7~11세	구체적 조작기	• 구체적 사건에 대해 논리적으로 사고함 • 구체적 유추를 이해함
11~15세	형식적 조작기	• 추상적 사고 능력이 발달함 • 일반적 규칙을 형성하고 사실에 근거하여 검증함

4) 도덕적 발달 이론

콜버그(L. Kohlberg)

콜버그는 도덕성 발달 연구에서 가장 영향력이 있는 도덕적 추론의 단계 이론을 제안하였다. 콜버그(1969)는 미국과 다른 나라의 남자 성인에게 도덕적 딜레마를 제시하여 도덕성 발달을 연구하였다. 그는 도덕성의 수준은 아동의 나이가 많아짐에 따라 점차 달라지며, 그 내용은 도덕적 추론이 세 가지 수준이 있고 각 수준마다 2개의 단계가 포함되어 있다고 하였다.

(1) 전인습적 수준(pre-conventional level)

도덕성 발달의 첫 번째 수준으로, 도덕적 추론은 옳고 그름에 대한 내면화된 기준이 아닌 다른 사람의 기준에 의해 지배된다. 따라서 아동의 도덕적 추론은 권위에 대한 복종, 보상과 처벌에 의해서만 통제된다. 1단계는 복종 지향 단계로, 아동은 처벌을 피하기 위해서 어른들이 옳다는 대로 한다. 2단계는 보상 지향 단계로, 아동은 앞으로 돌아올 호의를 기대하기 때문에 타인에게 잘한다. 아동은 보통 10세 정도까지 전인습적 수준에 속한다.

(2) 인습적 수준(conventional level)

도덕성 발달의 두 번째 수준으로, 다른 사람의 기준을 내면화하고 그 기준에 따라 옳고 그름을 판단한다. 3단계는 착한 소년/소녀 지향 단계로, 타인의 기대에 따라 행동함으로써 그들의 칭찬을 얻고자 한다. 4단계는 권위 지향 단계로, 사회적 규칙, 기대, 법 등은 사회의 질서 유지에 필수적이며 준수해야 된다고 생각한다. 인습적 수준에서 추론을 하려면 피아제의 구체적 조작 단계에 있어야 한다고 본다.

(3) 후인습적 수준(post-conventional level)

도덕성 발달의 가장 높은 수준으로, 단순히 다른 사람의 기준을 내면화하지 않고, 도덕적 대안들을 비교하여 때로는 법률이 인간의 기본권과 상충된다는 사실을 깨닫는다. 5단계는 사회적 계약 지향 단계로, 법은 사회와 개인을 보호하기 위해 만들어졌지만 그 역할을 제대로 수행하지 못할 때에는 바꾸어야 한다고 생각한다. 6단계는 윤리적 원리 지향 단계로, 인간 생명, 정의, 평등, 인간 존엄성을 강조하는 보편적인 윤리적 원칙에 근거하여 도덕적 추론을 한다. 이 후인습적 수준은 피아제의 형식적 조작 단계에서 사고하는 능력을 요구한다.

콜버그는 사람이 정해진 순서에 따라 한 단계도 빠뜨리지 않고 더 높은 단계로 진행한다고 믿는다. 게다가 각 수준의 도덕적 추론에는 반드시 특정한 인지 발달 단계가 전제되어야 한다. 즉, 인습적 수준의 도덕적 추론에는 구체적 조작 사고, 후인습적 수준의 도덕적 추론에는 형식적 조작 사고가 요구된다. 그러나 인지능력이 발달했다고 해서 누구나 최고 수준인 후인습적 수준의 단계까지 발달하는 것은 아니다. 오히려 도덕성 발달은 그 사람의 인지능력 수준과 그가 살고 있는 사회나 문화 내에서의 경험과의 상호작용이라고 볼 수 있다 (Aronfreed, 1976).

〈표 4-4〉 콜버그의 도덕적 발달 이론

수준	단계	특징
수준 I (전인습적 수준)	1단계 (복종 지향 단계)	처벌을 피하기 위해 복종함
	2단계 (보상 지향 단계)	보상과 호의를 얻기 위해 따름
수준 II (인습적 수준)	3단계 (착한 소년/소녀 지향 단계)	타인의 승인을 얻고 비난을 피하기 위해 따름
	4단계 (권위 지향 단계)	의무 불이행에 따른 죄의식을 피하기 위해 법과 규범을 지킴
수준 III (후인습적 수준)	5단계 (사회적 계약 지향 단계)	공공의 선을 위해 다수가 동의한 원칙에 따라 행동함
	6단계 (윤리적 원리 지향 단계)	정의, 평등과 같이 자신이 스스로 선택한 윤리적 원칙에 따라 행동함

2. 전 생애에 걸친 발달 과정

1) 태내의 발달

(1) 태내 발달 단계

① 배종기(0~2주)

배종기란 정자와 난자가 수정되어 수정란을 형성하고 그것이 자궁 속에 정착하는 단계를 말한다. 이때 하나의 동일한 수정란 속에서 자란 쌍생아가 일란성 쌍생아이며, 분리된 2개의 수정란에서 자란 쌍생아가 이란성 쌍생아다. 이 시기에 형성된 내부의 세포층은 나중에 배아 자체로 발달한다.

② 배아기(3~8주)

수정 후 3주가 되면 태반과 탯줄이 형성되고, 배아는 어머니에게서 영양을 공급받게 된다. 이 시기에 내부 세포층은 외배엽(감각기관, 신경계, 피부 등이 발달), 중배엽(근육, 골격, 순환계 등이 발달), 내배엽(소화기계와 내장기관, 간장, 폐 등이 발달)으로 나뉘어 발달하기 시작한다. 이 시기의 배아의 크기는 2.5cm 정도이며, 1개월이 지나면 심장과 혈관이 형성되고, 2개월이 되면 팔과 다리, 몸통이 형성되며, 전체적인 얼굴 윤곽이 잡히기 시작한다.

③ 태아기(9주~출산)

이 시기에는 성 호르몬 기관이 형성되며 생식기관을 갖추기 시작한다. 4개월이 되면 태아의 젖 빠는 행동이 나타나며, 5개월경에는 남녀의 구별이 확실해지고, 6개월이 되면 눈이 완전히 형성되고 혀의 맛 봉오리가 나타난다. 그리고 7~8개월경에는 젖 빨기 및 음식 삼키기 반응이 완성되고, 9개월경에는 평형감각을 유지하며 근육 긴장도 일어난다.

(2) 태내 발달에 영향을 주는 요인

① 산모의 연령

산모의 연령이 태아의 발달에 중요한 영향을 미치는데, 일반적으로 최적의 출산 연령은 20~35세이고, 초산의 최적 시기는 23~29세다. 이는 생식기관이 지나치게 미성숙하거나 지나치게 노화되지 않고 그 기능이 왕성할 때 건강한 아이가 태어날 수 있다는 것을 의미한다.

② 산모의 건강 상태

산모의 영양 상태에 따라 태아의 영양 공급과 신체 발달이 달라지므로 산모의 신체적 건강은 매우 중요하다. 산모의 영양 상태가 좋지 않을 경우 미숙아, 뇌성마비아, 정신지체아 등을 출산할 위험성이 매우 높다.

③ 산모의 약물 복용 및 알코올중독

임신 초기에 산모가 두통, 감기, 소화불량 등의 증세가 나타나 진통제나 항생제를 복용하였을 경우, 이 기간 중 상처를 입은 태아는 유산되거나 그 후에 기능상의 문제가 발생하여 태아발육장애, 기형 등을 일으킨다.

④ 산모의 정서적 안정성과 정신건강

산모의 정서적 안정성과 정신건강이 태아 및 신생아의 정서적 안정과 적응에 매우 중요한 영향을 미친다. 임신 후기에 극단적으로 정서적인 스트레스를 받았던 산모의 아이는 태어나서 몇 주 또는 몇 개월 동안이나 기분이 안정되지 못하고 신경질적으로 자주 울어대며 우유도 먹지 않는다는 연구결과가 있다. 이와 같이 태아의 심신건강을 위해 산모가 정신적으로 건강해야 함을 강조하는 것이 태교(胎敎)라고 할 수 있다.

2) 영아기의 발달

(1) 신체 발달

영아기는 2세 전까지로 신체적 발달이 급속도로 변화를 가져오는 시기다. 출생 시보다 신장은 1.5배, 체중은 3배로 증가하게 되며, 특히 신경조직 가운데 뇌의 발달은 아주 현저하게 이루어져 출생 시보다 2배나 커진다. 보통 6개월이면 대변 통제가 가능하고 15~16개월이면 소변 통제가 가능하다. 또한 6개월 이후부터 이가 나기 시작해서 만 1세가 되면 밥을 먹을 수 있게 된다.

(2) 운동 발달

이 시기에는 주로 기본적인 반사가 주류를 이루는데, 반사란 특정한 자극에 대해 개인의 의도 없이 무의식적으로 촉발되는 반응을 말한다. 영아기에 나타나는 대표적인 반사행동은 다음과 같다.

- 탐색반사(rooting reflex): 입술 근처를 건드리면 머리를 돌리고, 어른의 옷이나 몸이 손에 닿으면 몸통과 팔다리를 움직이는 행동
- 빨기반사(sucking reflex): 무엇이든 입에 닿으면 빨아 먹으려고 하는 행동
- 잡기반사(grasping reflex): 무엇이든 손바닥에 넣어 주면 꽉 붙잡고 놓지 않는 행동
- 모로반사(moro reflex): 갑자기 큰 소리를 들려주거나 몸의 위치를 바꾸게 되면 두 손을 밖으로 폈다가 다시 움츠리는 행동
- 바빈스키반사(babinski reflex): 발바닥을 자극시켜 주면 발가락을 폈다 오므렸다 하는 행동

이와 같이 처음에는 거의 반사행동으로 시작되지만, 시간이 지날수록 이동운동과 손-팔 운동이 발달한다. 신체 각 부위에 있는 근육의 발달이 이루어지고 이러한 근육의 발달에 따라 중요한 운동 발달이 이루어진다. 영아기 말에는 다리의 근육이 발달되어 걷게 되고 눈에 보이는 물건을 걸어가서 잡을 수 있게 된다.

(3) 지각 발달

① 청각 능력

요람을 흔들어 주거나 딸랑이 소리를 들려주면 신생아도 몸을 움직여 반응을 보인다. 청각 능력은 생후 1개월쯤 되면 잘 발달되어 음악을 들으면 울다가 멈추게 되고, 2개월쯤 되면 어머니의 목소리를 알게 되며, 4개월이 되면 달래는 소리에 반응하고 주위 사람들의 소리에 반응하여 웃는다. 그리고 6개월 정도 되면 특정 소리가 나는 방향으로 몸을 돌리는 정향반사(orienting reflex)를 할 수 있게 된다.

② 시각 능력

생후 1개월이 되면 빛을 바라보게 되고, 2개월이 되면 빛의 움직임을 따라 시선을 이동하게 되며, 3개월이 되면 색채에 따라 반응이 달라진다. 4개월이 지나면 시지각 능력이 더욱 발달하여 정지된 물체보다는 움직이는 물체에, 단순한 그림보다는 복잡한 체크 무늬의 그림에 더 많이 주의를 기울인다([그림 4-2] 참조). 또한 일반적인 도형보다는 사람의 얼굴을, 어두운 색보다는 밝은 색을 더 좋아한다(Fantz, 1961). 그리고 10개월이 되면 멀리 떨어진 사람이나 사물에 주의를 집중하게 되고 세부적인 것에 관심을 갖는다.

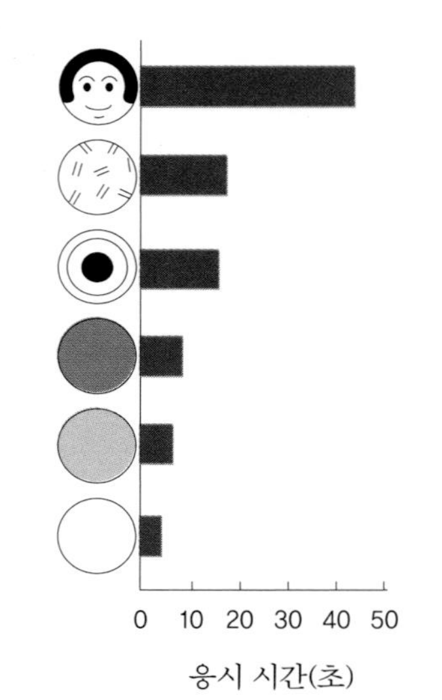

[그림 4-2] 유아의 형태 선호 실험

③ 깊이지각 능력

영아가 과연 깊이지각의 능력을 소유하고 있는가의 문제는 워크와 깁슨(Walk & Gibson, 1961)이 행한 시각절벽(visual cliff) 실험에서 밝혀졌다([그림 4-3] 참조). 이 실험의 장치는 탁구대와 같은 테이블을 두 부분으로 나누어 한쪽은 테이블 표면이 2cm 정도 밑으로 꺼져 있고, 다른 쪽은 테이블 표면이 80cm 정도 밑으로 꺼져 있다. 그리고 시각절벽인 곳은 두꺼운 유리판을 깔아 그 밑이 훤히 들여다보이게 하였다. 이러한 시각절벽 장치 위에서 10개월 정도 된 영아에게 건너편에 있는 어머니나 실험자가 건너오라고 손짓한다. 그 결과, 아이들은 시각절벽 위로 건너가지 않고 무서워서 울거나 유리 속을 들여다보고 유리판을 두들기기도 하였다. 이러한 연구를 통해서 알 수 있는 사실은 아이들이 깊이지각을 할 수 있는 능력이 상당히 빨리 발달한다는 것이다. 또한 최근에는 6개월 이하인 영아의 경우에도 3차원 깊이지각이 가능하다는 연구결과도 있다.

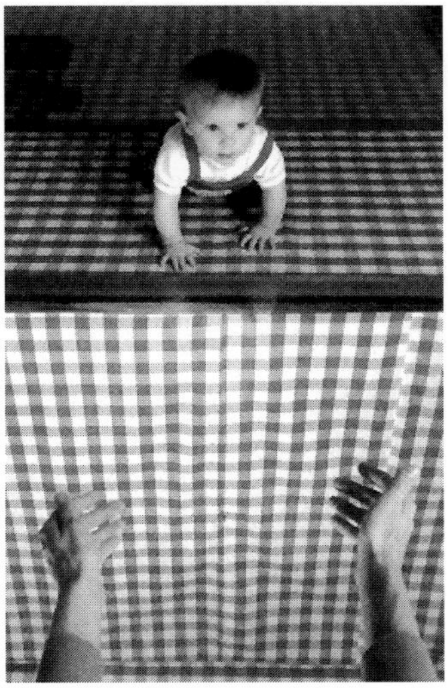

[그림 4-3] 시각절벽 실험

(4) 인지 발달

이 시기에는 주로 감각과 운동에 의존하여 감각-운동 간의 관계를 발견해 나감으로써 세상을 경험하게 된다. 그리고 만 1세 이후에는 표상적 사고가 가능하게 됨에 따라 현재 눈에 보이지 않는 물건도 존재한다고 믿는 대상 영속성(object performance) 개념이 발달한다. 예를 들면, 이불 밑에 장난감을 숨기면 그것을 찾으려고 이불을 걷어치우는 행동을 한다.

(5) 사회성 발달

영아는 아무런 자립 능력을 갖추지 못하고 태어나므로 누군가에게 의존해야 한다. 이때 어머니가 가장 중요한 인물이며, 신체적 접촉을 통한 아동과 어머니 간의 안락감과 편안함이 애착관계 형성의 가장 중요한 요인이 된다. 이러한 애착관계는 생후 6개월~1년 사이에 가장 강하며, 특히 어린아이가 느끼는 정서적 안정감의 근거가 되고 자율성 형성의 기반이 되기도 한다. 볼비(Bowlby, 1969)는 이러한 애착관계가 부모와 자식 간의 후천적 경험에 의해 형성되기보다는 유기체의 생존을 위한 하나의 생래적인 정서적 유대라고 보고 있다.

영아는 8~9개월이 되면 다른 사람의 음성 및 단순한 몸짓 등을 모방하게 되며, 부모의 사랑과 관심을 경험하면서 부모의 행동을 모방하고 가치관을 내면화한다. 따라서 이 시기에 자녀에 대한 부모의 양육 태도는 영아 사회화의 기본 방향과 인성 형성의 기초를 이루는 데 결정적인 역할을 한다. 10~15개월이 되면 자기 행동이 제지를 받을 때 울음으로 반응을 나타내고 다른 아이에 대한 사회적 반응이 급격히 발달한다. 16~24개월이 되면 어른이 시키는 일이나 욕구 좌절에 대해 반항심이 나타난다. 이때 반항심은 지배, 복종, 경쟁 등 사회적 행동의 기초로 작용한다.

3) 유아기의 발달

(1) 신체 발달

유아기는 2세부터 6세까지의 시기로 자신의 신체를 조정하는 능력을 기르는 때다. 특히, 팔과 다리의 발달로 전신운동을 통해 걷고 달리는 등 신체 발달에 따라 높은 수준의 운동을 익히게 된다. 유아의 근육 발달은 일반적으로 머리와 목 가까이 있는 근육이 하체에 있는 근육보다 훨씬 발달하는 경향을 보인다. 뇌의 무게는 체중의 10%이며, 6세가 되면 성인의 약 90% 정도가 발달된다. 그리고 유아기가 시작될 무렵 20개의 유치가 모두 나오고 유아기가 끝날 무렵에는 이러한 유치가 빠지기 시작한다.

(2) 운동 발달

영아기에 시작된 이동 운동과 손-팔 운동은 유아기에 이르러 골격, 근육, 신경계통, 시청각 능력, 운동감각 등이 잘 발달되어 달리기, 뛰뛰기, 던지기 등의 운동이 완숙된다. 그리고 이 시기에 왼손잡이나 손버릇 등을 교정해 줄 필요가 있다. 왼손잡이는 유전에 의한 경우와 출생 후의 잦은 사용에 의한 경우가 있다. 생후 2세가 되면 혼자서 숟가락으로 밥을 떠먹기는 하나 음식을 흘리며 먹고, 3~4세가 되면 단추를 끼울 수 있고, 5~6세가 되면 자기 손에 있는 단추의 사용이 자연스러워진다.

(3) 지각 발달

유아기에는 감각 능력보다 시간 및 공간 지각 능력이 크게 발달한다. 따라서 어제-오늘-내일, 멀고 가까운 것, 높고 낮은 것, 크고 작은 것 등을 구별할 수 있게 된다. 그리고 유아기 후반에 이르면 기호 지각이 발달하기 시작하여 쉬운 글자나 간단한 숫자를 알게 될 만큼 발달한다. 또한 색과 형태의 지각이 분화되며, 소리를 듣고 색을 느끼거나 색을 보고 차가움이나 따뜻함을 느낀다.

(4) 인지 발달

이 시기에는 지능이 감각운동적 수준에서 사고의 수준으로 이행한다. 그러나 이 사고는 논리적이거나 가역적이지 못하기 때문에 지각에 근거한 직관적인 판단을 하게 된다. 구체적으로 이 시기에는 사고 능력이 매우 자기중심적이 되어 모든 것이 자기 자신을 중심으로 존재하고 움직이는 것으로 보게 된다. 그리고 생물과 무생물 사이의 구별을 하지 않고 모든 무생물(산, 해, 바위 등)에도 생명이 있고 감정도 있다는 물활론적 사고를 하게 된다.

또한 이 시기의 아동은 보존 개념을 아직 획득하지 못한다. 보존 개념이란 모양은 다르지만 용량이 똑같은 2개의 유리컵에 물을 옮겨 담았을 때 그 양이 불변(보존)한다고 정확히 판단하는 능력을 말한다([그림 4-1] 참조). 그런데 만 6세 이하의 시기에는 이러한 용량의 보존을 정확히 이해하지 못한다.

(5) 사회성 발달

유아기가 되면 사회적 행동에서 상호작용의 대상이 부모뿐만 아니라 형제 등 다른 가족에게로 확대된다. 또한 유아기 후기에는 상호작용의 범위가 가족 내에 국한되지 않고 밖으로 확대된다. 그래서 유아는 새로운 사람, 사물, 문제 등에 노출되는 기회가 많아지며, 가정 밖에서 주체성을 형성하기 시작한다.

친구관계에서는 2세경부터 우호적 반응이 많아지고 집단생활에 보다 민감해진다. 그래서 2세부터는 2명 상대의 놀이를, 5세에는 3명 상대의 놀이를, 그리고 6세에는 4~7명 상대의 놀이를 많이 한다. 유아의 생활 대부분은 놀이이며, 이 놀이를 통해서 여러 가지 사실을 배우고 그 속에서 사회성이 발달한다. 4세경에는 상상적 놀이에 흥미를 가지고 여러 기구를 사용하여 놀고, 5세에는 감각과 지각이 발달되어 있기 때문에 더욱 복잡하고 특수한 놀이를 하며, 6세에는 동성끼리 놀기를 좋아한다. 결국 놀이는 유아의 인지 발달뿐만 아니라 사회성 발달에서도 매우 중요한 역할을 한다.

4) 아동기의 발달

(1) 신체 발달

아동기는 6세부터 12세까지의 초등학교 시기를 말한다. 신체 발달에 변화가 일어남에 따라 신체 각 부분의 비율은 달라진다. 즉, 머리는 체격에 비해 큰 편이지만 얼굴의 면적은 전체 면적의 10%로 줄고 머리 둘레는 성인의 95%가 된다. 출생 시에는 가슴이 둥글고 목이 짧으며 어깨가 올라가 있던 것이 아동기가 되면 가슴이 넓어지고 편편해진다. 그리고 6세경의 뇌 무게는 성인의 90%가 되고, 12세에는 95%의 발달을 보인다. 이와 같이 두뇌가 다른 부분에 비해 급속도로 발달하는 것은 인지능력의 발달과 밀접한 관계가 있다.

아동기의 신체 발달은 대체로 완만하게 진행되며 신체의 체제는 전체적으로 안정된다. 이와 같은 신체 발달은 사춘기까지는 상당히 증대되며, 사춘기에 도달한 후에는 성장 속도가 점차적으로 감소한다.

(2) 운동 발달

아동의 운동 발달은 신체 발달과 깊은 관계를 가지고 있으며, 성격 형성에도 중요한 역할을 한다. 아동기는 기본적 운동에서 고도의 능력 발달에 이르는 운동까지 광범위한 영역에 걸쳐 있으므로 발달 단계에 맞는 운동을 잘 골라서 적용해야 한다. 또한 대부분의 생활은 학교에서 이루어지므로 운동 발달을 통한 협동심, 사회성 등이 발달하도록 신중히 고려해야 한다.

이와 같이 아동기의 운동 발달은 처음에는 전체적인 운동에서 점차 부분적인 특수운동의 방향으로 분화해 간다. 즉, 근육조직은 전체 반응에서 점차 섬세한 소근육 운동 방향으로 발달하며, 운동은 신체의 상부에서 하부의 방향으로, 중추신경에서 말초신경의 방향으로 발달한다.

(3) 지각 발달

아동기가 되면 사물을 더욱 정확하고 객관적으로 지각하게 되고, 정신활동에서도 주의력이 크게 발달하여 대상의 구별이 확실해진다. 즉, 기능의 세부적인 것까지 알게 되고 변별력도 발달하여 대상을 정확하게 지각하는 데 크게 작용한다. 공간지각 능력은 6세가 되면 가족이나 이웃은 물론 지역사회로까지 확대되며, 8세가 되면 더욱 넓은 사회관계를 더 깊이 이해하게 된다.

아동들은 주관적 시간에 대해서는 비교적 일찍부터 바르게 판단하지만, 객관적인 시간 개념은 9세경에 이르러야 본격화된다. 그리고 운동지각은 사물의 운동 또는 사람의 활동을 식별하는 것으로 시각운동이 가장 중요한 역할을 한다.

(4) 인지 발달

이 시기가 되면 아동은 구체적인 사물이나 상황에 대해서는 보존 개념을 획득하고 한꺼번에 여러 개 차원을 동시에 고려할 수 있게 된다. 특히, 어느 하나의 차원에 대한 중심화(centering)에서 벗어나 보다 융통성 있는 사고를 할 수 있게 된다. 그러나 아직 사고의 대상이 구체적인 현실 세계에 있기 때문에 추상적인 문제에 대해서는 논리적인 사고를 할 수 없다.

(5) 사회성 발달

아동기의 학교생활이 시작되면서 친구 또는 교사와 새로운 관계를 맺게 되고, 이를 통해 사회생활의 영역이 양적으로나 질적으로 크게 변하게 된다. 초등학교 저학년 때는 아직 유아기적 특징이 남아 있어 성인에게 의존하는 경향이 있으며, 수직적인 인간관계에 의존하여 부모나 교사의 말을 잘 듣는 편이지만, 고학년으로 접어들면서 성인 의존성에서 벗어나 친구와의 관계에 몰입하게 된다. 이때부터 또래집단을 매우 중요시한다. 이런 집단적 활동을 통해 아동은 모험을 즐기고 자신에게 의미 있는 행동을 하려고 한다. 아동은 인기의 정도에 따라 친구 간의 친밀도가 다르며 사회적 거리가 결정된다. 친구의 인정을 받지 못한 아동은 사회적으로 위축되며 자신감이 결여되고, 고립된 아동은 정서적 문제나 사회적 문제를 갖게 되는 경우가 많다.

5) 청소년기의 발달

(1) 신체 발달

청소년기는 보통 12세경부터 18세경까지의 시기를 말하며, 모든 면에서 급격한 변화가 일어나는 시기다. 특히, 이 시기는 신체적 · 생리적 측면에서 급격한 변화가 일어나므로 성장폭발(growth spurt)의 시기라고도 부른다. 12세 전후부터 일어나는 성적인 발달은 남성과 여성을 뚜렷하게 구분지어 주며, 이러한 발달은 여자가 남자보다 약 2년 정도 앞서는 경향이 있다. 이 시기에 남자의 경우는 수염이 나고 어깨가 벌어지고 목소리의 변화가 일어나고 몽정을 한다. 여자의 경우는 젖가슴이 발달하고 엉덩이 형태가 변하며 음모가 발생하고 월경을 한다.

그리고 청소년기가 되면 자신의 신장, 체격, 용모 등을 타인과 비교하여 평가하는 경향이 강하게 된다. 특히, 키와 미모에 대해서 비상한 관심을 갖고 고민도 하게 된다. 이와 같이 청소년기는 내면적인 것보다는 외적인 신체 부분(키, 체격, 미모 등)에 더 많은 관심을 나타낸다.

(2) 운동 발달

청소년기의 운동 발달은 기능 발달보다도 신체 균형을 위한 다양한 운동을 통해 몸을 가꾸어야 한다. 특히, 대근육 운동은 생물학적 욕구를 충족시켜 주는 것으로서 발육 자극으로도 중요한 역할을 하지만 간접적으로는 정신적인 발달에까지 영향을 준다. 운동 능력의 발달은 중 · 고등학교 학생에게는 개인의 만족과 사회적 적응의 중요한 운동력이 된다.

운동 능력의 발달은 남녀의 성차에 의해서 많은 차이가 있다. 이러한 차이는 남자와 여자의 신체적 · 정신적 특질에 기인한다고 볼 수 있다. 즉, 신체적 요인으로는 체격, 골격근육, 내장기관 등의 차이를 들 수 있으며, 정신적 요인으로는 신체에의 관심, 사회적 관습의 영향 등을 들 수 있다.

(3) 인지 발달

이 시기에는 연역적 · 귀납적 사고가 가능해짐에 따라 사고가 보다 논리적이고 융통성이 있게 된다. 따라서 어떤 문제 상황에 부딪히게 되면 여러 가지 해결방안을 모색해 보고 가능한 한 최선의 해결책을 찾는다. 그리고 추상적인 개념을 다룰 수 있는 능력이 생김에 따라 사고의 세계가 현실에 국한되지 않고 과거와 미래로 확장된다. 따라서 이 시기의 청소년은 가능성의 세계를 체계적으로 검증하고 자기탐색을 해 볼 수 있는 능력이 생길 뿐만 아니라 미래의 생활에 대한 문제로 고민하기도 한다.

(4) 정서 발달

우리는 흔히 청소년기를 갈등과 방황의 시기 또는 이상을 추구하는 시기라고 한다. 이러한 표현 속에는 청소년들이 충동적이고 정서적으로 불안정하여 적응하는 데 어려움이 많으며, 현실보다는 이상에 집착한다는 의미가 내포되어 있다. 청소년들은 신체 및 생리적으로는 성인 수준에 이르렀으나 정서적으로는 아직 미숙한 상태에 있기 때문에 갈등과 혼란이 일어날 수 있고, 이러한 갈등에 의해 정서적인 발달이 촉진된다. 인간의 발달이 안정기보다는 전환기에 더욱 촉진된다는 것은 바로 이러한 이유 때문이다.

(5) 사회성 발달

청소년기의 사회성 발달에서 중요한 영향을 미치는 요인 중 하나는 또래집단이다. 이 시기는 부모에게서 독립하여 자아정체감을 형성하는 시기이므로, 가정보다는 학교나 사회에서 자기 또래들과 함께 어울리고 그들의 행동 기준에 동조하려 한다. 그러다 보니 또래 아이들로부터 소외당하지는 않을까 하는 불안감에 싸이고, 가능한 한 그 집단에 소속되어 함께하려고 노력한다. 그 결과, 옷, 헤어스타일, 행동방식 등을 또래집단과 똑같이 하려고 노력한다.

청소년기는 자아의식이 강해지며, 자기가 추구하는 학자나 사상가의 이론에 심취한다. 또한 자신의 흥미, 능력 등을 무시하는 사람과는 상대하지 않고 자기를 인정해 주는 친구나 교사를 깊이 신뢰하게 된다. 청소년기 후기에 이르면 자신의 역할과 입장을 자각하고 자존심도 더욱 강해진다.

6) 성인 초기의 발달

(1) 신체 발달

성인 초기는 일반적인 건강 상태는 물론 모든 신체 능력이 절정기에 도달한다. 따라서 이 시기는 힘과 협응 능력 등을 요구하는 스포츠에서 최대의 성과를 거둘 수 있다. 그리고 신체 발달의 절정기 이후에는 점진적인 감소가 일어나나, 40세에 이를 때까지 분명하게 확인될 수 있는 급격한 변화는 일어나지 않는다.

또한 이 시기 동안 감각 기능에도 변화가 일어나지만, 그 변화는 매우 점진적이기 때문에 쉽게 감지되지 않는다. 시각 기능은 40세까지 그대로 유지되나 그 이후부터 점차 감소하게 되어, 가까운 물체는 잘 볼 수 없고 오히려 멀리 떨어진 물체를 잘 볼 수 있는 원시 경향이 나타난다. 그리고 청각 기능에서도 미세한 변화가 일어나는 경향이 있다.

(2) 인지 발달

일반적으로 신경계의 기능과 같은 기초적인 생리적 메커니즘에 의존하는 능력은 연령 증가와 함께 감소하는 반면, 경험에 더 많이 의존하는 능력은 연령 증가에도 불구하고 그대로 유지된다. 카텔(Cattell, 1965)은 지능을 유동적 지능과 결정화된 지능으로 구분하였는데, 유동적 지능(fluid intelligence)은 일차적으로 생래적이며 모든 유형의 문제 해결에 동원되는 능력(예를 들어, 지각 속도, 도형 추리, 단어 유추 등)을 말한다. 이에 비해 결정화된 지능(crystallized intelligence)은 유동적 지능의 연습과 반복의 결과로 획득된 능력(예를 들어, 상식, 어휘, 연상 단어 연결 등)을 말한다. 연구 결과, 성인 초기에는 노년기보다 더 높은 유동적 지능을 지니고 있었으며, 노년기에는 성인 초기보다 더 높은 결정화된 지능을 지니고 있었다.

(3) 사회성 발달

성인 초기는 자신이 독립된 가족 단위를 꾸미고 다양한 사회적 역할을 수행하는 아주 중요한 시기다. 이 시기에는 취업, 결혼, 출산 등을 경험하고 직장에서의 안정된 역할은 물론 가족에 대한 부양자의 역할을 확고히 한다. 구체적으로 배우자의 선택, 결혼, 자녀양육, 가정생활, 시민으로서의 책임 수행, 다양한 사람과의 인간관계 등이 이 시기의 중요한 과제다.

7) 성인 중기의 발달

(1) 신체적 변화

성인 중기가 되면 외모는 물론 감각기관, 신체 내부 기능, 그리고 생식 기능에서 노화의 징후들이 나타나기 시작한다. 이 시기에는 키와 몸무게 등 외모의 변화가 현저하게 나타난다. 키는 20대 초반부터 더 이상 증가하지 않으며, 45세경에 이르면 오히려 감소하기 시작한다. 그리고 몸무게의 변화가 쉽게 감지되는데, 남성은 주로 허리 부위에, 여성은 엉덩이 부위에 지방이 축적된다. 또한 이 시기에는 피부의 탄력성이 감소하고 머리카락의 양도 감소하며, 관절의 유연성 상실과 잇몸의 점진적 마모현상이 나타난다.

그리고 연령이 증가함에 따라 신체 내부기관의 기능이 점차 둔화되어 효율성이 감소한다. 그 결과, 성인 초기부터 혈관 내부의 플라그 축적과 혈관이 굳어짐으로써 뇌졸중과 심장발작의 가능성이 증가한다. 이 시기의 대표적인 만성질환으로는 관절염, 고혈압, 암, 골다공증 등이 있다. 또한 이 시기의 중요한 신체적 변화는 성 기능의 변화를 포함하는 갱년기 문제다. 갱년기란 개인의 신체기능이 노년기로 접어드는 시기로서 노화에 의한 신체적 · 생리적 장애를 경험할 수 있는 시기를 말한다. 여성의 갱년기는 폐경기를 포함하기 때문에 신체적으로 많은 변화를 일으키나, 남성의 갱년기는 보다 점진적이어서 여성과는 차이를 보인다.

(2) 인지적 변화

루스키와 루스키(Luszki & Luszki, 1985)는 연령의 증가와 함께 얻을 수 있는 중요한 이점 중 하나는 지혜(wisdom)라고 부르는 실용적 지식을 획득하는 것이라고 주장하였다. 지혜는 어떤 문제에 직면하여 건전하고 합리적인 판단을 내릴 수 있는 능력으로, 단순히 책을 통하여 학습한 지식이나 실제적 지식 이상의 것을 말한다. 대부분 성인기 이후에 나타나는 지혜는 인생의 과업이나 문제를 해결하고 어려운 상황에 대처한 결과로서 획득한 지식의 축적물이다. 기본적으로 지혜로운 사람은 인생의 문제에 대한 예리한 통찰력을 지니고 있고, 예외적으로 훌륭한 판단력을 발휘할 수 있으며, 어려움에 처한 타인에게는 합리적인 논평이나 조언을 해 준다(Smith & Baltes, 1990).

(3) 행동 특성의 변화

① 신체에 대한 민감한 반응의 증가

중년기부터 나타나는 경향으로 자신의 건강 상태에 대해 과민한 반응을 보이는 현상을 말한다. 즉, 특별히 아픈 곳이 없는데도 몸이 아프다고 불평하고, 조금만 아파도 중병이 걸린 것처럼 과대 반응을 한다. 이런 현상은 청년기에 누렸던 최고 수준의 신체적 건강 상태를 계속해서 유지하려는 갈망으로 해석할 수도 있다.

② 시간 전망의 변화

이 시기가 되면 자신의 일생 전체라는 긴 시간을 보는 관점이 바뀌게 된다. 즉, 이 연령에 이르면 인생의 마지막 순간인 죽음에 대해 어떤 개념을 갖기 시작하여, 죽음의 순간을 설정하고 나이를 거꾸로 계산하게 된다. 어린아이가 출생 시점을 기준으로 나이를 한 살씩 더해 가는 경향이 있는 반면, 이 시기부터는 죽음의 시점에서 나이를 한 살씩 줄여 가는 경향이 있다.

③ 중심성 경향의 증가

이 시기는 자기 직업에서 전문가로서 자신감이 넘치는 시기다. 그 직업이 어떤 것이든지 이미 자기 직업에 수십 년간 종사하였으며, 그 분야에 대한 경험과 능력을 갖추고 있다. 따라서 모든 업무를 다른 사람의 도움 없이 처리할 수 있다는 전문가라는 확신을 갖게 된다.

④ 우울증 경향의 증가

여성의 경우 장년기가 되면 폐경기에 의해 우울증이 나타나고 '이제 나도 늙

었구나.' 하는 불안감에 휩싸이게 된다. 이는 자신이 더 이상 생식 능력을 갖지 못하게 되는 생리적 변화를 통해 노화를 실감하기 때문이다. 반면, 장년기가 인생의 주기로 보아 마지막 자녀가 결혼하여 가정을 떠나고 나이 든 부부만 남게 되는 '빈 둥우리 시기(empty-nest period)'이기 때문에 우울증 증세를 보인다는 주장도 있다.

8) 노년기의 발달

(1) 신체적 변화

노년기가 되면 우리 몸 전체를 둘러싸고 있는 피부는 점점 더 얇아지고 탄력성을 잃게 되며 기미나 사마귀와 같은 작은 반점이 나타남으로써 지저분해진다. 그리고 머리카락 수의 감소는 물론 굵기도 점점 더 가늘어지고 색소가 사라짐으로써 흰머리로 변하며, 치아의 상실과 잇몸의 축소도 얼굴의 모습을 변하게 한다.

그리고 연령의 증가와 함께 원시성 시각으로 가까운 곳을 볼 수 없게 되며, 이외에도 깊이지각, 색체지각, 암순응 반응 등 전반적인 시지각 능력이 저하된다. 노인성 난청은 중년기에 시작하여 60세 이후에 아주 심각해지는 증상으로, 높은 음조의 소리를 잘 듣지 못하고 서로 다른 음색의 소리를 잘 구별하지 못하는 현상이다.

또한 나이가 들어감에 따라 점점 더 많은 뉴런이 위축되거나 오그라들고 전기적 신호를 효과적으로 전달하지 못하게 된다. 그 결과, 대뇌의 무게와 부피는 50세 이후부터 감소하기 시작하며 성인 이후에 이르면 성인 초기보다 부위에 따라 약 5~30% 정도 더 적은 수의 뉴런을 갖게 된다. 이러한 뉴런의 상실은 피질의 감각 활동과 운동 활동을 통제하는 영역에서 많이 일어난다.

(2) 인지적 변화

노인은 학습해야 할 과제가 의미 없거나 친숙한 과제가 아닐 때 잘 학습하지 못한다. 예를 들어, 노인은 무의미 철자보다는 의미 있는 단어를 더 잘 기억하고, 산만하게 뒤섞여 있는 자료보다는 논리적인 순서로 배열된 자료를 더 잘 기억할 수 있다. 그리고 사물의 위치를 기억하는 공간기억 능력도 60대부터 감퇴하기 시작한다. 한편, 노년기의 지능과 관련된 특징적 현상으로 종말적 저하(terminal drop)가 있다. 이 현상은 사망하기 수년 내에 있는 노인에게서 나타나는 것으로 급격한 인지능력의 감퇴를 의미한다(Kleemeier, 1962). 즉, 노인이 갑작스러운 지적 감퇴를 나타낸다면 우리는 사망이 임박하였음을 예상할 수 있다.

노년기의 병리적 기억장애로 노인성 치매가 있다. 노인성 치매는 신경 기능의 점진적 저하에 의한 기억 손상과 저조한 판단 능력 등과 함께 성격의 변화를 동반하는 노년기의 질환이다. 치매는 정상적 노화의 일부가 아닌 병리적 증상이며, 연령 증가와 함께 발병률도 꾸준히 증가하는 특성이 있다. 대부분의 치매 환자는 처음에는 가벼운 망각 증상을 보이다가 집중력의 저하로 단기기억이 손상되며, 점차 스스로를 관리하지 못하고 기억 능력이 파괴되어 생명을 위협하는 사태까지 초래하게 된다. 이 노인성 치매의 가장 대표적인 유형에는 알츠하이머 병과 혈관성 치매가 있다.

(3) 행동 특성의 변화

노년기가 되면 중년기에 나타나는 특성 중 신체에 대한 민감한 반응, 시간 전망의 변화 등이 점점 더 두드러지게 나타난다. 여기에서는 이외에 노년기에 나타나는 성격 및 행동 특성을 살펴보기로 한다.

① 우울증 경향의 증가

연령 증가에 따라 우울증 경향이 증가하는 것은 일반적인 현상이다. 특히, 노년기 전반에 걸쳐 증가하는 우울증은 노령에 따른 스트레스에 그 원인이 있다. 즉, 신체적 질병, 배우자의 죽음, 가족과 사회로부터의 고립, 경제 사정의 악화, 일상생활에 대한 자기통제 불가능, 지나온 세월에 대한 회한 등에 의해 전반적으로 우울증 경향이 증가한다. 따라서 이런 노인은 체중 감소, 불면증, 강박관념, 증오심 등의 구체적 우울 증세를 보이기도 한다.

② 내향성의 증가

나이가 들어감에 따라 사람은 사회적 활동이 점차 감소하고 사물의 판단과 활동 방향을 외부보다는 내부로 돌리는 경향이 증가한다. 즉, 새로운 지식의 흡수나 중요한 결정을 내려야 할 때 자신의 오랜 경험에 비추어 보고 나서 신중히 검토하고 조심스럽게 판단하고 행동하게 된다.

③ **경직성의 증가**

경직성이란 융통성과 반대되는 개념으로, 어떤 태도나 의견, 그리고 문제해결 장면에서 그 방법이나 행동이 옳지 않거나 이득이 없음에도 불구하고 이전과 마찬가지 방법을 고집하고 이를 여전히 계속하려는 경향성을 말한다. 이와 같이 노인이 되면 종래에 하던 안전한 방법을 고집하고 새로운 지식이나 방법의 흡수를 위해 예전 것을 과감히 버리거나 바꾸려 하지 않는 경우가 많다.

④ **성역할 지각의 변화**

노년기가 되면 이전과는 달리 자기 자신에게 억제되었던 성역할의 방향으로 전환되는 경향이 있다. 따라서 늙어 갈수록 남자는 유친동기와 양육동기가 더 증가하고, 여자는 공격성, 자기중심성, 권위적 동기가 더 증가한다는 것이다. 융은 남녀 모두 남성성과 여성성을 비슷하게 소유하고 있다고 보았다. 그래서 일생을 통해 남성성을 많이 소모한 남자 노인에게는 여성성이 더 많이 남아 있게 되고, 여자 노인의 경우는 그 반대로 남성성이 더 많이 남아 있게 된다는 것이다.

(4) 노년기의 심리적 적응

인생의 황혼인 노년기에 정신건강의 문제없이 심리적 만족을 누리며 사는 것이 가장 바람직한 노화이며, 심리적 적응이라고 볼 수 있다. 이러한 심리적 적응에 대한 관점은 학자에 따라 매우 다양한데 대표적으로 사회적 유리설과 활동설이 있다.

① **사회적 유리설**(social disengagement theory)

은퇴 후의 노년기에 적극적인 활동에서 벗어나 은둔생활을 하는 것이 가장 좋은 방법이라는 주장이다(Cumming & Henry, 1961). 노인은 사회적 상호관계에서 역할, 활동, 자아 투입의 양이 줄어들게 된다. 즉, 신체적 활력의 쇠퇴는 물론 정년퇴직, 사회적 활동의 축소, 배우자의 죽음 등에 의해 가정적 · 사회적 역할도 감소한다. 대신에 자신의 인생과 자기상을 만족시키기 위해서 에너지를 투자한다. 즉, 그들은 자신이 중요하다고 생각하는 활동과 가치를 추구하기 위해 더 많은 시간을 할애한다. 그리고 그들은 외부 지향적이 아니라 내부 지향적이며, 외부의 영향에 의해서가 아니라 스스로의 판단에 의해 행동을 결정한다. 따라서 노년기의 사회적 유리는 인생 만족을 증가시키는 중요한 요인이며, 정상적이고 성공적인 노화의 과정이라 본다.

② **활동설**(activity theory)

사회적 유리설과는 반대되는 주장으로, 은퇴 후에도 일정한 수준의 활동과 역할을 수행하는 것이 정신건강에 좋다는 것이다(Maddom, 1963). 사람은 누구나 활동할 능력이 있을 때 최대한 활동을 계속하다가, 신체적 · 정신적 노쇠에 의해 더 이상 활동할 수 없게 될 때 가정이나 사회로부터 서서히 손을 뗀다. 이러한 점진적인 사회적 유리가 자연스러운 과정이며, 따라서 개인은 완전히 사회적 관계를 끊을 때까지 적절한 활동을 계속함으로써 신체적 · 정신적 건강, 생활의 질 등을 높일 수 있다는 것이다.

(5) 은퇴 후의 적응

사람이 인생의 후반부에 들어서면 누구나 사회적 활동에서 은퇴하기 마련이다. 이 은퇴는 개인의 일생에서 매우 중요한 의미를 갖는다. 즉, 우리가 직업을 통하여 확인하는 자아정체감에의 변화를 가져오게 되며, 새로운 생활과 역할에의 적응을 추구하는 시기가 된다.

한편, 은퇴를 어떻게 지각하고 수용하느냐에 따라 그 적응 정도가 달라진다. 밀러(Miller, 1969)는 은퇴를 하나의 위기로 보아 지위의 상실, 자아정체감의 상실, 비생산적인 여가 시간, 무능력하다는 사회적 낙인 등 부정적인 측면으로 인식하였다. 이에 반해 애칠리(Atchley, 1971)는 은퇴를 계속되는 일생의 '연속적인 한 부분'이라고 보았다. 따라서 은퇴를 인생주기에서 오래전부터 예견해 온 단계로 보고, 또 직업을 인생의 모든 것이라기보다는 어느 한 단계의 과업이라고 보았다. 그러므로 은퇴에 대해 지나치게 우울해하거나 부적응 상태에 빠질 필요가 없다고 주장한다.

은퇴 후의 생활에 대한 적응 과정에서 빼놓을 수 없는 중요한 요인 중 하나가 타인의 존재와 그로 인한 영향이다. 일반적으로 개인이 갖는 자아정체감은 어느 정도까지는 영향력 있는 타인이 제공하는 자신에 대한 정보에 의존한다. 특히, 노년기에 이른 사람은 자기평가의 많은 부분을 외부 단서에서 얻는다. 그런데 오늘날 우리 사회에서 노인의 위치는 예전과 같이 존경받는 권위의 주체가 아니라 다음 세대에게 주역의 자리를 넘겨 준 은퇴자다. 이 때문에 노인이 갖는 사회 내의 발언권이나 실권 행사의 범위가 좁아지고, 심하게는 노인의 존재 가치를 무시하는 사회적 경향도 생겨나고 있다. 따라서 노년기에 '늙어 가는 것'에 적응해야 하는 사람에게는 사회의 일반적 환경이 노인 자신의 자존심을 약화시키고 부정적인 자기평가를 가져올 위험이 있다.

이 문제를 체계적으로 설명해 보려는 연구가 사회적 와해이론(social breakdown syndrome)이다. 이 이론은 사회적 낙인이론에 이론적 근거를 두고, 노인에 대한 부정적인 사회적 편견이 생겨나는 과정을 자세히 설명해 주고 있다. 노인이 스스로 무능력하다고 평가하게 되는 것은 신체적 질병이나 연령 때문이라기보다는 사회적 와해이론 때문이라는 것이다. 즉, 노년기에는 역할 상실이나 준거집단의 결여 등에 의해 사회적 규범이 없어지고 이 때문에 자존심이 약화된다. 따라서 자신 이외의 외부 평가에 의존할 수밖에 없는데 주위 사람들과 사회에서는 '노인은 무능력하고 낡은 세대'라는 고정관념하에 낙인을 찍기 때문에 그나마 가지고 있던 능력이나 기능도 더욱 쇠퇴하고, 결국 스스로 무능력하다고 평가하게 된다. 이러한 과정은 하나의 악순환이며, 어디에선가 그 고리를 끊지 않으면 이 악순환이 계속된다.

그러므로 노인에게 불리한 사회 환경을 개선하기 위해서는 노인에게 적절한 일과 역할을 제공하고, 사원 재교육 및 정년을 대비한 은퇴 교육 등 다양한 사회화 과정을 통해 적절한 사회적 규범을 제공해야 한다. 이렇게 할 때 노인은 새로운 정체감을 형성할 수 있고, 보다 적응적인 노년기를 보낼 수 있을 것이다.

(6) 은퇴 후의 여가생활

최근에 소득 증대에 따른 생활 수준 향상과 과학문명의 발달에 힘입어 여가 활용의 문제가 많은 사람의 관심 대상이 되고 있다. 골프, 테니스 등을 비롯한 스포츠 게임, 수영장 및 헬스클럽의 성업, 프로 축구 및 야구의 열풍, 산과 바다를 찾아 나서는 휴가철의 풍경, 음악 및 미술 등의 취미생활, 등산 및 낚시에 대한 월간잡지 등에서 알 수 있듯이, 우리 사회도 이제 여가에 관심을 갖는 시대로 접어들었다.

그렇다면 여가란 무엇인가? 여가란 노동에 반대되는 개념이 아니며, 노동을 신성하고 긍정적인 것으로 보고 여가를 부정적인 것으로 보아서도 안 된다(Neulinger, 1980). 노동과 마찬가지로, 여가 역시 개인이 가지고 살아가야 하는 것이며, 마음의 상태에 따른 자연스러운 것이다. 특히, 여가는 자유롭게 선택한다고 지각해야 하며, 내재적 동기에 의해 여가활동에 참여할 때 더욱 바람직하다. 그러므로 우리는 어떻게 여가 시간을 잘 보낼 수 있는가를 교육 프로그램이나 상담 등을 통해 배워야 한다.

라포포트와 라포포트(Rapoport & Rapoport, 1975)는 여가 시간의 이용은 성인 생활의 주기 변화에 따라서 그 양상이 달라지며, 특히 개인이 가진 심리적 동기와 사회문화적 특성이 여가 시간의 활용에 직접 작용한다고 보았다. 따라서 어느 연령 시기에 있는 개인의 여가 시간 활용을 이해하려면 우선 그의 인생 단계에서 가장 의식적으로 마음을 쓰는 사항을 이해해야 한다. 왜냐하면 마음을 쏟는 문제가 결국 관심과 흥미를 유발하게 되고, 이런 관심과 흥미를 충족시킬 수 있는 활동에 참여하려고 하기 때문이다. 예를 들어, 청년기에는 자율성이 가장 마음을 쏟고 있는 주제이므로 그와 관계된 사항, 즉 연애와 결혼, 학업과 취업 준비, 대인관계 등이 여가활동의 주요 내용이 된다. 중년기에는 가족 중심의 활동, 경쟁적인 활동 등에 참여하게 되며, 은퇴 후의 노년기에는 자아통합이 주요 관심사가 되므로 보다 의미 있는 인생의 정리를 위한 여가활동에 관여하게 된다.

9) 죽음과 죽어 가는 과정

사람은 누구나 한 번 태어나면 죽게 마련이다. 이것을 부정하거나 거부할 수 있는 사람은 아무도 없다. 다만, 사람마다 차이가 있다면 이 죽음을 어느 정도로 자연스럽게 받아들이면서 죽어 가는가 하는 것이다. 우리의 인생이 '출생'에서 시작되어 '죽음'으로 끝난다는 사실을 생각해 본다면 '죽음'은 기피하고 그냥 덮어 두어야 할 문제가 아니다. 출생에도 하나의 출산 과정(birth process)이 있듯이, 죽음에도 죽음의 과정(dying process)이 따로 있게 마련이다. 물론 사고, 전쟁, 천재지변 등에 의해 뜻하지 않게 갑자기 죽는 사람도 많이 있으나, 우리가 보다 관심을 가지고 다루어야 할 문제는 이러한 예외적인 죽음이 아닌 자연스러운 죽음이다.

사람이 불치의 병에 걸려 죽는 것은 단순히 삶과 죽음의 경계선을 넘어서는 것이 아니라 하나의 연속적인 과정으로 보아야 한다. 이러한 관점에서 연구를 수행한 대표적인 학자는 큐블러-로스(Kübler-Ross, 1969)로, 그는 불치의 병에 걸린 환자 200여 명을 대상으로 죽어 가는 과정에 대한 심층적 연구를 수행하였다. 그 결과, 회복 불가능한 환자의 죽어 가는 과정(임종)에는 다음과 같은 다섯 가지 단계가 있다는 사실을 밝혔다.

- 부정(denial): 일단 치료 불가능한 불치병에 걸렸다는 진단을 받으면, 환자는 그것을 인정하지 않으려 한다. 그리하여 이 진단이 잘못되었거나 의사의 실수라고 생각하고 다른 병원이나 의사를 찾아다니게 된다. 이와 같은 환자의 반응은 갑작스러운 충격에 대한 하나의 완충장치로 작용하게 되고, 죽음의 현실에 대한 고통을 덜 느끼도록 하는 역할을 한다.
- 분노(anger): 자신의 병 증세가 점점 더 분명히 드러나고 이를 받아들이지 않을 수 없게 될 때, 환자는 분노의 감정을 갖게 된다. 그래서 '왜 하필이면 내가 이런 병에 걸렸는가?'라는 생각에 집착하여 주위 사람들(가족, 의사, 간호사 등)에게까지 화를 내고 원망하게 된다. 이때 주위 사람은 환자가 나타내는 분노와 원망의 감정을 보다 충분히 이해해 주고 보살펴 줄 필요가 있다.
- 협상(bargaining): 죽음에 대한 부정과 분노의 시기를 거치면서 환자는 자신에게 아무런 이득이 없으며, 죽음을 모면할 길이 없음을 점차 인식하게 된다. 그러면 환자는 자기에게 아직 처리해야 할 일과 과제가 남아 있으므로 이러한 일이 끝날 때까지만 살 수 있게 해 달라는 협상을 하게 된다. 이때

협상의 대상은 하나님과 같은 절대자일 수도 있고, 의사 또는 질병 그 자체일 수도 있다.

- 우울(depression): 이 단계가 되면 환자 자신이 여러 대상이나 사물을 상실하게 됨에 따라 우울증을 느끼게 된다. 즉, 죽음을 인식하고 세상의 모든 애착을 끊어 버려야 하는 데 따른 슬픔, 원통함 등이다. 이러한 우울증 경향은 주위의 가족과 친지, 그리고 일생 동안 관련지어 왔던 사물과 결별하는 데 필요한 하나의 자연스러운 과정이라고 볼 수 있다.
- 수용(acceptance): 앞의 네 단계를 거치면서 환자 자신은 재기를 위한 여러 가지 노력을 하지만, 이제 마지막 시기에 이르러서는 죽음을 수용하게 된다. 이와 같이 마지막 순간 직전에 죽음을 받아들이는 자세를 취함으로써 환자 자신은 마음의 평화를 회복한 후 임종을 맞게 된다.

죽음은 대부분의 사람에게 너무 빨리 오지만 어떤 사람에게는 빨리 오지 않기도 한다. 말기 질병을 앓고 있어서 고통이 너무 심한 사람은 고통을 빨리 끝내고 싶어 할 수 있다. '죽어 가는 환자를 아무런 선택의 여지없이 끝까지 고통을 받도록 내버려 두어야 하는가?' 이 문제와 관련하여 오늘날에는 안락사가 중요한 논쟁거리로 대두되고 있다. 대부분의 의학윤리학자들은 안락사를 소극적 안락사와 적극적 안락사로 구분한다. 소극적 안락사는 사람(보통 의사)이 환자의 생명을 연장할 수 있는 생명지원 체계나 약물을 사용하지 않거나 철수함으로써 죽음을 재촉하는 것이다. 반면, 적극적 안락사는 환자의 요구에 의해 의사나 다른 사람이 치명적인 약물을 사용하는 것과 같이 적극적 방법으로 환자의 죽음을 재촉하는 것이다. 최근 병원과 사설 요양원에 대한 대안으로 빠르게 증가하고 있는 것이 호스피스 기관이다. 호스피스는 병원에서보다 더 인간적으로 존엄하게 죽어 가고 싶은 사람의 욕구를 충족시켜 주는 기관으로, 특수한 시설을 이용하기도 하고 때로는 환자의 집을 이용하기도 한다. 호스피스는 병원이나 사설 요양원보다 환자의 개인적 욕구와 선호를 더 많이 고려하기 때문에 점차 증가하고 있는 추세다.

제 5 장

의식

PSYCHOLOGY

제 5 장 의식

의식은 사람들이 생존하는 데 있어서 매우 중요한 기능을 하는데, 외부의 다양한 감각 정보를 느낄 수 있게 해 주고 자신이 누구인지에 대한 정체성을 높여 준다. 하지만 인간은 항상 의식상태에 있는 것은 아니며 수면이나 꿈과 같이 의식상태가 하루를 주기로 변하게 된다. 한편, 프로이트(Freud)가 정신분석 이론을 제안한 이후에 의식뿐만 아니라 무의식이 사람들의 정서와 행동에 미치는 영향도 많이 연구되어 왔다. 하지만 지각, 기억, 언어, 문제해결과 같은 인간의 인지과정은 기본적으로 의식이 있어야 작동될 수 있기 때문에 여전히 의식에 대한 연구는 중요하다고 할 수 있다. 이 장에서는 의식과 무의식에 대해서 간략하게 개관한 후 의식의 수준과 기능을 중점적으로 알아보고, 변화된 의식상태인 수면과 꿈에 대한 연구결과를 토대로 살펴보도록 하겠다.

1. 의 식

프로이트가 정신분석 이론에서 제안한 의식의 구조는 무의식, 전의식, 의식으로 나뉜다. 여기에서도 크게 세 가지 영역으로 구별하는데, 정신분석 이론을 포함하여 현대 심리학의 방법을 적용해서 얻은 결과들을 함께 알아보도록 한다.

1) 무의식

무의식(unconsciousness)은 프로이트가 제안한 이론으로, 사람들의 고통스러운 욕구와 충동, 기억은 억압되어 의식에서 제거되며 결국 무의식 속으로 들어가지만 여전히 우리의 생각, 정서, 행동에 영향을 미친다. 억압된 욕구나 충동은 의식에서 추방되지만 꿈을 포함하여 말이나 행동의 실수 등 간접적 방식으로 나타난다. 예를 들어, 같은 학과의 선배에게 반말을 하는 것은 단순한 실수가 아니라 평소에 그 선배에게 무의식적으로 가지고 있었던 분노 감정이 억압되어 있다가 말실수를 가장하여 표현되었다고 할 수 있다.

무의식에 억압되어 있는 욕구나 기억들은 단순한 실수를 넘어서 심하면 심리장애를 일으킬 수 있다. 프로이트는 심리장애를 치료하기 위해서 정신분석(psychoanalysis)이라는 방법을 고안해 냈는데, 대부분은 무의식 안에 잠재되어 있는 것들을 의식할 수 있도록 밖으로 꺼내어 그것이 무엇인지 통찰하는 게 기본 목적이다. 자유연상(free association)은 의식적으로 검열이나 통제를 하지 않고 생각나는 대로 말하게 하여 무의식을 엿보는 방법이고, 꿈의 분석(dream analysis)은 덜 의식적인 수면상태에서 경험하는 꿈이 무의식을 반영한다고 가정하여 꿈에 나오는 내용이나 상징들을 분석하여 무의식을 탐구하는 방법이다.

이러한 정신분석은 무의식의 존재를 이해할 수 있게 해 주었지만 현대 심리학자들은 무의식을 억압된 욕구나 충동과 같은 병리적인 측면과 연관시켜 바라보는 것이 아니라 우리가 미처 알아차리지 못한 정상적인 정보처리과정의 관점으로 접근하고 있다.

가령 김○○ 씨가 '지금 배를 보았다.'는 말을 했을 때 '배'가 어떤 뜻일지 생각해 보자. 아마도 그 뜻을 명확하게 말하기 어렵고 여러 가지 의미 가운데 어떠한 것이 가장 적절할지 고민하게 될 것이다. 의미를 탐색할 때 먼저 과일의 한 종류인 '배'가 있고, 다음으로 물고기를 잡는 '배' 그리고 몸의 일부인 '배'를 생각할 수 있다. 그렇다면 이제 김○○ 씨가 '바닷가에 놀러와서 지금 배를 보았다.'라는 말을 했을 때 '배'의 의미는 무엇일지 추측해 보자. 앞에서 들었던 것보다 이번에 들었던 '배'라는 단어의 의미를 훨씬 더 빠르고 정확하게 추측할 수 있었을 것이다. 그 이유는 '바닷가에 놀러 와서'라는 말이 단서가 되어 '배'라는 단어의 여러 의미 가운데 하나를 선택했기 때문이다. 즉, 우리가 의식하지 못한 상태에서 무의식적 정보처리가 이루어진 것이다.

이러한 무의식적 처리는 언어 이외에 다른 정신과정에서도 다양하게 일어나고 있다. 만약 여러분이 편의점에서 700원짜리 껌을 구입하고 나서 1,000원을 내면 거스름돈이 300원이라고 자동적으로 생각할 것이다. 이 계산을 할 때 여러분의 의식에서는 별다른 과정 없이 바로 300원이라는 생각이 들지만 실제로는 몇 가지 정보처리가 필요하다. 어린아이들에게 이 문제를 풀게 했을 때는 손가락 10개를 모두 동원하는 것과 비슷한 과정을 거치게 된다. 하지만 여러분은 그러한 과정이 의식에서 떠오르지 않고 바로 생각난다. 이와 같이 간단한 계산을 하는 상황부터 복잡한 의사결정을 하는 상황까지 우리의 생각에 무의식적 과정이 관여하고 있다.

무의식은 우리의 행동에도 상당한 영향을 미친다. 의식적으로 알아차리지 못하게 단서를 제시할 때 사람들의 행동이 어떻게 변하는지 알아보는 연구(Bargh, Chen, & Burrows, 1996)에서 실험 참가자들은 다양한 단어들로 문장을 만들었다. 실험집단은 '주름진, 희끗희끗한, 약한' 등과 같이 '노인'을 연상시킬 수 있는 단어들을 제시받았고, 통제집단은 그러한 단어를 제시받지 않고서 문장을 만들었다. 이후에 참가자들은 실험을 마치고 실험실 밖으로 나가게 되는데, 연구자는 참가자들이 복도를 지나가는 동안 걸린 시간을 측정하였다. 그 결과를 보면 노인을 연상시키는 단어를 제시받은 실험집단이 통제집단에 비해 복도를 더 천천히 걸었던 것으로 나타났다. 실험을 마친 다음에 참가자들에게 질문했을 때 자신이 노인과 관련된 단어를 제시받았다는 사실을 알았다고 대답한 사람은 없었다. 즉, 사람들은 의식적으로 알아차리지 못한 상황에서도 행동에 영향을 받고 있음을 알 수 있다.

한편, 우리가 숨을 쉬거나 혈당을 조절하는 신체활동도 의식하지 못하는데 이는 보통 무의식이 아니라 비의식적(nonconscious) 과정이라고 한다. 신경계가 어떻게 변화하는지 머릿속으로 의식하지 못하지만 자신의 신체에서 일어나는 정보들을 주시하고 있다가 문제가 나타나면 그것을 탐지하여 움직인다. 물론 운동을 한 다음에 가쁜 숨을 진정시키려고 호흡을 의식적으로 조절하는 경우도 있지만, 대부분의 경우에는 의식하지 못하고 자동적으로 처리된다.

2) 전의식

무의식은 우리가 알아차리지 못하지만 전의식(preconsciousness) 또는 전의식적 기억(preconscious memories)은 노력하거나 주의를 기울이면 인식할 수 있는 것을 말한다. 만약 '지금부터 꼭 1년 전에 당신은 어디에서 무엇을 하고 있었는가?'라는 질문에 대답을 한다고 가정해 보자. 이 질문을 듣고 난 다음에 사람들은 1년 전에 자신이 있었던 장소와 그곳에서 무슨 일을 했었는지 머릿속에 떠올리게 되고 얼마 후 매우 정확하지는 않더라도 기억하여 대답하게 된다.

무의식은 떠올리려고 해도 생각이 나지 않는 것을 의미하고, 현재 의식하고 있지 않지만 노력하면 의식적으로 접근할 수 있는 것을 전의식이라고 한다. 전의식은 정신분석에서 사용하는 용어로, 무의식과 의식 사이에 있고 무의식에 잠재해 있는 내용이 의식 밖으로 표출되기 전에 거치는 중간 단계라고 할 수 있다. 한편, 전의식적 기억은 반드시 무의식에 있는 내용은 아니며 현재 의식하지 않고 있지만 주의를 하게 되면 의식으로 들어오는 기억을 의미한다.

사람들은 외부에서 오는 모든 자극에 주의를 기울일 수 없기 때문에 몇몇은 선택하고 나머지는 거르는 과정을 거친다. 이 과정에서 현재 선택된 자극은 의식으로 들어오고 그렇지 않으면 의식 밖으로 멀어지는데, 멀어진 자극이 의식에서 영원히 사라지는 것은 아니고 여전히 영향을 미친다. 전의식적 기억에는 여러 내용이 들어 있는데, 단어의 뜻과 같이 어떤 의미에 대한 기억을 비롯하여 자신이 직접 또는 간접적으로 경험했던 사건, 자전거를 타는 방법, 영화를 보기 위해 예매를 하는 절차 등이 포함된다. 이러한 기억은 우리가 일상생활을 하면서 반드시 의식하지 못하더라도 의식 밖에서 작동하는 경우가 많으며 주의를 기울이면 의식되어 그 과정을 이야기할 수 있다.

3) 의식

(1) 의식의 수준

의식(consciousness)은 무의식 및 전의식과 달리 바로 지금 그리고 현재 알아차리고 있는 인식 상태를 의미한다. 하지만 도서관에서 시험을 준비하고 있을 때와 잠자리에 들어설 때 의식은 서로 같은가? 졸려서 하품을 하고 있은 경우도 물론 의식상태라고 할 수 있지만 이때는 의식이 또렷한 상태는 아니다. 즉, 의식은 현재에 대한 인식이지만 그 수준은 매우 다양하다.

의식이 아주 낮은 수준으로 외부 환경에 대해 단지 반응만 하는 경우를 최소 의식(minimal consciousness)이라고 하는데, 이는 마음이 감각을 수용하여 반응하는 것을 의미한다(Armstrong, 1980). 여러분이 잠을 자고 있을 때 팔이 벽에 닿으면 벽을 피해 옆으로 돌아눕게 된다. 그런데 아침에 일어나서 팔이 벽에 몇 번이나 부딪혔는지 물어보면 아마도 자신의 경험을 전혀 기억하지 못할 것이다. 하지만 분명히 의식상태에 있었기 때문에 반응을 한 것이다. 다만, 여러분은 의식이 명료한 상태에서 돌아누웠던 것이 아니라 최소 의식 수준에서 단순히 벽이라는 자극에 대해 자동적으로 피하는 반응을 한 것이다.

반면에 아주 높은 의식 수준은 최대 의식(full consciousness)이라고 하며 자신이 어떠한 경험을 하고 있다는 것 이외에 이러한 경험을 하고 있는 것 자체를 인식하고 있으며 그것에 대해 이야기할 수 있는 것을 의미한다. 예를 들어, 친구에게서 추천받은 만화책을 읽을 때 익살스러운 내용을 보고 낄낄거리며 웃다가 '나는 지금까지 읽었던 것 중에서 제일 재미있는 만화책을 읽고 있다.'는 생각이 드는 것으로 자신에 관한 의식 또는 특정한 마음 상태에 있다는 것을 자각하는 수준이다.

자신의 마음 상태를 깨닫는 것을 최대 의식이라고 한다면 그러한 자각의 초점이 온전히 '나'에게로만 맞춰져 있는 상태를 자의식(self-consciousness)이라고 한다. 지금 바로 자의식 상태로 가고 싶은가? 그렇다면 책에서 눈을 떼고 거울을 보기 바란다. 거울 속에 비친 자신을 보며 '내가 거울에 비친 나를 보고 있구나.'라는 자각과 함께 자신의 눈, 코, 입, 체형 등에 주의를 집중하게 될 것이다. 타인에게 관심을 받을 때도 자의식이 높아지는데, '내 얼굴이 빨개진 건 아닐까?' '남들이 보면 내 행동이 정말 엉뚱하다고 할 거야!'라는 생각을 한다. 자의식은 자신의 발전에 도움이 되기도 하지만 너무 높으면 오히려 일상생활에 방해가 되기도 한다. 자신이 타인에게 어떻게 보일지 과도하게 걱정하여 조그만 실수에도 예민하게 반응하고 대인관계를 회피하는 특징이 있는 사회공포증(social phobia)이 그 예다.

자의식은 대부분의 동물들에게는 존재하지 않는다. 만약 집에서 기르는 애완동물이 자의식이 있는지 알아보고 싶다면 거울을 그 앞에 갖다 놓고서 자세히 관찰해 보면 된다. 가령 고양이가 거울에 비친 자기 모습에 전혀 관심을 보이지 않거나 다른 고양이가 앞에 있는 것처럼 발을 뻗어 잡으려 하거나 싸우려고 하면 자의식이 없는 것이다. 하지만 꼭 사람에게만 자의식이 있는 것은 아니다. 영장류의 자기개념에 대한 연구(Gallup, 1997)에서 침팬지를 마취시킨 후 눈썹에 빨간색 물감을 묻히고 마취가 풀린 다음 거울을 보여 주었다. 침팬지가 자의식이 없다면 거울에 비친 눈썹이 빨간 침팬지를 만져 보려고 하거나 적대감을 보일 것이다. 관찰한 결과, 침팬지는 거울이 있는 쪽으로 다가갔는데, 거울에 비친 모습을 잡으려고 하지 않았고 빨간 물감이 묻어 있는 자신의 눈썹을 만졌다. 즉, 침팬지는 거울 속에 있는 침팬지를 자신이라고 인식하였기 때문에 자의식을 가지고 있다는 것이 검증되었다.

(2) 의식의 기능

인간은 자의식을 포함하여 의식을 발달시켜 왔다. 여기서는 이러한 의식이 왜 필요하고 어떠한 기능을 하는지 알아보려고 한다. 의식이 잘 발달하지 않았다면 외부에서 오는 자극에 적절한 반응을 하지 못하기 때문에 인간은 다른 생물들과의 경쟁에서뿐만 아니라 같은 인간과의 경쟁에서도 살아남기 어려울 것이다. 즉, 의식은 인간이 살아남기 위해 기본적으로 필요한 정신이라고 할 수 있다.

생존을 위해서는 주위 환경의 다양한 감각 정보에 효율적으로 대처해야 한다. 정보를 무조건 많이 받아들인다고 좋은 것은 아니며 필요하지 않은 정보는 오히려 과부하를 만들 수 있다. 이를 방지하기 위해 의식은 다음과 같은 기능을 한다(Bering & Bjorklund, 2007).

먼저, 중요한 외부 자극에 주의를 두고 다른 자극은 제한하여 정보를 여과시키는 '제한적 기능(restrictive function)'이다. 이 기능은 현재 성취해야 할 목표와 관련이 없는 정보를 제한한다. 예를 들어, 고대사회에서 사람들이 동쪽에 있는 숲 속을 걸어가다 동물들의 발자국을 발견했다고 생각해 보자. 그때 사람들은 동물 발자국에만 주의를 집중하고, 주변에 피어 있는 예쁜 꽃이나 향기로운 풀 냄새는 제한함으로써 의식에 입력되지 않는다. 즉, 오로지 동물의 발자국에만 주의를 두기 위해 의식을 사용하는 것이다.

다음으로, 주의를 집중해서 의식에 남아 있는 정보라고 해도 모두가 목표를 성취하기 위해 필요한 것은 아니다. 앞의 예에서 동물들의 발자국이 여기저기 흩어져 있다면 그중에서 토끼나 다람쥐 같은 작은 동물이 아니라, 덩치가 커서 이전에 온 가족이 배불리 나눠 먹을 수 있었던 멧돼지 발자국만을 따로 선택하여 의식에 남겨 놓는다. 그리고 그 발자국을 따라 계속해서 추적해 나간다. 이러한 기능을 '선택적 저장기능(selective storage function)'이라고 한다.

마지막으로, 멧돼지 발자국을 따라갔지만 결국 놓치고 말았는데 집으로 돌아오면서 앞으로 사냥을 하려면 여기 동쪽 숲으로 오는 게 좋겠다고 계획하게 되는데 이를 '계획 기능(planning function)'이라고 한다. 의식은 과거에 경험했던 지식을 기초로 여러 대안을 고려하고 미래에 대한 예측과 준비를 하도록 만든다.

이와 같이 의식은 필요한 정보에 주의를 집중하고 그중에서 더 중요한 정보를 선택하여 기억해 놓았다가 미래를 준비할 수 있게 해 주기 때문에 생존 확률과 환경에 대한 적응력을 높여 주는 역할을 한다.

2. 수 면

수면은 인간에게 매우 필요한 것으로 결핍이 심하면 죽음에 이르기까지 한다. 여기서는 수면 주기를 비롯하여 수면의 기능과 이론 그리고 수면과 관련된 다양한 장애들을 살펴보도록 하겠다.

1) 수면 주기

우리의 몸은 의식 상태와 수면 상태가 주기적으로 변하는 일주율(circadian rhythm)에 맞춰져 있으며 이에 따라 심박률, 체온, 호르몬 등의 변화가 나타난다. 일반적으로 깨어 있는 낮에 가장 높아지고 수면하는 밤에 낮아진다. 일주율은 정확하게 24시간이 아니라 그보다 더 길다고 알려져 있으며, 약 24.18시간(Czeisler et al., 1999)부터 25.1시간(Aschoff, 1965) 정도에 이른다. 일주율은 24시간보다 약간 길지만 햇빛을 쬐면 조절이 되어 24시간 주기로 만들어진다.

수면은 일주율 가운데 보통 1/3 정도를 차지하기 때문에 결국 사람은 인생의 1/3 동안 잠을 자면서 지내게 된다. 인생에 있어서 수면은 그만큼 중요하기 때문에 이 수면이 어떠한 과정을 거치며 어떤 방식으로 연구되어 왔는지를 알아보도록 하겠다. 수면에 대한 연구는 일반적으로 뇌의 전기적 파형, 즉 뇌파의 활동을 뇌전도(electroencephalogram: EEG) 형태로 측정한다. EEG는 두피에 붙인 전극을 통해 대뇌피질의 표면에 있는 뉴런(신경의 최소 단위)들의 전위가 평균적으로 변화하는 정도를 나타낸다.

뇌파의 형태를 분석하면 의식이 각성되어 있을 때 나타나는 베타(β)파와 쉬

[그림 5-1] 뇌파검사

고 있을 때 나타나는 알파(α)파로 나눌 수 있다. 한편, 수면은 모두 5단계로 나누어지는데([그림 5-2] 참조) 1단계 수면에서 뇌파는 알파파보다 더 낮은 세타(θ)파 형태로 변한다. 2단계 수면에서는 뇌파가 짧게 활성화되어 날카로운 방추 모양의 파형과 급속한 상승 및 하락을 보이는 K-복합 파형이 나타난다. 가장 깊은 수면으로 들어가는 3~4단계에서는 가장 느린 델타(δ)파가 나타나며 이때 잠자는 사람을 깨워도 잘 일어나지 못한다. 5단계에서는 뇌파가 매우 활성화되어 있으며 눈이 매우 빨리 움직이는 급속 안구운동(rapid eyes movement: REM)이 나타나며 REM 수면(REM sleep)이라고 부른다. REM 수면에 이르면 혈압이 높아지고 맥박이 빨라지고 근육이 마비되며 꿈을 꾸게 된다. 한편, 1~4단계는 안구운동이 나타나지 않기 때문에 비REM 수면(non-REM sleep or NREM sleep)이라고 하는데 심박률과 호흡이 감소하고 근육이 이완되어 있다.

1~4단계에 해당되는 NREM 수면은 약 90분 정도 걸리고, REM 수면은 약 10분 정도 나타난다. 수면하는 동안 이러한 100분 주기가 4~6회 반복된다. 주

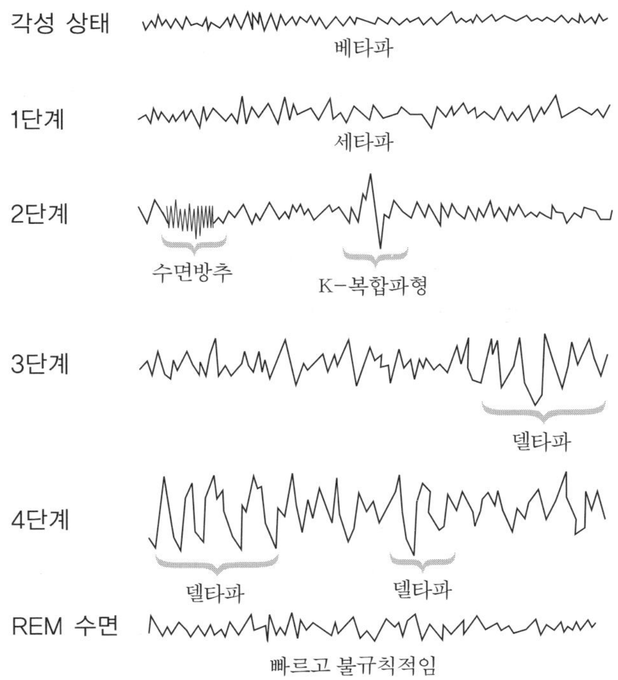

[그림 5-2] 수면 단계에 따른 뇌파(EEG)

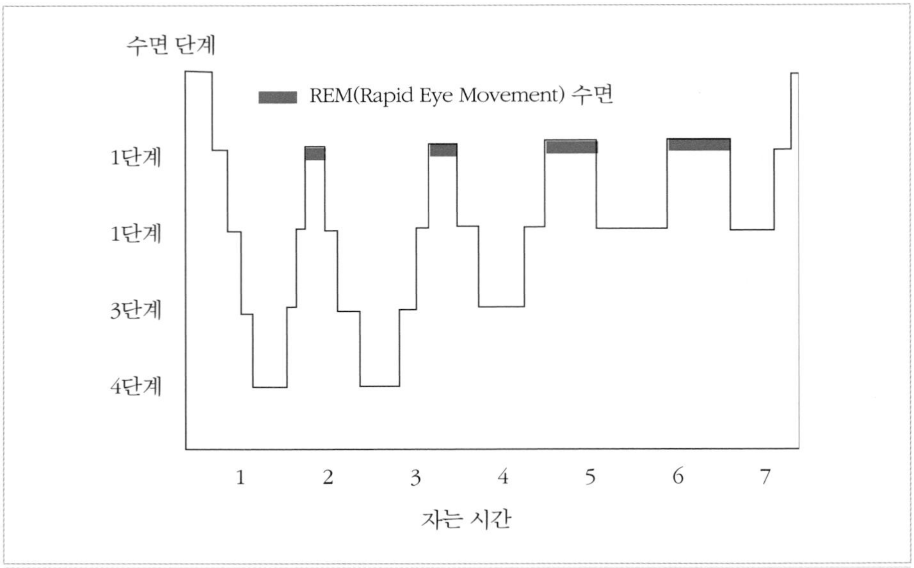

[그림 5-3] 수면시간에 따른 수면 단계

기가 후반으로 갈수록 3~4단계의 깊은 수면 시간은 줄어들지만 REM 수면이 늘어나며 마지막 주기는 REM 수면이 1시간 지속되는 경우도 있다. 전체 수면 시간 가운데 NREM 수면은 3/4~4/5를 차지하고 REM 수면은 1/5~1/4 정도다.

사람들이 꿈을 꾸는 시기는 보통 REM 수면 때 많으며 실제로 그 단계에 있는 사람을 깨워서 물어보면 4/5가 꿈을 꾸었으며 NREM 수면 때는 1/2 정도만 꿈을 꾸었다고 하였다(Stoerig, 2007). REM 수면일 때 깨운 사람들의 꿈은 우리가 일반적으로 꿈이라고 할 때 꾸는 내용을 시각적으로 생생하고 정교하게 말하며 정서적이고 비논리적인 특징이 있다. 반면, NREM 수면 때 깨웠던 사람들의 꿈 내용은 REM 수면 때와 같이 시각적으로 생생한 내용이나 정서적인 특징이 없지만 깨어 있을 때 직접 겪었던 경험과 관련 있었다.

수면 주기는 일생에 걸쳐 변화하는데 신생아는 하루에 약 16시간 동안 자고 그중 50% 정도가 REM 수면이다. 5세가 되면 REM 수면이 20~25%로 줄어들고, 50세가 되면 6시간을 자고 그중 20%가 REM 수면이다. 노년기에는 REM 수면이 18% 이하로 떨어지고 깊은 수면인 3단계 또는 4단계가 이전보다 더 적어지기 때문에 더 자주 깨거나 오랫동안 깨어 있어서 불면증이 생길 수 있다. 이렇게 연령에 많아질수록 수면 주기에 문제가 생기지만 여전히 수면은 건강과 생존에 중요하다. 60~80세 노인을 대상으로 수면과 생존 기간의 관계를 조사했는데(Dew et al., 2003), 수면 효율성(잠든 시간÷잠자리에서 소비한 시간)이 높은 노인은 낮은 노인에 비해 더 장수하는 것으로 밝혀졌다.

2) 수면의 기능

잠을 잘 못 자게 되면 일상생활에 많은 어려움이 생긴다. 낮 동안 많이 졸려서 학업이나 직무에 소홀하게 되고, 주의집중이 안 되어 기억력이 떨어지며 친구를 만났을 때 대화가 적절하게 이루어지지 않는 문제들이 나타난다. 이렇게 수면은 깨어 있는 시간 못지 않게 중요하다고 할 수 있는데 수면이 구체적으로 어떠한 기능을 하는지 알아보겠다.

가장 중요한 수면의 기능은 에너지를 보존하는 것이다(Siegel, 2009). 사냥이나 수렵 또는 그 밖의 일을 하지 않아도 될 때 수면을 취하면서 남아 있는 에너지를 아껴서 이후의 활동에 사용할 수 있게 만든다. 수면은 이러한 장점이 있지만, 반면 수면을 하고 있는 동안에는 외부의 공격에 매우 취약하게 된다. 이러한 문제를 극복하기 위하여 수면 주기가 여러 단계로 나뉘어 있는 것 같다. 항상 깊은 수면 상태에만 있는 것이 아니라 외부 자극에 쉽게 반응할 수 있도록 얕은 수면 단계가 주기적으로 나타난다.

수면의 다른 기능은 기억을 향상시키는 것이다(Diekelmann & Born, 2010). 수면을 통해 수면 이전에 학습한 내용을 응고시켜서 장기적으로 기억할 수 있게 만든다. 사람들에게 어려운 지각과제를 학습시킨 후 그날 밤에 잠을 재우지 않았더니 학습한 내용을 제대로 기억하지 못하였고 다음날 수면을 취해도 학습효과는 더 이상 나타나지 않았다(Stickgold et al., 2000). 즉, 수면은 기억이 머릿속에 단단히 둥지를 틀 수 있게 해 주며 수면이 부족하면 기억이 감퇴된다고 할 수 있다. 만약 여러분이 밤을 꼬박 새워 공부하고 시험을 치르게 되면 공부한 내용이 기억에 응고되지 않기 때문에 시험시간에 잘 생각나지 않거나 제대로 정리가 되지 않은 채 떠오르게 되어 노력한 만큼의 좋은 결과가 나오지 않을 것이다.

3) 수면 이론

수면이 이렇게 좋은 기능을 하지만 모든 사람들이 적절한 수면시간을 유지하지 않으며 각자 잠드는 시간과 깨는 시간이 다르다. 이러한 이유를 설명하기 위해서 수면 및 각성의 대립과정 모형(opponent-process model of sleep and wakefulness)이 제안되었다(Edgar & Dement, 1992). 이 모형은 뇌가 수면 또는 각성을 유지하려는 두 가지 대립과정을 통제한다고 가정한다. 하나는 시간의존적 각성과정(clock-dependent alerting process)이고 다른 하나는 항상적 수면욕구(homeostatic sleep drive)다.

시간의존적 각성과정은 일정한 시간에 잠에서 깨는 과정으로 생체시계가 통제한다. 생체시계는 햇빛에 노출되면 제대로 작동하게 되는데 밝은 빛은 수면을 촉진시키는 멜라토닌(melatonin)의 분비를 억제시킨다. 하지만 아침에 해가 떠도 방이 너무 어둡다면 멜라토닌이 계속 분비되어 쉽게 잠에서 깨어나지 못한다.

이와는 반대로 항상적 수면욕구는 주간에 각성 상태를 유지하려고 밤에 충분히 수면을 취하려는 것이다. 이 과정은 햇빛이 없어 생체시계가 활동하지 않는 밤에 활성화되며 만약 수면량이 적절하게 확보되지 않으면 이를 보충하기 위해 낮에도 수면욕구가 지속된다. 전날 소설책이 재미있어 새벽 늦도록 읽었다면 부족한 수면을 채우기 위해 업무시간에 졸리는 현상이 나타나는 것이다.

현재 여러분은 각성된 상태인가 아니면 졸린 상태인가? 만약 졸리다면 두 가지 과정 가운데 항상적 수면욕구가 시간의존적 각성과정보다 강도가 더 크기 때문이라고 할 수 있다. 즉, 두 과정은 상호작용하여 수면과 각성의 주기를 구성하며 상대적 강도에 따라 그 주기가 우세해진다.

4) 수면박탈

현대인들은 수면시간이 점점 줄어들고 있다. 과도한 학업이나 업무를 포함하여 심야활동의 확대와 스마트폰 사용 등이 그 이유일 것이다. 성인들 대부분은 적게는 6시간, 많으면 9시간 수면을 취하며 평균적으로는 7.5~8시간 정도 수면을 취한다. 앞에서 언급했듯이 수면시간은 모든 사람에게 적용되는 것은 아니며 연령에 많아짐에 따라 줄어든다.

수면시간이 충분하지 못하고 박탈되면 낮에 졸음이 쏟아지는데 사람들은 '수면 빚(sleep debt)'이 쌓이게 된다. 오랫동안 빚이 늘어나면 주간에 각성 수준이 낮아지고 활력이 떨어지는데 점심식사 이후에 자주 나타난다. 하지만 자신은 이러한 빚이 있다는 것을 깨닫지 못하고 졸린 이유가 점심을 너무 많이 먹었거나 어제 마신 술이 과했다든지 또는 수업이 지루하기 때문이라고 여긴다. 하지만 잠을 충분히 자면 흥미롭지 않은 일이나 작업을 하더라도 어느 정도 각성 상태를 유지하는 것이 일반적이다. 수면박탈이 1시간 정도만 있더라도 집중력 저하와 실수, 사고 유발 가능성이 높아진다(Wolfson & Armitage, 2008).

특정한 수면 단계가 박탈되면 심리적으로 영향을 받게 되는데, REM 수면 단계에 이르렀을 때마다 잠을 깨우면 공격 행동과 기억장애가 나타났다(Ellman et al., 1991). 가장 느린 델타파가 나오는 3~4단계에서 수면을 박탈시키면 신체에 영향을 미쳐 쉽게 피로감을 느끼고 근골격계 통증이 나타난다(Lentz et al., 1999).

5) 수면장애

밤에 수면을 충분히 취하지 못하면 낮에 졸음이 와서 활동을 못하는 것을 수면장애(sleep disorders)라고 한다. 하지만 수면박탈이 모든 수면장애의 충분조건은 아니며 아직까지 그 원인이 명확하게 밝혀지지 않고 있다. 여기서는 수면장애의 종류와 그 특징들을 알아보도록 하겠다.

불면증(insomnia)은 가장 흔한 수면장애로, 수면의 양이나 질에 대해 만족하지 못하는 것을 말한다. 그 유형을 보면 쉽게 잠들지 못하는 것, 잠든 도중에 자주 깨는 것, 새벽에 일찍 깨서 더 이상 잠들지 못하는 것으로 나뉜다. 불면증을 호소하는 사람들을 실험실에서 관찰해 보면 객관적으로 잠을 자는 양과 질이 매우 낮은 사람에서부터 정상 수준에 이르는 사람까지 다양하다. 이런 점에서 볼 때 불면증은 주관적인 측면이 강하고 자신의 수면부족에 대해서 과대평가하는 경우가 자주 있는 것 같다. 예를 들어, 객관적으로 큰 문제가 없지만 주관적으로 수면부족을 호소하는 사람들과 수면에 문제가 없는 사람들을 두 집단으로 나누어 실험실에서 수면시간을 관찰한 결과(Parrino et al., 2009), 문제가 없는 집단은 464분이었고 문제를 호소한 집단은 447분이었다. 하지만 자신이 어느 정도 잠을 잤는지 주관적으로 추정해 보라고 했더니, 문제를 호소한 집단은 285분이라고 했고 문제 없는 집단은 461분이라고 하여 이 둘 사이에 매우 큰 차이를 보였다.

사람들이 불면증에 대처하기 위해서 자주 사용하는 것은 수면제를 복용하는 것이다. 이 방법은 단기적으로 효과를 볼 수 있지만 장기적으로 볼 때 내성의 문제가 있어서 시간이 흐를수록 같은 효과를 얻기 위해 복용량이 늘어나게 되어 계속 수면제에 의존하게 된다. 그리고 수면제가 잠을 잘 수 있게 도와주기는 하지만 REM 단계와 깊은 단계의 수면을 감소시켜 수면의 질이 낮아진다. 이로 인해 깨어 있는 동안 졸리는 현상과 함께 정서적으로 불안정하고 안절부절못하는 행동이 나타난다. 그러므로 수면제 복용에 대해서는 반드시 전문가와 상의를 거쳐 신중히 판단해야 한다.

몽유병(somnambulism)은 잠에서 깨지 않은 상태에서 돌아다니는 증상을 보이고 성인보다 아동들에게 더 자주 나타난다. 일반적으로 깊은 수면 단계에서 발생하게 되고, 돌아다니는 동안 깨어나기도 하지만 깨어나지 않고 다시 잠자리에 드는 경우도 있다. 그러나 잠에서 깨어났을 때 자신이 돌아다녔다는 것을 기억하지 못한다. 몽유병 자체는 심각한 문제가 아니지만 잠든 채 돌아다니기 때문에 주변에 대한 자각이 없어서 넘어지거나 부딪쳐서 다칠 가능성이 있다. 일반적인 상식과 달리 돌아다니는 도중에 깨우는 것은 그다지 위험하지 않으므로 상해 예방을 위해 다시 잠자리로 데려가는 것이 오히려 안전하다.

기면증(narcolepsy)은 발작수면이라고도 불리며, 깨어 있는 동안 갑자기 잠이 드는 것으로 밥을 먹거나 친구와 대화를 하거나 운전을 하는 도중에도 발생할 수 있다. 이러한 증상은 하루에도 여러 번 나타날 수 있고 짧게는 몇 초부터 길게는 30분까지 지속되며 아주 짧은 기간 동안 나타나는 발작은 자신도 알아차리지 못할 수 있다. 잠이 들면 바로 REM 수면 단계로 들어가서 꿈이나 환각을 보는 것 같은 경험을 하며 근육을 통제하지 못하므로 곧바로 쓰러지는 경우가 많다. 자주 나타나는 수면장애는 아니지만 계단을 걸어가거나 기계 조작 또는 운전 중에 발생하면 매우 위험하다.

[그림 5-4] 기면증

수면 중 무호흡증(sleep apnea)은 잠을 자고 있는 동안 호흡을 멈추는 증상을 보인다. 무호흡 중에는 기도가 막히기 때문에 이 증상이 있는 사람들은 대개 코를 고는 경우가 많다. 호흡이 멈춰지면 혈중 산소 수치가 낮아져 위급한 상황에서 분비되는 호르몬이 방출되며 이로 인해 중간에 깨어나서 다시 숨을 쉬게 된다. 하지만 자신은 이러한 증상을 인식하지 못하고 함께 지내는 사람이 무호흡 중인 사람의 코 고는 소리로 고통받을 때 문제를 지각하고 치료의 필요성을 알게 된다. 사람들은 수면 중 무호흡증을 몇 번 경험하기도 하는데 이 증상이 있는 사람은 매일 수백 번 이상 나타나기 때문에 깊은 수면에 들지 못하여 낮에 자주 졸리게 되며 기면증과 같이 대화 도중에 잘 수도 있다. 이 장애는 과체중인 중년 남성들에게 많이 나타나는 것으로 알려져 있으며 체중감소를 일차적인 치료방법으로 권유한다.

3. 꿈

꿈은 우리에게 아주 친숙하지만 여전히 꿈을 왜 꾸게 되며 꿈이란 어떤 기능을 하는지에 대해서는 잘 규명되지 않았다. 여기서는 꿈에 대해 타당한 방법을 적용하여 연구한 결과를 중심으로 알아보도록 하겠다.

1) 꿈의 존재

꿈이 실제로 존재하느냐에 대한 질문에는 별다른 이견이 없을 것이다. 하지만 꿈이 날마다 그리고 모든 사람에게 존재하느냐에 대해서는 쉽게 대답하기 어렵다. 최근 한 달 동안 꿈을 매일 꾸었는지 생각해 보자. 아마 그렇다고 대답하는 사람은 거의 없을 것이다. 그리고 어떤 사람은 꿈을 자주 꾼다고 하지만 거의 꿈을 꾸지 않는다고 말하는 사람도 있다. 그렇다면 우리는 매일 꿈을 꾸지 않는 것일까? 수면에 대한 연구들을 보면 아침에 일어난 후 꿈을 꾸지 않았다고 하는 사람들은 꿈을 꾸었다고 하는 사람들처럼 자주 꿈을 꾼다. 꿈을 꾸지 않았다고 하는 사람을 실험실에서 관찰했는데, REM 수면 도중에 깨우면 다른 사람들과 비슷한 비율로 꿈을 꾸었다고 말하였다. 즉, 사람들은 꿈을 꾸지 않는 것이 아니라 단지 기억을 하지 못하는 것이다. REM 수면에서 깨울 때는 약 82%가 꿈을 꾸었다고 하고, NREM 수면 중에는 약 54%가 꿈을 꾸었다고 말하는 것으로 비추어 볼 때(Foulkes, 1962), 잠을 자고 있는 동안 눈이 빠르게 움직일 때 주로 꿈을 꾸는 것으로 보인다. 그리고 NREM 수면에 비해 REM 수면에서 꾸었던 꿈이 더 정서적이고 비논리적인 경향이 있다.

꿈을 꾸지만 이를 잘 기억하는 사람과 그렇지 못한 사람은 무엇이 다를까? 첫째, REM 수면 중간에 자주 깨는 사람은 그렇지 않은 사람보다 꿈을 더 잘 기억하기 때문이라고 추측할 수 있다. 꿈은 REM 수면 단계에서 주로 발생하므로 그때 깨어나는 사람은 방금 전에 꾸었던 꿈의 내용을 기억하기 쉬울 것이다. 하지만 그 단계에서 깨지 않고 계속 잠을 자는 사람은 실제로 꿈을 꾸더라도 기억에 남지 않을 가능성이 많다. 둘째, 꿈에 대한 관심이 많거나 꿈을 기억하려는 동기가 높은 사람이 그렇지 않은 사람보다 기억을 더 잘할 수 있다(Schredl, 2007). 아침에 잠에서 깨어날 때 바로 꿈의 내용이 무엇인지 생각하려는 노력이 기억 가능성을 높인다. 정신분석의 기법인 꿈의 해석을 위해 상담자는 내담자에게 머리맡에 꿈 공책을 놓고 잠자리에 들라고 한다. 그리고 꿈을 꾸게 되면 바로 일어나서 꿈 공책에 내용을 자세하고 구체적으로 쓴다. 공책에 쓴 꿈의 내용이 비슷하게 나타나면 거기서 꿈이 무엇을 상징하는지 알아낼 수 있다. 셋째, 꿈을 꾸고 깨어난 다음에 조용하고 안정된 분위기가 기억을 높일 수 있다. 만약 잠에서 깬 후 학교나 회사에 지각할 것 같아 곧바로 씻기, 옷 입기, 소지품 챙기기 등으로 바쁘고 혼란스러우면 주의가 분산되어 꿈에 대한 기억이 응고 및 저장되지 않게 된다(Cohen & Wolfe, 1973).

한편, 모든 사람들이 꿈을 꾸는지는 명확하지 않다. 학령기 이전의 아동들은 꿈을 꾸지 않고(Foulkes, 1993) 뇌 손상이 있는 성인도 꿈을 꾸지 않는다는 연구가 있는데(Solms, 1997), 실제로 꿈을 꾸지 않는 것인지 아니면 언어적 발달이 충분하지 않아서 꿈을 말로 표현하기 어렵거나(아동) 기억상실로 인해 꿈을 전혀 기억하지 못하는 것인지(뇌 손상) 앞으로 좀 더 세밀한 연구가 필요할 것이다.

2) 꿈의 특성

꿈은 기억을 하지 못할 뿐이지 확실히 존재하며 수면이라는 과정을 통해 의식 상태에서 나타난다. 하지만 꿈꾸는 상태와 깨어 있는 상태는 질적 측면에서 차이가 있다. 깨어 있는 상태와 꿈꾸는 상태를 구별하는 특성은 다음과 같다(Hobson, 1988).

첫째, 사람들은 깨어 있을 때에도 감정을 느끼지만 꿈을 꾸고 있을 때는 훨씬 더 강한 감정을 느낀다. 보통 기쁨이나 행복과 같은 긍정적 감정보다는 분노, 공포, 증오와 같은 부정적 감정을 주로 경험한다. 둘째, 꿈은 현실과 달리 앞뒤가 더 맞지 않고 비논리적이다. 꿈에서 경험하는 시간과 장소, 사람은 잘 짜여진 각본처럼 구성되어 있지 않고 불연속적으로 나타난다. 학교 운동장에 축구를 하고 있던 선배가 갑자기 바다에서 수영을 하고, 그 선배가 갑자기 후배로 변해서 나와 등산을 하고 있는 장면이 뒤죽박죽 나타난다. 셋째, 판단을 엄격하게 하지 않고 있는 그대로 수용한다. 꿈에서 자신이 선배에게 반말을 하고 있는 상황은 깨어 있다면 분명히 이상하다고 생각하겠지만 꿈에서는 전혀 문제라고 판단하지 않고 평소에 그래 왔던 것처럼 정상적인 상황으로 받아들인다. 넷째, 깨어 있을 때보다 꿈에서 일어난 일을 더 잘 망각한다. 악몽을 포함하여 꿈꾸는 도중에 일어나면 그 꿈을 잘 기억하지만 그 이외에 대부분의 꿈은 아침에 깨어난 후 곧바로 잊게 된다. 현실에서 친구에게 돈을 빌려주었을 때 그 기억은 몇 년이 지나도 잘 잊어버리지 않지만 꿈에서 빌려준 돈은 금방 기억에서 사라진다.

3) 꿈 이론

꿈에 대한 이론은 프로이트가 제안하였고 그 이후로 꿈은 많은 사람들의 관심을 받아 왔다. 프로이트는 『꿈의 해석』(1900)이라는 책을 통해 꿈 이론을 제안하면서 꿈은 무의식에 이를 수 있는 왕도(royal road)라고 하였다. 꿈은 무의식에 억압된 욕망이나 충동 등이 가장된 형태로 나타나는데, 만약 잠재되어 있는 그대로 표출되면 불안이나 죄의식을 느끼기 때문이다. 예를 들어, 아버지가 가장 아끼던 물건을 벽에 집어 던지는 꿈은 아버지에 대한 분노와 공격성이 위장된 것이다. 아버지에 대한 공격적 행동은 받아들이기 어려워 죄책감을 느끼게 되므로 자신을 보호하기 위해 아버지의 물건을 망가뜨리는 것으로 표현되었다. 이렇게 무의식에 잠재되어 있는 꿈의 내용을 '잠재몽'이라고 하며 수용될 수 있는 형태로 나타나는 꿈의 내용을 '현재몽'이라고 한다. 즉, 우리가 기억하는 꿈은 모두 현재몽이라고 할 수 있다.

잠재몽은 왜곡과 방어를 거쳐 현재몽으로 변환되어 나타나는데 이를 꿈 작업(dream work)이라고 한다. 꿈 작업은 무의식에 위장된 형태로 있는 공포스러운 내용들을 꿈이라는 의식 상태에 안전하게 도달하게 해 주는 기능을 한다. 하지만 꿈 작업은 항상 성공하지 못하며 실패할 경우에는 불안을 일으키게 된다. 프로이트는 꿈을 분석하려면 현재몽에서 잠재몽으로 거슬러 올라가야 한다고 제안하였다. 안전한 형태로 나타난 현재몽을 분석하면 무의식적 욕구, 욕구에 따른 불안, 불안을 없애기 위해 사용하는 방어가 드러나 결국 잠재몽에 무엇이 들어 있는지 파악할 수 있다는 것이다.

꿈에 무시무시한 욕구가 잠재되어 있다는 프로이트의 주장은 명확하게 검증되지 않았다. 하지만 억제된 생각이 꿈으로 나타난다는 것은 사실인 것 같다. 한 연구에서 실험 참가자들에게 친한 사람을 생각하게 한 후 잠들기 5분 전에 머리에 떠오르는 것을 쓰게 하였다(Wegner, Wenzlaff, & Kozak, 2004). 첫 번째 집단에게는 친한 사람을 생각하지 않고 억제하면서 쓰라고 하였고, 두 번째 집단에게는 친한 사람을 초점에 두고 쓰라고 하였으며, 세 번째 집단에게는 머릿속에 생각나는 것을 아무거나 자유롭게 쓰라고 하였다. 하루가 지난 후 참가자들에게 꿈을 꾼 내용을 쓰게 하였는데, 세 집단 모두 친한 사람과 관련된 꿈을 전반적으로 꾸었다. 그 가운데 꿈을 가장 많이 꾸었던 집단은 바로 친한 사람을 생각하지 말라고 억제한 집단이었다. 즉, 꿈은 우리가 기억하거나 떠올리고 싶지 않은 것을 회피하는 과정에서 발생하게 된다는 것을 알 수 있다. 이로 인해 학생이 시험시간에 늦거나 배우가 대사를 잊어버리는 꿈을 자주 꾸게 된다.

꿈에 대한 다른 이론은 활성화-통합 모형(activation-synthesis model)으로, 꿈은 잠자는 동안 무작위적으로 발생한 전기신호들의 의미를 해석하는 과정에서 발생한다고 제안한다(Hobson, 1988). 우리는 깨어 있을 때 여러 감각을 동원하여 얻은 외부 자극이나 정보를 해석하게 된다. 가령, 구내식당을 걸어가면서 오늘 어떤 메뉴가 나올지 냄새를 통해 파악한다. 한편, 꿈을 꿀 때는 외부 정보가 없지만 깨어 있을 때와 동일하게 파악하고 해석하려고 한다. 꿈 상태에서는 깨어 있는 상태와 다르게 연속성 없이 무작위로 발생된 전기신호들(깨어 있을 때 경험했던 자극들)을 해석하기 때문에 논리적 연결이나 일관된 의미를 갖지 못한다. 갑자기 바뀌는 장소들 또는 동일한 인물이 역할을 바꿔서 나오는 장면들이 그 예다.

꿈에 대한 최근 연구들은 꿈이 무작위적 전기신호로 인해 발생한다는 주장과 대립된다. 꿈은 백일몽과 같이 깨어 있는 상태에서 하게 되는 경험과 동일한 과정에서 나타난다(Domhoff, 2011). 뇌 영상과 관련된 연구들은 특정 유형의 기억 획득에 결정적 역할을 하는 해마(hippocampus)가 REM 수면 단계에서도 활동함을 발견했다(Nielsen & Stenstrom, 2005). 또한 정서와 관련된 기억에 중요한 역할을 하는 편도체(amygdala)도 REM 수면 단계에서 활성화된다.

다른 학자들은 꿈을 인지적 과정이라고 하였다. 꿈은 개인의 관심이 표현된 것이며(Domhoff, 2005) 꿈의 내용과 깨어 있을 때의 사고나 행동 간에는 연속성이 있기 때문에 인지적 활동이라 할 수 있다. 꿈을 통해 표현되는 관심은 깨어 있을 때 일상생활에서 갖는 관심과 연결되어 있기 때문에 꿈을 통해 성취하려는 것은 깨어 있을 때 생각하거나 행동하는 것과 다르지 않다(Domhoff, 1996). 깨어 있을 때 특정한 활동에 관여한 사람들은 꿈에서도 그런 활동이 포함된 내용의 비율이 더 높은 것으로 나타났다(Schredl & Erlacher, 2008).

4) 꿈의 자각

사람들은 종종 자신이 지금 꿈을 꾸고 있다는 사실을 깨닫게 된다. 이러한 상황에서도 꿈에서 깨어나지 않고 계속 이어 가는 경우가 많다. 이를 '자각몽(lucid dream)'이라고 하며 꿈꾸는 중이라는 것을 의식적으로 자각하는 것이 훈련으로 이루어질 수 있음을 알아냈다(LaBerge, 2007). 이를 유도하는 여러 방법 가운데 한 가지를 소개하면, REM 수면 단계에 이를 때 빨간색 빛이 깜박거리는 안경을 쓰게 하고 수면을 유도하는 것이다(LaBerge & Levitan, 1995). 참가자가 REM 수면에 빠진 후 깜박거리는 빛을 느끼고 자신이 꿈을 꾸고 있다는 것을 자각하게 된다. 일단 꿈을 자각하게 되면 그 꿈을 유지하면서 자신의 꿈을 통제하려는 시도를 많이 한다. 이를 통해 꿈에서 자신이 평소에 바라던 욕구나 목표를 이루려고 꿈을 조정하게 된다.

자각몽은 스스로 꿈을 통제하는 것이지만 연구자들은 주로 타인의 꿈이 통제되는지 알아보았다. 연구자는 참가자에게 잠들기 몇 시간 전에 빨간색 안경을 쓰게 하여 잠이 깬 후에 어떤 꿈을 꾸었는지 물어보았다. 물론 참가자들은 이 실험의 목적과 빨간색 안경이 무엇을 의미하는지 알지 못하였다. 결과를 보면, 꿈을 꾸었던 참가자들은 자신의 꿈이 빨간색으로 보였다고 하였다(Roffwarg, Herman, Bower-Anders, & Tauber, 1978). 또 다른 연구를 보면, 참가자들에게 자신이 원하는 성격이 꿈에 나올 수 있도록 한 후 어떤 꿈을 꾸었는지 알아보았는데 대부분의 참가자는 자신이 바라는 대로 꿈을 꾸었다고 하였다(Carwright, 1974). 하지만 다른 많은 연구들에 의하면, 의도한 대로 꿈이 통제된다는 결과는 거의 나타나지 않은 것으로 알려져 있다.

제 6 장

기억과 망각

PSYCHOLOGY

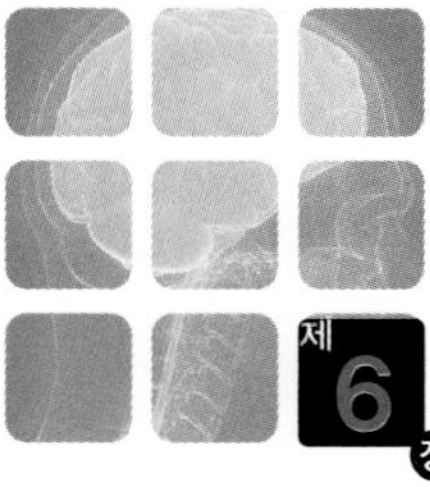

제 6 장 기억과 망각

지식산업과 정보공학을 기반으로 하는 21세기 지식정보화사회가 도래하였다. 지식정보화사회에서 부의 원천은 지식과 정보에서 창출되는데, 이것들과 밀접하게 관련된 심리학적 요소가 바로 기억이다. 올바른 기억을 갖고 있다는 것은 우리의 삶을 알차고 쓸모 있게 만들어 준다. 그러나 우리는 때때로 자신의 기억을 너무도 믿는 나머지 과도한 자신감을 갖고 있다가 실수를 하거나 어리석은 짓을 하는 경우가 종종 있다. 반대로 너무도 잊기를 잘하는 자신을 발견하고 자신의 머리에 의문을 갖기도 하며, 심한 경우에는 자신을 처절하게 비하하기도 한다. 이처럼 기억과 망각은 동전의 양면과 같은 것이다.

더불어, 기억을 잘하는 것이 구원일 수도 있지만, 저주일 수도 있다. 우리들은 모든 것을 다 기억하며 살아갈 수 없지만, 반드시 기억해야 할 것을 잊어서 곤혹을 치른 경험을 누구나 가질 것이다. 가끔씩 잊었으면 하는 일도 많이 있을 수 있다. 오래전에 한 실수나 잘못을 이제는 더 이상 기억하기 싫을 때도 왕왕 있을 것이다. 흔히 잘 외우는 사람을 기억력이 좋다고 한다. 그렇다고 기억을 단순하게 잘 외우는 것이라고 말할 수도 없다. 이제부터 기억과 망각에 대하여 제대로 알아보자.

1. 기억이론

나를 잊지 말라는 수선화의 꽃말처럼, 기억은 망각이라는 단어를 항상 수반한다. 기억과 망각은 정보처리과정이라는 동일선상에서 존재하지만 상반된 위치에 놓여 있는 인지과정(cognitive processes)이다. 먼저, 흔히 사람들은 기억을 얻어진 정보를 잘 유지하는 것으로 알고 있지만, 기억이란 정보를 부호화하고, 저장하고, 인출하는 능력을 의미한다(Baddeley, 1990, 1999). 조금 더 자세하게 말하자면, 지난 시간들의 다양한 경험과 학습을 통해서 얻어진 정보를 머릿속에 저장해 놓았다가 필요할 때 저장된 내용을 끄집어내어 현재의 상황에서 활용하는 것에 영향을 주는 인지과정이 바로 기억(memory)이다. 그런데 예전에 확실히 알고 기억했던 것들을 다시 생각해 내려고 해도 전혀 생각나지 않으면서 가물가물해지는 현상이 있는데, 이것을 망각(forgetting)이라 한다.

지금까지 제안된 기억에 대한 이론은 크게 세 가지로 나누어 볼 수 있다(남승규, 1999). 첫째, '다중기억구조모형(multiple store model of memory)'으로 감각기억, 단기기억, 장기기억으로 구분하여 각 기억저장소가 갖고 있는 기능의 중요성을 강조한다. 다중기억구조모형은 1965년에 워(Waugh)와 노만(Norman)에 의하여 제안된 이중기억이론(theory of dual memory)이 근간을 이루고 있다. 둘째, '정보처리수준모형(levels of processing model)'으로 하나의 기억저장소만을 가정하면서 사람들의 정보처리능력이 제한되어 있기 때문에 정보처리의 수준에 따라 처리용량이 각각 다르게 할당된다고 주장한다. 정보처리수준모형은 1972년에 크레이크(Craik)와 록허트(Lockhart)에 의하여 제안된 심도처리이론(theory of depth processing)에 기반을 두고 있다. 셋째, '활성화모형(activation model)'으로 이 모델에서는 유입된 정보의 처리를 위해 기억저장소의 극히 일부분만이 활성화된다고 가정한다. 일반적으로 활성화모형은 1975년에 콜린스(Collins)와 로프터스(Loftus)에 의하여 제안된 망이론(network theory)이 대표적이다.

기억구조에 대한 이러한 세 가지 모형은 접근방법에 있어서 차이가 있지만,

다음 두 가지 사항에서는 상호 일치함을 보여 준다.

- 정보처리능력의 한계를 인정하고 있다. 기본적으로 사람들은 정보처리능력에 한계가 있기 때문에, 특정한 시점에 유입된 수많은 정보들 중 일부분만이 한번에 처리된다.
- 단기기억을 장기기억의 현재 활성화된 부분으로 가정한다면, 기억은 단일한 기억저장소로 구성되어 있으며, 유입된 정보를 처리하기 위하여 그것에 걸맞는 처리능력이 할당되는 것으로 볼 수 있다.

2. 정보처리모형

아리스토텔레스(Aristotle)와 플라톤(Plato)은 기억을 밀랍판에 도장을 찍듯이 인상을 새기는 것이라고 비유하였다. 그 후에 다른 많은 사람들도 기억을 전기배전반, 창고, 작업대, 도서관, 서고, 테이프 기록기 등으로 비유를 하였다. 오늘날 인지심리학자들은 인간의 마음을 컴퓨터에, 기억을 정보처리시스템에 비유하기를 좋아한다. 컴퓨터를 하나의 모델로 사용하면서, 기억연구가들은 정보처리모형(information processing model)을 제안하였다. 우리의 컴퓨터는 키보드나 마우스를 통해서 입력정보를 받는다. 그리고 그런 상징체계는 특별한 수리적 부호로 전환되며, 그다음에 하드나 플로피 디스크에 정보가 저장된다. 그리고 스크린에 나타나거나 프린터에 보내지도록 디스크로부터 자료를 인출한다. 만약에 컴퓨터가 고장나거나, 디스크 상에 충분한 공간이 없거나, 파일이 삭제되거나, 잘못된 인출명령을 입력하면, 정보는 접근 불가능하게 되거나 '망각' 된다.

이처럼 정보처리모형에서 우리의 감각기관에 등록된 자극은, 먼저 주의를 끌어서, 의식상태인 단기기억으로 그것을 가져오고, 그다음에 두뇌 속의 저장장소로 그것을 부호화하거나 전달하고, 나중에 사용하기 위하여 인출될 때만 기억될 수 있다. 다시 말해서, 정보가 기억되기 위해서는 주의, 부호화, 저장 그리고 인출이라는 일련의 과정을 통해 연속적인 단계를 거쳐서 처리되어야만 한다. 그리고 감각기억에서 주의를 받지 못하거나, 단기기억에서 부호화되지 않거나, 장기기억에서 사라지면 망각이 일어나게 된다.

3. 기억제어과정

정보처리모형에 입각할 때, 기본적인 기억과정은 부호화-저장-인출의 수순을 거치게 된다. 그리고 이 정보처리모형은 기억을 세 가지 유형—감각기억, 단기기억, 장기기억—으로 구분한다. 따라서 사람들은 기억 속에 정보를 저장하거나 단기기억과 장기기억 간의 정보 흐름을 제어하기 위해 다양한 전략을 사용하게 되는데, 이런 과정을 기억제어과정(memory control processes)이라 한다.

감각기억은 감각기관에 등록된 모든 자극들을 저장하는데, 최대 2~3초 동안 유지된다. 주의를 받지 못한 감각들은 사라지지만, '주목'된 것은 단기기억으로 넘어간다. 단기기억은 대략 7개의 목록을 20초 정도 유지하는 또 다른 일시적인 저장시스템이다. 비록 단기기억은 빠르게 사라지지만, 반복과 시연(rehearsal)을 통하여 정보가 좀 더 오랜 기간 동안 유지될 수 있다. 사람들이 주의가 집중되는 시간인 주의범위(attention span)를 말할 때는 바로 단기기억을 말하는 것이다.

장기기억은 방대한 양의 정보를 여러 해 동안 유지할 수 있는 비교적 영속적인 저장시스템이다. 과학저술가 아이작 아시모프(Isaac Asimov)는 평생 동안 장기기억은 천조(10의 15제곱) 개의 정보를 취한다고 추정하고, 수학자 존 그리피스(John Griffith)는 태어나서 죽을 때까지 평범한 사람이 브리태니커 백과사전

〈표 6-1〉 기억제어과정

	감각기억	단기기억	장기기억
① 정보입력	감각기관에 노출	주의집중	시연
② 정보유지	대책 없음	주의집중과 반복	반복과 구성기억
③ 부호화	시각부호	청각부호	의미부호
④ 용량	감각기관	7±2 청크	무한대
⑤ 지속시간	1/4초 ~ 몇 초	몇 초 ~ 30초	평생
⑥ 망각	정보 자체의 상실	간섭/흔적쇠퇴	인출실패/정서적 망각
⑦ 기타	영상/잔향 기억	대치의 원리	지식

의 500배 정도의 정보를 저장한다고 추정하였다(Kassin, 2001). 앞으로 구체적으로 살펴보게 될 기억제어과정의 전반적인 특징을 요약하여 정리하면 〈표 6-1〉과 같다.

1) 감각기억

감각기억(sensory memory)은 시각, 청각, 후각, 미각, 촉각 등의 다양한 감각에 대한 기억을 포함하는 것으로 정보자극이 감각기관의 수용기에 들어오는 순간에 일어나는 정보처리과정이다. 이런 감각기억은 주의집중을 받지 못하면 매우 짧은 시간 내에서 사라진다. 시각정보에 대한 감각기억을 영상기억(iconic memory)이라 하고, 청각정보에 대한 감각기억을 잔향기억(echoic memory)라 한다. 영상기억이나 잔향기억은 주의를 기울이지 않으면 순식간에 사라지지만, 지극히 풍부하고 뚜렷한 기억으로 남아 있다.

영상기억은 조지 스펄링(George Sperling)에 의하여 연구되었고, 잔향기억은 크리스토퍼 다윈(Christopher Darwin)에 의하여 연구되었다. 어떤 대상이나 장면, 단어, 문장 그리고 기타 시각자극을 간단히 제시할 때, 사람들은 초의 일부분만큼 지속되는 '빠르게 지나가는 기억'을 형성한다. 이런 영상기억이나 잔향기억이 존재하기 때문에, 우리가 눈을 깜빡거리면서 귀 기울이지 않아도 세상을 끊어지지 않은 채 연속적으로 볼 수 있고 들을 수 있는 것이다. 실제로, 우리는 촉각, 미각 및 후각과 같은 다른 감각기억들도 잘 활용하면서 살아가고 있다.

2) 단기기억

단기기억(short-term memory: STM)은 약 30초 정도의 짧은 시간 동안 지속되는 기억이다. 감각기억에 들어온 정보가 주의집중을 받게 되면, 단기기억으로 넘어간다. 주의집중은 어떤 주어진 시간에 어떤 정보가 단기기억의 스포트라이트를 받는가를 제한한다. 어떤 자극이 주의를 끌면, 다른 자극은 무시된다. 예를 들어, 목격자 증언을 할 때 범죄자가 무기를 갖고 있지 않을 때보다 갖고 있을 때 피의자 확인을 제대로 하지 못하는 경향이 있다. 왜냐하면 주의가 피의자의 얼굴로 가지 않고 무기에 가기 때문이다(Steblay, 1992).

한번에 주의를 기울일 수 있는 역량이 제한되어 있으므로, 단기기억에서 한번에 처리할 수 있는 정보의 양은 7±2 청크(chunk)로 제한되어 있다. 기억범위과제(memory-span task)를 이용하여 오류 없이 기억할 수 있는 점수를 연구한 결과, 열등한 사람은 한번에 5개의 정보를, 우수한 사람은 한번에 9개의 정보를 처리할 수 있지만, 평균적으로 사람들은 한번에 7개의 정보를 처리할 수 있다. 이런 사실을 1956년에 조지 밀러(George Miller)는 "매직넘버 7±2"라고 기술하였다. 그리고 유한개의 정보만을 처리할 수 있기 때문에, 새로운 정보가 들어오면 이전의 정보가 단기기억 속에서 빠져나가게 되고, 이전 정보가 빠져나가서 생겨나는 여유공간만큼 새로운 정보가 들어오는 대치의 원리를 따른다.

여기서 청크는 최대 유의미 정보단위를 말한다. 예를 들어, '사감행랑사복해해해'라는 무의미한 철자가 연속적으로 나올 때 이것을 '사랑해 감사해 행복해' 식으로 의미를 부여하여 구성한 정보 단위가 청크이고, 이런 과정을 청킹(chunking)이라 한다. 사람들은 이와 같은 청킹을 통하여 단기기억의 용량을 확장시킬 수 있다. 기억에서 개인차를 결정하는 주요 요인은 사람들이 기억재료를 친숙한 청크로 얼마나 효과적으로 집단화할 수 있는가에 달려 있다.

단기기억의 용량이나 지속기간에 따른 한계가 우리를 불리한 입장에 놓이게 하지만, 사실상 단기기억은 경제적이고 적응적이다. 만약에 단기기억의 용량이 한계가 없다면, 우리는 수많은 정보를 끊임없이 함께 처리해야 하므로 엄청난 혼란에 휩싸이게 될 것이다. 앨런 배들리(Alan Baddley)는 단기기억은 정보가 처리되는 능동적인 지적 작업공간임을 개념화하기 위해 '작업기억(working memory)'이라는 용어를 사용하였다. 그에 의하면, 작업기억은 시공간적인 작업기억과 청각적인 작업기억뿐만 아니라 장기기억의 지식기반을 동시에 처리하는 중앙처리장치로 인간의 지적 기능에서 중요한 역할을 한다고 한다(Baddley, 1992).

사람들은 하나의 목록을 기억하도록 할 때, 중간부분에 있는 것보다 시작부분과 끝부분에 있는 것을 더 잘 기억한다. 앞부분을 더 잘 기억하는 것을 '초두효과(primacy effect)'라 하고, 뒷부분을 더 잘 기억하는 것을 '최신효과(recency effect)'라 한다. 그리고 이런 패턴이 조합된 것이 바로 계열위치곡선(serial position curve)이다. 이런 현상은 1890년대에 메리 휘튼 캘킨스(Mary Whiton Calkins)에 의하여 처음으로 확인되었고, 그 이후에도 동일한 효과가 일관되게 관찰되었다.

일반적으로 사람들은 제공된 정보가 많을수록 더 만족스럽게 생각하는 경향이 있으나, 실제로는 정보가 너무 많아서 올바른 의사결정을 내리지 못하는 경우를 종종 발견할 수 있다. 이처럼, 지나치게 많은 정보가 주어지면 오히려 최선의 선택을 할 가능성이 감소된다는 것이 정보 과부하 가설이다(Lynn, 1996). '정보 과부하 가설(information overload hypothesis)'에 의하면, 제공되는 정보의 양이 단기기억의 정보처리능력을 초과하면 사람들의 의사결정에 역기능적 결과가 초래되기 때문에, 의사결정에 도움을 주기 위해서는 적당량의 정보를 제공하는 것이 바람직하다. 만약에 가용할 수 있는 정보의 양이 증가함에 따라서 개인의 정보처리나 선택이 방해를 받는다면, 사람들에게 부가적인 정보를 제공하도록 하는 정책은 의도된 것과는 상반되는 영향을 미칠 수 있다.

그런데 이런 정보 과부하 현상은 일반적인 것이 아니라 조건적으로 나타날 수도 있다(Miller, 2004). 주어진 정보에 대하여 사람들의 관여가 높고 정보를 처리할 시간이 충분한 경우에는 정보 과부하 현상이 나타나지 않지만, 시간제약이 있을 경우에는 정보처리의 신속성과 정밀성 간의 절충이 일어나서 오류율이 증가하고 불완전한 정보처리가 이루어지는 정보 과부하 현상이 나타난다. 또한 정보 과부하 현상을 정보의 양이 문제가 아니라 방법상의 문제로 보기도 한다. 예를 들어, 정보 과부하에 관한 대부분의 연구는 피험자들이 최선의 대안을 선택하기 위하여 속성 중요도를 평정하도록 하는데, 그런 평정에서 오류를 범하기 쉬우며, 이런 오류는 흔히 정보의 양과 공변하기 때문에 정확한 결정을 내리지 못하는 것일 수 있다.

3) 장기기억

장기기억(long-term memory: LTM)은 거의 평생 동안 지속되는 기억을 말한다. 단기기억에 있는 정보가 나름대로 재구성되면서, 시연과 반복을 통하여 장기기억으로 넘어간다. 어떤 정보가 장기기억에 저장되었을 때, 이것을 학습이 되었다고 하기도 하고 지식을 갖추었다고 한다. 장기기억에 있는 정보는 시간이

지남에 따라 서서히 사라지는 경향이 있지만, 장기기억의 기억용량은 다른 기억과는 달리 제한을 받지 않고 무한하다(Reed, 1988).

단기기억에서는 반복과 시연을 통하여 정보를 생생하게 유지할 수 있지만, 단기기억에 있던 정보를 장기기억으로 전달하기 위해서는 정교화라 하는 훨씬 더 효과적인 방법을 찾아야 한다. 정교화(elaboration)는 기억재료를 보다 더 의미 있는 방식으로 생각하고 이미 장기기억에 존재하는 다른 지식들과 그것을 연합시키는 하나의 전략이다. 어떤 것을 좀 더 깊이 있게 처리할수록, 다음 기회에 그것을 회상하게 될 가능성이 더 많아지는 것이다. 이런 과정을 증명하기 위하여, 1975년에 퍼거스 크레이크(Fergus Craik)와 엔델 털빙(Endel Tulving)은 피험자들에게 일련의 단어들을 보여 주고, 시각적 판단, 음향적 판단, 어의적 판단을 하도록 하였다. 그다음에 그들의 기억을 검토한 결과, 의미를 부여하며 깊이 있게 처리한 사람들이 낮은 수준으로 처리한 사람들보다 더 잘 기억하는 것을 발견하였다. 이런 깊이 있는 처리가 효과적인 것은 단어에만 국한된 것이 아니라 사람 얼굴을 기억하는 데도 효과적이다(Bloom & Mudd, 1991). 일련의 얼굴을 "남자냐 여자냐?" 라는 질문에 피상적으로 판단하게 한 사람들보다 "정직해 보이는가, 그렇지 않은가?" 라는 질문에 좀 더 복합적인 판단을 한 사람들이 얼굴을 보면서 보내는 시간이 더 많았고, 더 많은 안구운동을 했으며, 나중에 얼굴을 더 잘 재인하였다.

장기기억에서, 정보는 시각적 부호와 어의적 부호로 저장된다. 우리가 언어적 정보를 처리할 때, 저장되는 것은 구체적인 단어가 아니라 그 정보의 의미다. 실제로, 사람들은 '행간' 을 읽고 말한 것을 기억하는 것이 아니라 내포된 것을 기억하는 것이다. 예를 들어, 낙하산을 메고서 "방 밖으로 뛰었다(leaped out the door)." 를 들었던 사람이 흔히 낙하산을 메고서 "비행기에서 점프를 하였다(jumped out of the plane)" 라고 회상을 하거나, "나는 경보가 울릴 때까지 달렸다(I ran up to the alarm)." 라는 목격자의 증언을 "나는 경보를 울렸다(I rang the alarm)." 라고 기억을 하곤 한다(Harris & Monaco, 1978). 더불어, 시각적 입력정보와 다른 많은 장기기억은 시각이미지로 저장된다. 시각적 부호화에서, 어떤 대상이나 장면을 심적 사진으로 생성한다.

장기기억 속에는 우리의 습관, 기술, 언어적 정보, 다양한 지식, 개인적인 경험 등 우리의 모든 것이 저장되어 있다. 이렇게 방대한 저장창고 안에서 무엇인가를 인출할 수 있다는 것은 매우 놀라운 일이다. 우리의 지식은 기억 속에 체계적으로 저장되어 있는데, 그 형태가 복잡하게 연결된 의미망(semantic network)을 이루고 있다. 하나의 항목이 마음속에 떠오르면, 의미 있게 관련된 항목들을 이끌어 내는 경로들이 점화된다. 이것이 인출될 가능성을 높이는 것이다.

4. 지 식

장기기억에 저장된 정보가 객관적이고 타당한 판단체계 내에서 쓸모 있게 활용될 때, 우리는 이를 지식(knowledge)이라 한다. 장기기억 속에 저장되어 있는, 알고 있는 내용인 지식은 서술적 지식과 절차적 지식으로 구분할 수 있다(Markman, 1999).

1) 서술적 지식

서술적 지식(declarative knowledge)은 사람들이 기억 속에 갖고 있는 전반적인 지식관련 정보를 말하며, 이는 다시 사건적 지식과 의미적 지식으로 세분된다. '사건적 지식(episodic knowledge)'은 "내가 좋아하는 영화가 무엇이고, 내가 다닌 학교가 어디이며, 지난 겨울에 어디를 놀러 갔다 왔나?" 와 같이 사람들이 일상생활에서 경험하는 구체적인 사건들에 대한 기억으로, 제공된 정보를 사실 그대로 저장하지 않고 주관적 의미를 부여하면서 저장되기 때문에 사적인 의사결정에 상대적으로 많은 영향을 미친다. '의미적 지식(semantic knowledge)'은 "마이클 조던이 누구이고, 1달러의 가치는 얼마이며, SKC는 무슨 뜻인가?" 와 같이 사람들이 학습 또는 경험하게 되는 사건이나 대상이 갖는 의미에 대한 기억으로 제공된 정보를 있는 그대로 객관적인 입장에서 사실로서 저장되기 때문에 공적인 의사결정에 중요한 역할을 한다. 이 둘을 좀 더 세부적으로 비교해 보면 〈표 6-2〉와 같다(Santrock, 2000).

이런 서술적 지식의 관련 개념이 바로 도식이다. '도식(schema)' 이란 대상에

〈표 6-2〉 사건적 지식과 의미적 지식의 차이

특성	사건적 기억	의미적 기억
정보단위	사건, 일화	사실, 아이디어, 개념
조직	시간적	개념적
정서	많이 중요함	별로 중요하지 않음
인출과정	의도적(노력을 해야)	자동적
인출 보고	"나는 기억한다."	"나는 알고 있다."
교육수준	관련 없음	관련 있음
지능	관련 없음	관련 있음
법률적 증언	법정에서 인정됨	법정에서 인정하지 않음

대한 지식의 단위로서 구성되고, 현재의 정보를 응집력 있게 기억구조에 통합시키는 가설적 인지구조로, 사람들이 지니고 있는 일반지식(generic knowledge)의 질량적 형태를 설명하기 위하여 제안된 심리적 구성개념이다(Brewer, 1999). 도식 중에는 인물도식이라는 것이 있는데, 이것은 어떤 사람에 대한 인지구조다. 예를 들어, 마이클 조던에 대한 인물도식 안에는 '농구천재' '시카코 불스' '에어 조던' '애처가' 등이 들어가 있을 수 있다. 그런데 사람들은 정보를 있는 그대로 처리하는 것이 아니라 이런 도식에 입각하여 정보를 처리하는 경향이 있다. 따라서 어떤 도식을 갖고 있는가는 이후의 정보처리과정에 강력한 영향을 미칠 수 있다. 한 연구(Brewer & Treyens, 1981)에서 이것이 확인되었는데, 실험자가 '연구실'이라고 말하는 약간 어수선한 방 안에서 피험자들을 혼자 남아서 35초 동안 기다리게 하였다. 그다음에 그 방 안에서 보았던 것을 기억하라고 하자, 거의 대부분의 피험자들은 전형적으로 연구실에서 발견할 수 있는 책상, 의자 및 선반을 기억하였다. 그러나 많은 피험자들이 그 장면에 적합하기는 했지만 실제로는 없었던 품목인 책을 보았다는 실수를 범하였다.

2) 절차적 지식

절차적 지식(procedural knowledge)은 어떤 상황에서 적절한 행동들에 대한 정보로 일의 수행과정이나 정보의 활용방법 등을 말한다. 이런 절차적 지식과 관련된 개념이 각본이다. 각본(script)이란 절차적 지식들 간의 연상망을 말하며 일반적으로 어떤 상황에서 사람들이 취해야 할 적절한 행동에 대한 지식을 포함한다. 동일한 상황이 반복되는 것을 경험하면, 기억 속에 'If-then'의 인지적 시스템, 즉 각본이 형성된다. 따라서 이런 각본은 사람들이 일상적으로 경험하는 상황에서 취해야 할 적정행동들을 포함하게 된다. 예를 들어, '화장실에 들어가려면, 먼저 노크부터 한다.' 혹은 '신호등에 빨간 불이 켜져 있으면 서고, 초록 불이 켜져 있으면 간다.'와 같은 것이 각본에 해당한다.

1995년에 이쿠지로 노나카(Ikujiro Nonaka)는 정보가 일과성이 있지만, 지식은 개인의 주관적인 신념에 근거를 둔 것으로 영원한 것이며 진선미에 대한 학문적 열의에 불타는 것이라고 강조했다. 그러면서 지식을 형식지와 암묵지로 구분하였는데, 우리가 일반적으로 말하는 지식은 겉으로 드러나 있고 언어적으로 표현될 수 형식지(explicit knowledge)이지만, 진정으로 중요한 것은 학습과 체험을 통해 개인에게 습득되어 있지만 겉으로 드러나지 않는 암묵지(tacit knowledge)라고 제안하였다. 이 암묵지는 흔히 유명한 식당에 가서 요리비결을 묻는 질문에 절대 알려 줄 수 없다는 '손맛'과 같은 것으로, 그 비밀을 말이나 글로 표현할 수 있지만, 그것만으로는 어림없고 직접 오랜 시간에 걸쳐 체험해 보아야 알 수 있는 것이다. 더불어 그는 이런 암묵지를 형식지로 전환시켜서 높은 가치를 만들어 내는 것이야말로 지식경영의 핵심이라고 보았다.

이런 암묵지에 대한 심리학적 연구는 이미 1885년에 최초로 기억을 체계적으로 연구한 헤르만 에빙하우스(Hermann Ebbinghaus)에 의하여 제기되었다. '인식할 수 없는 기억이 존재할 수 있는가?'에 의문을 갖고서 그는 '그렇다'고 답하였다. 기억은 명시적 기억과 암묵적 기억으로 구분된다. 명시적 기억(explicit memory)은 사람들이 직접적인 질문에 반응하여 기억 속에서 인출하려고 노력하는 사실과 사건들에 대한 '옛 생각'을 기술할 때 사용하는 용어다. 반대로, 암묵적 기억(implicit memory)은 정보가 유지되고 있다는 것을 인식하지는 못하지만 실제 행동에 대한 그것의 간접적인 영향을 통해서 확인할 수 있는 기억을 말한다.

3) 기억과 인식

기억과 인식이 분리될 수 있다는 것을 보여 주는 것이 기억상실증과 데자뷰이다. 기억상실증(amnesia)은 기억을 부분적으로나 완전히 상실하는 것인데, 생리적이나 심리적인 요인에 의해 야기될 수 있다. 심리학에 기초한 기억상실증은 외상적 사건에 의하여 촉발될 수 있다. 기억은 대부분 몇 년 후에 되돌아온다. 드라마를 제외하고, 인생의 많은 부분에 대한 기억을 상실하는 경우는 매우 드물다. 사실 그렇지 않았음에도 불구하고, 어떤 상황에 왔었던 것 같은 섬뜩한 느낌을 가져 보았을 텐데, 이것이 데자뷰(deja vu)다. 데자뷰는 '이미 보았다.'는 뜻의 불어로 새로운 상황이 친숙하게 느껴지는 착각이다. 기억상실증은 기억이 있지만 인식하지 못하거나 친숙하지 않게 느끼는 것인 데 반해, 데자뷰는 실제 기억은 없으면서 친숙하다는 느낌을 갖는 것이다. 한 연구(Sno & Linszen, 1990)에 의하면, 추정치에 차이가 있기는 하지만 사람들의 30~96%가 이런 데자뷰를 경험했었다고 한다.

5. 기억의 특성

첫째, 사람마다 기억력에서 차이가 있다. 사진을 찍어 놓은 것처럼 기억을 척척 해내는 사람이 있는가 하면, 붕어만큼이나 기억을 잘 못하는 사람이 있다. 사람들이 기억하고 있는 것을 확인해 볼 수 있는 방법 중의 하나가 자유회상(free recall)이다. 이것은 외적인 단서들의 도움 없이 기억하고 있는 정보를 재생해 내는 것이다. 예를 들어, "백설공주에 나오는 일곱 난장이의 이름은?" 정답은 "Sneezy, Doc, Grumpy, Bashful, Happy, Sleepy, 그리고 Dopey"다. 다른 방법으로 보조회상(aided recall)이 있는데, 이것은 기억을 해내는 데 도움이 될 수 있는 인출단서를 제공하고 기억하게 하는 것이다. 예를 들어, "백설공주에 나오는 일곱 난장이 중에서 항상 졸기만 하는 난장이의 이름은?" 정답은 "Sleepy"다. 또 다른 방법은 재인(recognition)인데, 이것은 어떤 기억자극을 제시한 후에 그 자극에 노출된 적이 있었는가, 다시 말해서 보았거나 들어 본 적이 있었는가 여부를 확인하는 것이다. 예를 들어, “백설공주에 나오는 일곱 난장이 중에 Sleepy가 있나요?” 정답은 “예”다.

흔히 재인은 회상보다 더 쉽다. 왜냐하면 재인과제는 생각나게 해 주는 인출단서를 포함하기 때문이다. 인출단서(retrieval cue)는 우리가 장기기억에 있는 정보에 접근하는 것을 도와주는 하나의 자극이다. 부호화 특수성 원리(principle of encoding specificity)에 의하면, 어떤 경험과 함께 부호화된 자극들은 이후에 사람들이 그 경험을 기억하고자 할 때 그것을 촉발시키는 역할을 할 수 있다(Tulving & Schacter, 1990). 인출단서는 그림, 장소, 단어, 노래, 다른 사람, 심지어 향수나 기분상태도 될 수 있다.

둘째, 기억은 맥락의존적이다. 사람들은 정보가 처음 획득되었던 동일한 상황에 있을 때 기억으로부터 정보를 더 쉽게 인출하는 경향이 있다. 이것을 맥락의존기억(context dependent memory)이라 한다. 예를 들어, 15피트 물속과 해변에서 스쿠버다이버들에게 단어목록을 학습하도록 하였다. 그다음에 동일한 장소와 다른 장소에서 다이버들을 테스트하였다. 동일한 맥락에서 학습하고 인출하도록 할 때 다이버들을 40% 정도 더 많은 단어를 기억하였다(Godden & Baddeley, 1975). 유사한 예로, 희미한 불빛이 있는 병실 안과 경치가 좋은 바깥의 정원에서 자신들의 과거에 대한 열여섯 가지 사건들을 보고하였다. 이틀 후에, 동일한 장면에서 회상을 한 사람들은 다른 장면에서 회상을 한 사람들보다 더 많은 사건들을 기억하였다(Eich, 1995). 다른 연구에서 피험자들은 시끄러운 카페의 음악이 연주되는 헤드폰을 끼고 논문을 읽거나 조용한 상태에서 논문을 읽었다. 그다음에 배경소음이 있거나 조용한 상태에서 기억테스트를 하였는데, 학습과 검사 상황이 동일할 때가 다를 때보다 더 많은 사실들을 기억하였다. 이런 연구결과는 학생들에게 실제적으로 중요한 시사점을 준다. 전형적으로 시험을 보는 동안 교실은 매우 조용하기 때문에, 조용한 장면에서 공부를 하는 것이 최선이다(Grant et al., 1998).

셋째, 기억은 상태의존적이기도 하다. 어떤 사건과 연합된 내적 단서들은 명시적 기억의 인출을 유발한다. 이것을 상태의존기억(state dependent memory)이라 한다. 만약에 우리가 기쁘거나 슬플 때, 술에 취하거나 맨 정신일 때, 침착하거나 흥분되었을 때 어떤 경험을 한다면, 그런 정서적 경험이 너무 강해서 방해가 되지 않는 한, 이후의 내적 상태가 다를 때보다 동일할 때 그 경험이 마음속에 떠오르거나 자유회상될 가능성이 더 많다(Bower, 1981; Kenealy, 1997). 내적 상태와 기억을 말할 때, 한 가지 유념할 사항이 있다. 우리가 빠져 있는 기분상태는 흔히 기분과 일관된 기억을 유발하도록 이끄는 경향이 있다는 점이다. 사람들이 행복할 때는 좋았던 시간들이 가장 쉽게 회상되지만, 슬프거나, 우울하거나, 불안할 때, 그들의 마음속은 과거의 부정적인 사건들로 넘쳐난다(Blaney, 1986; Ucros, 1989). 현재에 우울한 사람들은 그렇지 않은 사람들에 비하여 죽음과 다른 나빴던 인생경험들에 대한 기억을 더 많이 하는 경향이 있다(Brewin, Reynolds, & Tata, 1999).

끝으로, 기억은 재구성된다. 기억해 두기는 자신의 신념, 소망, 욕구 및 외부 출처로부터 받은 정보에 따라서 기억들을 재구성하는 능동적인 과정이다. 실제 생활에서 저장된 정보를 인출할 때 기억해 낸 내용이 실제와 달라지는 경우가 많이 있다. 이것은 사람들이 정보를 저장할 때 혹은 기억해 내는 과정에서 문화적, 사회적, 개인적 사고방식에 맞도록 과거의 정보경험을 재구성하기 때문이다. 실제로, 한 연구(Intraub, Bender, & Mangels, 1992)에서 거리에 있는 공중전화 부스, 체육관 바닥에 있는 농구공, 풀밭 위의 의자와 같은 다양한 장면을 근접 촬영한 사진을 사람들에게 보여 주었다. 그 후에 그 사진을 회상하라고 하자 그들은 사진 속에는 존재하지 않았지만 카메라의 화면 밖에 존재할 수 있는 세부 사항들을 말하거나 그림으로 그려 냈다.

기억이 재구성된다는 사실은 일상생활에서 중요한 결과를 초래할 수 있다. 예를 들어, 어떤 사건이나 범죄를 재판하는 과정에서 증인이나 목격자의 증언 내용이 판결에 많은 영향을 미치게 된다. 그런데 증인은 사건의 여러 정황에 대해 상당한 확신을 갖고 있지만, 사건은 증언을 요구하는 시점보다 오래전에 일어난 일이기 때문에 세부적인 내용은 분명하지 않은 경우가 종종 있다. 이렇게 분명하지 않은 부분을 사람들은 자신도 의식하지 못한 채 자신이 세운 가정에 맞도록 추론하여 채워 넣을 수 있다. 이렇게 재구성된 기억에 근거하여 증언하는 것은 진범이 아님에도 불구하고 선량한 사람을 억울하게 누명 쓰게 만들 수 있다.

실제로, 기억이 왜곡될 수 있다는 것은 오래전에 증명되었다(Loftus et al., 1989).

예를 들어, 자동차가 달리다가 사고를 일으키는 비디오테이프를 보여 준 후 한 집단에게는 "전에 본 테이프에서 흰색 스포츠카가 시골길을 시속 몇 마일로 달렸습니까?" 라고 물었고, 다른 집단에는 "전에 본 테이프에서 흰색 스포츠카가 시골길을 달리는 동안 창고 앞을 지날 때 시속 몇 마일로 달렸습니까?" 라고 질문하였다. 그러나 실제 비디오테이프에는 창고가 없었다. 그리고 1주일이 지난 후에, 그 사건에 대해 두 집단 모두에게 "지난주에 보았던 비디오에서 창고를 보았다고 생각하십니까?" 라는 질문을 하였다. 이 질문에 대해 창고에 대한 허위정보를 받았던 집단의 사람들 중 17%가 "보았다" 고 답한 반면에, 허위정보가 없었던 집단에서는 3%만이 "보았다" 는 답변을 하였다. 이런 연구결과는 처음 질문에서 창고에 대한 내용을 들었던 사람들이 자신들의 기억을 왜곡시켜, 사건을 회상할 때 있지도 않았던 창고를 보았다고 보고하도록 영향을 미쳤음을 보여 주는 것이다. 이것을 오정보 효과(misinformation effect)라 한다. 이런 오정보 효과는 여러 측면에서 확인되었다. 실험자들은 피험자들이 해머를 스크류드라이버로, 아침식사용 시리얼을 계란으로, 초록색 물건을 노란색 물건으로, 면도크림을 바른 사람을 턱수염이 난 사람으로, 맨 손을 장갑을 낀 것으로 생각하게 만들 수 있었다. 설상가상으로, 피험자들은 신속하게 반응을 했고, 이런 잘못된 기억들의 정확성에 대하여 확신하였다.

6. 정보의 특성

기억은 정보의 특성에 의하여 영향을 받는다. 어떤 정보가 사람들의 주의를 받거나 사람들이 기억을 하는 데 도움이 되려면, 정보를 전달하는 자극신호의 강도를 높이거나, 노출되거나 제공되는 상황에 해당 정보가 적절해야 한다. 특히, 정보의 자극강도는 정보의 현저성, 생동성, 적절성과 밀접한 관련이 있다.

1) 정보의 현저성

정보의 현저성(salience)은 주변의 다른 경쟁 정보에 대비하여 상대적으로 눈에 띄는 경향이 크다는 개념이다. 일반적으로 현저성은 ① 상대적으로 새롭거나 독특한 정보, ② 기대를 못했거나 예상한 역할과 다른 정보, ③ 보는 이의 시야를 지배하는 정보, ④ 상대적으로 소리가 크거나 높은 정보, ⑤ 지시를 받고 그 지시에 따라 받아들이는 정보, ⑥ 반복되는 정보, ⑦ 가장 최근에 처리한 정보, ⑧ 맨 처음에 받아들여 처리한 정보 등이 지니게 된다.

예를 들어, '독특하다(distinctive)'는 용어는 하나의 항목에 대해 다른 항목들과 구분하는 것이 얼마나 용이한가를 말한다. 사람들은 어떤 것을 기억하기 위해 그것의 기억을 방해하는 다른 것과 실제적으로 구분되게 만들기를 좋아한다.

2) 정보의 생동성

정보의 생동성(vividness)은 주변 상황에 관계없이 본질적으로 자극이 강하여 주목을 받을 가능성이 큰 경우를 말한다. 일반적으로 생동성은 ① 구체적으로 서술된 정보, ② 이미지를 연상시키는 정보, ③ 호기심을 자극하거나 재미있는 정보, ④ 그리움, 슬픔, 연민, 걱정 등 감정을 자극하는 정보, ⑤ 사진이나 그림으로 된 정보, ⑥ 변화하는 정보 등이 지니게 된다.

3) 정보의 적절성

정보의 적절성(pertinence)은 상황에 잘 들어맞는가를 말하는데, 일반적으로 ① 목적에 부합하는 정보, ② 논리적으로나 자연스럽게 예상되는 정보, ③ 같은 상황에서 처리한 경험이 많은 정보, ④ 익숙하게 알고 있거나 현재 좋아하는 것의 정보 등이 지니게 된다.

7. 망각이론

일상적인 생활에서 기억을 못하는 것은 일반적인 일이다. 1885년에 에빙하우스는 정보가 망각되는 비율을 추정하기 위해, 20분에서 21일까지의 간격을 두고 무의미 철자에 대한 자신의 기억을 테스트하여 그래프로 나타냈는데, 이것이 바로 망각곡선(forgetting curve)이다. 망각곡선은 입력정보의 기억상실 비율이 처음에 가장 급격하게 떨어지다가 시간이 경과함에 따라서 적게 떨어지는 일관된 패턴을 보여 주고 있다. 그는 자신의 기억테스트를 통하여 처음 1시간 내에 상당히 급격한 정보손실을 경험하고, 9시간 내에 항목들의 60%를 망각하고, 그 이후에는 망각률이 일정한 수준을 유지한다는 것을 발견하였다. 그렇다면 이러한 망각은 왜 일어나는 것인가? 지금까지 적어도 망각에 관한 이론들이 네 가지 정도 제안되었다. 이제 이것들을 하나씩 살펴보자.

1) 흔적쇠퇴이론

가장 오래된 망각이론이 바로 흔적쇠퇴이론(trace decay theory)인데, 이것은 심도처리이론에 입각한 망각이론이다. 심도처리이론에 의하면, 기억이 감각기억, 단기기억, 장기기억의 세 가지 구성요소로 이루어져 있기보다는 정보가 다양한 수준에서 분석되고 이후 재구성되는 능동적인 과정으로 본다. 그리고 눈길을 걸어 다니면 발자국이 남는 것처럼, 자극정보가 처리되는 수준에 따라 다양한 기억흔적(memory trace)을 남긴다고 가정한다(Lockart & Craik, 1990). 또한 망각은 사람들이 경험과 학습을 통하여 머릿속에 남겨 놓은 기억흔적이 시간경과에 따라 점차 사라지게 되기 때문에 나타나게 된다고 본다.

그러나 이 이론은 적어도 두 가지 문제가 있다. 하나는 기억의 사라짐과 상응하는 쇠퇴에 대한 생리적 증거가 존재하지 않는다는 것이다. 머릿속에 기억흔적이 있다면 기억의 사라짐과 함께 생리적인 변화가 있어야 함에도 그것을 확인할 수 없다. 다른 하나는 시간만이 가장 중요한 결정요인이 아니라는 것이다. 새롭게 학습된 무의미 철자에 대한 기억은 시간경과에 따라서 사라지지만, 고등학교에서 학습했던 외국어는 몇 년 동안 유지되는 경향이 있다.

2) 간섭이론

1924년에 존 젠킨스(John Jenkins)와 칼 달렌바흐(Karl Dallenbach)는 무의미 철자로 기억에 대한 연구를 하다가 어느 날 학습과 테스트 사이에 피험자들이 수면을 취하고서 더 많은 것을 기억하는 것을 발견하였다. 이를 근거로 망각은 쇠퇴의 문제가 아니라 간섭 때문이라는 주장을 펼쳤다. 이처럼 간섭이론(interference theory)은 망각을 어떤 특정한 학습경험이 다른 학습경험을 간섭함에 따라서 나타나는 것이라고 본다. 사람들이 경험하는 학습의 변화에 따라서 기억하게 되는 내용이 서로 영향을 주고받는데, 이것이 바로 간섭이다.

망각의 원인이 되는 간섭은 정보의 유사성이 높을수록 많아지는 경향이 있는데, 크게 역행간섭과 순행간섭으로 나눌 수 있다. 역행간섭(retroactive interference)은 새로운 학습내용이 이미 학습된 정보에 대한 회상을 방해하는 것이다. 예를 들어, 다양한 실험에 참여한 피험자들을 테스트하기 전에 유사한 사진들에 노출시키면 그들은 이미 보았던 그림들을 재인하는 정도가 일시적으로 떨어지는 경향이 있다(Chandler, 1991). 반면에, 순행간섭(proactive interference)은 그 반대 현상으로 이전 학습내용이 새로운 학습내용을 회상하는 개인의 능력을 방해하는 것이다.

간섭 때문에 망각이 일어난다면, 간섭을 줄일 수 있는 방안을 모색함으로써 기억을 향상시킬 수 있다. 예를 들어, 잠자기 바로 전에 공부를 하거나 시험을 치르기 바로 전에 모든 자료들을 살펴보는 것이다. 또한 간섭은 유사성이 높을수록 강해질 수 있으므로, 전혀 이질적인 것은 전후에 학습하는 것이 도움이 될 수 있다. 심리학을 공부하기 전후에 통계학과 생물학을 공부하는 것도 효과를 볼 수 있는 방법이다.

3) 인출실패이론

망각이 일어나는 원인은 장기기억 속에 저장된 정보를 인출하지 못하기 때문이다. 따라서 기억의 성공여부는 인출단서와 접근 가능성(accessibility)에 의하여 결정되는 것이다. 이런 주장은 회상과 재인에 의한 기억 차이와 설단현상으로 설명할 수 있다. 회상과 재인은 둘 다 사람들이 정보를 인출하려고 의식적으로 노력하는 명시적 기억이다. 그런데 사람들은 재인을 더 잘하는 경향이 있다. 예를 들어, 고등학교를 졸업하고 7년 후에 졸업앨범에 있는 사람들의 얼굴을 보고서 이름을 회상하라고 한 경우에는 60%만이 정확하게 기억을 하였지만, 이름이 맞는가를 재인하라고 한 경우에는 90%가 정확하게 기억을 하였다. 이런 경향성은 고등학교 평점에 대한 기억에서도 동일하게 나타났다(Bahrick, Hall, & Berger, 1996). 일반적으로, 기억량은 재인-보조회상-비보조회상의 순으로 줄어들게 된다. 이처럼 재인이 회상보다 더 용이하다는 것은 망각이 저장되어 있는 정보를 머릿속에서 다시 꺼내기가 어렵기 때문에, 즉 인출에 실패해서 생겨나는 것이라는 점을 지지해 주는 결과다.

1966년에 로저 브라운(Roger Brown)과 데이빗 맥닐(David McNeil)은 설단현상에 대한 실험을 실시하였다. 설단현상(tip-of-the tongue phenomenon)은 생각날 듯해서 혀끝에서 맴돌기는 하는데 생각나지 않는 현상을 말한다. 그들은 피험자들에게 이상한 단어에 대한 정의를 보여 주고 그것에 대해 생각해 내라고 요청하였다. 예를 들어, "목소리가 다른 곳에서 나오는 것처럼 보이게 하는 말하기 기술을 무엇이라고 하는가?" 정답은 "복화술(ventriloquy)"이다. 대부분의 학생들은 그것에 대하여 확실하게 알거나 확실하게 몰랐다. 그런데 어떤 학생들은 마치 막 재채기를 할 것 같으면서도 하지 못하는 상태처럼, 분명히 알고는 있는데 그것을 회상해 낼 수는 없었다. 더욱 재미있는 사실은 그들이 유사한 발음이나 의미를 말할 수 있었고, 거의 첫 철자와 마지막 철자를 알고 있었다는 것이다. 기억 속에 있는 정보들은 머릿속에서 튀어나올 수 있도록 '힌트'가 필요하다는 것을 보여 주는 것이다(Brown, 1991a). 70~80대의 노인들은 젊은 성인들보다 설단현상을 더 많이 보이는 경향이 있는데, 그 이유는 정확한 기억을 불러일으킬 때 마음속에 너무도 많은 단어들이 떠오르기 때문이다(Heine, Ober, & Shenaut, 1999). 이처럼 설단현상도 망각의 원인이 인출실패, 즉 접근 가능성의 문제로 생겨난다는 것을 보여 주는 증거다.

4) 동기적 망각이론

정신분석학을 창안한 지그문트 프로이트(Sigmund Freud)는 자신의 환자들이 그들 자신의 삶에서 일어났던 불쾌했던 과거 사건을 잘 회상할 수 없다는 것을 발견하였다. 그들은 일련의 생각들을 기억해 내다가 멈추거나, 되돌아가거나, 잃어버리는 경향이 있었다. 이런 현상을 프로이트는 무의식적 방어기제인 '억압(repression)'으로 설명하였는데, 개인의 고통스러운 기억을 인식되지 않도록 무의식 속에 묻어 두기 때문이라고 보았다.

이처럼 동기적 망각(motivational forgetting)은 일반적인 인지적 측면에서 망각을 보는 것이 아니라 감정적 측면에서 망각을 설명하는 것이다. 동기적 망각과 관련하여 밝혀진 사실들은 다음과 같다. 첫째, 중립적이거나 비정서적인 상황에서 일어난 일보다 정서적인 상황에서 일어난 일에 관한 기억이 더 잘 회상된다. 사람들은 일상적인 사건보다 정서적으로 중요한 사건을 더 정확하고 생생하게 기억하는 경향이 있는데, 이것을 섬광기억(flashbulb memories)이라 한다. 케네디 대통령 암살사건 현장에 있었던 사람들의 장면 하나하나를 또렷하게 기억하는 것을 보고 붙여진 이름이다. 일반적으로 기억은 뇌의 해마(hippocampus) 부위에 저장되고 재현되는데, 극도의 공포 상황에서는 감정과 관련된 편도(amygdala)라는 또 다른 뇌 부위도 기억에 관여하게 되므로, 감정과 관련된 기억은 일반 기억보다 더 강렬하고 선명하게 기억하는 것이다(Santrock, 2000).

둘째, 불안과 같은 부정적인 정서는 기억을 어렵게 만든다. 셋째, 정보를 부호화할 때의 맥락이나 내적 상태가 인출할 때의 맥락이나 내적 상태와 일치하면 기억이 잘 된다. 앞에서 설명한 맥락의존기억이나 상태의존기억이 바로 여기에 해당한다. 끝으로, 전쟁, 학대, 성폭행과 같이 마음의 상처를 입는 개인적인 외상적 사건들에 대한 기억은 정확하고, 매우 세부적이며, 영원히 유지되는 경향이 있다. 물론 외상을 통한 심각한 불안으로 부분적인 기억상실이나 기억왜곡이 나타나기도 하지만, 일상적인 사건들보다 더 잘 기억된다.

8. 기억증진전략

사람들은 정보처리능력의 한계로 인하여 수많은 정보 중에서 극히 일부분만 기억할 수 있다. 때문에, 정보의 홍수 속에 살고 있는 사람들에게 어떻게 하면 더 많은 것을 기억하게 만들 수 있는가는 중요한 심리학적 과제다. 다시 말해서, 기억증진전략은 사람들의 하드웨어에 한계가 있다면, 어떤 소프트웨어를 어떻게 활용할 것인가를 찾고자 하는 것이다.

1) 기억증진기법

흔히 기억력을 높이기 위한 방법을 기억술이라고 하는데, 기억을 향상시키기 위한 기억증진기법(mnemonics)에는 여러 가지가 있다. 첫째, 연습시간을 잘 활용하는 것이다. '연습은 완벽을 만든다(practice makes perfect)'는 말은 불변의 진리다. 일반적으로, 공부하는 데 더 많은 시간을 들이면 더 잘하게 된다. 대강 훑어보는 것이나 속독은 장기적으로 유지시킬 수 없다. 이미 숙달했다고 생각할 때조차도 다시 검토하는 과도학습(overlearning)이 필요하다. 또한 한번에 모든 것을 몰아서 벼락공부를 하는 것보다 오랜 시간에 걸쳐 공부하는 분산학습이 효과적이다. 한번에 8시간 마라톤식 공부를 하는 것보다 2시간씩 네 번 나누어서 하는 것이 더 많은 정보를 기억시킨다는 것이다.

둘째, 깊이 있게 정보를 처리하는 것이다. 순수한 연습량이 중요하지만, 그것은 질적으로 관리가 된 시간이어야 한다. 생각을 하지 않고 연습하는 것은 단기기억에 정보를 유지하는 데는 도움이 될 수 있지만, 장기기억은 학습재료에 대한 적극적이고 깊이 있는 생각을 필요로 한다. 그것의 의미가 무엇이고 이것들이 이미 알고 있는 것과 어떻게 관련 있는가에 대하여 생각해야 한다. 심도처리를 증가시키는 방법은 여러 가지가 있다. 스스로에게 그 학습재료에 대한 중요한 질문을 해 보는 것이다. 자신의 경험과 관련지어서 그것에 대하여 생각해 보는 것이다. 학습재료를 친구들에게 말하는 방법도 있다.

셋째, 기억을 증진시키는 방법으로 PQRST가 있다. 이것은 ① 사전검토(Preview: 전체 내용을 소제목으로 미리 개관하고), ② 질문(Question: 소제목과 관련된 질문들을 생각해 보고), ③ 읽기(Read: 적절한 것을 골라 집중적으로 읽고), ④ 자기암송(Self-recitation: 주요 아이디어를 회상하고 암송하고), ⑤ 검사(Test: 모든 내용을 검사하고 재검토한다)를 의미한다. 이런 방법은 구체적인 사실보다는 기본적인 사실에 초점을 맞추어 정보를 통합할 수 있게 해 주며, 정보를 정교화할 수 있게 해 주므로 기억을 증진시켜 준다.

실제로, 구체적 사실에 초점을 맞추는 객관식 시험 준비보다 기본적 사실에 초점을 맞춘 주관식 시험 준비가 정보를 보다 정교화하여 깊은 수준으로 처리하게 만들어 기억에 도움을 준다. 동일한 객관식 시험일지라도, 주관식 시험을 예상하고 객관식 시험을 본 학생들이 객관식 시험을 예상하고 준비하여 객관식 시험을 본 학생들보다 성적이 더 우수하다(Foos & Clark, 1983). 더불어, 사람들은 추상적인 정보보다는 구체적인 정보를 더 쉽게 저장하고 인출하기 때문에, 구체적인 명사를 사용하는 것이 사람들의 기억력을 높이는 데 보다 효과적이다.

2) 심상을 이용하는 방법

일반적으로 심상을 이용하는 것은 기억을 촉진시킨다. 심상(mental imagery)이란 마음속으로 어떤 개념을 시각화하는 것을 말한다. 사람들의 심상을 이끌어 내기 위한 커뮤니케이션 전략으로는 ① 그림과 같은 시각적 자극을 이용하는 방법, ② 구체적 정보와 같은 언어적 자극을 이용하는 방법, ③ 사람들이 기억해야 할 정보를 마음속으로 시각화하도록 하는 심상지시를 이용하는 방법이 있다.

심상지시(imagery instruction) 전략은 사람들로 하여금 상상을 통하여 마음속에 어떤 장면을 시각화하도록 하는 기법이다. 이중부호화이론(dual coding theory)에 의하면, 그림과 같은 시각적 자극은 기억 속에 저장될 때 언어적 형태와 시각적 형태가 함께 저장되지만, 구체적 단어와 같은 언어적 자극은 주로 언어적 형태의 정보만이 저장되며 시각적 형태의 정보가 저장될 가능성이 낮다. 이 이론과 일관되게 사람들은 언어적 정보보다 시각적 정보를 더 잘 기억한다. 이처럼 심상을 이용하는 방법은 언어적 부호화와 더불어 다른 독립적인 부호화를 제공하기 때문에, 기억을 돕는 데 심상을 이용하는 것이 효과적이다. 예를 들어, 이름과 얼굴을 기억하는 것처럼 쌍연합학습(paired association learning)의 경우에는 핵심단어법을 활용하는 것이 효과적이고, 나열된 항목들을 순서대로 기억하는 계열학습(serial learning)은 장소법을 활용하는 것이 효과적이다.

핵심단어법(keyword method)은 중요한 단어에 생생한 이미지를 부착하는 기억전략이다. 예를 들어, 아동들에게 메릴랜드(Maryland)의 수도 아나폴리스(Annapolis)를 기억시키고자 한다면, 2개의 사과가 결혼을 하는 생생한 이미지와 연결하는 것이다. Annapolis는 사과(apple)와, Maryland는 결혼(marry)과 연합시켜서 기억을 도울 수 있다.

장소법(method of loci)은 기억될 수 있도록 항목들의 이미지를 개발하여 그것들을 친숙한 장소에 저장하는 기억전략이다. 이 전략을 사용할 때 일반적으로 집 안의 방이나 거리의 상점을 장소로 사용한다. 예를 들어, 개념들 목록을 기억해야 할 필요가 있다면 현관 입구, 거실, 식당, 주방 등과 같이 친숙한 집 안의 방들에 그것을 심적으로 위치시킬 수 있다. 그다음에 그 정보를 인출할 필요가 있을 때, 그 집을 상상하고, 심적으로 방들을 지나가면서 그 개념들을 기억해 낸다.

다른 강력한 심상을 이용한 기억증진방법이 고정단어법(peg-word method)이다. 이것은 이미 널리 알려진 고정된 사전지식인 사항들에 기억하고자 하는 단어를 연결시켜서 기억하는 방법이다. 예를 들어, '일월화수목금토' '자축인묘진사오미신유술해' 혹은 '1, 2, 3, 4, 5,'에 기억하고자 하는 단어를 연결하여 기억을 하는 것이 고정단어법이다.

3) 운율을 이용하는 방법

단어의 운율(rhythm)을 이용하는 단순한 기법을 사용하여 기억증진을 도울 수 있다. 예를 들어, 우리가 구구단을 외울 때처럼 운율을 부여하여 기억을 하는 것은 효과적이다. 동일한 내용을 담고 있는 것이라고 하더라도, 공식문서의 글귀보다 노래가사를 더 잘 기억할 수 있는 것은 그것이 바로 운율을 담고 있기 때문이다.

4) 반복을 이용하는 방법

기억을 증진시키기 위하여 반복을 활용할 수 있다. 반복(repetition)은 친숙성과 정보처리 가능성을 증진시키므로 기억을 증진시킬 수 있다. 정보를 처리할 동기부여가 낮거나 능력이 없는 사람들이 한 번의 정보 노출로 그것을 기억 속에 저장할 가능성이 매우 낮다. 따라서 사람들이 정보를 충분히 이해하고 기억하도록 만들거나 도움을 주기 위하여 정보를 반복적으로 제공하여야 한다. 정보자극을 반복적으로 제시하는 것은 자극의 현저성을 증진시킬 수 있으며, 회상을 촉진하며, 의사결정에 영향을 미칠 수 있다. 예를 들어, 한 번이라도 더 읽는 것은 기억에 도움이 된다. 책을 여러 번 읽은 학생과 정보를 요약하여 정리한 학생을 대상으로 배웠던 개념, 원리 및 사실 등에 대해 테스트해 본 결과, 여러 번 반복해서 읽은 학생들이 더 좋은 성적을 얻었다(Barnett & Seefeldt, 1989).

그러나 동일한 정보를 계속해서 반복하게 되면 지침현상(wearout phenomenon)이 나타나서, 주어지는 정보가 지루하게 느껴지고 나아가 정보에 대해 부정적인 사고를 하게 만들 수도 있다. 따라서 사람들의 정보에 대한 이해 및 기억 증진을 위하여 동일한 메시지를 반복적으로 제시하더라도 실행방법을 다르게 함으로써 지침현상을 예방해야 한다.

제 7 장

학습과 행동

PSYCHOLOGY

제7장 학습과 행동

모든 유기체는 성공적으로 생존하기 위해서 학습을 할 수 있어야 한다. 즉, 환경 내의 어떤 것들이 서로 연관되어 있으며, 자신의 어떤 행동이 환경을 변화시키고, 환경적 사건에 의해 자신의 행동이 어떻게 영향 받을 수 있는지를 알아야 한다. 학습을 함으로써 유기체는 미래의 사건들에 대해 예측을 하고, 상황에 따라 자신의 행동을 수정하여 환경에 보다 융통성 있게 대처할 수 있게 된다.

인간의 대부분의 행동은 학습과 관련되어 있다. 철자 쓰기나 당구치기처럼 지식이나 기능에만 한정되어 있는 것이 아니라, 태도와 정서 및 기타 인간의 거의 모든 행동은 학습의 영향을 받는다. 특히, 현대화된 복잡한 사회에서 생존하기 위해 인간은 선천적인 행동을 수정해 가며, 새로운 반응들을 습득해야 한다. 이 장에서는 학습에 관한 기본 개념과 원리를 살펴볼 것이다. 이를 통해 학습이 인간행동에서 어떻게 중요한 역할을 하는지 이해할 수 있을 것이다.

1. 학습의 의미

학습은 학습하는 사람에게서 나타나는 변화를 의미한다. 그 변화는 좋은 변화일 수도 있고 나쁜 변화일 수도 있으며, 의식적 노력의 결과이거나 무의식적 행동의 결과일 수도 있다. 그러나 이 변화는 경험과 연습에 의한 변화이어야 한다. 성숙에 의한 변화, 질병, 피로와 약물에 의한 변화는 학습으로 간주되지 않는다. 성숙에 의한 변화는 특별한 훈련을 받지 않고도 예정된 시간에 나타난다. 특별히 열악한 환경에 처해 있지 않는 한, 일정한 나이에 모든 사람은 걷기와 말하기를 시작한다. 그들은 단지 돌아다닐 기회와 타인의 소리를 들을 기회가 주어지면 걷고 말할 수 있게 된다. 피로에 의한 변화는 하루 이틀 쉬면 사라지고, 질병에 의한 변화도 병이 치료되면 사라지며, 약물의 영향도 시간이 지나면 사라진다.

본능적 행동도 같은 맥락에서 설명될 수 있다. 본능적 행동이란 동종의 동성에서 발견되고 행동이 발현되는 것과 동시에 완성되는 특징을 가지고 있는 고정된 행동양식(fixed action pattern)을 말한다. 새가 집을 짓고 거미가 거미줄을 치는 행동, 새와 곤충의 노래양식은 본능적 행동이라 할 수 있다. 인간의 정서 표현도 고정된 행동양식으로 볼 수 있는데, 미소 짓고, 웃고, 우는 행동은 출생 직후 나타나고 농아나 맹아인 경우에도 마찬가지로 나타난다. 세계의 모든 문화에서 머리를 숙이는 것, 고개를 끄덕이는 것은 순종을 의미하고 주먹을 불끈 쥐고 발을 구르는 것은 분노를 의미한다. 이들 정서반응의 기본양식과 성숙과 관련된 행동변화는 유전적으로 프로그램이 짜여져 있는 것 같다. 그러나 이들 행동도 가정과 문화의 영향을 받아 정밀한 모습으로 변화되고 의식적으로 수정될 수 있다.

일반적으로 유기체가 복잡할수록 그리고 반응이 복잡할수록 학습의 영향을 더 받는다. 그렇다고 단순동물에서 학습이 전혀 이루어지지 않는 것은 아니다. 원시적 동물도 어느 정도 학습한다. 그러고 보면 가장 단순한 반응에서부터 가장 복잡한 반응에 이르기까지 학습의 영향이 미치지 않는 것은 거의 없다.

이제 우리는 학습의 정의를 발전시켜 볼 수 있다. 킴블(Kimble, 1961)은 학습을 "강화된 훈련의 결과로 나타나는 행동 잠재력의 비교적 영속적인 변화"라고 정의하였다. 이를 바탕으로 학습에 대한 그의 정의를 좀 더 자세히 살펴보면 다음과 같다. 첫째, 학습은 행동에서의 변화로 나타나야 한다. 둘째, 행동의 변화는 비교적 영속적이어야 한다. 셋째, 행동의 변화가 학습 후에 즉각적으로 나타날 필요는 없다. 넷째, 행동이나 행동 잠재력의 변화는 경험이나 훈련을 통해 얻어진다. 다섯째, 경험이나 훈련은 강화를 받아야 한다. 이와 같이 학습은 경험의 결과로 생기는 비교적 영속적인 행동의 변화다. 그러나 어떤 점에서의 행동변화인가를 더 알아볼 필요가 있다. 학습은 인간 내부에서의 변화이고 새로운 연합의 형성 또는 새로운 반응을 하기 위한 잠재능력이다. 즉, 학습은 인간 능력에서의 비교적 영속적인 변화다. 이들 변화는 직접 관찰될 수 없고 특수상황에서 수행행동이 표출되는 것을 보고 새로운 연합, 새로운 반응경향이 습득된 것을 추론할 수 있다. 이 정의는 학습은 인간 내부에서 생기는 과정이라는 사실을 알려 주고, 또한 관찰할 수 있는 행동에서의 변화의 중요성도 강조하고 있다.

그러면 우리는 어떻게 학습을 할까? 학습심리학 분야는 이러한 질문에 답을 하려는 노력, 즉 학습 과정의 기본 법칙들을 밝히려는 연구 분야라고 할 수 있다. 인간이 행하는 학습은 복잡하고 고차적인 경우가 많으므로, 학습 과정의 기본 법칙들을 밝히기 위해서 분석하기 쉽게 단순한 형태의 학습부터 연구할 필요가 있다. 이를 위해 주로 동물들(개, 쥐, 고양이 등)을 사용한 연구가 많이 진행되어 왔다. 이러한 학습 과정은 일반적으로 고전적 조건형성, 조작적 조건형성, 인지학습에 의해 설명되고 있다.

2. 고전적 조건형성

고전적 조건형성(classical conditioning)은 노벨상 수상자인 러시아의 생리학자 파블로프(Pavlov, 1849~1936)의 고전적 실험에서 보여 준 학습상황에서 이름을 따온 것이다. 고전적 조건형성은 다른 말로 반응조건형성(respondent conditioning) 또는 파블로프의 조건형성(Pavlovian conditioning)이라고도 한다. 반응조건형성이라는 말이 짐작하게 하듯 파블로프는 한 상황에서의 반응을 다른 상황에 전이시킬 수 있는지를 알아보기 위한 실험을 하였다. 그는 실험을 통해 개가 음식을 보고 타액을 분비하듯 종소리를 듣고도 타액을 분비하게 했다.

파블로프(I. P. Pavlov)

1) 고전적 조건형성의 원리

(1) 고전적 조건형성의 과정

파블로프는 개의 소화액 분비를 연구하는 과정에서 개가 음식이 아닌 다른 자극, 즉 먹이를 주는 사람의 발자국 소리에도, 또는 먹이를 주는 사람의 모습을 보고도 타액을 분비하는 것에 주의를 기울였다. 처음엔 설명할 수 없는 타액 분비 현상을 귀찮게 여겼으나 점차적으로 흥미를 느끼게 되어 마침내 그는 특수한 타액분비 상황을 만들어 내기에 이르렀다.

고전적으로 조건형성된 반사를 얻기 위해 실시한 파블로프의 실험에서 네 가지 기본 요소를 찾아볼 수 있다. 제1요소는 무조건 자극(unconditioned stimulus: US)이다. 이것은 동물이나 인간으로 하여금 자동적으로 반사를 일으키게 한다. 예로서 입 속의 음식은 동물이나 인간이 타액을 분비하게 하는 무조건 자극이다. 제2요소는 무조건 반응(unconditioned response: UR)이다. 무조건 반응은 무조건 자극에 의해 동물이나 인간의 의지와는 관계없이 나타난다. 제3요소는 중성 자극(neutral stimulus: NS)이다. 이 자극은 동물이나 인간의 무조건 반응을 일으키지 못한다. 시끄러운 종소리는 그것이 어떤 종류의 반응을 일으키지 않으면 중성 자극이다. 중성 자극은 무조건 자극과 연합이 되어 무조건 자극에 의해 유발된 무조건 반응과 유사한 반응을 일으키게 되면 그때는 조건 자극(conditioned stimulus: CS)이 된다. 제4요소는 조건 반응(conditioned response: CR)이다. 조건 자극에 대한 반응으로서 중성 자극에 대해 반응을 일으키는 능력을 획득하였다는 증거가 된다. 고전적 조건형성에서 새롭게 학습된 행동은 처음에는 중성 자극이었지만 이제는 조건 자극이 된 자극에 대한 반응, 즉 조건반응이다.

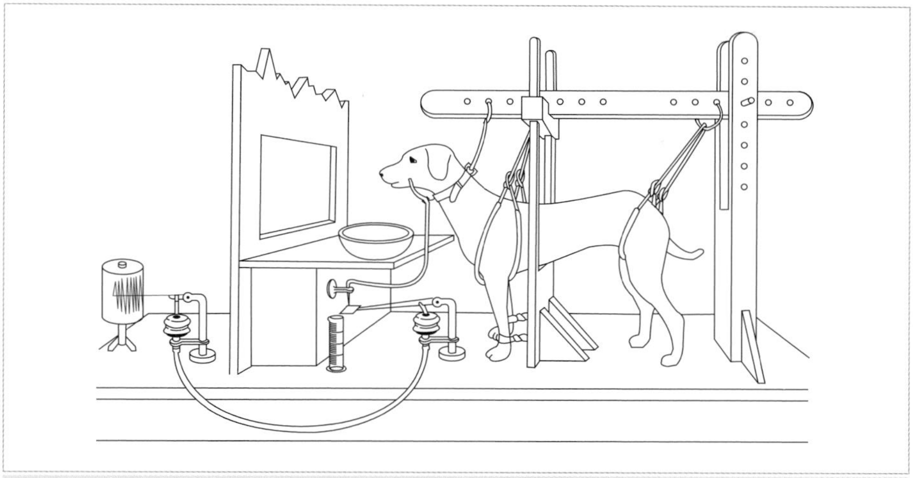

[그림 7-1] 파블로프가 사용했던 실험장치

이제 고전적 조건형성의 실험을 알아보기로 하자. 그렇게 함으로써 앞에서 말한 추상적 개념들이 얼마간 뚜렷해질 것이다. 파블로프는 [그림 7-1]에서 보여 주는 것과 같이 개를 연구대상으로 하는 실험장치를 고안했다. 음식에 대한 반응으로 타액이 얼마나 분비되는지를 측정하기 위해 작은 수술을 하여 타액이 뺨 밖으로 나올 수 있게 한 후, 깔때기를 뺨에 부착시켜 귀밑샘에서 흘러나오는 타액을 모았다. 타액은 깔때기에서 튜브로 흘러가고 차례로 온도계처럼 눈금이 있는 용기에 도달하게 하여 타액분비의 적은 변화도 알아볼 수 있게 했다.

조건형성을 하는 동안 개는 실험실의 실험대에 서고 그림에서 보듯 안전장치를 해서 움직이지 못하게 했다. 개가 실험실 상황에 익숙해진 것 같으면 고깃가루가 들어 있는 음식물에 대한 타액분비 반응과 중성 자극(소리)에 대한 타액분비 반응을 측정했다. 개는 음식이 주어지면 상당히 많은 타액을 분비하고 소리에는 하찮게 분비했다. 이 시점에서 조건형성 시행이 시작되었다. 파블로프는 전형적 조건형성 실험에서 종소리가 울리고 음식이 담긴 그릇이 개에게 주어지는 짝짓기 시행을 몇 주간에 걸쳐 50회 정도 실시했다. 그 결과, 개는 음식을 생략하고 종소리만을 울려도 타액을 분비했다([그림 7-2]).

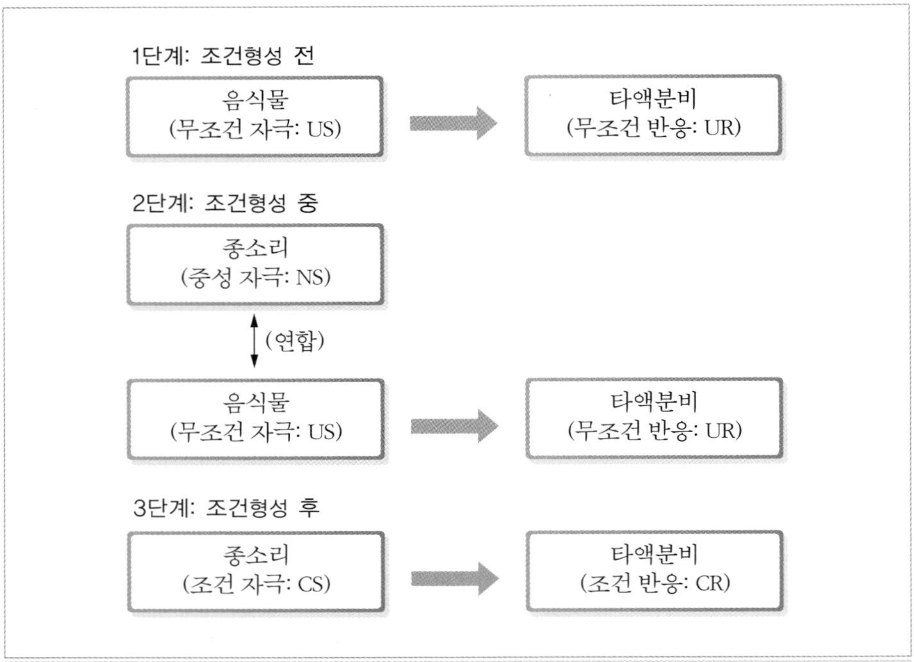

[그림 7-2] 고전적 조건형성 과정

(2) 고전적 조건형성이 정서에 미치는 영향

타액분비 조건형성의 발견은 다른 많은 조건형성 실험을 뒤따르게 했다. 파블로프 등은 새로운 조건 자극과 새로운 무조건 자극을 사용했다. 그들은 반사반응을 일으키는 어떤 자극도 중성 자극과 연합이 되어 조건 반응을 일으킬 수 있다는 사실을 발견했다. 가벼운 전기충격을 예로 들어 보자. 개 또는 인간은 다리에 가벼운 충격이 주어지면 충격으로부터 피하기 위해 반사적으로 다리를 뒤로 끌어당긴다. 고전적 조건형성에서 충격을 주는 전극을 다리에 부착시킨다. 이 경우 학습자는 충격을 피할 수 없음에도 불구하고 충격이 주어지면 다리의 근육 수축반사를 보여 준다.

앞에서 언급된 실험에서의 충격은 인간의 경우 신체적으로 공포를 표시하게 한다. 즉, 전기충격과 연합된 후에 조건 자극은 공포와 연합된 신체반응을 유발한다. 일반적으로 정서반응은 고통스럽거나 해로운 무조건 자극과 연합된다. 우리의 많은 정서는 생활하는 중에 자연스럽게 이루어진 고전적 조건형성의 결과라고 볼 수 있다. 예를 들면, 튀긴 닭고기를 먹은 후 체하여 고생한 경험이 있는 사람은 그 후 닭고기를 보기만 해도 구역질을 할 수 있다. 또 평소 좋아하는 짬뽕을 먹다가 면 속에서 바퀴벌레가 나온 경험을 한 사람은 그 후 짬뽕만 생각해도 혐오감을 느끼게 될 수 있다. 왓슨과 레이너(Watson & Rayner, 1920)는 정서가 학습되는지를 알아보기 위해 생후 11개월 된 앨버트라는 유아를 대상으로 공포학습을 연구하였다. 이들은 앨버트 앞에 그가 원래 두려움을 느끼지 않았던 흰쥐를 놓아두고 앨버트가 흰쥐를 붙잡으려고 손을 뻗칠 때마다 망치로 쇠를 두드려 '꽝' 하는 큰 소리를 들려주었다. 그러자 앨버트는 큰 소리가 날 때마다 놀라서 활동을 멈추고 울기 시작했다. 이러한 절차가 몇 번 반복되자 앨버트는 이제는 그 쥐만 보아도 울음을 터뜨리며 몸을 움츠리거나 도망가는 공포반응을 나타냈다. 그런데 이러한 현상은 흰쥐뿐만 아니라 털코트, 털실, 심지어는 수염에까지도 일반화되었다. 독재자들이 공포정치를 하여 권력을 오랫동안 유지하고자 하는 경우가 있는데, 이 또한 고전적 조건형성의 원리를 이용한 것이다.

2) 고전적 조건형성의 특성

파블로프의 실험결과가 소개된 이후 소련과 미국의 심리학자들은 오랫동안 그들의 실험실에서 고적적 조건형성에 관한 연구를 하였다. 그들은 무조건 자극으로 음식물, 가벼운 전기충격 등의 단순한 자극을 선택했다. 이들 무조건 자극은 눈 깜빡이기, 타액분비, 다리 굽히기 같은 무조건 반응을 일으킨다. 중성자극으로는 소리, 빛, 지형을 나타내는 카드나 단어 등을 사용했다. 분명한 자극과 그에 대한 분명한 반응은 정확한 측정을 가능하게 한다. 연구자들은 주로 조건 자극이 제시된 후에 조건 반응이 나타나는 기간, 반응의 크기와 양, 그리고 전체 검증 시행 중 반응이 유발되는 횟수의 백분율 등을 연구했다. 이제 고전적 조건형성의 기본 특성들을 살펴보고 일상생활에서 그 예를 찾아보기로 하자.

(1) 습득

조건 자극과 무조건 자극의 매번 짝지은 제시를 시행(trial)이라 하며, 유기체가 둘 사이의 연합을 학습하는 기간을 조건형성의 습득(acquisition)이라 한다.

이때 조건 자극과 무조건 자극의 제시 사이의 시간 간격은 다양하게 변화될 수 있는데 이를 살펴보면 다음과 같다([그림 7-3] 참조).

- **동시 조건형성**(simultaneous conditioning): 조건 자극과 무조건 자극을 동시(5초를 넘지 않는 시간 간격)에 제시하고 동시에 끝내는 절차

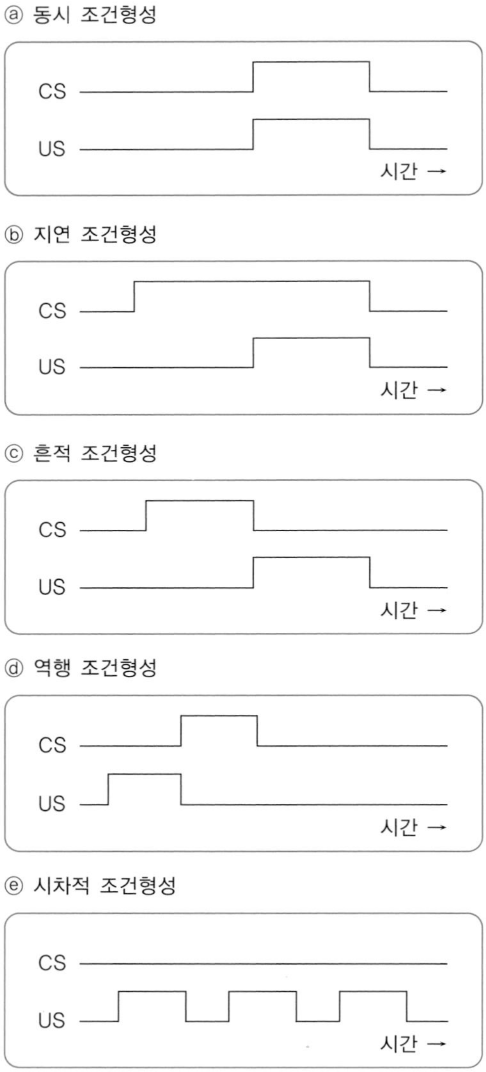

[그림 7-3] 고전적 조건화에서 조건 자극(CS)과 무조건 자극(US)이 제시되는 방법

- 지연 조건형성(delayed conditioning): 조건 자극이 무조건 자극보다 먼저 제시되고 이 조건 자극은 무조건 자극이 제시될 때까지 계속되는 절차
- 흔적 조건형성(trace conditioning): 조건 자극의 제시를 무조건 자극이 주어지기 전에 끝내는 절차
- 역행 조건형성(backward conditioning): 조건 자극을 무조건 자극이 주어진 후에 제시하는 절차
- 시차적 조건형성(temporal conditioning): 조건 자극이 같은 간격으로 반복해서 제시되는 절차

이러한 다양한 조건형성 절차 중에서 가장 효과적인 방법은 조건 자극(CS)이 약 1/2초가량 무조건 자극(US) 앞에 나타나는 지연 조건형성이다. 조건 자극과 무조건 자극의 간격이 증가됨에 따라 지연 조건형성과 흔적 조건형성 모두에서 점점 더 효과가 떨어진다. 일반적으로 조건형성은 처음 몇 번째 시행에서는 반응의 강도가 증가하지만, 어느 수준부터는 반응 강도가 일정해져서 더 이상의 시행에 대해 더 큰 반응 강도를 일으키지 않는다.

(2) 소거

만일 조건 자극(종소리)과 무조건 자극(음식)을 짝짓지 않고 조건 자극만 계속 제시하면 조건 반응은 점차 사라진다. 이러한 조건 자극만의 반복 제시 과정을 소거(extinction)라고 한다. 소거 절차는 조건형성 기간에 학습된 것을 지워 버리는 것으로 생각할 수 있지만, 이는 단지 '억제하는 것을 학습하는 과정'으로 새로운 억제 학습인 소거가 원래의 조건 반응을 실제로 파괴하지 않고 이전의 것에 첨가되는 단계라고 할 수 있다.

억제하는 것을 학습하는 과정이 소거임을 알 수 있는 방법은, 소거가 이루어지고 나서 조건 자극이나 무조건 자극이 제시되지 않고 휴식 기간 후에 원래의 조건 자극과 무조건 자극을 짝지을 경우 처음의 조건형성보다 신속하게 이루어지는 재조건형성(reconditioning)을 통해서다.

(3) 자발적 회복

소거가 조건 반응의 영구적인 파괴가 아니라는 증거는 소거가 완전히 끝나고 잠시 기다린 후에 다시 조건 자극을 제시하면 반응을 일으키는 것으로 알 수 있다. 이를 자발적 회복(spontaneous recovery)이라 하는데, 추가 훈련을 하지 않았어도 시간이 경과한 다음 소거되었던 반응이 다시 나타나는 것을 의미한다.

자발적 회복이 일어나면 조건 반응의 강도는 전과 같지 않지만 조건 반응이 다시 나타나는데, 이는 학습이 영원히 상실되는 것이 아님을 의미한다. 소거와 자발적 회복에 대한 학습곡선이 [그림 7-4]에 제시되어 있다. 습득 동안에 조건 반응(CR)의 강도는 최고 수준까지 증가되고(ⓐ), 조건 자극(CS)만 제시되는 소거 동안에 감소하여 거의 반응이 나타나지 않게 된다(ⓑ). 그리고 아무 자극이 없는 일정 휴식 기간이 지난 후 다시 조건 자극(CS)만 제시하고 검사해 보면 소거되었던 조건 반응(CR)이 일시적으로 다시 나타난다(ⓒ).

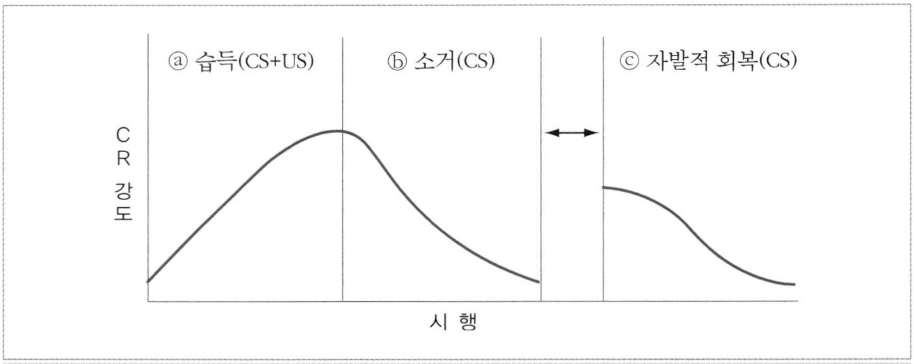

[그림 7-4] 습득, 소거, 자발적 회복을 나타내는 학습곡선

(4) 자극일반화와 변별

파블로프는 조건형성 과정에 사용된 종소리와 유사한 부저 소리에도 개가 많은 양은 아니지만 타액을 분비하는 사실을 발견했다. 즉, 개는 원래의 조건 자극과 닮은 다른 자극에도 조건 반응을 했다. 이런 현상을 자극일반화(stimulus generalization)라고 한다. 자극 간의 유사성이 크면 클수록 일반화가 더 잘 되며, 이것은 조건형성의 범위를 넓힌다. '하나를 알면 열을 안다'라는 표현은 자극일반화의 긍정적 측면이라 할 수 있다. 그러나 흰 개에게 물려 공포반응이 조건형

성된 아이가 흰 동물, 흰 수염 또는 흰 담요에 대해서도 두려워하게 되는 것은 자극일반화의 부정적 측면이라고 할 수 있다. 자극일반화 현상은 우리 주위에서 흔히 접할 수 있다. 예를 들어, 어떤 사람이 A회사의 ㄱ모델 자동차를 샀는데, 잦은 고장으로 골치를 앓다가 1년도 채 못 되어서 처분했다고 하자. 그다음에 차를 살 때는 ㄱ모델뿐만 아니라 A회사에서 나온 다른 모델들도 별로 사고 싶은 마음이 생기지 않을 것이다. 이는 ㄱ자동차에 대한 좋지 않은 감정이 A회사의 다른 자동차에도 일반화되었기 때문이다. 물론 이와는 반대로 어떤 회사의 특정 제품에 대한 좋은 감정이 그 회사의 다른 제품에까지 전가되기도 한다.

변별(discrimination)은 한 가지 자극에 한 가지 반응만을 하는 경우를 말한다. 다시 말해서, 조건형성 동안에 제시된 자극에만 조건 반응을 하고 유사한 다른 자극에는 다른 반응을 하거나 반응을 하지 않는다. 고전적 조건형성에서 대표적인 변별실험은 한 자극에는 반응하고 다른 자극에는 반응하지 않는 것을 학습시킨다. 한 자극에 반응하고 다른 자극에 반응하지 않는 것을 학습하면 조건 반응을 일으키는 자극들의 범위는 좁아진다. 어떤 의미에서 변별은 일반화와 반대되는 개념이다.

변별실험은 일반적으로 다음과 같이 진행된다. 실험의 한 시행에서 한 자극(CS+)을 무조건 자극과 연합시킨다. 다른 시행에서 다른 하나의 자극(CS−)을 무조건 자극 없이 단독으로 제시한다. 그러면 CS+에 대한 반응이 조건형성되

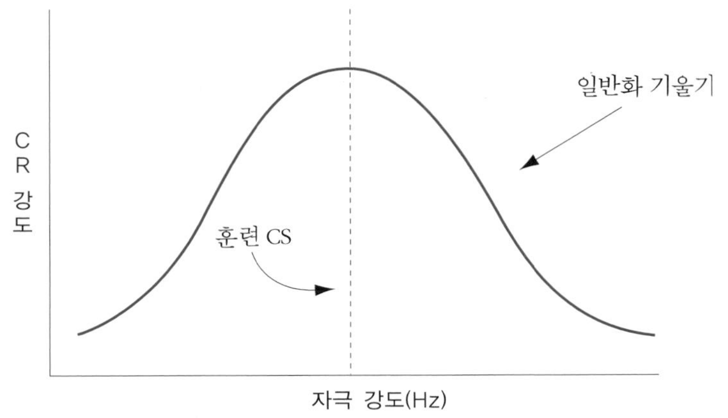

[그림 7-5] 자극일반화

고 있는 동안, 한편에서는 CS−에 대한 반응경향의 소거가 일어난다. 그 결과, 학습자는 변별을 성립시킨다. 즉, 조건 반응은 CS+에 대해서는 만들어지고 CS−에 대해서는 만들어지지 않는다. 예를 들면, 개로 하여금 종소리가 들릴 때는 침을 분비하도록 하고 부저 소리가 들릴 때는 침을 분비하지 않도록 하려면 종소리(CS+)를 들려준 후에는 음식을 제공하고, 부저 소리(CS−)를 들려 준 후에는 음식을 제공하지 않으면 된다.

(5) 고차조건형성

고차조건형성(higher-order conditioning)은 이전의 고전적 조건 학습에 기초한 조건화를 말하는데, 이 중 2차 단계 조건형성의 경우 다음의 두 단계로 이루어진다.

- 1단계: 고전적 조건형성(CS_1(종소리)과 US(음식)의 연합)
  CS_1(종소리) + US(음식) → UR(타액)
  CS_1(종소리) → CR(타액)
- 2단계: 2차 단계 조건형성(CS_2(불빛)와 CS_1(종소리)의 연합)
  CS_2(불빛) + CS_1(종소리) → CR(타액)
  CS_2(불빛) → CR(타액)

따라서 2차 단계 조건형성은 CS_2가 CS_1과 연합되어 반응을 유도할 때 형성된다. 그러나 만약 CS_1−CR 결합의 소멸이 너무 빠르거나 CS_2−CR 결합의 획득이 너무 느리게 되면 고차 단계 조건형성은 일어나지 않을 것이다. 이와 같이 일단 조건 자극(CS_1)에 대한 반응(CR)을 학습하고 나면 후속의 고차 단계 조건형성에서는 CS_1 자체를 US로 사용할 수 있는데, 이러한 절차를 고차조건형성이라 한다.

(6) 역조건형성

왓슨(Watson)의 제자인 존스(Jones)는 유아의 공포를 제거하는 방법 중 하나로 역조건형성(counter conditioning)을 제시하였다. 역조건형성은 유아의 공포증을 제거하는 가장 좋은 방법 중 하나로서, 기본적 아이디어는 제거해야 할

1단계 US(망치소리) + CS(토끼) → UR(공포)
2단계 CS(토끼) → CR(공포)
3단계 CS(토끼) + CS_1(우유 마시기) → CR_1(즐거움)
4단계 CS(토끼) → CR_1(즐거움)

[그림 7-6] 역조건형성을 통한 공포의 제거 과정

반응(부정적 정서 반응)을 양립될 수 없는 조건 반응(긍정적 정서 반응)으로 대치시키는 것이다. 다시 말하면, 조건형성된 공포 반응이 공포와 양립될 수 없는 조건 반응에 의해 역조건형성되거나 대치되는 것이다. 공포를 느끼게 하는 사물을 단계적으로 긍정적인 상황으로 유도하는 역조건형성 기법은 체계적 둔감화(systematic desensitization)라는 치료 방법을 기본으로 하고 있다.

역조건형성의 예로서 [그림 7-6]과 같이 CS(토끼, 즉 두려운 대상)를 양립될 수 없는 조건 자극(CS_1, 우유 마시기)으로 역조건형성시키면, 토끼에 대한 두려움은 우유 마시기라는 즐거움으로 대치된다.

(7) 학습된 무기력

어떤 사건이 다른 하나의 사건을 예기치 못할 때, 즉 두 사건 간에 아무런 상관이 없을 때는 아무런 학습도 발생되지 않는다. 하지만 여기서 매우 독특한 설명도 가능한데, 그것은 아마도 두 가지 사건이 상호 비관련적일 때 동물은 동일한 내용을 학습할 수 있다는 것이다. 셀리그먼(Seligman)은 이렇듯 두 가지 사건이 상호 비관련적일 때 일어나는 학습을 학습된 무기력(learned helplessness)이라 하였다. 그는 고전적 조건형성 실험으로 유기체는 무력해지는데, 동물들은 자신이 무기력하다는 것을 학습하게 된다는 사실을 실험으로 검증하였으며, 실험 절차는 다음과 같다.

- 1단계: 실험집단의 개는 충격을 피할 수 없는 그물침대에서 5초 간격으로 64회 전기충격을 받았으며, 통제집단의 개는 충격을 받지 않았다.
- 2단계: 그 후 실험집단과 통제집단의 모든 개는 회피훈련을 받았다. 즉, 매 시도에 불빛이 경고 신호로 깜빡거렸으며, 10초 후 충격이 주어졌다.

- 3단계: 첫 단계에서 도피할 수 없는 충격을 받은 실험집단의 개들은 조용히 충격을 받아들인 반면, 통제집단의 개들은 회피학습의 결과로 충격을 피할 수 있었다.

실험집단의 동물들이 회피학습에 실패한 것에 대해, 셀리그먼은 피할 수 없는 충격에 놓인 동물은 그 충격이 자기의 행동과 상호 관련이 없고, 충격을 예방하거나 그로부터 회피하기 위해 자기가 할 수 있는 일은 아무것도 없음을 학습하기 때문인 것으로 해석하였다. 즉, 충격으로부터의 회피가 가능한 새로운 상황에서도 실험 처치 조건의 동물은 사실상 무기력해지는 것을 학습하였다. 이와 같이 혐오적 장면을 종결시키거나 회피하기 위해 할 수 있는 것이 아무것도 없다는 신념이 다른 상황으로까지 일반화될 때 이를 학습된 무기력이라 한다. 학습된 무기력은 외상적 경험 때문에 생기는 것이 아니고 아무것도 할 수 없다는 무능력, 즉 지각된 무능력 때문에 생긴다.

셀리그먼은 인지주의적 관점에서 '동물은 행동과 결과가 독립적'이라는 기대를 학습하였다고 보았다. 즉, 전기충격에서 도망갈 수 있는 여건 속에서 통제집단의 개들은 전기충격에 회피학습으로 대처할 수 있으나, 만약 실험집단의 개들과 같이 개의 행동과 무관한 충격이 가해지면 같은 횟수의 충격을 받아도 학습된 무기력에 빠지게 된다. 개에게 적용되는 학습된 무기력은 인간에게도 적용될 수 있다. 셀리그먼(1975)은 인간의 경우 학습된 무기력은 삶의 다양한 시도들이 좌절되어 무기력해지고, 움츠러들고, 우울해지며, 마지막에는 포기해 버리는 특징이 있다고 하였다.

3. 조작적 조건형성

또 하나의 다른 학습 상황인 조작적 조건형성(operant conditioning)은 고전적 조건형성과 구별된다. 이 학습 상황의 주요 특징은 학습자의 어떤 행동이 강화를 얻는 도구가 된다. 그래서 다른 말로 도구적 조건형성(instrumental conditioning)이라고도 한다.

여기서 사용되는 조작(operant)이란 용어는 유기체가 스스로 시작하는 행동을 의미한다. 조작은 자발적인 것이고 유기체의 통제하에 있다. 또한 행동의 결과에 영향을 받는다. 걷기, 춤추기, 미소 짓기, 시 쓰기, 술 마시기, TV 시청 등 대부분의 인간행동은 결과의 영향을 받는 조작적 행동이다.

1) 조작적 조건형성의 원리

스키너(B. F. Skinner)

조작적 조건형성은 일정한 상황에서 조작이 이루어지는 확률을 증가시키거나 감소시키는 것을 말한다. 즉, 조작적 조건형성이 일어나는 동안 반응의 빈도가 수정되는 것이다. 만일 어떤 조작이 되풀이되어서 학습자에게 기쁨을 주는 결과를 가져오면 그 행동은 같은 상황에서 더 자주 나타날 것이고, 만일 불쾌한 결과가 뒤따른다면 그 행동은 줄어들 것이다. 일상생활에서 조작은 특별한 인식 없이 조건형성된다. 만일 어머니에게 운동시합에 관한 얘기를 하는데 어머니가 듣지 않고 다른 일을 한다면 어머니와 운동시합에 대해 얘기하는 횟수가 줄어들 것이다. 만일 새로운 학습방법이 좋은 성적을 얻게 했다면 그 방법은 더 자주 사용하게 될 것이다. 또 어떤 친구가 순수한 감정을 나누면 그 친구와의 관계는 더욱 친밀해질 것이다.

조작적 조건형성의 원리를 쉽게 이해하기 위해 스키너(Skinner)의 쥐를 대상으로 한 실험실 연구를 알아보도록 한다. 그는 비교적 혼란이 적은 스키너 상자에 쥐를 넣는다([그림 7-7] 참조). 상자의 한쪽 끝에 지렛대가 있다. 지렛대를 누르면 음식 또는 물이 배급된다. 상자에 들어 있는 굶은 쥐를 대상으로 조작적 조건형성을 하는 첫 번째 단계는 실험자가 상자 밖에서 단추를 누르면 음식 알이 하나씩 나가게 하여 쥐로 하여금 그 상황에 익숙해지게 한다. 그다음 실험자가 음식 알을 내보내는 것을 멈춘다. 그러면 쥐는 얼마간 활동을 중지하다가 배가 고파지면 상자를 탐색하기 시작한다. 결국 동물은 우연히 지렛대를 누르게 되고, 다시 음식 알이 나온다. 즉, 강화가 지렛대 누르는 반응에 뒤따른다. 음식

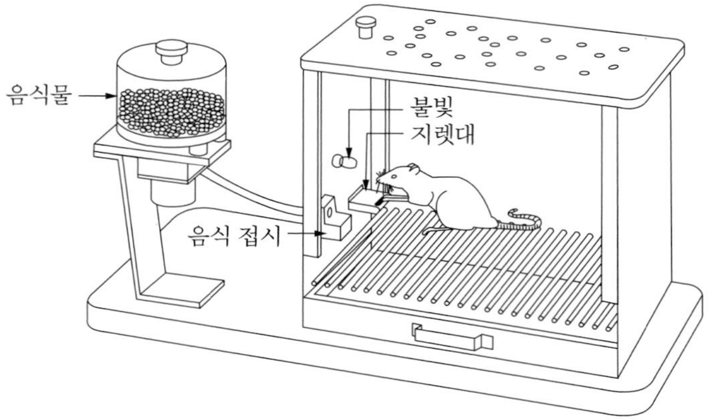

[그림 7-7] 조작적 조건형성을 위한 실험장치(스키너 상자)

알을 먹은 후에도 쥐는 탐색을 계속한다. 그러다가 우연히 또 지렛대를 누르면 음식 알이 나온다. 그다음 쥐는 지렛대를 세 번째 누른다. 지렛대를 누른 후에 음식 알을 얻는 경험을 보통 4~5번 하면 그 후부터 쥐는 지렛대를 더 빨리 누르게 되고 조작적 행동은 순조로워진다. 이때 실험자는 쥐가 지렛대를 누르는 횟수를 센다. 조작적 조건형성에서는 시간에 따른 반응의 비율을 알아보는 것을 중시한다. 반응의 비율은 누가기록기에 그림으로 표시된다. 그림에서 높은 반응비율은 가파른 경사를 만들고, 낮은 반응비율은 완만한 경사를 만들며, 반응이 없을 때는 경사가 없다.

2) 조작적 조건형성의 특성

(1) 강화

강화는 고전적 조건형성에서와 마찬가지로 조작적 조건형성에서도 필수적이다. 두 경우에서 강화는 반응이 일어날 확률을 높인다. 고전적 조건형성과 조작적 조건형성에서의 강화의 차이는 전자의 경우에는 강화가 행동보다 먼저 주어지는 반면, 후자의 경우에는 행동 후에 주어진다. 고전적 조건형성에서는 중성 자극과 무조건 자극을 짝지어 줌으로써 강화되는 반면, 조작적 조건형성에서는 행동 후에 나타나는 결과에 의해 강화된다.

조작적 조건형성에서 강화는 정적 강화(positive reinforcement)와 부적 강화(negative reinforcement)로 구분된다. 정적 강화는 같은 상황에서 조작이 일어날 확률을 높이는 현상의 제시를 의미한다. 어떤 소년의 무기력은 그것에 주어지는 주위 사람들의 관심에 의해 강화될 수 있다. 어떤 소녀가 익살부리는 것을 교사가 좋아하는 표정으로 보면 그 소녀는 더 자주 그런 일을 하게 된다. 여기서 주위 사람들의 관심과 교사의 밝은 표정은 정적 강화물로서 작용한 것이다. 부적 강화는 특수 현상의 제거가 조작의 확률을 증가시키는 경우를 의미한다. 즉, 불쾌하거나 고통스러운 현상을 없애기 위해 적절한 반응을 하는 경우다.

부적 강화와 처벌(여기서의 처벌은 정적 처벌을 의미함)은 둘 다 해로운 자극과 관련되지만 같은 의미는 아니다. 이는 각기 행동에 대해 다른 효과를 갖는데, 부적 강화는 적절한 반응을 하면 종결되는 것에 비해 처벌은 특정 반응을 하면 주어진다. 처벌은 특정 반응이 나타날 때 주어지기 때문에 도피반응이나 회피반응을 만들지 않는다. 대신 처벌은 특정 반응의 확률을 감소시킨다. 그래서 처벌에 의한 반응을 억압 또는 제지반응이라고 한다. 어떤 행동을 못하게 하기 때문에 '하지 말아야 할 것의 학습(learning of what not to do)'을 처벌이 진행시킨다고 한다. 이처럼 처벌에 의해 반응을 억제하는 학습을 수동적 회피학습(passive avoidance learning)이라고 한다. 요람에서 무덤에 이르기까지 인간의 많은 학습은 수동적 회피학습으로 구성되어 있다. 불을 가지고 놀지 말 것, 도둑질하지 말 것, 과속하지 말 것 등을 끝없이 배운다. 반면, 반응자가 갖고 싶어 하거나 참여하고 싶어 하는 것을 제한함으로써 바람직하지 않은 행동을 감소시키는 것을 부적 처벌(negative punishment)이라고 한다. 예를 들면, 부모의 말을 잘 듣지 않는 아이에게 용돈을 줄임으로써 말을 잘 듣지 않는 행동을 줄이는 것이다.

〈표 7-1〉은 강화와 처벌의 개념을 이해하기 쉽게 나타냈다. 즉, 반응의 빈도를 증가시키는 것은 '강화'이고, 반대로 감소시키는 것은 '처벌'이다. 그리고

〈표 7-1〉 강화와 처벌의 종류

	반응의 증가	반응의 감소
자극의 제시	정적 강화	정적 처벌
자극의 제거	부적 강화	부적 처벌

〈표 7-2〉 처벌의 사용에 대한 부정적 의견

• 처벌은 부정적인 정서를 유발한다. • 처벌은 무엇을 하지 말아야 할지에 대해 알려 줄 뿐 무엇을 해야 하는지에 대해서는 알려 주지 않는다. • 처벌은 바람직하지 못한 반응을 또 다른 바람직하지 못한 반응으로 대체한다. • 처벌은 타인에게 고통을 주는 것을 정당화한다. • 처벌은 벌을 가한 사람과 타인에 대한 공격성을 증가시킨다.

반응자가 좋아하는 것이든 싫어하는 것이든 자극을 제시하는 것은 '정적'인 것이고, 반대로 제거하는 것은 '부적'인 것이다.

처벌은 부작용이 있기 때문에 그 사용을 삼가야 한다고들 말하고 있다. 그러나 실제로 심리학자들은 그런 말을 하지 않는다. 그들은 어떤 행동을 조성하기 위해 처벌을 사용할 때 죄의 원리를 적용해야 한다고 말한다. 어린이가 거리로 뛰어든다거나 칼을 가지고 노는 것은 다칠 우려가 있기 때문에 강한 처벌을 주어 저지해야 한다. 처벌은 바람직하지 못한 행동에 바로 뒤따라야 한다. 처벌을 지연시키면 효과가 줄어들기 때문이다. 그리고 처벌을 줄 때 설명을 함께 해 주어야 한다. 또한 처벌로 원하지 않는 행동을 저지하는 한편, 선택해야 할 바람직한 행동은 적극적으로 강화해야 한다. 이러한 처벌은 아동의 행동 거의 모두에 적용하면 효과를 잃으며, 자칫하면 공포를 유발시키는 무조건 자극이 되어 처벌을 주는 사람에 대해 두려움을 갖거나 적개심을 품게 할 수 있으므로 주의해야 한다. 처벌의 효과적 사용에 대한 원리는 부모와 아동 간의 관계뿐만 아니라 다른 인간관계에도 많은 도움을 준다.

한편, 강화에 사용되는 자극이나 현상을 강화물(reinforcer)이라고 한다. 일차적 강화물(primary reinforcer)이란 음식이나 물처럼 생리체계와 밀접히 관련되어 있는 강화물을 말한다. 이들 강화물은 이전의 훈련 없이도 강화의 작용을 한다. 반면, 이차적 강화물(secondary reinforcer)은 그것이 효과가 있으려면 학습자가 그것을 가지고 경험을 해야 한다. 이런 이유로 해서 이차적 강화물은 학습된 강화(learned reinforcement)라고 불린다. 어떤 자극이 일차적 강화물과 짝지어짐으로써 이차적 강화물이 된다. 앞의 스키너 상자 실험 예에서 일차적 강화물인 먹이 알이 배급될 때마다 '찰칵' 소리를 내면 그 '찰칵' 소리는 이차적 강화물이 된다. 먹이 알과 '찰칵' 소리를 짝짓는 것은 고전적 조건형성을 통해 이차적 강화물이 된다. 그래서 이차적 강화를 조건 강화(conditioned reinforcement)라고도 한다. 인간에게 널리 쓰이는 사회적 강화(social reinforcement)는 학습된 강화인 경우가 많다.

(2) 강화계획

조작적 조건형성에서 주로 언급되는 논의는 적절한 반응을 얻기 위한 강화에 초점을 맞춘다. 모든 반응에 대해 강화를 주는 연속강화(continuous reinforcement)에 비해, 부분강화(partial reinforcement)는 모든 반응이 아닌 반응의 일부에 대해서만 강화하는 것을 의미한다. 이 부분강화를 주는 방법을 강화계획(schedule of reinforcement)이라 하는데, 대표적인 강화계획을 살펴보면 다음과 같다.

① 고정간격계획

고정간격계획(fixed interval schedule)은 고정된 시간 간격 후에 강화를 주는 경우다. 일정 시간 간격이 지날 때까지 아무리 많은 반응을 한다고 해도 강화를 주지 않는다. 이 계획에 의한 반응은 일차적 강화와 이차적 강화의 시간 간격 동안에 반응비율이 다양해진다. 강화 직후엔 비율이 낮고, 다음 강화시간이 가까워짐에 따라 꾸준히 증가한다. 그리고 강화 후에 다시 떨어지고 시간 간격 후 반쯤에 다시 오른다. 이와 같이 강화시간이 가까워질 때는 반응률이 급격히 증가하고 강화 직후에는 급격히 떨어지는 현상을 스캘럽(Scallop) 현상이라고 부른다. 이 고정간격 강화의 대표적인 예로는 월급, 정기적 시험 등이 있다.

② 변동간격계획

변동간격계획(variable interval schedule)은 일정치 않은 시간 간격을 두고 강화를 주는 경우다. 그러나 이 계획 전체를 통해서 볼 때 강화가 주어지는 시간 간격의 평균은 항상 일정하게 정해진다. 강화의 제시가 반응행동보다 시간에 고정되어 있으므로 반응속도는 비교적 느리다. 이 변동간격계획의 대표적인 예로는 뜻밖의 시험 등이 있다. 예를 들면, 심리학 시간에 불규칙하게 퀴즈를 본다면 규칙적으로 퀴즈를 볼 때보다 학생들은 비교적 꾸준히 예습과 복습을 하게 될 것이다.

③ 고정비율계획

고정비율계획(fixed ratio schedule)은 일정 횟수의 반응이 있은 후에 강화를 주는 경우다. 예를 들어, 매 5회의 반응 후에 강화를 주는 것이다. 고정비율강화에서는 각 강화 후에 휴식이 생긴다. 반응의 비율이 높고 비교적 꾸준한 경향을 보인다. 예를 들면, 모 치킨회사는 치킨을 배달 주문할 때마다 쿠폰을 함께 제공하며, 쿠폰을 7장 모으면 치킨을 무료로 배달하겠다고 한다. 이는 치킨을 7번 배달 주문하면 반드시 보상받는다는 사실을 고객에게 알림으로써 구매행동을 촉진시키려는 시도다. 이 고정비율강화의 대표적인 예로는 성과급제, 세일즈맨의 수당 등이 있다.

④ 변동비율계획

변동비율계획(variable ratio schedule)은 다양한 횟수의 반응 후에 강화를 주는 경우다. 예를 들어, 1회의 반응 또는 2회의 반응 후에 강화를 주거나 10회, 6회 후에 주는 것이다. 그러나 이들 반응 횟수는 필요로 하고 있는 평균 횟수에 의해 세분화된다. 이렇게 언제 강화를 받을지 모르는 상황에서 효과적으로 보상을 얻기 위해서 유기체는 반응을 많이 해야 한다. 따라서 훈련받은 행동은 빨리 습득되고 높은 비율로 오래 유지되는 경향이 있다. 예를 들면, 카지노의 경우 확률적으로는 몇 번마다 한 번씩 코인이 나오겠지만 그것이 언제일지는 모르는 것이다. 따라서 다음 번에는 코인이 쏟아져 나오지 않을까 하는 기대 속에 게임을 계속하게 된다. 이 변동비율강화의 대표적인 예로는 각종 복권, 도박행동 등이 있다.

연속강화보다는 부분강화가 효과적이며, 부분강화 중에서도 고정간격이나 변동간격계획에 비해 고정비율 및 변동비율계획이 더 신속한 반응을 일으킨다. 가장 효과적인 것은 변동비율계획으로 알려져 있다. 또한 학습속도 면에서 연속강화가 빠르긴 해도 강화가 주어지지 않으면 빨리 소거되는 반면, 부분강화

[그림 7-8] 대표적인 강화계획의 누가기록

는 속도는 느려도 일단 학습된 것은 쉽게 소거되지 않는다.

(3) 조형

앞에 제시된 실험의 예에서 쥐는 스키너 상자에서 지렛대를 누르게 되기까지 많은 소용없는 짓들을 했다. 이처럼 조작적 조건형성은 서서히 진행된다. 그러나 조형(shaping)의 과정을 통해 조작적 조건형성에 드는 시간을 단축할 수 있고 매우 복잡한 반응도 형성이 가능해진다.

스키너 상자에서 쥐가 지렛대를 누르는 반응을 조형하기 위해 실험자는 다음과 같이 진행한다. 먼저, 동물이 상자에 익숙해지도록 한다. 다음에 음식 알이 주어진다. 그리고 음식 알을 먹는 것이 익숙해지도록 한다. 그다음부터 지렛대 누르기 반응의 조형이 시작된다. 쥐가 지렛대 가까이 상자의 영역을 돌아다니게 될 때마다 실험자는 스위치를 눌러서 음식 알을 내보낸다. 다음에는 지렛대 주변 가까이에 갈 때만 강화한다. 그다음 지렛대 가까이 맴돌고 있을 때 → 또 다음엔 지렛대를 건드리면 → 얼마간 지렛대를 누르면 → 끝내 지렛대를 세게 누르면 강화한다. 이런 방법으로 최종 단계까지의 반응이 학습된다.

능숙한 실험자는 비교적 짧은 시간에 매우 적은 강화물을 사용하여 원하는 행동을 조형할 수 있다. 조형의 기본 특징은 보다 쉬운 단계의 반응에서부터 어려운 최종 단계의 반응에 이르기까지 순서에 따라 단계별로 학습을 시키는 것이다. 이러한 방법을 사용하면 동물이 정상적으로는 하지 않는 행동까지 학습시키는 것이 가능하다. 우리는 이러한 방법으로 훈련을 시킨 돌고래가 공을 던지고, 코끼리가 재주를 부리는 광경을 볼 수 있다. 일반적으로 조형에는 두 가지 원리가 적용된다. 하나는 차별적 강화(differential reinforcement)로 어떤 반응은 강화를 받고 다른 반응들은 강화를 받지 않는다는 것이다. 다른 하나는 계속적 접근(successive approximation)으로 실험자가 원하는 반응과 점차적으로 유사한 반응만 강화를 받는다는 것이다. 앞의 예에서 지렛대 누름 반응에 접근한 반응만이 차별적으로 강화를 받는다.

조형은 우선 단순한 행동의 발생 가능성을 높이고자 하지만, 행동 그 자체가 목적이 아니라 궁극적으로 다른 복잡한 행동의 발생 가능성을 높이기 위한 것으로서 마케팅에서도 많이 쓰이는 방법이다. 예를 들어, 처음 개점한 상점에서 매장으로 들어오는 손님 누구에게나 사은품을 주는 것을 볼 수 있다. 사은품을 줌으로써 고객이 일단 상점 안에 들어오기만 하면 그들이 상점에 들어오지 않았을 때보다 제품을 구입할 가능성이 더 높아질 것이다. 그 밖에 이 조형의 원리를 인간에게 적용해 보려는 시도들도 있다. 예를 들면, 농아에게 말을 가르칠 때나 우울증 환자의 행동치료 등에 활용되고 있다.

(4) 도피학습과 회피학습

인간과 동물은 불쾌하거나 해로운 현상을 종결짓는 방법을 학습한다. 소위 도피학습(escape learning)은 부적 강화와 관련된다. 도피학습의 예를 들어 본다.

낮은 담을 경계로 하여 두 칸으로 된 상자에 한 마리의 쥐를 넣는다. A칸은 흰색으로 칠해져 있고 바닥엔 가벼운 전기충격이 동물의 발에 감지되도록 전선이 설치되어 있다. B칸은 나무로 된 마루이고 검정색이 칠해져 있다. 실험 초에 동물을 A칸에 넣고 적당한 충격을 가한다. 충격에 대한 반응으로 쥐는 그 칸을 뛰어 돌아다닌다. 그러던 중 우연히 B칸으로 넘어가는 행동을 한다. 처음 몇 번은 충격이 주어지면 쥐는 천천히 안전한 B칸으로 넘어간다. 그러나 시행이 반복될수록 충격이 주어지면 곧 장애물을 뛰어넘어 안전한 B칸으로 가는 것을 학습한다. 다시 말해서, 쥐는 해로운 전기충격을 종결짓는 반응을 학습한 것이다.

만일 경계신호를 도피학습 상황에 첨가하면 회피학습(avoidance learning)이 발생한다. 한 마리의 쥐를 앞에서의 도피학습 실험에서 사용되었던 두 칸짜리 상자에 넣는다. 실험의 각 시행에서 충격이 주어지는 칸의 바닥에 전류를 보내기 전에 경계신호(버저)를 약 5초 동안 울린다. 그런 다음 전류를 보내어 충격을 가한다. 만일 쥐가 버저 소리가 울리기 시작해서 5초 이내에 장애물을 뛰어넘어 안전한 칸에 도달하면 버저 소리는 꺼지고 쥐는 충격을 피하게 된다. 이때 실험자는 경계신호를 시작한 후에 쥐가 안전한 곳으로 가는 반응을 하는 데 걸리는 시간을 기록한다. 만일 시행에서 반응시간이 5초를 넘으면 그것은 도피반응이다. 왜냐하면 충격이 가해진 다음 쥐가 도피하기 때문이다. 그러나 만일 반응시간이 5초 이내이면 그 반응은 회피반응이다. 왜냐하면 쥐는 충격이 가해지기 전에 장애물을 뛰어넘어 그것을 피하기 때문이다. 전기충격을 피해 장애물을 뛰어넘는 실험에서 쥐는 처음 10번은 도피반응을 한다. 10번의 시행 후에는 모든 반응이 회피반응이 된다. 시행 20번째가 되면 쥐는 버저가 울리기 시작하고 나서 1초 이내에 장애물을 뛰어넘는다. 회피반응 학습은 소거에 대한 저항이 매우 강하다. 왜냐하면 더 이상 충격을 주지 않는다 해도 동물은 충격과 신호가 더 이상 짝지어져 있지 않다는 사실을 경험할 기회를 갖지 못하기 때문이다. 이 같은 현상은 인간의 행동에서도 많이 발견된다. 뱀이나 쥐를 피하는 것

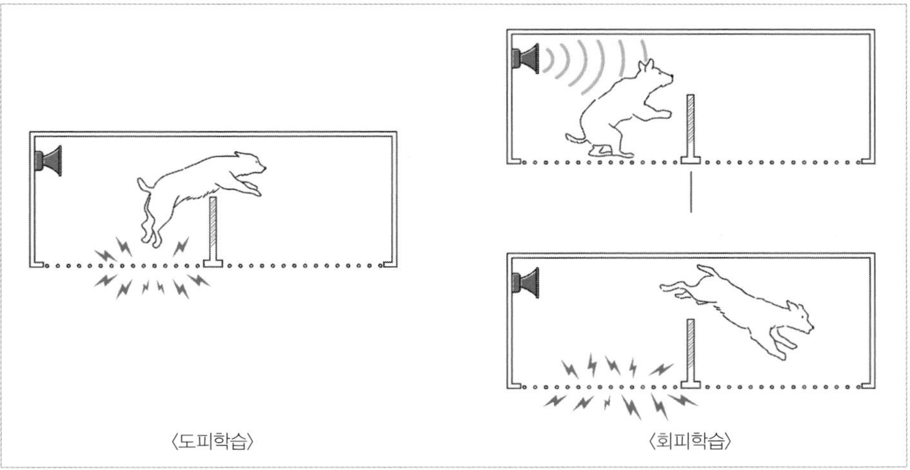

[그림 7-9] 도피학습과 회피학습

을 학습한 사람들은 그것들을 피하는 것을 평생 동안 계속한다. 인간은 피하는 습관을 쉽게 바꾸지 못한다. 그래서 원하지 않는 회피행동을 없애는 것이 어려운 문제가 된다.

(5) 미신 행동

강화에는 유관강화와 비유관강화가 있다. 유관강화(contingent reinforcement)란 지렛대 누름 반응에 따라오는 강화와 같이, 강화의 제공이 반응에 의해 결정되는 경우를 말한다. 그러나 배식 기계가 동물의 행동과는 무관하게 작동하게 된다면 무슨 일이 발생할까? 조작적 조건형성 원리에 따르면 배식 기계가 작동할 때 동물이 어떤 행동을 하고 있든지 그 행동은 강화를 받을 것이고, 동물은 강화 받은 행동을 반복하는 경향이 있을 것이다. 일정한 시간이 경과한 후에 배식 기계가 다시 작동하면 강화 받은 행동은 다시 나타나고 반응은 강화된다(예를 들면, 머리를 갑자기 움직이거나, 원을 그리거나, 뒷다리로 서는 등의 행동).

이와 같이 보상과 아무런 관련이 없으면서 우연히 한 어떤 행동이 강화에 선행한 경우 그 행동은 고정적으로 계속되려는 경향이 있는데, 그와 같은 행동을 미신 행동(superstitious behavior)이라고 한다. 이때 강화는 동물의 행동과 무관하기 때문에 비유관강화(noncontingent reinforcement)라고 한다. 우리가 하는 행동 중에도 미신 행동의 예는 무수히 많다. 예를 들면, 부적을 지니고 시험장에 가서 시험에 붙은 사람은 다음에 시험이 있을 때면 다시 부적을 사용하려는 경향을 보인다. 그리고 야구선수가 타석에 들어서서 특정한 방식으로 모자를 매만진 다음 안타를 치게 된다면 다음 타석에서도 그 선수는 모자를 동일한 방식으로 매만지는 행동을 하게 될 것이다.

(6) 프리맥의 원리

프리맥(Premack)은 어떤 상황에서든 특정 행동은 다른 행동보다 일어날 가능성이 더 많다는 사실을 주장하였다. 예를 들면, 쥐는 기회가 주어진다면 보통 레버 누르기 행동보다는 먹는 행동을 할 가능성이 더 많다. 따라서 행동은 어떤 경우이든 종류에 따라 서로 상대적으로 다른 가치를 가지며, 이 상대적 가치가 행동의 강화적 속성을 결정하는 것이라고 보았다. 프리맥(1965)은 피험자에게 두 가지 행동 중 하나를 선택하게 했을 때 각각의 행동을 하는 시간을 재어 두 가지 행동의 상대적 가치의 측정치로 사용할 것을 제안하였다. 그에 따르면, 강화는 전형적으로 두 가지 반응 사이의 관계를 수반하는데, 이 두 가지 행동 중 하나는 강화를 받는 행동이고 다른 하나는 강화를 시키는 행동이며, 이 두 가지 행동 중 더 있음 직한 행동이 덜 있음 직한 행동을 강화한다는 것이다. 좀 더 간단히 말하면, 확률이 더 높은 행동이 확률이 더 낮은 행동을 강화한다.

프리맥(1959)은 초등학교 1학년 학생들을 대상으로 기계에서 자동으로 나오는 사탕을 먹거나 핀볼 기계에서 게임을 하게끔 해 주었다. 이 아이들은 둘 중 하나를 해도 되고, 아니면 두 가지를 번갈아 해도 되었다. 그러자, 어떤 아이들은 핀볼 기계에서 노는 시간이 더 많았고, 어떤 아이들은 사탕을 먹는 것을 더 좋아했다. 이와 같은 상대적 가치를 확인한 다음, 프리맥은 각 아이의 보다 있음 직한 행동에의 접근을 그 아이의 덜 있음 직한 행동의 수행에 수반되도록 만들었다. 예를 들어, 핀볼 게임을 더 좋아하는 아이는 이제 사탕을 먹어야만 핀볼 기계 앞에 갈 수 있었다. 그 결과, 덜 있음 직한 행동인 사탕을 먹는 행동이 증가하였다. 이와 같이 프리맥의 원리는 유기체의 위계상 활동이 무엇이든지 상위 위계에 있는 활동은 하위 활동을 강화시킬 수 있다는 것을 보여 준다.

3) 고전적 조건형성과 조작적 조건형성의 비교

지금까지 살펴본 고전적 조건형성과 조작적 조건형성의 차이점을 비교해 보면 다음과 같다. 첫째, 고전적 조건형성이 무의식적 반응에 근거한 데 반해, 조작적 조건형성의 행동은 개인의 의식적인 통제하에 있다. 우발적으로든 의식적으로든 일단 학습이 이루어지고 나면 그 후의 행동은 개인의 의식적 통제하에 있게 되는 것이다. 둘째, 고전적 조건형성에서는 행동의 '이전'에 주어진 자극(예를 들면, 종소리)으로 인하여 행동이 발생되는 데 반해, 조작적 조건형성의 경우는 행동의 '이후'에 기대되는 결과 때문에 학습이 이루어진다.

그러나 고전적 조건형성과 조작적 조건형성은 서로 상호작용하며 동시에 일어나는 경우도 많다. 예를 들어, 쥐가 막대를 누르면 먹이가 나온다는 사실을 알면 쥐는 막대를 열심히 누르게 된다(조작적 조건형성). 그러나 만약 먹이를 제

〈표 7-3〉 고전적 조건형성과 조작적 조건형성의 비교

	고전적 조건형성	조작적 조건형성
다른 명칭	• 반응조건형성 • 파블로프식 조건형성	• 도구적 조건형성 • 스키너식 조건형성
대표적 학자	• 파블로프, 왓슨 등	• 손다이크, 스키너 등
차이점	• 비자발적(수동적) 반응 • 반응적 행동 • 행동 이전에 자극이 주어짐	• 자발적(능동적) 반응 • 조작적 행동 • 행동 이후에 강화가 제시됨
유사점	소거, 자발적 회복, 자극일반화, 변별 조건형성	

시한 직후에, 이전에 이미 전기충격과 불빛을 연합했던 경험이 있다면(고전적 조건형성) 먹이를 보상으로 주어도 막대를 누르는 속도가 줄어든다. 고전적 조건형성과 조작적 조건형성을 비교해서 정리하면 〈표 7-3〉과 같다.

4. 인지학습

모든 학습이 고전적 조건형성과 조작적 조건형성의 방법으로 성립되는 것은 아니다. 많은 경우 단순히 환경에 노출됨으로써 어떤 사상을 익히기도 한다. 지난밤 TV를 통해 뉴스를 시청했다면 무엇인가를 익혔고 그것을 누군가에게 말할 수 있다. 이 같은 학습 상황에선 뚜렷한 강화의 기능을 찾아볼 수 없다. 단지 환경으로부터 오는 정보를 부호화하고 저장하고 인출하는 처리과정과 관계된다.

앞에서 학습을 경험의 결과로 나타난 행동의 비교적 영속적인 변화라고 정의했다. 이 절에서 살펴볼 인지학습(cognitive learning)을 정의해 보면, 학습은 뚜렷한 강화 없이 어떤 경험의 결과로서 정보처리 방법에 변화를 일으키는 것이라고 할 수 있다. 인지학습에는 잠재학습, 통찰학습, 관찰학습 등이 있다.

1) 잠재학습

잠재학습(latent learning)의 이해를 보다 용이하게 하기 위해 미로학습(maze

learning)의 실험을 먼저 소개한다. 미로는 여러 가지 형태가 있다. 간단하고 곧은 미로에서 쥐는 목표지점에 더 빨리 도달하는 것을 학습한다. 이보다 좀 더 복잡한 미로에선 여러 갈래의 길 중에 목표에 도달하는 길을 선택하는 것을 학습한다. 미로학습 실험을 수행하기 위해 쥐는 배가 고프거나 목이 마르거나 기타 방법으로 동기유발이 되어야 한다. 그다음으로 쥐는 미로의 출발점에 놓이고 목표에 이르는 골목을 통과하게 된다. 목표지점에선 동기 상태에 적절한 물이나 먹이 같은 보상이나 강화가 주어진다. 한 시행이 끝나면 다음 시행시간이 될 때까지 평상시에 있던 우리에 있게 된다. 시행이 반복됨에 따라 동물은 목적에 이르는 일련의 반응을 학습한다. 그리고 막힌 골목으로 들어가는 등의 오반응은 점차로 줄어들고, 출발점에서 목표지점에 도달하는 데 걸리는 시간도 줄어든다. 미로학습에서 부적 강화가 사용되기도 한다. 즉, 동물은 목표지점에 있는 강화가 해로운 자극의 종결일 때 미로를 학습한다. 예를 들어, 목표지점을 제외하고 미로의 어느 곳에서 전기충격이 있게 되면 쥐는 목표지점에 도달하는 방법을 학습할 것이다.

이제 잠재학습을 알아보자. '잠재'란 숨겨져 있다는 뜻을 가지고 있다. 이 말이 의미하듯이 어떤 경험의 결과, 당장에는 행동변화의 증거가 보이지 않고 숨겨져 있다가 나중에 적당한 조건일 때 행동변화의 증거를 보이는 경우를 잠재학습이라고 한다. 톨먼(Tolman, 1959)은 전형적 잠재학습 실험에서 실험집단의 쥐에게 특정 반응에 대한 강화 없이 미로를 경험시킨다. 즉, 그들을 단순히 미로에서 얼마 동안 살게 한다. 그 안에서 쥐는 돌아다닐 것이다. 한편, 통제집단의 쥐는 미로경험을 제외하고는 실험집단과 똑같이 취급받는다. 실험집단이 미로를 탐색하고 있는 동안 통제집단은 미로가 없는 상자에 있다. 이 실험에서 알고자 하는 것은 실험집단의 쥐가 통제집단의 쥐에 비해 미로경험을 통해 무엇인가를 더 많이 학습했는지에 관한 것이다. 만일 그들이 학습했다면 미로에서 강화가 주어질 때 그들의 수행행동에서 학습의 증거를 볼 수 있을 것이다. 그들은 학습한 것을 사용할 것이고 미로경험을 하지 못한 통

톨먼(E. C. Tolman)

제집단보다 목적을 더 잘 성취할 것이다. 잘 통제된 실험에서 실험집단의 쥐는 통제집단의 쥐보다 오반응을 적게 하고 더 빨리 목표지점에 도달했다. 이와 같이 잠재학습은 대개 보상 없이 진행되지만, 적절한 보상이 있을 때는 이전에 학습했던 것을 갑자기 이용하여 학습속도가 빨라지게 된다.

2) 통찰학습

전형적인 통찰학습(insight learning) 상황에서 보통 어떤 문제가 제시된다. 이때 피험자는 문제해결의 진전을 보여 주지 않다가 갑자기 해결하는 양상을 보인다. 통찰학습의 학습곡선은 한동안 학습의 증거가 없다가 별안간 비약적으로 학습이 거의 완성되는 특징을 가지고 있다. 인간은 어떤 문제를 통찰에 의해 해결하면 '아하 경험(aha experience)'을 한다. "아하"는 문제에 대한 답이 갑자기 떠오를 때 내는 기분 좋은 느낌의 소리다.

통찰학습을 예시하기 위해 다음의 문제를 소개한다. 이 수열 맨 나중에 뒤따를 숫자는 무엇일까?

1 4 9 1 6 2 5 3 6 4 9 6 4 ?

다양한 숫자들을 가지고 여러 가지 배열 또는 지각적 조직을 해 봄으로써 문제는 해결될 것이다. 한동안 해결의 진전이 없다가 갑자기 통찰이 생긴다. 답을 알아내면 유쾌한 '아하 경험'을 하게 된다. 일단 통찰에 의해 문제가 해결되면 유사문제의 해결이 쉽게 전이된다. 앞의 수열문제를 해결하면 유사한 수열문제들을 보다 쉽게 해결할 수 있게 된다.

독일의 심리학자 쾰러(Köhler)는 원숭이를 대상으로 많은 통찰학습을 실험했다. 한 실험에서 우리 안에 상자와 막대기를 몇 개씩 넣어 놓고 천정에는 바나나를 매달아 놓았다. 그런 다음 원숭이가 바나나를 어떻게 따 먹는지를 관찰했다. 처음에는 해결의 진전이 없는 시행착오의 기간이 있었다. 그다음 원숭이는 하던 일을 멈추고 상자와 막대기 그리고 바나나를 시각적으로 조사하는가 싶더니 갑자기 상자와 막대기를 이용해서 바나나를 손에 넣었다. 원숭이는 우리 안

[그림 7-10] 발판을 만들고 있는 원숭이

에 있는 제 현상, 즉 바나나와 상자, 상자와 상자, 상자와 막대기, 막대기와 바나나 간에 있는 새로운 의미와 새로운 관계를 발견했고 그로 인해 목적을 달성했던 것이다.

또 한 실험에선 우리 안에 상자가 없었다. 그런데 관리인이 들어왔다. 원숭이는 관리인을 바나나가 있는 쪽으로 데려가서 그의 등에 올라 바나나를 따려고 했다. 그때 관리인이 웅크려 앉았다. 그러자 원숭이는 그의 어깨에 올라가서 따려고 했다. 이 일련의 행동에서 원숭이는 우리 안에 있는 현상들 간의 관계를 알고 있음을 보여 주고 있다. 원숭이는 상자에서 얻은 이해를 관리인에게 일반화시킨 것이다. 이와 같이 통찰학습은 지각적 재조직 이외에도 이전 학습의 영향을 받는다. 통찰학습의 특징을 정리하면 〈표 7-4〉와 같다.

〈표 7-4〉 통찰학습의 특징

• 문제해결 전에서 해결로의 전환은 갑작스럽고 완전하다. • 통찰로 얻어진 문제해결에 기초한 수행은 대개 오류가 없다. • 통찰로 얻어진 문제해결은 상당한 시간 동안 지속된다. • 통찰로 얻어진 원리는 다른 문제들에 쉽게 적용된다.

3) 관찰학습

반두라(A. Bandura)

잠재학습, 통찰학습 외에 또 하나의 인지학습 상황은 개인이 다른 개인을 모델로 삼고 행동을 모방하는 것이다. 모방의 능력은 종 특유의 능력인 것 같다. 예를 들면, 앵무새는 인간의 언어를 모방할 수 있다. 새들은 같은 종의 나이 든 새들을 모방하여 완벽하게 지저귄다. 원숭이는 서로의 운동과 몸짓을 모방한다. 아이들은 그들의 부모와 다른 아이들이 말하는 것을 듣고 말을 배운다. 이들은 다른 사람의 행동을 지각하고 그 행동을 재생할 수 있는 능력을 선천적으로 가지고 있는 듯하다.

신생아에게 발견되는 모방의 행동은 앞의 가정을 더욱 확실히 뒷받침해 준다. 태어난 지 2~3주 된 신생아는 성인이 혀를 내밀고 입을 크게 벌리고 입술을 오무리는 행동을 따라 할 수 있다. 인간은 보고 듣는 것 이상의 행동을 창출해 낸다. 모방한 행동들을 상호 관련시키고 조합하여 일반적 규칙과 원리를 추론하며 불만을 해결하는 방법을 만들어 낸다.

반두라(Bandura, 1965)는 행동의 실제적 원인으로 인지적 역할의 중요성을 강조하였다. 청소년을 대상으로 한 모델링 원리 적용 연구에서 그는 대중매체에서 보이는 폭력적인 공격성을 청소년이 대리학습을 통해 모방한다는 것을 입증하였다. 즉, 반두라는 사람들은 관찰학습(observational learning) 혹은 대리학습(vicarious learning)을 통해 자신이 직접 경험하지 않더라도 모델이 하는 행동을 따라 한다고 주장하였다. 모델을 통해 학습할 수 있음을 발견한 것이다. 반두라가 제시한 관찰학습의 기본 과정은 다음과 같다.

- **주의집중 과정**(attention process): 학습자가 관찰하는 대상의 행동에 주의를 기울여서 가장 중요한 요점들에 대한 정보를 끄집어내는 과정이다. 이러한 주의집중에 영향을 미치는 요인은 〈표 7-5〉에 나와 있다.
- **파지 과정**(retention process): 학습자가 모델의 행동을 기억 속에 저장하는

〈표 7-5〉 주의집중에 영향을 미치는 요인

• 모방해야 자극의 강도, 크기, 명료성, 참신성 등 • 모델의 능력, 전문성, 나이, 성, 사회적 권력, 인종 등의 속성 • 관찰자의 자존심, 의존심, 능력, 사회경제적 지위, 성별, 관찰 당시의 관찰자의 일시적 정서나 동기 상태 등

과정이다. 학습자가 그 행동을 기억하지 못한다면 관찰행동에 의한 영향이 발생하지 않을 것이기 때문이다.

- **행동재생 과정**(reproduction process): 반응을 인지적으로 재조직하는 과정이다. 머릿속에서 재조직이 끝나면 스스로 한 번 행동을 재생해 보고 자기의 성과를 잘 관찰한 후에 피드백으로 이용하여 자신의 행동을 수정하게 되는 것이다.
- **동기부여 과정**(motivation process): 수행행동 후에 오는 효과에 따라 그 행동의 빈도가 증가하거나 감소한다. 만약에 학습자가 행동을 모방한 결과, 그 행동이 가치 있는 것으로 여겨지면 그는 다시 수행하고 싶어질 것이다.

그러면 사람들은 어떤 사람의 행동을 잘 모방할까? 다시 말하면, 관찰학습을 잘 일으키게 할 수 있는 영향력 있는 모델은 어떤 특성을 가진 사람들일까? 연구결과에 의하면 모방이 잘 일어나는 경우는 다음과 같다. 첫째, 모델의 행동이 긍정적인 결과나 보상을 가져오는 것으로 생각되는 경우, 둘째, 모델이 지위가 높고, 호감이 가고, 존경을 받고, 성공을 한 경우, 셋째, 관찰자와 비슷한 점들이 있는 경우, 넷째, 모델의 행동이 눈에 잘 띄는 경우 등이다. 그 밖에 모델이 신뢰성이 있어 보일 때, 자신감이 있어 보일 때, 행동이 생생하고 자세할 때 그 효과는 더욱 크다.

반두라의 관찰학습 이론은 여러 인간행동을 설명하는 데 유용하다. 예를 들면, 부모가 아동을 처벌한 결과로 아동의 공격행동이 증가하는 경우를 볼 수 있다. 부모들은 자녀가 다른 아이를 때릴 때에도 처벌을 한다. 이런 처벌은 아이의 공격행동을 감소시키려는 의도에서 비롯된 행동이지만, 은연중에 부모는 공격행동의 모델이 될 수 있다. 부모가 자신의 아이를 때려서 공격행동이 멈춰진다면 이를 관찰하고 있는 아동은 공격행동이 강화 받는 것을 관찰하는 셈이다. 이런 경우 아동의 공격행동은 증가한다. 또한 TV 등 다양한 매체가 인간행동에 큰 영향을 미치는 것도 관찰학습 때문이다. 예컨대, TV의 영향력은 아동이 어릴수록 더욱 크고, 아동은 TV 모델로부터 많은 반응을 모방한다(Huston & Wright, 1982). 이러한 사실 때문에 TV에 방영되고 있는 공격행동에 대해서 많은 논쟁이 되고 있다.

제 8 장

언어와 사고

PSYCHOLOGY

제8장 언어와 사고

언어는 인간이 필요에 의해서 만든 도구다. 인지의 내용을 언어라는 상징의 형태로 표현하게 함으로써 자신의 생각을 다른 사람에게 전달하거나 다른 사람으로부터 전달받을 수 있게 된다. 언어가 진화하면서 다른 인지 과정과 밀접한 관계를 맺게 되었는데 이 과정의 하나가 사고다. 사고는 기억의 언어나 심상을 사용하여 환경의 정보에 대한 의미를 체계화하고, 논리적으로 사유하며, 판단이나 결정을 하는 문제해결과정을 수행하게 된다. 이 장에서는 언어와 관련하여 이해와 산출의 과정, 언어와 사고의 관계, 언어의 습득과 사용 등에 관하여 논의할 것이며, 사고 영역에서는 개념과 범주, 추리, 판단과 결정 등에 대해 논의할 것이다.

1. 언 어

인간에게 언어가 제공하는 가장 중요한 기능은 자신의 생각이나 의도를 타인에게 전달하고 전달받는 의사소통 기능일 것이며, 자신이나 타인의 생각 및 의도를 언어의 형태로 표상하는 기능일 것이다(Solso, 2005). 우리는 일상에서 언어를 사용하고 있지만 소통의 어려움을 느끼지 못한다. 더욱이 문법 규칙을 외현적으로 설명하는 행위는 매우 어렵지만 언어의 미묘한 차이는 매우 쉽게 파악할 수 있다(Pinker, 1994).

언어는 태어나면서부터 자연스럽게 습득되어 간다. 울음을 통해 언어를 준비하고 옹알이를 통해 발성을 시작하며, 생후 6개월이 되면 '마' '빠' 등의 말소리 언어가 나타나서 1년이 지나면 '엄마' '아빠' 등의 단어를 표현하고, 2년 이후에는 '엄마 밥 줘.'의 문장을 사용하게 된다. 생후 3~4년을 넘어서면 정상적인 문장의 표현이 가능해진다. 언어 습득 과정에서 나타나는 흥미로운 현상은 언어 습득이 일정한 단계를 거쳐서 일어난다는 점이다. 즉, 옹알이, 단어, 단어 조합, 문장 등의 순으로 언어가 습득된다는 것이다. 언어 습득이 경험적인지 본능적인지의 논란이 계속되고 있지만, 분명한 사실은 언어가 체계적인 구조를 지니고 있다는 것이다.

1) 언어의 구조

언어의 구조는 음소라고 하는 소리단위로 구성되어 있고, 음소는 의미를 갖는 형태소와 낱말로 결합되며, 형태소와 낱말은 문법규칙에 의해 의미 있는 문장으로 구성된다. 여기서는 언어의 기본 구조인 음소, 형태소, 문법 규칙 등에 대해 자세히 살펴보기로 한다.

(1) 음소

언어에서 사용하는 기본적인 단위를 음소(phonemes)라고 한다. 모든 언어는 성대에 의해서 생성될 수 있는 소리의 수에 의해 제한된다. 아무리 복잡한 말이나 문장도 85개 이상의 소리(음소)를 갖고 있지 않으며, 15개뿐인 언어도 있다고 한다. 한국어는 24개의 기본 자모로 구성되어 있는데, 이 중 자음은 14개이고 모음은 10개다. 발음이 가능한 음운은 자음 19개와 모음 21개로 모두 40개의 음운으로 구성된다. 그리고 영어는 자모 수가 28개이며, 음운 수도 약 40개로 구성된다. 예를 들어, '학문'이라는 단어는 /ㅎ/, /ㅏ/, /ㄱ/, /ㅁ/, /ㅜ/, /ㄴ/의 6개 음소로 구성되어 있으며, 'love'라는 단어는 /l/, /o/, /v/, /e/라는 4개의 음소로 구성되어 있다.

음소는 음성과는 구분할 필요가 있다. 음소는 특정한 언어사회에서 통념으로 굳어진 공통음이므로 다소 추상적인 것임에 비해, 음성은 발음기관을 거쳐 나온 순간적 현실음을 말하는 것으로 다소 구체성을 띤 것이라 할 수 있다. 같은 낱말을 이룬 음이라도 남녀노소에 따라 그 발음이 같지 않으며, 개인의 경우라도 시시각각으로 같은 물리적 현상을 보여 주지 않는 것이 음성이다. 가령 고기라는 말이 [kogil], [kokil], [gogil], [gokil] 등과 같이 다르게 발음되었을 때 그 차이의 요소가 되는 [k]와 [g]는 물리적 음성으로서 각각 성질이 다르다. 이와 같이 영어에서는 [k]와 [g]를 각기 다른 음소로 사용하지만 한국어에서는 두 소리를 같은 음소로 인정한다.

(2) 형태소

음소 그 자체에는 의미가 포함되어 있지 않다. bat, bet, bit에 모두 음소 b가 있지만 공통적인 의미가 있는 것은 아니다. '아이가 공부를 한다.'라는 문장의 경우, 이 문장은 주어부('아이가')와 술어부('공부를 한다')로 나눌 수 있고, 다시 '아이'와 '가', '공부'와 '를', '한'과 '다'로 나눌 수 있다. 이들이 가진 의미에는 차이가 있다. 즉, '아이' '공부' '한'은 각각 어휘적 의미를 지니고 있는 데 비해, '가'와 '를'은 각각 그 앞에 나오는 말이 주격과 목적격임을 나타내고, '~다'는 문장의 끝맺음과 서술의 의미를 나타내서 문법적 의미를 지닌다.

물론 음성적으로는 아이를 '아'와 '이'로 나눌 수 있지만, 그렇게 되면 아이가 가지고 있는 의미와는 아무런 관련이 없는 다른 의미의 조각이 되거나 의미를 가지고 있지 않은 음소나 음절이 되고 만다. 이처럼 의미를 가진 가장 작은 언어 단위를 형태소(morpheme)라고 한다. 이 형태소는 하나의 단어일 수도 있고(아이, 공부 등), 접두사나 접미사 같은 것일 수도 있다(비~, ~적 등). 언어학에서는 형태소를 언어에 의미가 나타나는 가장 작은 단위로 취급한다(Carroll, 2005).

(3) 문법 규칙

형태소나 단어의 의미를 아는 것은 대단히 중요하다. 이를 언어학에서는 의미론(semantics)이라 한다. 그러나 단어만으로 언어가 충분할 수는 없다. 단어들을 유의미한 문장으로 연결시킬 수 있어야 하기 때문이다. 그러므로 모든 언어는 2개의 기본 요소, 즉 의미 있는 소리와 낱말로 되어 있는 어휘와 문법이라 부르는 일련의 규칙을 가지고 있다. 단어들을 문법 규칙에 따라 배열하면 여러 가지 문장으로 만들 수 있다.

문법 규칙 중에서도 가장 중요한 것은 통사론 혹은 구문론(syntax)이라고 하는 것이다. 구문론은 명사, 동사, 형용사, 부사 등을 바른 순서대로 배열시켜 구(phrase)를 만들고, 다시 이러한 구들을 조합시켜 누구나 쉽게 이해할 수 있게 의미를 전달하는 문장을 만든다. 어휘가 있더라도 이러한 규칙이 없다면 언어는 뒤범벅이 되어 그 의미를 이해할 수 없을 것이다. 구문 규칙에 따라 배열해야 비로소 의미 있는 문장이 된다. 예를 들어, '그 남자는 나를 닮았다.'는 문장을 생각해 보자. 이 문장은 적어도 2개의 구성 성분으로 표상된다고 볼 수 있는데 언어학적 범주로 표현하면, '그 남자는'은 명사구(NP)에 해당되고 '나를 닮았다'는 동사구(VP)에 해당된다. 구문은 언어에 따라 다소 다르기는 하지만 어떤 경우든 구문의 기본적인 형태는 논리적이어야 한다(〈표 8-1〉 참조).

〈표 8-1〉 문장의 규칙

규칙 1	문장(S) = NP+VP	그 남자는 나를 닮았다.
규칙 2	명사구(NP) = D+N	그 남자는
규칙 3	동사구(VP) = V+NP	나를 닮았다
규칙 4	명사(N)	남자
규칙 5	동사(V)	닮았다
규칙 6	관사(D)	그

2) 언어의 이해

심리학은 언어의 구조보다는 언어가 정보로서 이해되고 산출되는 과정에 관심을 둔다. 즉, 언어가 처리되는 동안에 어떤 지식이나 제약들이 작용하여 언어의 이해와 산출이 일어나는지를 밝히고자 한다. 언어의 처리는 언어가 인지체계에 입력되면서 발생하는 심적 변화의 과정을 의미하는 것이다. 언어학에서는 언어의 구조를 음운, 구문, 의미 수준으로 분류하고 있다. 그에 상응하는 언어 단위는 음절 혹은 단어, 문장, 글말의 담화 수준이 된다. 이들 수준의 언어가 어떻게 인지체계에서 처리되는지를 밝히는 것이 심리학, 특히 언어심리학에서의 주요 관심사다. 여기서는 단어나 형태소 수준의 어휘 처리와 여러 문장으로 구성된 담화글의 처리에 대해서 살펴본다.

(1) 어휘 처리

모든 언어에서 언어의 의미는 단어 수준에서 완전하게 나타난다. 심리학에서는 단어라는 용어보다 어휘라는 용어를 즐겨 사용한다. 어휘(lexical)는 단어가 기억에 표상된 상태를 의미한다. 단어가 언어적 단위라면, 어휘는 심적 단위다. 물리적 단어가 심적 단어로 전환되어 기억에 표상되기 위해서는 다음과 같은 다양한 요인이 영향을 미치게 된다. 첫째, 단어의 사용 빈도다. 사용 빈도가 높은 단어가 낮은 단어에 비해서 단어의 지각이 빠르며 기억도 잘 된다. 포스터(Forster, 1979)는 어휘 항목은 사용 빈도에 따라 저장되어 있고, 어휘를 탐색할 때 고빈도 단어부터 순서대로 처리한다고 주장했다. 둘째, 단어 우월성 효과다. 단어로 제시되면 단어에 포함된 낱자나 음절의 지각이나 기억이 촉진된다는 것이다. 예를 들어, DESIGN 단어에서 G를 재인하는 속도가 G만 제시하고 G에 대한 재인을 하는 속도보다 더 빠르다는 것이다. 셋째, 맥락효과가 있다. 이는 시끄러운 환경에서도 단어가 의미 있는 문장을 구성하면 쉽게 인식하지만, 단어가 무의미하게 연결되어 있으면 잘 인식하지 못하는 것을 말한다. 넷째, 글자의 친숙성이 지각에 영향을 미친다. 예를 들어, KBS와 kbs를 비교해 보고, LG와 lg를 비교해 보면, 전자들이 후자들에 비해 지각이 빠르다는 것이다. 또한 단어의 길이가 짧은 단어가 긴 단어보다 이해가 더 빠르며, 발음이 쉬운 단어가 어려운 단어보다 이해가 더 빠르며, 단어의 의미가 단순한 단어가 복잡한 단어보다 이해가 더 빠르다는 것이다(Just & Carpenter, 1987).

단어는 단독으로 제시되는 경우보다는 문장이나 글 속에 제시되는 경우가 더욱 빈번하다. 단어 우월성 효과에서 단어가 낱자의 지각에 영향을 미치는 것처럼 다른 단어, 문장 및 글말의 맥락이 어휘 처리에 영향을 미치게 된다. 그리고 단어 간의 의미적 관계도 어휘 처리에 영향을 미친다. 예를 들어, 포도를 본 다음 과일에 대한 반응시간은 인형을 본 다음 과일에 대한 반응시간과는 다르다는 것이다. 즉, '포도 → 과일'에서의 과일이 '인형 → 과일'에서의 과일보다 반응시간이 더 빠르다는 것이다. 이를 의미 점화 효과(semantic priming effect)라고 하며, 이 효과는 단어 제시 맥락이 어휘 처리에 영향을 미친다는 증거가 된다.

언어의 단위 정보, 즉 낱자, 단어, 문장, 글말을 정보 단위로 본다면 맥락효과는 언어의 단위들 간의 처리방식에 대한 주요 시사점을 제공한다. 낱자의 처리에 단어가 영향을 미치고, 단어의 처리에 문장의 구조가 영향을 미치며, 문장 처리에 글말의 맥락이 영향을 미친다면 언어의 처리가 상호작용 과정 또는 하향적 과정으로 일어난다는 증거가 된다(Just & Carpenter, 1987). 즉, 상위의 언어 처리(문장, 글말 등)가 일어나는 동안에는 하위의 언어 처리(낱자, 단어 등)는 훨씬 쉬워진다는 것이다.

(2) 글말 이해

언어는 단어나 문장의 기본 단위로 표현되기도 하지만 일반적으로 복잡한 사고나 대화는 많은 단어와 문장을 복합적으로 사용하게 된다. 예를 들어, 신문, 웹페이지, 소설, 만화 등은 단순히 단어나 문장을 넘어서 단락이나 텍스트의 단위를 사용하게 된다. 하나 이상의 문장으로 구성된 글말을 담화(discourse) 혹은 텍스트(text)라고 한다. 이러한 복잡한 언어는 어떻게 이해되는가? 저스트와 카펜터(Just & Carpenter, 1987)에 따르면 글말 이해나 기억의 보편적 현상은 그 담화의 모든 단어나 문장을 제시된 그대로 기억하는 것이 아니라고 하였다.

글말의 이해는 문장과 문장의 연결 의미를 파악하는 과정이 우선이다. 글말이 복잡해지면 모든 글말의 단어나 문장을 기억하기가 어렵다. 그래서 많은 문장이나 단어는 사라지게 되고 소수의 단어나 문장만 기억에 남게 된다. 그 단어나 문장은 글말에 있었던 그대로가 아니라 다른 형상으로 기억된다. 그리고 글말의 내용을 압축하여 전체적 의미를 대표하는 명제를 만들어 내며, 이 명제는 글말에서 중요한 역할을 한다.

문장 1: 등산을 하던 철수는 나무에 걸려 넘어졌다.

문장 2: 그는 오른쪽 무릎을 심하게 다쳤다.

위에 제시된 두 문장의 글을 읽으면서 일어나는 이해과정을 살펴보자. 각 문장은 단어로 구성되며, 문장의 문법에 따라 통사 처리를 하게 된다. 개별 문장을 이해하는 동안에 두 문장의 전체적 의미를 파악하는 과정을 수행한다. 문장 1과 문장 2는 '철수'라는 주인공이 두 가지 행위를 하였다는 의미를 담고 있다. '철수-그는'의 연결 관계와 '넘어졌다-다쳤다'의 연결 관계는 두 문장의 이해를 촉진시킨다. 전자의 연결 관계는 참조 관계라고 하며, 담화 이해의 맥락에서는 참조 처리(reference process)라고 한다. 후자의 연결 관계는 인과 관계라고 하며, 담화 이해의 맥락에서는 인과 처리(causal process)라고 한다.

참조 처리는 먼저 제시된 문장의 행위자가 계속적으로 제시됨으로써 문장은 다르지만 동일한 행위자로 연결된다. 문장 2의 경우는 대명사라는 대용어를 사용하여 이전 문장의 행위자를 나타내고 있다. 두 문장의 주인공이 동일하다는 단서는 두 문장을 연결하여 통합하는 과정을 쉽게 만들어 준다(이재호, 1993). 인과 처리는 먼저 제시된 문장의 행위동사와 다음 문장의 행위동사의 연결을 의미한다. '넘어졌다'와 '다쳤다'의 관계는 '넘어졌기 때문에 다쳤다'라는 인과적 연결이 가능하다. 두 행위 간의 인과적 연결은 처리자의 인과 지식이 작용되며, 글말의 주제 이해의 처리가 가능하다(이정모, 이재호, 2000).

3) 언어의 습득

아동이 언어를 습득하는 과정을 설명하려는 것은 이미 오래전부터의 학자들의 관심사였다. 언어 습득에 대한 심리학자들의 견해는 두 가지 입장으로 대별될 수 있다. 하나는 언어행동 역시 다른 행동과 마찬가지로 조건형성의 과정으로 설명될 수 있다고 보는 학습이론이다. 언어는 경험에 의해 학습되는 것으로 언어 습득은 곧 모방과 강화의 결과라는 것이다. 또 다른 입장 하나는 학습보다는 생득적인 경향을 중요시하는 생득이론이다. 이 이론에서는 언어 습득 과정에서 나타나는 독창성과 인간 언어의 복잡성을 강조한다.

(1) 학습이론

학습이론가들은 아동이 언어를 형성하는 과정에서 환경 속의 사물이나 사람들이 강화 제공자의 기능을 담당한다고 주장한다. 이들은 언어 발달을 설명하는 데 유용한 것으로 여겨지는 학습의 세 가지 형태, 즉 고전적 조건형성, 조작적 조건형성, 관찰학습을 통해 언어가 습득된다고 본다.

① 고전적 조건형성

초기의 이론은 고전적 조건화로 언어 습득을 설명하고 있다. 예를 들면, '엄마'(조건 자극)라는 소리가 엄마의 행동과 반복적으로 결합됨으로써 '엄마'라는 단어의 의미가 습득된다는 것이다. 따라서 엄마의 수유행동에 대한 아이의 반응이 '엄마'라는 소리와 조건형성된다. 이와 같이 '뜨거워'라는 단어의 의미 역시 난로, 불 등의 무조건 자극과 계속 결합됨에 따라 학습된다.

② 조작적 조건형성

많은 심리학자들은 조작적 조건형성 과정을 통해 언어가 습득되는 것으로 보고 있다(Skinner, 1957; Rachlin, 1976). 언어 습득은 부모나 주변 인물에 의해 강화되기 때문에 가능하다는 것이다. 어린이는 바람직한 소리(예를 들면, "엄마")를 낼 때마다 신체적 · 사회적 애정을 나타내는 보상과 격려를 받게 되고, 바람직하지 못하거나 틀린 소리를 내면 무시되거나 처벌을 받게 된다는 것이다. 스키너에 의하면 언어행동은 다른 행동과 근본적으로 차이가 없으며, 언어 반응을 포함한 모든 반응은 강화, 소거, 일반화, 변별 등의 과정에 따라 습득되는 것이라고 한다.

그러나 언어 습득의 조건형성 이론에 대해 여러 심리학자들이 반론을 제기하고 있다. 첫째, 언어 습득은 단순한 조건형성에 비추어 설명하기에는 너무 복잡한 과정이라는 것이다. 둘째, 언어의 사용은 창의적 측면을 갖고 있기 때문에 조건형성의 용어로서는 설명하기 어렵다는 것이다. 특히 아이들은 이전에는 결코 듣지도 못했고, 사용하지도 않았던 소리의 단위를 독창적으로 배열해서 쓰고 있으므로, 단순한 강화에 의해 새로운 결합이 확립될 수 없다는 것이다. 셋째, 강화에 의해 언어가 학습된다면 사회문화적 환경이 다른 아이들의 언어 습득 방식과 과정이 달라야 하지만, 사회적 강화의 기회가 다름에도 불구하고 여러 문화의 아이들은 비교적 항상적이고 보편적인 양식으로 언어를 습득한다는 것이다.

③ 관찰학습

아동은 성인을 모방하거나 흉내 냄으로써 말하는 것을 배운다는 것이다. 부모가 선풍기를 가리키며 '선풍기'라고 말할 때, 아이는 그 이름을 반복할 수 있고 그것은 아이가 '선풍기'라는 단어를 학습하는 데 도움이 된다. 그러나 모든 아이가 자기보다 더 나이 먹은 사람을 모방하는 것은 아니며, 다만 그 말의 의미를 이미 알고 있을 때에만 모방이 가능하다.

(2) 생득이론

생득이론은 언어를 습득하는 능력이 선천적인 것이며 아동은 언어를 학습하도록 프로그램화되어 있다고 본다. 촘스키(Chomsky, 1959)를 비롯해 여러 학자들은 언어 습득의 과정이 인간 진화의 유산이며 강력한 생물학적 성격을 띠고 있다고 주장한다. 유아는 단지 강화를 받은 단어계열을 반복함으로써 언어를 습득하는 것이 아니라 모든 인간에게 생득적으로 부여되는 언어 습득 장치(Language Acquisition Device: LAD)를 통해 일정한 규칙을 적용해 나가면서 새롭고 독자적인 언어를 구성해 나간다는 것이다. 그는 LAD와 같은 장치만이 아동이 어떻게 그들이 듣는 문장의 조각과 잘못된 문법에서 정확한 문법을 배울 수 있게 되는지를 설명해 준다고 믿었다. 촘스키는 LAD가 인간에게 고유하며 다른 어떤 동물도 언어를 사용하거나 언어를 사용하도록 훈련받을 수 없다고 믿었다.

이처럼 생득이론은 언어 사용의 창의성이나 보편성을 설명해 주면서 조건형성 이론에 대한 훌륭한 대안으로 평가되고 있다. 그러나 생득적 기제와 가설 검증뿐만 아니라 모방과 강화 역시 언어 습득 과정에서 중요한 영향을 주고 있음이 분명하다. 그러므로 오늘날 대부분의 연구자들은 인간이 선천적으로 언어를 습득하는 데 필요한 선행 경향성을 가지고 있지만, 구체적으로 습득되는 언어는 학습과정을 통해 형성된다고 보고 있다.

2. 언어와 사고

우리는 흔히 서양인과 동양인의 사고방식이 다르다는 말을 자주 듣는다. 과연 사고방식이 다르다는 의미는 무엇인가? 지구상에는 3,000여 개의 언어가 있다. 이들 언어는 발음이나 철자, 문법 구조, 참조 의미 등에서 매우 다르다. 예를 들어, 한국어의 '나는 포도를 먹었다.'의 언어 표현은 영어로는 'I ate an grape.'로 표현된다. 두 언어는 동일한 행위를 전혀 다르게 표현하고 있다. 언어 표현의 차이만 있는 것이 아니다. 언어에 따라 어휘적 세분화도 매우 다르다. 예를 들어, 영어에는 '눈(snow)'에 대한 어휘가 1개지만 에스키모인은 그 어휘 수가 4개 정도 되며, 한국어에도 함박눈, 진눈개비, 싸락눈 등의 눈에 대한 다양한 명칭이 있다. 또한 영어는 '쌀(rice)'을 기술하는 어휘가 1개지만 필리핀어는 쌀과 관련된 어휘가 무려 13개나 된다고 한다. 여기서는 언어의 표현 방식, 동일 대상에 대한 어휘의 수, 언어의 통사 구조 등의 차이가 인간의 사고, 즉 인지 구조와 어떤 관계를 가지고 있는지 살펴보고자 한다.

1) 언어 상대성 가설

워프와 사피어(Whorf & Sapir)는 언어와 인지의 관계에 대한 유명한 가설을 제안하였다. 워프는 화학을 전공한 보험회사 직원이었으며, 사피어는 인디언 언어를 연구하는 언어학자였다. 워프가 언어와 사고의 관계에 관심을 갖게 되어 사피어에게 언어에 대한 지식을 전수받았다. 그들은 언어는 인간의 인지, 즉 사고를 결정한다는 언어 결정론과 사용되는 언어에 따라서 인간의 사고도 달라진다는 언어 상대성 가설(linguistic relativity hypothesis)을 제안하였다. 언어 상대성 가설은 언어가 인간이 세상을 지각하고 생각하는 방식에 영향을 미친다고 제안한다. 이 가설은 서로 다른 언어의 어휘와 문법의 차이를 상세히 조명하며, 특정 언어 사용자는 그 언어에 따른 고유한 방식으로 생각하고 지각하며 기억하게 된다고 주장한다. 따라서 서로 다른 언어 사용자는 세상을 다르게 볼 것이다.

밀러와 맥닐(Miller & McNeill, 1969)은 언어 상대성 가설을 세 가지 수준으로 분류하였다. 즉, 언어가 사고를 결정한다는 입장은 강한 입장으로 볼 수 있으며, 언어가 지각을 결정한다는 입장은 중간 수준으로 볼 수 있고, 언어가 기억에만 영향을 미친다는 입장은 약한 입장으로 볼 수 있다. 언어 상대성 가설은 언어와 인지의 관계에 대한 강한 입장에 해당한다.

뉴기니 원주민인 다니족은 색상을 구분하는 데 두 가지 어휘만을 사용하고 있다. 즉, 밝고 따뜻한 색(mola)과 어둡고 차가운 색(mili)을 나타내는 어휘만을 사용한다는 것이다. 예를 들어, 빨강, 노랑, 검정, 보라를 본다고 하면, 다니족의 사람들은 빨강과 노랑은 mola라는 어휘로 표현하며, 검정과 보라는 mili라는 어휘로 표현할 것이다. 워프와 사피어의 언어 상대성 가설에 따르면 이들의 색 표현 어휘가 두 가지뿐이기 때문에 그들이 색상에 대한 사고를 할 때, 두 유형의 색상에 대한 사고만이 가능하다.

2) 어휘 차이

색상은 크게 초점색과 비초점색으로 분류된다. 초점색은 사람들이 자주 접하고 사용하는 대표적인 색(빨강, 노랑, 흰색, 검정 등)이며 비초점색은 초점색의 사이에 위치하는 사용 빈도가 낮은 색이다. 영어권의 사람들은 초점색을 비초점색에 비해서 정확하게 재인할 수 있다(Berlin & Kay, 1969). 만약 언어가 색채의 지각을 결정한다면 색채에 대한 어휘를 다양하게 가진 사람과 빈약하게 가진 사람이 색상 지각이 달라야 한다. 다니족의 사람들은 모든 색을 mola와 mili로만 지각해야 한다는 것이며, 영어권의 사람들과 달리 초점색과 비초점색의 재인 정확도에 차이가 없어야 한다.

로슈(Rosch, 1973)는 다니족과 미국인을 직접 비교하였다. 각각의 참가자에게 색상을 제시하고 나중에 그 색상과 일치하는 색상을 재인하도록 하였다. 실험 결과, 색상의 재인율에서 다니족과 미국인의 차이는 나타나지 않았다. 두 민족 모두 색상에 대한 재인이 매우 우수하였다. 또한 다니족 사람에게 초점색과 비초점색을 보여 준 다음 재인하게 하였을 때 비초점색보다 초점색에 대한 재인도 더 잘하였다. 이는 색상 어휘가 풍부한 미국인이나 둘뿐인 다니족이나 색상 지각에서 차이가 없음을 보여 준 연구결과다. 그러나 이는 언어 상대성 가설의 강한 입장을 지지하는 증거는 아니다.

엘리스(Ellis, 1973)는 자연색을 사용하지 않고 생소한 시각적 자극에 임의적 명칭을 부여하는 방법을 사용하여 그 가설을 검증하였다. 첫째 집단은 시각 자극에 고유한 명칭을 부여하고, 둘째 집단은 모든 자극에 동일한 명칭을 부여하고, 셋째 집단은 시각 자극에 명칭을 부여하지 않고 시각 자극만을 제시하였다. 실험은 각각 다른 참가자를 세 집단의 조건에 참가시키는 것이었다. 참가자에게 시각 자극을 제시한 후, 그 자극에 대한 재인기억을 실시하였다. 그 결과, 고유 명칭의 참가자가 동일 명칭 참가자에 비해서 시각 자극의 정확한 재인율이 높았다. 그런데 고유 명칭 집단과 시각 자극 집단의 재인기억의 차이는 없었다. 이는 역시 시각 자극이 지각에는 영향을 미치지 않지만 시각 자극의 기억에는 영향을 미친다는 증거가 된다. 즉, 언어 상대성 가설의 약한 입장이 타당할 가능성을 제시한 것이다.

어휘는 색상 어휘만 있는 것이 아니다. 시간이나 공간의 어휘, 품사에 따른 어휘 등 다양한 유형이 있다. 과연 이들 다양한 유형의 어휘에서도 동일한 연구결과를 얻을 수 있을까? 한국어와 영어의 공간 범주의 어휘에서 나타나는 흥미로운 연구결과가 있다. 바우어만과 최순자(Bowerman & Choi, 2001)는 언어 간에는 유사성도 있지만 미묘한 차이도 존재한다는 증거를 제시하였다. 영어는 'put in'과 'put on'으로 가능한 대상 간의 관계를 기술하고 있지만 한국어는 그것만으로는 부족하다는 것이다. 즉, 더 세분화된 범주를 지니고 있다는 것인데, 예를 들어 한국어에서 바구니에 물건을 놓을 때는 '넣다'라고 표현하지만 반지를 손가락에 넣을 때는 '끼다'라는 표현을 쓴다. 그리고 물건을 놓을 때도 그 공간의 위치가 수평인지 수직인지에 따라서 다르다. 탁자 위에 물건을 놓을 때는 '놓다'라고 하고 벽에 물건을 놓을 때는 '붙이다'라고 표현한다. 그렇지만 영어에는 그 차이가 없다. 이는 한국어가 영어에 비해서 공간적 표현에 대한 어휘의 범주를 좀 더 세분화하고 있다는 증거다.

3) 문법 차이

언어와 사고의 관계를 엿볼 수 있는 또 다른 증거는 어순(word order)에서 찾을 수 있다. 언어의 표현방법인 문장의 어순이 한 예다. 언어는 특정한 대상을 상징하는 의미적 기호로도 사용되지만 세상을 기술하기 위해서는 어휘만으로는 제한이 있다. 지구상에는 수천 가지 이상의 다양한 언어가 존재하지만 이들이 표현하는 언어의 형식적 구조는 몇 가지로 분류될 수 있다. 예를 들어, 한국어는 주어-목적어-동사의 어순을 지니고 있으며, 영어는 주어-동사-목적어의 어순을 지니고 있다. 그린버그(Greenberg, 1963)는 언어의 종류는 많지만 언어에 사용되는 어순은 네 가지에 불과하며, 특정한 어순이 사용되는 비율은 〈표 8-2〉와 같다고 주장하였다.

지구상의 언어 중 약 80%는 주어가 문장의 처음에 위치한다. 그 이유는 일반적으로 대부분의 행위는 행위자에 의해서 시작되며 피행위자에게 작용하기 때문이다. 이는 의사소통을 효율적으로 하기 위해서는 행위의 순서에 근거하여 어순을 결정하는 것이 보다 자연스럽다는 인지적 사고가 작용한 것이다. 그렇지만 주어를 제외한 동사와 목적어의 순서는 언어 간에 차이가 크다. 또한 품사의 유형도 언어에 따른 차이가 크다. 영어에는 전치사, 접속사, 관사가 있지만 한국어에는 조사, 관형사 등이 있다. 이는 언어의 문법적 구조의 차이를 반영하는 제약들로 볼 수 있다. 아직 이들 제약이 사고에 어떤 차이를 반영하는지에 대한 명확한 결론을 내릴 수 있는 증거는 없다. 그렇지만 언어의 문법 구조 차이가 사고의 차이를 반영할 가능성은 높다고 볼 수 있다.

〈표 8-2〉 언어에 사용되는 어순과 비율

어 순	비 율	사 례
주어-목적어-동사(SOV)	44%	한국어, 일본어, 터키어 등
주어-동사-목적어(SVO)	35%	영어, 독일어, 중국어 등
동사-주어-목적어(VSO)	19%	히브리어 등
동사-목적어-주어(VOS)	2%	

3. 사 고

사고는 기억에 저장된 지식정보를 사용하는 내적 인지과정으로 정의할 수 있다. 이러한 사고의 과정에는 개념, 심상, 언어 등의 인지 표상이 사용된다. 이들 심적 표상을 변환, 조작, 조합하는 심적 변화의 과정이 사고과정인 것이다. 사고의 세부 유형에는 개념과 범주, 추리, 판단과 결정 등이 포함된다.

1) 개념과 범주

우리는 세상에 대한 개념과 범주가 없으면 사고를 할 수 없으며, 혼란에 빠지게 된다. 예를 들어, 물고기라는 단어를 보면 나는 그것이 무엇인지 안다는 느낌을 갖게 될 것이다. 이는 물고기에 대한 개념을 알고 있다는 것이다. 언어적으로 물고기는 실제 먹는 물고기와는 아무 관련이 없다. 그러나 그 단어가 제시되면 생각에서 떠오르는 표상들이 있다. 물고기는 동물의 한 종류이며, 물고기에는 메기나 잉어 같은 하위 종류를 포함하고 있다는 표상들이 떠오를 것이다. [그림 8-1]과 같이 우리는 물고기에 대한 개념적 표상을 구성하고 있기 때문이다. 또한 물고기는 인형과는 매우 다른 대상임을 알고 있다. 물고기는 동물의 범주에 포함되지만 인형은 장난감의 범주에 포함된다는 사실도 알고 있기 때문이다.

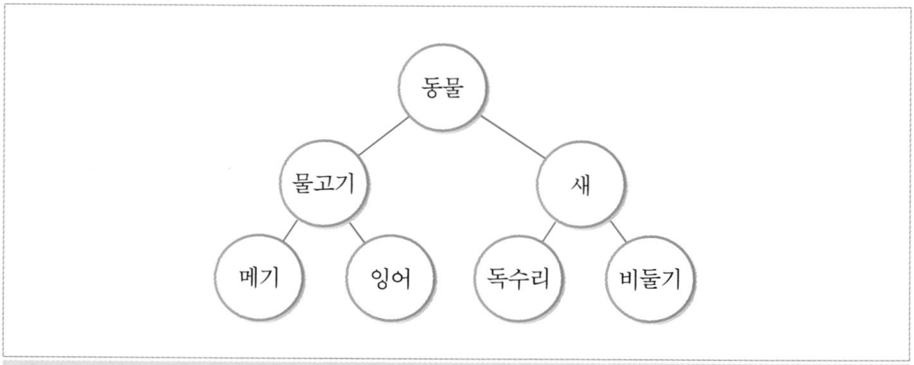

[그림 8-1] 개념 범주의 위계적 표상(물고기와 새의 예)

개념과 범주는 어떤 차원에 근거하여 분류되는가? 대상이나 행위의 개념은 속성(attribute) 정보로 의미적 표상을 구성하고 있다. 그리고 그 속성은 지각적 차원, 기능적 차원, 공간적 차원 등이 복합적으로 적용된다(Medin, Lynch, & Solomon, 2000). 예를 들어, 사과와 인형을 비교하면 색상, 크기, 모양 등의 지각적 속성이 다르며, 사과는 음식이지만 인형은 장난감이라는 기능적 속성에서 차이가 있고, 사과와 인형은 서로 위치하는 물리적 공간도 차이가 있다. 개념과 범주는 대상과 행위를 지각적 · 기능적 · 공간적 차원에서 얼마나 유사한지에 따라 표상된다. 사과와 같은 대상을 생선과 부사와 비교하여 분류하라고 하면 당연히 사과와 부사를 유사한 대상으로 판단하게 될 것이다. 우리는 수많은 대상과 행위에 대한 개념을 범주화하여 표상하고 있기 때문에 유사한 대상과 그렇지 않은 대상을 체계적으로 분류할 수 있다(이정모, 이재호, 2000).

(1) 위계성과 전형성

대상이나 행위 등의 개념은 속성 차원의 범주에 근거하여 위계적 구조(hierarchical structure)로 표상되어 있다. 즉, 사과의 개념은 상위 개념인 과일과 하위 개념인 부사로 구성된다. 사과는 상위 개념과 하위 개념의 중간에 위치하기에 기본 수준(basic level)의 개념이라고 한다. 기본 수준은 우리가 흔히 표현하는 개념으로 볼 수 있다. 하위 위계의 개념은 구체적인 대상을 나타내며, 상위 위계의 개념은 구체적인 대상을 포함하기 때문에 추상적 특성을 지닌다(이정모, 이재호, 2000).

또한 개념들은 위계적 구조와 더불어 전형성(typicality)에 따라 표상되어 있다. 예를 들어, 과일에는 사과, 복숭아, 키위 등이 있지만 일반적으로 과일의 범주를 말해 보라고 하면 사과가 가장 먼저 떠오를 것이다. 그리고 키위는 잘 떠오르지 않을 것이다. 이는 사과가 다른 과일의 속성을 가장 많이 공유하고 있기 때문이다. 이처럼 한 범주에서 가장 전형적인 대상이나 행위를 원형(prototype)이라고 한다.

개념의 위계성과 전형성은 고정된 표상이 아니다. 우선 개인의 지식 정도에 따라 차이가 있다. 예를 들면, 과일에 대한 전문가는 초보자에 비해서 구체적인 개념을 더 많이 사용하는 것이다. 그리고 상황맥락에 따라서도 달라진다. 일반적으로는 사과가 전형적이지만, 열대과일에서는 키위가 전형적인 과일이 된다. 또한 문화에 따른 차이도 있는데, 우리 문화에서는 사과가 전형적인 과일이지만 열대지방에서는 키위가 전형적인 과일이 된다. 개념의 표상적 특성은 이와 같이 개인의 지식, 상황적 맥락, 문화적 특성 등에 따라 역동적으로 변화하지만, 그 변화는 범주의 표상 내용이지 범주의 표상 구조는 아니다. 따라서 범주의 위계성과 전형성 그 자체는 인지 표상의 매우 중요한 차원이다(신현정, 2000; Barsalou, 1992).

(2) 고정관념

개념의 범주화는 사고과정에서 복잡한 대상이나 행위의 개념을 단순화하며, 유사한 대상이나 행위를 경제적으로 유목화하는 역할을 한다. 그러나 이러한 단순성과 경제성에 의한 사고가 긍정적인 결과만을 초래하지는 않는다. 대표적인 예가 사회적 범주의 고정관념(stereotype)이다. 사회적 범주는 물체에 대한 개념이 아니라 인간에 대한 개념이다. 성별, 인종, 직업, 경제 수준 등의 사회적 차원에 대한 개념이며, 평가적 개념도 작용된다. 즉, 긍정적인지 부정적인지에 대한 개념도 적용된다. 예를 들어, 남자의 경우는 지배적인, 남을 통제하는, 독립적인 등의 속성, 여자의 경우는 친절한, 감성적인, 배려적인 등의 속성이 성별 범주를 구분하는 전형적인 속성에 해당된다(Deaux & Lafrance, 1998). 남자든 여자든 어떤 성별의 대상에 대해서 몇 가지 단순화된 속성에 근거하여 개념적 범주화를 하게 된다. 백인과 흑인의 인종 편견에 대한 연구에서 보면 흑인에 대해서는 부정적인 속성이 긍정적인 속성에 비해서 점화반응이 빠르며, 백인은 그 반대 현상을 보인다는 것이 있다. 그리고 이러한 고정관념이나 편견은 의식적으로 판단하는 경우에도 작용하지만 대부분 암묵적으로 처리된다(Kunda, 1999).

2) 추리

개념을 형성하는 과정이나 문제를 해결하는 과정에는 논리적이고 합리적인 과정이 요구되는 사고가 있다. 추리(reasoning)는 일반적으로 주어진 전제의 가정에 근거하여 어떤 결론을 얻고자 하는 경우에 발생하는 사고의 과정이다. 추리는 연역 추리와 귀납 추리로 구분된다. 연역 추리(deductive reasoning)는 일반적 혹은 보편적 전제 사실에 근거하여 결론을 도출하는 사고로, 보편적 전제에 근거하기 때문에 하향적(top-down) 추리로 불린다. 반면, 귀납 추리(inductive reasoning)는 확증되지 않은 전제 사실에서 결론을 유도해 내는 일종의 가설 검증의 사고로, 관찰된 사실에 근거하여 보편적 결론을 유도하기 때문에 상향적(bottom-up) 추리로 불린다. 이에 대해 좀 더 구체적으로 살펴보도록 하자.

(1) 연역 추리

연역 추리에는 조건 추리, 삼단 추리 등이 있다. 그중에서 조건 추리의 예를 중심으로 추리의 과정과 추리의 합리성에 대해서 알아보기로 한다. 웨이슨(Wason, 1966)의 카드 선택과제가 대표적인 실험의 예다. 웨이슨은 이 실험 과제를 사용하여 사람들이 추리를 하는 과정에서 어떤 오류를 범하는지를 명확하게 밝혀 주었다. 이 카드의 문제는 다음과 같다.

> 카드의 앞면에는 알파벳이, 뒷면에는 숫자가 적혀 있다. "만약 앞면이 모음이면 뒷면은 짝수다."라는 규칙이 참인지 알아보기 위해 뒤집어 보아야 하는 카드 두 장은 어느 것인가?
>
> E　　K　　4　　7

이 선택 과제의 논법을 논리적으로 표현하면, '만약 P이면 Q이다.'로 표현할 수 있다. 여기서 P는 전건이라 하며, Q는 후건이라 한다. 전건과 후건의 논법과 긍정과 부정 논법을 조합하면 네 가지 논법을 구성할 수 있지만, 타당한 결론은 전건 긍정 논법과 후건 부정 논법이다. 전건 긍정인 '만약 P이면 Q이다. P이다. 따라서 Q이다.'의 논법이나 후건 부정인 '만약 P이면 Q이다. Q가 아니다. 따라서 P가 아니다.'라는 타당한 결론을 내리게 하는 논법이다. 논리적으로는 사람들이 두 논법이 타당하다고 결론을 내릴 확률은 동일해야 한다. 그러나 사람들의 일상적 논리 추리는 그런 예측이 빗나가는 경우가 많다. 전건 긍정의 논법은 타당한 결론을 쉽게 내리는 경향이 높지만, 후건 부정의 논법은 타당한 결론에 도달하는 확률이 낮다(현성용 외, 2008).

위의 웨이슨 실험에서도 동일한 결과를 얻었다. 이 실험에서 128명의 참가자

중에서 5명만이 정답인 E와 7을 선택하였고, 대부분의 참가자는 E와 4를 선택하였다. E를 선택한 것은 전건 긍정의 논법에 근거한 선택이었다. 그러나 7을 선택하지 않고 4를 선택한 것은 후건 부정의 논법을 적용하지 못한 결과다.

다음은 동일한 카드의 선택 과제이지만 문제를 논리적으로 제시하지 않고, 일상적인 실례를 적용하는 방식을 취한 것이다.

카드의 앞면에는 음료수 종류가, 뒷면에는 나이가 적혀 있다. "만약 앞면이 맥주이면 뒷면은 19세 이상이다."라는 규칙이 참인지 알아보기 위해 뒤집어 보아야 하는 카드 두 장은 어느 것인가?

맥주	콜라	22세	19세

여러분은 앞의 논리형 카드에 비해서 매우 쉽게 답할 수 있을 것이다. 즉, 맥주와 19세 카드를 쉽게 선택하였을 것이다. 웨이슨의 실험에서도 카드를 정확하게 선택한 비율이 92%에 달하였다. 앞면이 맥주인 경우에는 뒷면이 22세인지 아니면 19세인지에 따라 결론의 타당성이 달라진다. 반면에 뒷면이 19세인 경우에는 앞면이 맥주인지 콜라인지에 따라서 결론의 타당성이 달라진다. 즉, '앞면이 맥주이면 뒷면이 22세다.'인 전건 긍정 논법과 '뒷면이 19세이면 앞면은 맥주가 아니다.'인 후건 부정의 논법이 타당한지를 검증하면 된다.

논리형 논법의 실험에서 볼 수 있듯이 사람들은 긍정적인 논법을 부정적인 논법보다 선호하며, 이를 통해 타당한 결론을 추리한다는 것이다. 즉, 결론이 틀린 것을 반증하기보다는 맞다고 확증하는 경향이 높다. 웨이슨의 논리형 과제에서는 전건 긍정인 E와 4 카드를 선택하는 경향이 전건 긍정과 후건 부정의 반증 논법보다 선호한다는 증거인 것이다. 그러나 실례형 논법으로 전환하면 그 양상은 달라진다. 논법의 내용에 대한 경험 지식이 작용하면 쉽게 추리를 할 수 있다(현성용 외, 2008).

(2) 귀납 추리

연역 추리에 반하여 귀납 추리는 관찰된 경험이나 확증된 전제가 아닌 경우에 지식을 확장하거나 불확실한 상황을 예측할 때 적용되는 추리다. 예를 들어, 어떤 부인이 첫째 아이를 아들, 둘째도 아들, 셋째도 아들을 낳았을 때, 그다음 아이의 성별은 무엇일까 하는 질문을 받았다면 아들 혹은 딸 중 어떤 아이가 태어날 확률이 높은가? 아들을 계속 낳을 것인가? 아니면 지금까지 아들을 낳았으니 이번에는 딸을 낳을 것인가 등을 추리해 볼 수 있다.

주관적 확률에 따르면 아들과 딸이 태어날 확률은 50:50이므로, 이번에는 딸이 태어날 것이라고 답할 것이다. 반면에 그 부인은 이전에 아들을 낳았기 때문에 이번에도 아들을 낳을 것이라고 판단할 수도 있다. 그러나 실제는 다르다. 다음에 낳을 아이의 성별은 결정할 수 없다. 한 번 아이를 낳을 때마다 특정 성별의 아이가 나올 확률은 50:50인 것이다. 매번 독립 시행이기 때문이다.

이러한 유형의 추리가 귀납 추리인 것이다. 즉, 과거와 현재의 사건을 관찰하여 앞으로 일어날 불확실한 사건에 대한 추리를 해야 하는 경우다. 귀납 추리에는 인과 추리, 범주 추리, 유추 추리, 가설 검증 등의 사고과정이 포함된다. 이들 사고는 앞으로 일어날 사건에 대한 추리를 해야 하기 때문에 판단과 결정의 과정이 많은 영향을 미치게 된다(이정모, 2001).

3) 판단과 결정

우리는 선택해야 할 대안이 하나인 경우에는 선택 여부를 결정해야 하며, 대안이 많은 경우에는 여러 대안을 모두 선택할 수 없고 하나의 대안만 선택해야 한다. 두 가지 경우 모두 대안의 선택을 판단하고 결정해야 하는 사고의 과정이 발생한다. 예를 들어, '지금 현 시점에서 보험을 가입해야 하는지? 가입한다면 어떤 보험을 가입해야 하는지?' 등에 대한 사고를 해야 하는 경우가 흔히 발생한다. 여기에서 우리는 어떤 과정을 거쳐 판단과 결정을 하는지 알아보고자 한다.

(1) 판단과 결정 방략

의사결정에 관한 초기 연구는 인간의 의사결정 과정이 가능한 한 모든 대안과 정보를 고려하고, 대안들의 세부적인 차이를 구분하며, 선택 과정에서 선정된 대안은 가장 합리적인 결정을 따른다고 주장한다. 즉, 인간의 의사결정 과정은 확률과 통계의 원칙을 정확히 고려할 수 있다고 가정한다. 그러나 최근의 의사결정 이론은 인간이 합리적이고 객관적인 대안을 선택하기보다는 개개인이 판단한 주관적 효용 가치(subjective utility value)를 따른다고 본다. 트베르즈키와 카네만(Tversky & Kahneman, 1974)은 의사결정을 위한 확률 추정에서 사람들은 주로 휴리스틱(heuristics)을 사용한다고 제안하였다. 이 휴리스틱 중에서 대표적인 의사결정 방략이 가용성 휴리스틱과 대표성 휴리스틱이다.

① 가용성 휴리스틱

가용성 휴리스틱(availability heuristics)은 가설의 예 혹은 가설 자체가 마음속에 떠오르는 용이성의 정도를 의미한다(Tversky & Kahneman, 1974). 즉, 한 사건의 사례가 가용적이게 되면(힘들이지 않고 마음에 즉각 떠오르면), 그러한 사건은 흔하다고 생각한다. 이와 같이 우리는 완전하고 정확한 정보가 없을 때 흔히 기억에서 가장 쉽게 인출해 낼 수 있는 정보를 기초로 하여, 이 정보가 부정확할 수 있는데도 불구하고 결정을 내린다. 트베르즈키와 카네만은 피험자들에게 k로 시작하는 영어단어와 단어의 세 번째 철자가 k인 영어단어의 비율을 추정하게 하였다. 피험자들은 세 번째 위치에 k가 있는 단어들보다 k로 시작하는 단어들의 수가 더 많다고 추정하였다. 그러나 사실은 세 번째 위치에 k가 있는 단어가 k로 시작되는 단어보다 세 배나 많다.

여러 가지 사망원인의 상대적인 빈도를 판단하도록 했을 경우, 대중매체에서 별로 취급되지 않는 당뇨병, 천식 등의 빈도는 과소평가되는 반면, 대중매체에 자주 등장하는 살인, 암, 사고 등의 빈도는 과대평가되는 경향이 있다(Lichtenstein et al., 1978). 이런 현상은 사람들의 판단이 구체적인 사례를 얼마나 손쉽게 회상할 수 있느냐에 따라 영향을 받기 때문이다.

② 대표성 휴리스틱

트베르즈키와 카네만(Tversky & Kahneman, 1974)은 대학생들에게 '깨끗하고 말쑥한' '우둔하고 기계적인'으로 묘사된 학생이 공학계열 전공인지 인문계열 전공인지를 선택하게 하였다. 그 학교 학생의 약 80% 이상이 인문계열 전공이라는 사실을 말해 준 다음에도 90% 이상의 학생이 공학계열 전공이라고 선택하였다. 이처럼 어떤 사례가 특정한 원형을 얼마나 잘 대표하는지에 근거하여 그 사례를 판단하는 것을 대표성 휴리스틱(representativeness heuristics)이라고 한다. 그러면 어떤 경우에 그 사례가 대표적인 것으로 간주되는가?

첫째, 사람들은 사례의 특징이 모집단이 가지고 있는 주요 특징과 유사할 때 대표적인 것으로 간주한다. 동전 던지기와 같이 표본의 상대적 빈도를 추정할 때, 실제 확률을 추정하는 대신 대표성에 기초하여 결론을 내린다(Kahneman & Tversky, 1972). 예를 들어, 여섯 번 동전을 던질 때 앞면-앞면-앞면-앞면-앞면-앞면이나 앞면-뒷면-뒷면-앞면-뒷면-앞면이 일어날 확률은 모두 1/64인데도 후자가 더 잘 발생한다고 말한다. 둘째, 무선적인 것같이 보이는 것이 질서정연한 것보다 확률이 더 높다고 생각한다. 예를 들어, 수학 문제를 풀어 본 결과, 답이 55555이면 너무 반듯하여 무언가 틀린 것 같고 54123이면 맞는 것 같다.

대부분 대표성 휴리스틱을 사용하면 확률 판단을 정확하게 할 수 있다. 그러나 대표성만을 중요하게 여기고 다른 정보들을 무시하면, 표본의 크기를 간과하거나 사전확률을 간과하는 등의 오류를 범하게 된다.

(2) 판단과 결정의 오류

판단과 결정의 과정에는 많은 사고의 전략을 사용하게 된다. 이들 전략의 사용이 성공적인 판단과 결정을 초래할 수 있지만 많은 경우에는 오류를 범하게 하기도 한다. 판단과 결정이 과연 논리적이고 합리적인 방식으로만 일어나는 것인가? 우리는 다른 많은 심리적 요인이 함께 작용한다는 사실을 확인하게 될 것이다. 우리가 범하게 되는 몇 가지 오류를 살펴보면 다음과 같다(현성용 외, 2008).

① 도박자 오류

이 오류는 과거에 일어난 확률을 알고 있는 경우 미래에 일어날 확률 판단에 오류를 범하는 것이다. 도박자는 슬롯머신에 계속 코인을 집어넣게 되는데, 이전에 코인을 많이 넣었기 때문에 다음에는 이길 확률이 높다고 판단한다. 도박의 경우, 대부분 무선적인 경우가 많지만 계속적인 시행을 거치면서 나름대로 주관적인 확률 규칙을 만들게 된다. 그러나 도박자가 코인을 넣을 때마다 이길 수 있는 확률은 매 시행마다 거의 동일하다고 보아야 한다.

② 적은 관찰 오류

이 오류는 자신이 경험한 제한된 표집에 근거하여 전체 모집단의 성향을 판단하는 경우를 말한다. 예를 들면, 자신이 다니는 직장에 충청도 출신이 11명이고, 전라도 출신이 7명이라고 하면 충청도민의 수가 전라도민의 수보다 많다고 생각하는 것이다. 이는 자신이 경험한 한정된 표집 빈도의 기억에 근거하여 전체 사건 빈도를 추정하기 때문이다.

③ 과신 오류

이는 자신이 믿는 방향으로 판단을 결정하는 오류다. 다음의 두 논법을 비교해 보자.

> 논법 A: 모든 사람은 죽는다. 플라톤은 사람이다. 고로 플라톤은 죽는다.
> 논법 B: 모든 사람은 도덕적이다. 후세인은 사람이다. 고로 후세인은 도덕적이다.

이 두 논법은 모두 논리적으로 타당하다. 그러나 플라톤의 논법은 쉽게 타당하다고 판단하지만, 후세인 논법은 판단을 하는 데 시간이 걸리거나 틀렸다고 답변을 하게 된다. 이는 논리적 판단은 논리적 오류가 있는 경우에만 틀렸다고 판단을 해야 하지만, 자신의 지식이나 신념과 일치하는지에 따라서 논리적 타당성에 대한 판단을 내리는 경향이 높다(이정모, 2001).

우리는 판단과 결정의 과정이 논리적이고 합리적인 기준에 근거해야 한다고 생각하지만 실제 판단과 결정 상황에서는 그렇지 않을 때가 많다. 자신의 기억, 태도, 믿음, 경험 등이 판단과 결정에 많은 영향을 미치는 경우가 흔하다. 이는 일반적인 사람의 판단과 결정 과정이 객관화된 합리성에 근거하기보다는 주관적인 편향에 근거한다는 증거다.

4) 비판적 사고

(1) 비판적 사고의 의미

우리는 비판적 사고(critical thinking)라는 용어에 대해 대체로 부정적인 연상을 하는 경향이 있다. 누군가 비판적으로 사고한다고 하면 다른 사람의 의견에 꼬투리를 잡거나 시비를 걸려 한다고 생각하는 경향이 있다. 그러나 비판적 사고는 우리가 생각하는 것과는 다르다. 비판적 사고는 많은 종류의 사고를 동시에 하는 정신 과정을 지칭하는 용어로 사용되는데, 다음과 같은 행위에 대해 비판적 사고라는 명칭을 부여할 수 있다(Harnadek, 1976).

- 새로운 아이디어에 개방적임
- 자신이 모르는 것에 대해서는 반박하지 않음
- 더 많은 정보가 필요한지 아닌지를 앎
- 진실일지도 모른다는 결론과 진실임에 틀림없다는 결론 간의 차이를 앎
- 어떤 단어나 개념에 대해서는 사람마다 다른 생각을 할 수 있음을 앎
- 자신의 추론에서 자주 저지르는 실수를 피하려고 노력함
- 이해되지 않는 것에 대해서는 언제든 의문을 던짐
- 논리적 사고와 정서적 사고를 구분하려고 노력함
- 의사소통을 명확히 하여 자신의 생각을 명료하게 전달하고 다른 사람이 자신의 생각을 분명히 이해함을 알려고 노력함

(2) 비판적 사고의 특징

더 많은 행위가 있을 수 있지만 통상 이상과 같은 행위를 하는 사람들을 비판적 사고를 한다고 한다. 이와 같은 행위를 얼핏 보면 비판적 사고란 일상생활에서의 추리에 관한 것이라 볼 수 있다. 하지만 비판적 사고는 논증 분석(argument analysis)을 하고, 어떤 아이디어나 주장의 전제를 밝히며, 그에 대한 증거가 신뢰성이 있는지 없는지를 판단하고, 추론이 논리적으로 오류를 범하지는 않는지 등을 점검하는 행위를 포함하는 것이다. 비판적 사고에는 다음과 같은 행위가 포함된다(김영채, 1995).

- 전제와 결론의 관련성 확인
- 논리 전개의 확인
- 적절하거나 부적절한 정보의 분석
- 사실과 의견의 구분
- 논리적 추론과 비논리적 추론의 확인
- 원인과 결과의 확인
- 유추에 의한 논증의 확인
- 정보의 출처에 대한 평가
- 주어진 정보로부터 도출 불가능한 결론의 확인
- 맥락에 적절하지 않은 단어나 구의 확인
- 확산적 사고의 생성

(3) 비판적 사고의 기능

특징이나 포함 내용을 보면 비판적 사고는 사고하고 추리하는 우리의 능력을 강화하고 이를 통해 지식의 습득을 더욱 촉진시키는 중요한 정신 과정임을 알 수 있다. 비판적 사고는 우리가 학습할 재료를 보다 철저하고 완전하게 이해하는 데 중요한 기능을 하며, 나아가 완전한 이해를 통해 지식을 '나의 것'으로 만들어 주고, 다른 학습 장면에까지 확장 · 적용하는 능력을 높여 준다. 비판적 사고의 가장 중요한 기능은 문제해결, 의문의 해결, 그리고 혼란 상황에서 적절한 대안의 선택에 도달하기 위한 깊이 있고 반추적인 정신 탐색을 촉진하는 것이라 할 수 있다. 에플리(Epley, 1982)는 비판적 사고가 훈련을 통해 강화 · 촉진될 수 있다고 주장하였는데, 그가 제안하는 '비판적 사고 훈련모형'은 다음과 같다.

- 모형의 목적
  - 비판적 사고에 필요한 지식과 기능을 습득함
  - 근거를 찾기 위한 반추 탐색(reflective search)을 촉진함
  - 사고를 하는 것에 대해 긍정적인 태도를 가지게 함

• 모형의 사용법

– 주어진 공간에 진술문을 꼼꼼하게 적어 볼 것

– 진술문에 대해 비판적 사고나 결함 있는 사고가 있는지, 있다면 무엇인지 점검할 것

– 그것들에 대해 자신의 추론을 논의해 볼 것

– 결함 있는 진술문이 있으면 명료하게 다시 적어 볼 것

제 9 장

창의성과 지능

PSYCHOLOGY

제9장 창의성과 지능

이 장에서는 창의성과 지능에 대해 알아본다. 현대사회를 흔히 지식사회 또는 정보사회라고 한다. 우리 주위는 점차 많은 정보로 넘쳐나고 있다. 이는 현대사회에서 지식의 습득보다는 지식 정보를 어떻게 활용하는지가 무엇보다 중요함을 시사한다. 최근 들어서 기업뿐만 아니라 다양한 조직이나 학교장면에서 공통적으로 강조하는 것도 바로 창의성이다. 창의성은 현대를 살아가는 우리가 당면하는 여러 가지 문제를 해결하는 매우 중요한 인지과정이다. 사람들은 학습이나 기억뿐만 아니라 창의성에서도 개인차를 보일까? 창의적인 사람은 좀 더 지적일까? 우리는 그 차이를 측정하고 이를 토대로 실생활 장면에서 한 개인의 성공과 실패를 예측할 수 있는가? 이 장에서는 이러한 의문과 관련하여 창의성과 더불어 지능에 대해서도 알아볼 것이다.

1. 창의성

제8장에서 살펴보았듯이, 사고는 '정보의 정신적 표상(representation)에 대한 조작'으로 본다. 표상에는 단어, 심상, 소리, 그 밖에 다양한 양상의 정보가 포함된다. 따라서 사고는 기억에 저장된 지식을 사용하는 인지과정으로 백일몽부터 뚜렷한 목표를 향한 의도적인 문제해결에 이르기까지 그 범위가 광범하다. 일반적으로 사고라 하면 새로운 문제장면에서 그 문제를 평가하고 비판적 또는 창의적으로 해결하기 위해 사용하는 인지과정을 말한다. 이 장에서는 사고 중에서도 창의 사고를 중심으로 알아보기로 한다. 이미 습득한 지식을 활용하는 지식의 전이장면이 원래의 학습장면과 다소 차이가 있어서 기존 지식을 활용하는 데 장애가 발생할 때는 '문제해결'을, 그리고 전이장면이 많이 다르고 전이의 정도가 클 때는 '창의성' 또는 '창의적 문제해결'을 거론한다. 문제해결식 사고란 문제를 인식하고 정의하여 그에 관련된 자료와 가설을 수립하고 비판하며 검증하는 것이며 창의적 문제해결은 기존 것에 비해 새롭고 가치 있는 해결책을 발견하려는 것이다(김영채, 1995). 문제해결과 창의적 문제해결은 이질적인 것이라기보다는 위계를 이루는 사고과정이라 할 수 있다. 먼저 문제해결에 대해 알아보고 이어서 창의적 문제해결을 살펴보기로 한다.

1) 문제해결

(1) 문제해결 이론

문제해결은 인간은 물론이고 하등동물에서도 일어나는 공통적인 행위로, 생존을 위해 매우 중요하다. 그렇다면 이러한 문제해결은 어떻게 일어나는가? 심리학자들은 몇 가지 이론을 통해 문제해결을 설명한다. 이들 이론 중 하나는 학습이론이다. 학습이론은 파블로프(Pavlov), 왓슨(Watson), 그리고 손다이크(Thorndike)의 결합주의 학습 원리에 근거한 것으로, '갑작스러운 해결'이나 '통찰'이 아닌 '시행착오'에 의해 학습이 일어난다고 본다. 그들의 실험에서 문제해결 장면(우리로부터의 탈출, 먹이 얻기 등)에 놓인 동물은 보상이나 강화에 의해 새로운 행동을 획득한다. 다시 말하면, 문제 상황에 놓인 동물은 처음에는 우연히 해결에 이르기까지 무선적으로 행동한다. 다음에 다시 문제 상자에 넣으면 동물은 여전히 시행착오적으로 여러 반응을 무선적으로 수행한다. 그러나 시행을 계속함에 따라 해결책에 이르지 못하는 반응은 점차 덜 하게 되고 해결책에 이르게 하는 반응을 자주 하게 된다. 이처럼 시행착오에 의한 문제해결에는 많은 반응이 필요하기 때문에 문제해결은 결국 반응학습이라 볼 수 있다(김영채, 1995).

또 하나의 이론은 형태주의 이론이다. 쾰러(Köhler)는 배고픈 침팬지를 우리 속에 넣은 뒤 우리 밖 침팬지 손이 닿지 않는 곳에 바나나를 놓아두었다. 그리고 침팬지에게 막대기를 주었다. 침팬지가 해결해야 할 문제는 바나나에 닿지 않는 짧은 2개의 막대를 이용해 바나나를 먹는 것이다. 침팬지는 여러 시도를 하다 '갑자기' 새로운 해결책을 발견한 것처럼 행동하였고, 마침내 두 막대를 연결해 바나나를 자기 쪽으로 끌어당겨 먹을 수 있었다. 이를 가리켜 쾰러는 '아하! 경험(Aha! experience)' 또는 '통찰(insight)'을 침팬지가 사용한 것이라고 하였다. 이후에 침팬지는 유사한 문제장면에서 같은 방법을 계속 사용하였다. 형태주의 이론은 학습이론과 분명한 차이가 있다. 학습이론은 문제해결이란 시행착오를 통해 점진적으로 일어나는 것이라고 보는 반면, 형태주의 이론은 문제해결이 점진적 학습의 결과라기보다는 특정 순간에 갑작스럽게 일어나는 것이라고 본다.

문제해결에 대한 마지막 이론은 정보처리이론이다. 정보처리 이론가들은 문제해결을 여러 과정으로 구성된 복잡한 행위라고 본다. 이 과정은 정보의 등록, 기억으로부터 정보와 관련된 재료의 인출, 그리고 두 가지 지식의 활용을 통해 목적 행위에 도달하는 것이다. 정보처리 접근은 인간의 마음은 컴퓨터와 같으며 컴퓨터 유추를 사용한다고 본다. 따라서 사고과정이란 문제를 해결하기 위해 사용하는 컴퓨터 프로그램과 같다고 가정한다. 좀 더 구체적으로 말하자면, 사고과정은 과제를 수행하기 위해 입력되는 정보와 기억 속에 이미 저장된 정보에 조작을 수행하는 것이며, 문제의 해결책, 즉 목표를 향해 조작이 수행되면서 변해 가는 내적인 상태나 구조의 배열(sequence)인 것이다.

(2) 문제해결 단계

전설에 의하면 베트남의 승려들은 '하노이 탑 퍼즐'이라 부르는 문제를 푸는 데 많은 시간을 보냈다고 한다. 하노이 탑 퍼즐의 가장 단순한 형태가 [그림 9-1]이다. 3개의 말뚝 중 왼쪽 말뚝에 크기 순서대로 쌓여 있는 3개의 원반을 오른쪽 말뚝으로 최소 시행을 통해 그대로 옮기는 것이 하노이 탑 퍼즐의 목표다. 하지만 두 가지 제약이 있다. 한 번에 하나의 원반밖에 옮길 수 없으며, 이동 중에 큰 원반이 작은 원반 위에 놓여서는 안 된다.

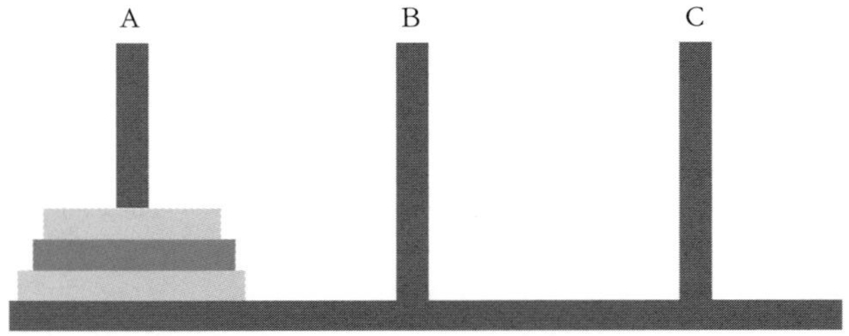

[그림 9-1] 하노이 탑 퍼즐

심리학자는 하노이 탑 퍼즐과 같은 문제에 많은 관심을 가진다. 왜 그럴까? 심리학자는 하노이 탑 퍼즐과 같은 문제를 어떻게 해결하는지 유심히 연구한다면 문제해결이 어떤 단계를 거쳐 일어나는지 설명할 수 있다고 보기 때문이다. 나아가 비교적 단순한 문제해결에 관여하는 단계를 알아낸다면 보다 복잡한 문제해결도 이해할 수 있기를 기대한다.

심리학자는 문제해결은 준비 단계, 생성 단계, 그리고 평가 단계를 거쳐 일어난다고 본다.

① 준비 단계

하노이 탑 퍼즐과 같은 문제에 맞닥뜨리면 대개 문제를 이해하는 데서 문제해결이 시작된다. 만약 문제가 생소한 것이면 문제해결의 제약 조건이나 문제를 구성하는 최초 상태 등과 같은 것에 많은 주의를 기울인다. 반면, 문제가 친숙한 것이면 준비 단계에 특별히 많은 시간을 투입하지 않는다. 이처럼 문제는

'잘 정의된' 것부터 '잘 정의되지 않은' 것에 이르기까지 다양하다(Reitman, 1965). 잘 정의된 문제는 수학 방정식이나 모든 조각이 제시된 블록 채우기와 같이 문제의 성격이나 해결에 필요한 모든 정보가 가용하고 분명한 것이다. 반면, 잘 정의되지 않은 문제란 북핵 문제의 해결이나 노사 화합 증진처럼 문제의 성격이 명확하지 않을뿐더러 문제해결에 필요한 정보도 덜 분명한 것이다.

그리노(Greeno, 1978)는 문제의 종류를 세 가지 유형, 즉 배열 문제, 구조귀납 문제, 변형 문제로 구분한다. '배열 문제'는 요소를 어떤 준거를 충족하는 방식으로 재배열하거나 재조합하는 것이다. 다양한 배열이 가능하지만 만족스러운 해결책은 통상 한 가지다. 배열 문제의 대표적 형태는 철자 맞추기 문제다. 예를 들어, 'BODUT'를 재배열하여 올바른 단어를 만드는 경우를 생각할 수 있다.

두 번째 문제 유형은 '구조귀납 문제'다. 구조추출 문제는 제시된 요소 간에 존재하는 관계를 확인하여 새로운 관계를 구축하는 것이다. 이 문제에서는 제시된 요소 간의 관계뿐만 아니라 요소의 크기와 구조도 알아야 한다. 다음의 예를 보자.

다음에 올 숫자는 무엇인가?

4 7 5 7 6 7 7 7 8 7 ( )

이 문제를 해결하려면 우선 요소들이 짝으로 되어 있음을 발견해야 한다(47, 57, 67 등). 다음으로 짝의 첫 번째 숫자는 한 번에 1씩 증가함을, 두 번째 숫자는 그대로 유지됨을 알아야만 올바른 해결책에 도달할 수 있다.

세 번째 유형은 '변형 문제'다. 앞에서 보았던 하노이 탑 퍼즐이 변형 문제에 해당된다. 변형 문제는 최초 단계, 목표 단계, 그리고 최초 단계를 목표 단계로 변형시킬 일련의 방법들로 구성된다. 하노이 탑 퍼즐의 경우에 최초 단계는 왼쪽 막대에 쌓여 있는 3개의 원반 상태이며, 목표 단계는 오른쪽 막대로 옮겨진 원반 상태다. 그리고 방법은 원반을 옮기는 규칙들로 구성된다.

문제의 유형이 어떠하든지 최초의 이해와 진단 단계는 문제해결에서 가장 중요하다.

② 생성 단계

생성 단계는 문제에 대한 해결책을 찾는 단계다. 문제가 비교적 단순한 것이라면 해결책은 이미 장기기억 속에 저장되어 있어서 적절한 정보를 인출해 내는 것만으로도 찾을 수 있다. 하지만 문제가 생소하거나 복잡한 것이라면 적절한 해결책을 찾기 위해 정신적 조작을 수행해야 한다. 정신적 조작에는 일련의 과정이 포함되며, 장기기억과 단기기억의 정보를 대조하는 행위가 요구된다.

문제에 대한 해결책을 얻는 원초적 책략은 시행착오를 통한 것이다. 통상 발명가는 상당한 시행착오를 겪고 마침내 발명품을 만들어 낸다. 재료나 형태 또는 작동방식 등의 요소 간에는 계산이 불가능할 정도의 엄청난 조합이 가능하기 때문이다. 바로 이 점이 시행착오를 통한 문제해결이 지니는 어려움이다. 복잡한 문제해결을 위해 시행착오 대신에 종종 적용되는 문제해결 책략은 휴리스틱(heuristics)이다. 이 휴리스틱은 과학적인 방법이 아니라 경험에 바탕을 둔다. 문제해결 장면에서 가장 빈번히 사용되는 휴리스틱은 '수단 · 목표 분석'이다. 수단 · 목표 분석에서는 문제해결자가 얻고자 원하는 바람직한 결과와 가능한 해결책 간의 격차를 줄이기 위해 매 시행에서 현재의 상태와 원하는 결과를 반복적으로 검증한다. 이러한 수단 · 목표 분석은 문제에 대해 직접적인 해결책이 존재할 때는 효과적이지만, 만약 원하는 목표에 도달하기 위해 우회적이거나 간접적인 해결 단계를 거쳐야 하는 문제의 경우에는 효과적인 책략이 될 수 없다.

생성 단계에서 사용되는 또 다른 휴리스틱은 문제를 몇 개의 하위 목표(subgoal)로 나누고 단계별로 하위 목표를 하나씩 해결해 나가는 것이다. 앞서 살펴본 하노이 탑의 문제로 돌아가 보자. 이 경우 문제해결자는 하위 목표를 설정할 수 있다. 하위 목표에서 해결해야 할 목표 중 하나는 왼쪽 막대의 가장 큰 원반을 오른쪽 막대로 옮기는 것이다. 이 목표를 달성하면 다음의 하위 목표 해결로 진행해 나갈 것이다. 하위 목표를 통해 문제에 대한 최종 해결책을 얻기 위해서는 하위 목표를 제대로 확인하는 것뿐만 아니라 어떤 순서로 하위 목표를 공략해 나갈지를 결정하는 것이 무엇보다 중요하다.

모든 문제에 대한 해결책은 반드시 단계적 과정에 의해서만 생성되지는 않는다. 어떤 경우에는 단계적 과정이 아니라 갑작스럽게 이해에 도달해 해결책을 얻게 될 때도 있다. 이를 통찰에 의한 문제해결이라 한다. '통찰(insight)' 이란 이전에는 여러 요소가 서로 독립적으로 보였지만 어느 순간에 갑작스럽게 이들 요소 간에 어떤 관계가 있음을 깨닫게 되는 것을 말한다(앞서 문제해결 이론 중 형태주의 이론에서 쾰러의 실험 대상이었던 침팬지의 문제해결 행동을 보라). 그렇다면 갑작스럽게 깨닫게 된다는 것은 무엇인가? 쾰러는 통찰에 의한 문제해결이 '갑작스럽게' 이루어진다고 하였지만, 후속 연구는 이전 경험과 문제해결 장면에서 시도한 시행착오가 통찰의 필수조건임을 보여 주었다. 한 연구에서는 이전에 막대를 가지고 논 경험이 있는 침팬지는 문제해결을 위해 막대를 이용하였지만 막대를 가지고 논 경험이 전혀 없는 침팬지는 막대를 이용하는 데 실패함을 보고하였다(Metcalfe, 1986).

③ **평가 단계**

문제해결의 최종 단계는 생성한 해결책의 적절성을 평가하는 것이다. 평가는 매우 단순한 것일 수 있다. 만약 분명한 해결책이 있는 경우(앞의 하노이 탑 퍼즐이나 숫자 귀납 문제와 같이)라면 해결책이 성공적인지 아닌지는 즉각적으로 알 수 있다. 하지만 해결책이 명확한 것이 아니거나 또는 여러 개의 해결책이 존재하는 경우에는 해결책을 평가하는 것이 그렇게 쉽지만은 않다.

문제에 대해 여러 개의 해결책이 있거나 해결책의 준거가 모호하다면 어떤 해결책이 최선인지를 결정해야 한다. 하지만 결정에도 여전히 어려움은 존재한다. 생성한 해결책의 질에 대한 평가가 항상 정확한 것은 아니기 때문이다. 때로는 생성한 해결책에 대한 우리 스스로의 판단 기준과 객관적인 판단 기준이 다를 수도 있다. 적어도 이론적으로는 결정을 하기 위해 사용하는 휴리스틱이나 정보가 적절하고 타당하다면 여러 해결책에 대해 적합한 선택을 할 수 있다. 하지만 실제 적합한 선택을 하는 데는, 즉 판단의 질을 높이는 데는 여러 장애나 편견이 영향을 미친다. 해결책에 대한 판단과 선택에 영향을 미치는 요인으로는 기능적 고착과 마음의 갖춤새가 있다.

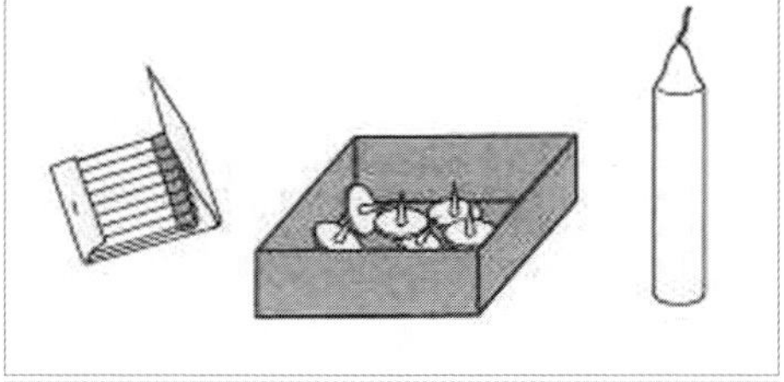
[그림 9-2] 초 문제

한 가지 문제해결 과제를 예로 들어 보자. 초와 성냥, 그리고 압정이 담겨 있는 상자가 당신 앞에 놓여 있다([그림 9-2]). 당신이 해야 할 일은 문의

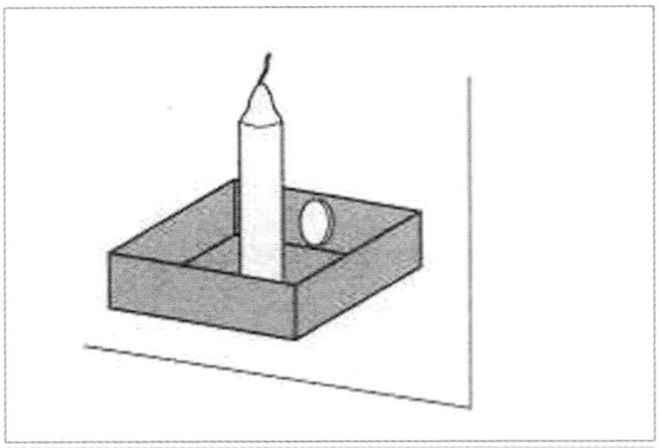

[그림 9-3] 초 문제의 해결

눈높이 위치에 상자에 담겨 있는 초를 위치시키는 것인데, 단 초가 타들어 가면서 생기는 촛농이 바닥에 떨어져서는 안 된다. 당신은 이 문제를 어떻게 해결하겠는가? 아마 당신뿐만 아니라 대부분의 사람은 이 문제를 해결하는 데 어려움을 느낄 것이다. 하지만 압정, 초, 성냥을 다른 방식으로 제시하면 어떻게 될까? 상자 안이 아니라 이번에는 상자 밖에다 압정을 놓아두면 어떻게 될까? 이 경우에는 처음의 경우와 비교해 문제를 보다 쉽게 해결할 가능성이 높아질 것이다. 해결책은 무엇인가? 문에다 압정으로 상자를 고정시킨 다음 상자 위에 초를 놓아두면 된다([그림 9-3]).

이 문제를 풀 때 처음에 어려움을 겪은 것은 대상이 제시된 형태(상자 안에 놓인 압정)에 의해 문제해결의 최초 준비 단계가 잘못된 방향으로 진행되었기 때문이다. 이 같은 경향성을 '기능적 고착(functional fixedness)'이라 한다. 기능적 고착이란 어떤 대상을 그것의 전형적인 용도에서만 바라보려는 경향성이다. 앞의 문제에서는 최초에 상자 '안'에 압정이 담겨 있었기 때문에 문제해결에 어려움을 겪었다. 이 경우 상자를 문제해결의 실마리로 보기보다는 단지 물건을 담는 도구라고 보는 기능적 고착에 빠지게 된 것이다.

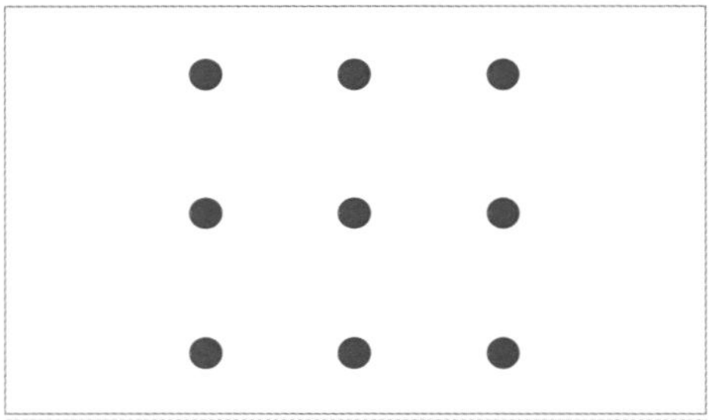

[그림 9-4] 점 9개

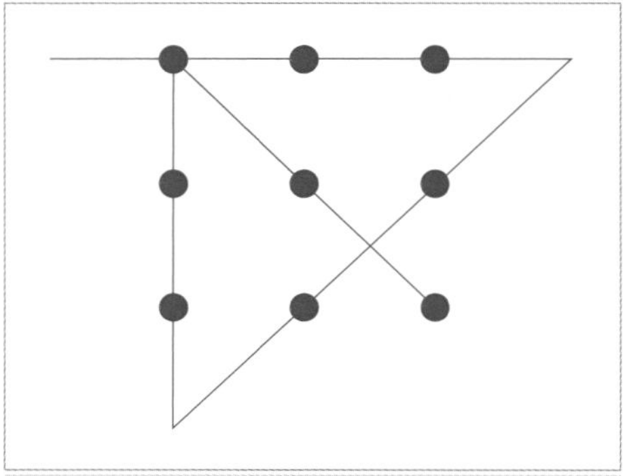

[그림 9-5] 점 9개 연결

기능적 고착은 마음의 갖춤새라는 보다 광범한 현상의 한 예에 해당한다. 마음의 갖춤새란 이전의 문제해결 형태가 지속되는 경향성으로서 우리의 지각에 심대한 영향을 미친다. 마음의 갖춤새는 문제해결의 장애를 극복하고 새로운 해결책을 찾는 데 방해 요소로 작용한다. [그림 9-4]의 문제를 보자. 펜을 떼지 않고 한 번에 4개의 직선을 이용해 9개 점을 모두 연결해 보라.

이 문제를 푸는 데 어려움을 느꼈다면 그 이유는

직선을 9개의 점 안에서만 이동하려고 하였기 때문이다. 9개의 점 밖으로 선을 그을 수 있다고 생각해 보라. 문제에 대한 해결책을 보다 쉽게 찾을 수 있을 것이다([그림 9-5] 참조).

2) 창의적 문제해결

창의성에 대한 관심은 오래전부터 있어 왔다. 창의성 계발을 위한 최초의 공식적인 프로그램은 크로포드(Crawford)가 기업체 종사자의 창의력을 향상시키기 위해 개발한 1931년으로 거슬러 올라간다(김영채, 1995). 그 이후로 창의력을 향상시키기 위한 다양한 노력과 프로그램이 개발되었다. 하지만 최근 들어 창의성에 대한 관심이 그 어느 때보다 급증하였다. 이는 현실적 요구와 무관하지 않다. 국가건 기업이건 개인이건 간에 현대사회에서 경쟁은 점차 치열해지고 있으며, 경쟁을 극복하고 소기의 목적을 달성하기 위해서는 스스로를 경쟁자와 차별화해야만 한다.

우리는 앞에서 문제해결에 대해 알아보았다. 그러면 창의적 문제해결은 다른 것일까? 문제해결은 정해진 논리와 단계를 밟아 가는 딱딱한 과정으로 보이지만, 창의적인 문제해결은 뭔가 자유롭고 융통성 있으며 영감까지 곁들인 사고의 유형으로 보이는 경향이 있다. 그러나 창의적 문제해결 역시 문제해결의 한 영역이다. 문제해결과 창의적 문제해결은 어떤 문제 상태에서 시작하여 원하는 목표 상태로 나아간다는 점에서 모두 문제해결 과정인 것이다. 그러면 차이는 무엇일까? 그 차이는 과제의 성격에서 비롯된다. 창의력을 요구하는 과제는 흔히 문제의 정의가 제대로 잘 되어 있지 않으며 목표 상태에 도달하는 규칙도 명확하게 정의되지 않는다. 먼저, 창의성에 대하여 그 정의와 이론 등을 살펴보고, 창의적 문제해결의 향상법에는 무엇이 있는지를 알아보도록 하자.

(1) 창의성의 정의

창의성을 명쾌하게 정의하기란 결코 쉬운 일이 아니다. 창의성에 대한 정의가 많다는 것도 창의성 정의에 어려움을 준다. 그럼에도 불구하고 공통분모를 찾아볼 수 있는데, 그것은 주로 무엇이 창의적인 것인가에 대해 답해 보는 것이다. 창의적인 것이란 어떤 것인가? 대부분의 학자는 창의적인 것을 창의성 또는 창의적 사고의 결과물로서 새롭고(novel) 기발하며(unusual) 유용하고(useful) 가치 있는(valuable) 것으로 본다. 이렇게 볼 때 창의성이란 문제장면에 대한 반응이나 아이디어를 기발한 방식으로 조합하여 해결책을 찾아내는 사고과정이라 정의할 수 있다(Glover, Ronning, & Reynolds, 1989).

창의성에 대한 정의와 더불어 창의성을 구성하는 요소에 대해 생각해 볼 필요가 있는데, 그중 한 가지는 새로움 또는 기발함에 대한 것이다. 사고의 결과물이 새롭거나 기발하다는 것은 무엇이며, 그 판단 기준은 무엇인가? 대부분의 학자는 새롭거나 기발함을 그 결과물과 관련된 분야에서 과거부터 일어난 발달과의 관계 속에서 판단해야 한다고 본다. 만약 개인이 개발한 심리학 실험 연구가 기발한 것이라 하더라도 이전에 이미 누군가가 그와 유사한 연구를 하였다면 그 결과물은 더 이상 새롭거나 기발하다고 할 수 없다는 것이다. 하지만 와이스버그(Weisberg, 2006)는 결과물 자체가 아니라 창의적인 사고과정과 창의적인 사람의 판단 준거로 볼 때 굳이 발달 관계를 고려할 필요가 없다고 주장한다. 어떤 사람이 새롭고 기발한 결과물을 내놓았을 때 이미 이전에 그와 유사한 결과물이 있었다 하더라도 개인이 그 사실을 인지하지 못하였다면, 그 결과물은 창의적인 사고과정의 결과이며, 그 사람은 창의적인 사람이라고 볼 수 있다는 것이다. 하지만 이 경우에도 그 결과물은 개인의 의도(intention)에서 비롯된 것이어야 한다. 즉, 구체적인 목표를 추구하기 위해 수행한 사고과정의 결과여야 한다는 것이다. 만약 어떤 화가가 그림을 그리다 실수로 물감을 캔버스에 엎질렀고, 이 실수의 결과를 미술평론가들이 보고 매우 기발한 작품이라고 평가하였다면, 이 경우에 미술 작품은 창의적인 결과물인가? 그렇지 않다.

창의성의 정의에서 짚어 봐야 할 다른 한 요소는 유용성 또는 가치다. 결과물이 아무리 새롭고 기발하다 하더라도 실용적이거나 유용하지 않다면 결코 창의적이라 할 수 없다. 예컨대, 어떤 이론이 창의적이려면 새롭고 기발한 것일 뿐만 아니라 관련 영역을 이해하는 데 도움이 되어야만 한다. 새롭고 기발한 발명품을 만들었다면 실생활에 유용한 것이어야 그 발명품을 창의적인 것이라 부를 수 있다. 예술 작품의 경우에도 그것이 창의적인 것이 되려면 다른 사람들로부터 그러한 평가를 받아야만 한다(Csikszentmihalyi, 1999). 하지만 가치나 유용성은 고정된 기준이 아니기 때문에 시대에 따라 변화할 수 있음을 염두에 두어야 한다.

(2) 개인 성향과 창의성

학교에서 학업성적이 우수하고 직장에서 주어진 과업을 잘 해내지만 현 상태에서 진일보하여 새로운 일을 향상시키는 데는 그다지 두각을 나타내지 못하는 사람을 우리는 흔히 발견할 수 있다. 이런 사람들은 지능은 높지만 창의적이지 않다. 한편, 학교에서 학업성적은 보잘것없지만 끊임없이 독창적인 아이디어를 내놓는 사람도 발견할 수 있다. 이런 사람들은 창의적이지만 지능이 높지 않다. 우리는 흔히 창의적인 사람은 지능도 높다고 생각하는 경향이 있다. 과연 지능과 창의성은 어떤 관계가 있을까? 지능과 창의성의 관계에 관심을 가진 연구자들은 학교 아동을 대상으로 연구하였는데, 지능과 창의성의 상관이 그다지 높지 않음을 발견하였다(Anastasi & Schaefer, 1971).

성인도 예외는 아니다. 성인의 경우, 창의적인 사람은 지능이 높은 경향을 보이기는 하지만 어떤 수준을 넘어서면 지능지수가 높다고 하여 창의성 점수도 반드시 높은 것은 아니다. 맥키넌(McKinnon, 1962)은 지능지수가 120~140에 이르는 건축가, 수학자 그리고 과학자들을 해당 분야에서 뛰어난 업적을 보인 사람과 그렇지 않은 사람의 두 집단으로 나누고 집단별로 지능지수와 창의성의 관계를 살펴본 결과, 의미 있는 상관을 발견하지 못했다. 학교의 학업성적과 졸업 후 진출한 해당 분야에서의 창의성 간에도 유의한 차이가 없었다.

창의적인 사람은 창의적이지 않은 사람과 비교해 성격 특성에서 어떤 차이가 있을까? 우리는 누구나 문제해결 능력을 지니고 있다. 하지만 창의적인 문제해결자는 뭔가 다른 특성을 가지고 있다고 생각한다. 그중 하나가 창의적인 사람은 마치 스펀지가 물을 빨아들이듯 경험을 매우 잘 흡수한다는 것이다. 읽은 것, 본 것, 들은 것 또는 그들이 방문한 곳 등의 자료에 대해 엄청난 양의 개인적 자료 저장고를 가진다. 또한 창의적인 사람은 자부심이 강하고 독립적이며 대단히 열심히, 그리고 지구력을 가지고 일에 임하며, 모호성에 대한 인내심이 강하고 위험을 감수하는 것을 두려워하지 않는 경향이 있다. 다시 말해, 창의적인 사람은 환경 등의 외적 요인이 아닌 자신의 내적 요인에 의해 주도된다. 그렇기에 그들은 집단의 기준이나 다른 사람의 의견에 개의치 않는다. 관습에 덜 복종적이며 대인관계에도 별로 관심을 가지지 않는다.

창의적인 사람은 호기심이 많고 선천적으로 회의론자인 경향이 있다. 사물을 주의 깊게 관찰하고 민감하며 논리보다는 영감에 의존하는 경향이 있다. 유머감각이 풍부하기도 하며 서로 관련성이 없어 보이는 아이디어를 새롭게 결합하며 마음속으로 '놀기'를 즐긴다. 어려운 과제를 수행하기 좋아하며 창의적인 해결책을 발견하지 못하면 스스로 불행해하고 우울해한다. 또한 부정적인 특성으로 다른 사람을 거칠게 대하거나 불쾌하게 하며 대인관계가 원만하지 못하고 자신 속으로 숨는 경향도 있다(Barron, 1955; Csikszentmihalyi, 1999).

(3) 창의적 사고 모형

창의성 또는 창의적인 문제해결에는 어떤 심리기제가 작용하는가? 대부분의 창의성 연구자는 일상의 의식적인 사고과정으로는 창의적인 문제해결에 도달할 수 없으며 무의식적인 인지 처리가 창의적 사고에 매우 중요하다고 믿는다. 창의적 사고에 관여하는 무의식적 인지 처리로 가장 많은 관심을 받아 온 것이 부화와 통찰 현상이다. 통찰이란 어떤 문제에 대해 문제해결자가 의식적으로 생각하지 않았음에도 불구하고 그 문제에 대한 창의적인 아이디어나 해결책이 갑자기 의식에 떠오르는 것이다. 이 같은 통찰에 관여하는 현상이 부화다. 부화(incubation)란 문제 이외의 뭔가 다른 일을 생각하는 동안에도 무의식적으로는 그 문제를 계속 생각하는 것이다. 하지만 최근에 이르러 창의성 연구자는 부화나 통찰과 같은 현상이 창의적 문제해결의 결정적 요인이라고 볼 수 있는 증거가 약하며, 무의식적 인지 처리를 가정하지 않고 창의적 문제해결을 설명할 수 있다고도 주장한다. 여기서는 창의적 사고에 관여하는 기제를 중심으로 몇몇 연구자의 견해를 알아보기로 한다.

① 월러스의 창의적 사고과정 4단계

월러스(Wallas, 1926)는 창의적 사고과정 4단계론을 제안하였다. 첫째는 '준비(preparation)' 단계로 문제에 대해 의식적 사고를 동원하는 것이다. 이 단계에서 문제해결자는 문제에 깊이 몰입하여 문제와 친숙해지고 해결책을 찾고자 노력하게 된다. 만약 첫 단계에서 해결책을 찾지 못하고 난관에 봉착하면 문제해결의 시도를 잠시 중단한다. 하지만 월러스는 이 경우에도 무의식은 지속적으로 해결책을 찾기 위해 작동한다고 본다. 무의식적 작업이 수행되는 것이 '부화' 단계다. 이 단계가 지나면 '깨달음(illumination)'이라는 의식적 경험을 하는 단계로 나아간다. 마지막 단계는 '검증(verification)' 단계로서 통찰로 이끈 아이디어나 해결책이 적절한 것인지를 결정한다. 월러스는 창의적인 문제해결책을 찾으려면 한동안 문제를 잊어버리고 무의식 처리에 맡겨 두는 것이 도움이 된다고 주장한다.

② 쾨스틀러의 이중연합이론

쾨스틀러(Koestler, 1964)는 창의적 발견에는 처음에는 무관하였던 두 가지 독립적인 아이디어의 흐름이 하나의 연결된 아이디어로 재구성되는 과정이 포함된다고 하면서 이를 이중연합(bisociation)이라 하였다. 독일의 근대 인쇄술 창시자인 구텐베르크(Gutenberg)는 와인 페스티벌에서 포도즙을 내는 압축기를 보고서 종이에 글자를 인쇄하는 것도 유사한 방식으로 가능하리라는 아이디어를 토대로 활판인쇄술을 발명하였다. 구텐베르크의 발명은 바로 이중연합의 적절한 예다.

쾨스틀러는 창의적 사고는 의식적 사고와는 다른 과정에 토대를 둔다고 보았다. 의식적 사고과정은 논리와 경험 및 습관에 기초한 결합에 의한 것인 반면, 창의적 사고과정은 논리와 습관을 거부하는 아이디어 간의 결합에 의한 것이다.

③ 캠벨의 진화창의성이론

캠벨(Campbell, 1960)은 다윈의 진화론에서 자연도태와 유사한 진화 과정을 통해 창의적인 아이디어가 생성된다는 생각에 기초하여 창의성이론을 제안하였다. 다윈에 의하면 유전적 변형은 처음에는 무선적으로 일어난다. 그러나 성숙이 진행됨에 따라 유기체에 유용한 변형은 유기체의 생존 확률을 높여 주지만 그렇지 않은 변형은 도태된다. 캠벨은 창의적인 아이디어의 생성도 이와 유사한 과정을 거친다고 보고 다음의 세 가지 조건이 필요하다고 하였다.

- 유기체 진화에서 돌연변이의 발생과도 유사한 새로운 아이디어를 생성하는 어떤 수단이 있어야 한다.
- 일단 새로운 아이디어가 생성되면 성공적인 아이디어만이 살아남게 된다.
- 성공적이어서 살아남은 아이디어는 보존되고 재생산되어야 한다.

이러한 조건으로 알 수 있듯이, 캠벨은 창의적인 아이디어의 생성에는 전적으로 무선적 과정에 의한 돌연변이 탄생과 같은 변종 아이디어가 필수적이라고 보았다.

④ 칙센트미하이의 창의적 사고이론

칙센트미하이(Csikszentmihalyi, 1997)는 앞서 살펴본 월러스의 4단계론을 토대로 창의적 사고이론을 전개하였지만 보다 인지적인 관점을 취하였다. 그는 무의식적 사고에는 단순연합 법칙을 토대로 아이디어 간의 연결이 이루어지는 과정이 포함된다고 보았다. 이런 과정은 논리적이고 선형적인 의식적 처리가 아니라 무선적인 아이디어의 결합같이 보일 수도 있는 병렬 처리를 낳는다. 이는 의식적인 사고에서는 결코 성공적일 수 없다. 그는 창의적인 아이디어의 생성이 논리적이고 선형적인 의식적 처리를 통해서는 결코 생성될 수 없다고 보는 것이다. 하지만 무의식적 사고의 결과가 통찰과 같은 현상으로 의식화된다고 주장한다.

이상에서 살펴본 것처럼 대다수 연구자들은 창의적 사고에 관여하는 기제는 평범한 사고기제와는 다르다고 가정한다. 하지만 다른 관점도 있다. 와이스버그(Weisberg, 2006)는 창의적 사고와 평범한 사고기제는 다를 것이 없다고 주장하면서 평범한 사고의 특징을 다음 네 가지로 규정하였다.

- 사고의 결합 구조: 우리의 사고는 하나의 아이디어가 다른 아이디어로 연결되는 특징을 가진다.
- 사고의 연속성: 사고는 과거를 토대로 전개된다.
- 하향식 처리: 우리가 가진 지식이나 개념에 의해 사고의 방향이 영향을 받

는다.

- **환경의 영향**: 우리의 사고는 환경적 사상의 영향을 받는다. 동일한 문제라 하더라도 문제해결자가 처한 환경에 따라 사고의 방향이 변화한다.

(4) 창의성의 측정

창의성 측정검사를 개발한 최초의 심리학자는 길포드(Guilford, 1950)다. 그는 창의성 측정의 중요성을 강조한 최초의 학자이며 우리에게는 '발산적 사고(drivergent thinking)'라는 개념으로 잘 알려져 있다. 길포드 이후로 심리학자들은 창의성 측정에 관심을 기울이기 시작하였으며, 다양한 측정 방법과 도구가 개발되었다. 창의성의 측정은 어떤 인물이 창의적인가 아닌가를 결정하는 것과 과연 미래의 창의적 잠재력을 가지고 있는가를 결정하기 위한 것으로 대별할 수 있다.

어떤 인물이 창의적인지를 알기 위한 가장 일반적인 방법 중 하나는 특정 분야에서 탁월한 업적을 이룬 인물을 찾아내는 것이다. 해당 분야에서 특정 업적이 얼마나 많이 입에 오르내리는지, 또는 해당 분야의 전문가가 지목하는 탁월한 업적의 주인공을 통해 창의적 인물을 찾아낼 수 있다. 그런 다음에는 그들을 대상으로 업적을 이루기까지의 과정이나 성격 등에 대해 면접을 실시하여 어떤 특성이 관련되는지를 밝히는 것이다. 다른 한 방법은 주변 인물을 통해 탁월한 업적을 이룬 사람에 대한 정보를 수집하고 특성을 밝혀내는 것이다. 만약 광고회사의 어떤 카피라이터가 뛰어난 카피의 개발로 수상을 많이 하였다면 그 회사의 상사나 동료를 통해 그 사람의 일하는 방식이나 특징, 성격 등에 대한 정보를 수집할 수 있다.

앞서 말하였듯 길포드는 미래의 창의성 잠재력을 측정하는 최초의 시도를 한 사람이다. 그는 지능검사로는 창의성을 측정할 수 없다고 보았다. 표준지능검사는 '수렴적 사고(convergent thinking)'라는 하나의 정답을 발견하는 능력을 측정한다. 따라서 어떤 문제에 대해 여러 개의 새롭고 기발한 답을 발견하는 능력인 발산적 사고를 측정하기란 쉬운 일이 아니다. 발산적 사고야말로 창의성을 측정하는 효과적인 기준이기 때문이다. 창의성 연구자들은 발산적 사고력을 측정하기 위해 주로 다음과 같은 질문을 한다.

- 못을 가지고 할 수 있는 모든 용도를 적어 보라.
- 철자 A로 시작하는 모든 단어를 적어 보라.
- 인간의 팔이 4개일 때 벌어질 수 있는 일은 무엇일까?

이 같은 질문에 대한 답을 양(얼마나 많은 답을 생각해 내었는지), 독창성(다른 사람과 비교해 얼마나 다른 생각을 해냈는지), 그리고 유용성(생각이 얼마나 쓸모 있는 것인지)을 기준으로 점수를 매긴다.

이러한 측정법은 그 유용성에도 불구하고 몇 가지 문제가 있다. 먼저, 측정을 위해 응답자들이 생각해 내는 속도에 지나치게 의존한다는 점이다. 창의적인 사람이 아이디어를 항상 빨리 내놓는 것은 아니기 때문이다. 또 다른 문제는 측정의 신뢰도와 타당도다. 발산적 사고 측정법은 일관성 측면에서 신뢰할 수 있기는 하지만 실제 생활에서의 창의성을 예측할 수 있는가라는 타당도가 의문시된다. 전통적인 발산적 사고 측정법이 검사장면이 아닌 실생활에서의 창의성을 측정하는지를 검증한 연구결과는 항상 일관된 결과를 제시하지는 않는다. 예컨대, 한 연구에서는 매우 창의적인 것으로 알려진 광고 카피라이터의 경우 발산적 사고 측정에서도 높은 점수를 받았지만 과학자들을 대상으로 한 다른 연구에서는 창의성과 발산적 사고 점수 간에 아무런 상관도 발견하지 못하였다(Elliott, 1964). 왜 이런 결과가 나타나는 것일까? 이러한 의문에 대한 답 중 하나는 발산적 사고라는 것이 한 가지 유형이 아니라 특수한 여러 유형으로 구성되기 때문이다. 결국 실생활에서 직면하는 다양한 창의성 장면에서 어떤 유형의 발산적 사고가 필요한지를 안다는 것은 매우 어려운 일임을 시사한다. 덧붙여 창의성에는 발산적 사고만 관여하는 것이 아니다. 이전에 습득한 지식이나 문제해결에 대한 강력한 동기, 훈련 정도와 전문성, 뚜렷한 목적 의식 등 다양한 심리학적 요소가 영향을 미친다.

(5) 창의성의 향상

창의성을 연구하는 것은 결국 우리 모두가 창의적인 사람이 되어서 생활의 질을 높이기 위함이다. 그동안 창의성을 향상시키기 위해 브레인스토밍(brainstorming) 등 많은 프로그램이 개발되었다. 하지만 개발된 창의성 프로그램의 결과가 그렇게 만족스럽지는 않은 것으로 밝혀지고 있다. 단, 수학이나 공학 등 매우 기술적인 분야의 경우에는 분야 특수적인 창의성 프로그램이 효과적임을 대부분의 연구가 보고하고 있다. 그럼에도 불구하고 다양한 기술이나 사고 유형을 필요로 하는 경우에는 훈련 프로그램의 효과가 기대할 만한 것이 아니다 (Mayer, 1983).

창의성을 향상시키는 한 가지 방법은 문제가 무엇인지 정확히 지각하고 그에 대한 해결책을 생각하는 데 장애가 되는 정신적인 방해물인 '개념 장벽(conceptual block)'을 제거하는 것이다. 앞에서 9개의 점을 연필을 한 번도 떼지 않고 직선으로 연결하는 문제를 보았다. 이 문제를 해결하는 데 장애가 되는 것은 문제를 지각하는 능력의 저하와 그 문제를 해결하는 데 필요한 정보의 결여다. 이는 '지각 장벽(perceptual block)'에 의한 것이다. 지각 장벽에 부딪히면 대부분의 사람은 문제 자체에 갇혀 버려서 다른 대안을 생각하지 못한다. 9개 점 연결 문제의 경우에 선이 점을 벗어나지 않아야 한다는 제약이 없음에도 불구하고 대부분의 사람은 스스로 그러한 제약을 가지고 문제해결에 임하기 때문에 어려움을 겪는다. 창의성 향상을 방해하는 것은 개념 장벽뿐만이 아니다. 다른 사람에게 바보처럼 보일지도 모른다는 두려운 생각에서 비롯되는 정서적 장벽도 창의적 문제해결의 장벽으로 작용한다. 금기와 같은 문화적 장벽, 시각화를 이용하면 효과적이지만 수리적으로 문제를 해결하려는 표현 장벽 등도 창의성의 장벽으로 작용한다.

학교나 직장, 그리고 그 밖의 실생활 장면에서 우리가 좀 더 창의적인 사람이 되는 방법은 무엇일까? 다음에 몇 가지 방법이 있다. 이 방법은 그동안 이루어진 창의성 연구결과를 토대로 한 것이다. 먼저, 창의성 계발 기법으로 가장 대표적인 '브레인스토밍'에 대해 간략히 살펴보자.

브레인스토밍 기법은 실업가인 오스본(Osborn, 1957)이 개발하였다. 최초의 개발 목적은 개인적인 문제해결보다는 하나의 문제에 대해 여러 사람으로 구성된 집단을 통해 해결 방안을 찾기 위해서였으며, 가장 중요한 측면은 아이디어의 질보다는 양을 강조하는 것이다. 즉, 가능한 한 많은 아이디어를 도출해 내기 위한 것이다. 브레인스토밍은 문제의 명료화, 아이디어의 생성과 평가, 그리고 해결책의 도달이라는 일련의 단계를 통해 창의적 해결에 도달한다는 가정하에, 특히 아이디어의 생성에 많은 비중을 둔다.

브레인스토밍의 규칙은 다음과 같다.

- 생성한 아이디어를 즉각적으로 비판 · 평가하지 않는다.
- 아이디어는 새롭고 덜 다듬어진 것일수록 좋다.
- 양이 중요하다. 가능한 한 많은 아이디어를 생성할수록 좋다.
- 생성된 아이디어를 서로 조합해 본다.

브레인스토밍 이후로 많은 창의성 연구자는 창의적 문제해결 방법을 제시하였다. 이를 종합해 보면 다음과 같다.

- 문제해결에 착수하기 전에 문제를 충분히 이해하라.
- 모든 관련 사실을 마음속에서 명료화하라.
- 관련된 모든 사실 중에서 문제해결에 가장 중요한 것이 무엇인지 확인하라.
- '나는 독창적인 아이디어를 생각할 수 있다.'고 의식적으로 스스로에게 말하라.
- 생각해 낸 아이디어가 다른 사람에게 바보처럼 보일지도 모른다는 염려를 떨쳐 버려라.
- 문제를 시각화해 보라. 도표를 활용하면 도움이 된다. 문제에 관한 핵심 아이디어를 정리해 보라.
- 마음속으로 문제를 공략해 보라. 하노이 탑 퍼즐의 경우, 먼저 시각적으로 원반을 옮겨 보는 등의 시도를 해 보라.
- 문제해결을 위한 하위 목표를 수립하고 하나씩 공략하라.
- 가능하면 유추를 사용해 보라.
- 과거에 해결한 적이 있는 유사한 문제해결 전략과 결부시켜 보라.
- 개방적인 자세를 취하라. 만약 최초 시도가 먹혀들지 않으면 그것에 뭔가 문제가 있음을 시인하는 데 주저하지 말고 다른 대안을 모색해 보라.
- 다양한 문제해결 전략을 사용하라. 문제를 시각적으로도 생각해 보고 언어적 또는 수리적으로도 생각해 보라. 한 가지 전략에 고착되지 마라.

- 여러 사실 간의 관계를 살펴보라.
- 자신의 영감을 신뢰하라. 영감이 떠오르면 그것을 뒷받침할 수 있는지 확인하라.
- 관습적인 생각이나 해결책을 버려라.
- 습관화되거나 일상적인 문제해결 전략을 사용하지는 않는지 스스로 확인해 보라.
- 객관적 시각을 유지하라. 문제해결책을 발견하였다면 마치 제3자가 하듯이 스스로 자신의 해결책을 객관적으로 평가해 보라.

2. 지 능

지금까지 창의성에 대해 알아보았다. 어떤 사람은 문제해결 또는 창의적인 문제해결 장면에서 더욱 우수한 것처럼 보이기도 한다. 지능은 학습이나 기억에서부터 추론과 문제해결에 이르는 다양한 인지적 기술은 물론 정서와 행동기량에서도 개인차를 가져오는 것으로 알려져 있다. 그렇다면 창의성과 지능은 관련이 있는 것일까? 지능(intelligence)은 우리가 일상생활에서 자주 사용하는 개념이며 지능이 무엇을 의미하는지 알고 사용하는 것 같지만 심리학에서 지능의 개념은 학자에 따라 접근하는 방식에서도 차이가 있기 때문에 여전히 정의하기 힘든 개념이다. 이제부터 지능은 어떻게 연구되어 왔는지, 지능이론에는 어떤 것이 있는지 그리고 지능을 결정하는 요인들은 무엇인지에 대해 알아보기로 한다.

1) 지능연구의 역사

지능연구의 초석을 놓은 두 명의 학자는 프랜시스 골턴 경(Sir Francis Galton)과 알프레드 비네(Alfred Binet)로 볼 수 있다. 먼저, 골턴은 가계도 연구를 통해 탁월한 재능과 천재성은 특정 가계에서 발생한다는 점에 주목했다. 이후 골턴은 사회적으로나 직업적으로 성공한 사람이 신경계의 효율성을 측정하기 위해 고안된 다양한 실험실 과제도 더 잘 수행한다는 발견을 토대로 재능의 생물학적 기초를 규명하려고 시도하였다. 하지만 이후 신경계 효율성의 측정치가 학업이나 직업 성공과 같은 정신 능력과는 관련성이 낮음이 밝혀지면서 골턴의 접근법은 호응을 얻지 못하였다. 그럼에도 불구하고 골턴의 연구는 정신 능력의 측정에 대한 관심을 불러일으켰으며 비네의 선구적인 연구의 발판 역할을 하였다.

비네는 현대 지능검사의 선구자로 간주된다. 비네는 골턴과 달리 주로 교육 장면을 중심으로 실제 문제해결에 관심을 가졌다. 비네는 지능에 대해 두 가지 가정을 하였는데 첫째, 정신 능력은 나이에 따라 발전하며, 둘째, 정신 능력을 획득하는 비율은 개인의 특성이며 시간에 따라 항상적이라는 것이다. 정신적 기량의 측정법을 개발하기 위해 비네는 특정 나이에 해결할 수 있는 문제를 토대로 표준화된 면접을 아동에게 실시한 검사결과를 정신 연령(mental age)으로 명명하였다. (예컨대, 6세 아동이 8세 아동의 문제를 해결했다면 이 아이의 정신 연령은 8세다.) 이후에 독일 심리학자인 스턴(Stern)은 지능지수(intelligence quotient: IQ)라는 지적 성취의 상대점수를 개발하여 정신 연령의 개념을 확장하였다. 스턴의 지능지수는 실제 연령에 대한 정신 연령의 비율에 100을 곱하여 산출된다. 정신 연령의 개념은 아동의 경우에는 문제가 되지 않지만 지능검사가 측정하는 대부분의 기본 기량은 16세쯤 획득되며 또한 어떤 지적 기량은 나이가 들면서 쇠퇴하기 때문에 스턴의 지수를 성인에게 적용하기는 무리가 있다. 이런 문제로 현대의 IQ는 정신 연령의 개념을 더 이상 사용하지 않으며 같은 연령대 사람들의 평균에 대한 개인의 상대적인 수행 점수를 의미한다.

터먼(Lewis Terman)은 미국 문화에 적합하도록 비네의 검사를 영어로 번역하고 개정하였는데 이것이 스탠퍼드-비네(Stanford-Binet) 검사다. 1916년에 소개된 스탠퍼드-비네 검사는 대부분 언어적 항목으로 구성되었으며 하나의 IQ 점수를 제공하였다. 터먼의 제자인 오티스(Arthur Otis)는 제1차 세계대전 중에 대규모의 군 입대 지원자에게 실시할 수 있는 집단 지능검사인 'Army Alpha'를 개발하였다. Army Alpha는 언어 항목 중심이었는데 후에 글을 잘 읽지 못하는 지원자들을 위해 미로, 그림완성 과제 등의 비언어적 항목이 포함된 Army Beta도 개발되었다. 스탠퍼드-비네 검사가 지나치게 언어적 기량에 의존한다는 점이 문제로 지적되면서, 웩슬러(David Wechsler)는 지능은 언어적, 비언어적 능력의 집합으로 측정되어야 한다고 생각하였다. 1939년에 WAIS(Wechsler Adult Intelligence Scale), 1955년에 WISC(Wechsler Intelligence Scale for Children), 그리고 1967년에는 WPPSI(Wechsler Preschool and Primary Scale of Intelligence)가 개발되었다.

2) 지능이론

지능은 다양한 영역에 적용되는 일반 능력인가? 아니면 다수의 특수 능력인가? 이러한 관점의 차이는 지능에 대한 다양한 이론 개발을 자극하였다. 따라서 지능에 대한 정의도 학자에 따라 매우 다양하여 지능에 대해 명쾌하게 합의된 정의는 없지만 '지능이란 지식을 습득하고 효과적으로 사고하고 추론하며 환경에 적응적으로 대처할 수 있는 능력'으로 볼 수 있다. 지능이론은 주로 지능의 구조와 정신적 역량의 종류를 발견하기 위한 심리측정 접근과 지능의 근간을 이루는 구체적인 사고과정을 연구하는 인지과정 접근으로 구분해 볼 수 있다(Sternberg, Lautrey, & Lubart, 2003).

(1) 일반요인 g

영국의 심리학자 스피어먼(Charles Spearman)은 지능을 일반요인과 특수요인 두 가지로 분류하였다. 학과목 간의 성적은 비록 완벽하지는 않지만 정적인 상관이 있으며 이런 경향은 여러 영역으로 구성된 지능검사 점수에서도 예외가 아님을 발견하였다. 스피어먼은 지적 수행성은 하나의 일반적인 능력이며 부분적으로 '일반요인(general factor)'에 의해, 또는 그것이 무엇이든지 간에 부분적으로는 특정 과제를 수행하는 데 필요한 '특수요인(specific factor)'에 의해 결정된다고 보았다. 일반요인은 궁극적으로는 모든 과제에 영향을 미치기 때문에 지능의 핵심을 구성하는 것이다. 예컨대, 과학 수행은 과학을 학습하는 특수 능력에 의해서도 영향을 받지만 주로 일반요인에 의존하게 된다. 많은 학자들은 일반요인이 지능의 핵심이라고 본다. 일반요인은 학업뿐만 아니라 직무수행의 예측에서도 중요한 역할을 한다.

한편, 서스톤(Louis Leon Thurstone)은 일반요인이 지능의 중심이라는 스피어먼의 주장에 의문을 제기하였다. 스피어먼은 정신적 과제수행 점수들 간의 상관이 완전하지는 않지만 정적 상관이 있음에 주목한 반면, 서스톤은 점수들 간의 상관이 완벽하지 않다는 점에 주목하면서 정신적 수행은 일반요인보다는 구분되는 7가지의 기초 정신 능력—단어 유창성, 언어 이해력, 공간 능력, 지각 속도, 수리 능력, 추리력, 기억력—에 의존한다고 보았다. 지능은 하나의 요인이 아니라 다양한 요인들에 의해 구성된다고 보는 관점에서는 IQ와 같은 포괄적인 정신 능력 측정치는 특수한 정신 능력의 측정치들에 비해 유용성이 떨어지는 것이다.

(2) 결정지능과 유동지능

카텔(Raymond Cattell)과 혼(John Horn)은 스피어먼의 일반지능을 2개의 구분되는 g요인인 결정지능과 유동지능으로 분해하였다. '결정지능(crystallized intelligence)'은 이전에 습득한 지식을 현재의 문제해결에 응용하는 능력으로, 예컨대 어휘력 검사가 결정지능의 측정 예라고 볼 수 있다. 결정지능에서는 과거의 학습과 연습이 중요한 역할을 하며 전문성의 근간이 된다. '유동지능(fluid intelligence)'은 새로운 문제해결 장면에 대처하는 능력이다. 귀납 추론이나 창의적 문제해결 기량이 유동지능에 해당한다. 앞서 살펴본 '하노이 탑' 과제는 유동지능을 측정하기 위한 것이다.

(3) 층위이론

캐럴(John B. Carroll)은 과거의 지능연구들을 종합하기 위한 시도를 하였다(Carroll, 2005). 캐럴은 종합한 결과를 토대로 '3 층위이론(three-stratum theory)'을 제안하였는데 이 모형은 앞서 살펴본 스피어먼, 서스톤, 그리고 카텔과 혼의 지능이론을 통합한 것이다. 캐럴의 모형은 정신적 기량을 세 가지 위계수준으로 구분한다. 최상위층은 대부분의 정신활동의 근간으로 스피어먼의 일반지능에 해당하며, 중간층위는 8개의 광범위한 지능요인인데 그중에서 2개는 카텔과 혼이 제안한 결정지능과 유동지능이다. 최하위층위는 고도로 특수한 70여 개의 인지능력들로 구성된다.

(4) 삼위일체이론

이상에서 살펴본 이론들은 지능의 구조, 즉 어떻게 해서 사람들 간에는 지능에 차이가 있는가에 관한 것이라 할 수 있다. 따라서 이들 이론은 '왜' 사람들은 정신적 기량에서 차이가 있는지를 설명하기에는 한계가 있다. 지능의 인지과정이론은 지적 능력을 구성하는 인지과정에 관심을 두는 것이다. 스턴버그의 삼위일체이론(triarchic theory of intelligence)은 지능에 대한 인지과정의 대표적 이론이라 할 수 있다. 스턴버그는 지적 행동의 근간을 이루는 인지과정을 초 요소(metacomponents), 수행 요소(performance components), 그리고 지식획득 요소(knowledge-acquisition components)의 세 가지로 구분하였다. 초 요소는 계획을 수립하고 과제수행을 조절하는 상위의 인지과정으로 유동지능 개인차의 원천이다. 수행 요소는 과제를 수행하는 데 동원되는 실제 정신과정이며, 지식획득 요소는 학습, 기억, 그리고 이전에 습득한 지식을 새로운 통찰과 결합하는 과정으로 결정지능의 개인차에 관여한다. 이를 토대로 스턴버그는 분석지능, 실용지능, 그리고 창의적 지능의 세 가지 유형의 지능을 제안하였다.

3) 지능의 결정요인

비중에 관해서는 논쟁이 계속되고 있지만 유전적, 환경적 요인 모두 지능에 영향을 미친다는 점에서는 이견이 없다. 또한 유전과 환경의 두 요인은 독립적으로 영향을 미치지는 않는다. 환경적 요인은 유전자가 어떻게 발현될지에 영향을 미칠 수 있다. 태아기 요인이나 영양 상태는 유전적으로 방향 지어진 두뇌 발달을 저해할 수도 있다. 유전적 요인 역시 환경에 의해 조성된 효과에 영향을 미칠 수 있다.

유전적 요인은 개인이 어떤 환경을 선택하고 환경에 어떻게 반응할지에 영향을 미친다. 쌍생아 연구는 지능이 유전적 요인에 의해 많은 영향을 받음을 보고한다. 예컨대, IQ 점수의 유사도는 이란성 쌍생아에 비해 일란성 쌍생아에서 더 높다. 비록 일란성 쌍생아의 높은 상관은 이란성 쌍생아에 비해 양육되는 방식의 유사성 때문이라고 볼 수도 있다는 의문도 제기되었으나 결론은 지능이 유전에 의해 상당부분 결정된다는 점을 지지한다. 유전적 요인의 영향은 어릴 때 좀 더 두드러지는 경향이 있다. 이는 성장하면서 더욱 고등의 인지과정이 출현함에 따라 새로운 유전자가 지능에 영향을 미치기 때문일 수도 있고 또는 성장하는 동안 개인이 유전적인 특징과 양립 가능한 환경을 조성하고 선택함으로써 유전적 요인이 더 부각되기 때문일 수도 있다(Plomin, DeFries, & Fulker, 2007).

그렇다고 환경의 영향 역시 무시할 수 없다는 것이 여러 연구에서 반복적으로 지지되고 있다. 지능에서 환경적 요인의 영향은 주로 입양아를 대상으로 한 연구에서 찾아볼 수 있다. 유전적으로 다른 아동이 한 집에서 자랐을 때 이들의 지능도 상당히 유사하다는 것이다. 영양이나 교육환경이 열악한 상태에서 성장한 아동의 지능은 나이가 들면서 감소할 것이지만, 이들이 만약 풍요로운 교육이나 가정환경으로 옮겨진다면 지능 역시 증가한다. 실제 연구는 이러한 예상이 틀린 것이 아님을 입증한다. 지능변화의 30%에서 50%는 환경적 요인에 의해 설명된다.

제 10 장

동기와 정서

PSYCHOLOGY

제10장 동기와 정서

사람들이 보여 주는 다양하고 복잡한 행동들을 이해하고 설명하는 것은 심리학의 중요한 소명이다. 인간의 행동에 관한 수많은 궁금증과 의문을 풀어 보는 것은 매우 재미있으며 의미 있는 일인데, 그 실마리를 동기와 정서를 통해서 찾아볼 수 있다. 왜냐하면 사람들을 움직이게 하는 힘의 근원이 바로 동기와 정서이기 때문이다.

동기와 정서는 둘 다 사람들을 움직이게 하는 원동력이라는 공통점이 있지만, 〈표 10-1〉에 제시된 바와 같이, 몇 가지 측면에서 차이가 있다(Plutchik, 1984).

- 동기는 내적 상태의 변화에 의하여 각성되는 데 반해서, 정서는 외적 자극에 의하여 각성된다.
- 동기는 내적 균형상태인 동질정체를 유지하는 데 중요한 자극이 없을 때 각성되지만, 정서는 생존과 관련된 사건들이 발생할 때 각성된다.
- 동기는 특정한 동기가 자연스럽게 발생하게 하는 대상물이 존재하는 반면에, 정서는 그렇지 않다.

〈표 10-1〉 동기와 정서의 차이

동기	정서
• 내적 상태의 변화에 의해서 각성된다.	• 외적 자극에 의하여 각성된다.
• 동질정체(내적 균형상태)를 유지하는 데 중요한 자극의 부재에 의하여 각성된다.	• 생존과 관련된 사건의 존재에 의하여 각성된다.
• 유기체를 방향 설정하는 구체적인 '자연스러운' 대상물이 존재한다(예: 음식, 물).	• 자동적으로 방향 설정하는 '자연스러운' 대상물이 환경 내에 존재하지 않는다.
• 탐색과정이 시작되기 전에 유도된다.	• 대상이 보이거나 평가된 후에 유도된다.
• 규칙적으로 순환하는 경향이 있다.	• 규칙성이 없으며, 발생은 환경 내의 사건에 달려 있다.

출처: Plutchik(1984), p. 214.

- 동기는 탐색과정이 시작되기 전에 나타날 수 있지만, 정서는 정서를 유발하는 대상을 접하거나 평가한 후에 나타난다.
- 동기는 규칙적으로 순환하는 경향이 있는 반면에, 정서는 무선적으로 발생하며 환경 내에 어떤 사건이 발생하느냐에 달려 있다.

이제 동기부터 시작하여 정서까지 하나씩 살펴보도록 하자.

1. 동기의 특성

동기는 다양한 이름으로 불려진다. 학자나 학문적 특성에 따라서 동기는 욕구(need), 요구(demand), 욕망(desire), 소망(want), 추동(drive), 그리고 모티브(motive) 등과 같이 다양한 이름을 갖고 있다. 특히 욕구는 거의 동기와 같은 개념으로 쓰이고 있는데, 기업과 같은 생활 현장에서는 복수형을 취해서 니즈(needs)라는 용어로 사용된다. 보다 학문적으로 정의하면, 동기(motivation)란 '어떤 행동의 원인이 되는 것으로서 그 행동의 방향과 강도를 결정하고 그 행동의 지속성을 유지시켜 주는 심리적 구성개념'이다.

먼저, 동기는 어떤 행동을 활성화시키는 원인으로 작용한다. 우리가 심리학을 공부하는 이유는 사람마다 차이가 있을 수 있는데, 그것이 바로 동기의 한 측면과 관련이 있다. '인간의 본성을 제대로 이해하기 위하여' '사람들의 마음을 읽어 내서 큰돈을 벌기 위하여' 혹은 '부모님의 권유 때문에' 등 다양한 동기에 의해 우리는 심리학에 매료되어 열심히 공부할 수 있다. 또한 동기는 어떤 행동의 방향성을 제공해 준다. 단순히 심리학을 부모님의 권유 때문에 마지못해 공부하게 됐다면, 심리학에 전념하기는 쉽지 않을 것이다. 그러나 현대사회에서 가장 필요한 학문이라는 절실한 생각에 공부를 하게 되었다면, 그 열의와 관심은 쉽게 사그라지지 않을 것이다. 더불어, 동기는 그 행동을 유지시켜 준다. 동일한 행동을 꾸준하게 지속적으로 해 나갈 수 있는 힘이 바로 동기에서 생겨난다. 사람들이 어떤 동기 상태에 있느냐에 따라서 행동의 지속성은 달라질 수 있다. '마지못해' 하는 것과 '기꺼이' 하는 것은 항상 결과에서 큰 차이를 만들어 낸다.

동기는 속성상 크게 생물학적 동기와 심리학적 동기로 구분할 수 있다. 생물학적 동기는 인간이 생득적으로 갖고 태어나는 것으로 흔히 생명유지와 관련된 배고픔이나 성욕과 같은 생리적 욕구가 여기에 해당한다. 심리학적 동기는 다양한 환경과 사람들과의 관계 속에서 학습되어 후천적으로 나타나는 것으로, 자긍심이나 사회적 인정과 같은 사회적 욕구가 여기에 해당한다. 생물학적 동기는 그 충족과 만족이 큰 차이가 없지만, 심리학적 동기는 사람마다 문화마다 큰 차이를 보일 수 있다.

또한 동기는 생겨나는 근원에 따라 외적 동기와 내적 동기로 구분할 수 있다. 외적 동기(extrinsic motivation)는 보상이나 인정과 같이 개인의 외적 유인들에 의해 생겨나는 것이고, 내적 동기(intrinsic motivation)는 흥미, 도전 혹은 순수한 즐거움처럼 외적 유인 없이 개인 내에서 자발적으로 생겨나는 것이다. 예를 들어, 직업군인이 이라크 파병에 지원하는 것이 좀 더 많은 돈을 벌기 위함일 때는 외적 동기에 의한 것이고, 세계평화에 기여하기 위함일 때는 내적 동기에 의한 것이다. 주위 사람을 돕는 행동이 다음에 있을 어떤 혜택 때문이라면 외적 동기이고, 단순히 돕는 일이 좋아서 하는 것이라면 내적 동기다. 그런데 보상과 같은 외적 유인은 외적 동기를 증가시키는 데 효과적이기는 하지만, 내적 동기를 낮추는 문제가 있다.

2. 동기 이론

여러 해에 걸쳐서, 심리학자들은 사람을 움직이는 동기에 대한 연구를 진행해 왔다. 동기에 대한 접근방법은 크게 두 가지로 나눌 수 있는데, 하나는 인간의 모든 동기가 공통적으로 갖고 있는 것이 무엇인가를 설명하기 위한 일반이론을 제안하는 것이었고, 다른 하나는 성취동기, 작업동기와 같이 구체적인 동기에 초점을 맞추는 것이었다.

또 이와는 달리, 동기에 대한 이론을 내용이론과 과정이론으로 구분할 수도 있다(한덕웅, 2005). 내용이론은 동기를 일으키는 유발요인이 무엇인가를 밝히는 것에 초점을 두는 것이고, 과정이론은 동기가 어떻게 유발되는가를 진행과정에 따라서 단계별로 밝히고자 하는 것이다. 동기라는 주제로만으로도 한 학기 교과목으로 강의가 충분히 이루어질 만큼 동기에 대한 연구와 이론들이 너무도 다양하고 방대하기 때문에, 이 장에서는 가장 기본이 되는 몇 가지 이론들만 살펴볼 것이다.

1) 본능이론

다윈의 진화론이 유명세를 탈 때, 많은 심리학자들은 다른 동물들의 행동과 같이 인간의 행동도 생물학적으로 본능에 뿌리를 두고 있다고 믿으면서 본능이론(instinct theory)을 제안하였다. 본능은 학습되지 않고, 어떤 종에게 있어서 보편적인 것이고, 구체적인 조건에 의하여 방출되는 것이다. 마치 카나리아가 노래를 하고, 거미가 거미줄을 치고, 비버가 댐을 쌓는 것과 같다. 1908년에 윌리엄 맥도걸(William McDougall)은 모든 인간의 행동은 본능에 근거를 두고 있다고 주장하면서 획득, 짝짓기, 양육, 싸움하기, 탐욕, 호기심, 청결성 등을 포함하여 인간동기의 목록을 작성하였다. 그러나 인간동기에 대한 본능이론은 곧 거부되었다. 왜냐하면 소위 본능이라고 하는 것들이 경험에 의하여 학습되거나 조성될 수 있고, 개인차를 보이며, 문화의 영향을 받기 때문이다. 뿐만 아니라, 이론이 인간행동을 설명하는 데 있어서 순환론적인 설명을 취하기 때문이다.

사람들이 공격적인 이유는 무엇인가? 그것은 사람들이 공격성 본능이 있기 때문이다. 그렇다면 이런 본능이 있다는 것을 어떻게 알 수 있는가? 공격적인 행동을 보이기 때문이다. 이처럼 행동은 본능으로, 본능은 행동으로 설명하는 문제가 있다.

2) 추동이론

본능에 기초한 설명이 종언을 고하면서, 심리학자들은 인간동기의 추동이론으로 우회하였다. 1943년 헐(Hull)에 의한 추동이론(drive theory)에 따르면, 신체 내에서 발생한 생리적 욕구가 긴장이라는 불유쾌한 상태를 창출하고, 그것이 그 욕구를 경감시키고 신체의 균형을 이루고 덜 긴장된 상태로 되돌리는 방식으로 유기체가 행동하도록 추진해 나간다. 이런 추동이론은 먹기, 마시기, 성행위와 같은 다양한 생물학적 기능들을 설명하였다. 예를 들어, 먹는 행동은 음식이 박탈되어서 배고픔이란 추동이 생겨나고, 이것에 의해 음식을 찾아서 먹고, 이것은 다시 추동을 감소시킨다는 것이다. 추동이론은 몇몇 생물학적으로 주도된 행동을 설명하는 데 사용될 수는 있지만, 오늘날 심리학자들은 추동이론에 문제가 있음에 동의하고 있다. 추동이론은 섭식장애가 있는 청소년들, 늦은 밤까지 일하는 일 중독자, 권력추구적 경찰관과 같은 것을 설명하지 못한다. 무엇보다도, 왜 사람들이 긴장을 감소시키기보다는 오히려 증가시키는 활동에 참여하는가를 설명할 수 없다. 호기심을 충족하기 위해 새로운 환경을 탐구하거나, 맛있는 저녁을 위해 간식을 먹지 않거나, 멋진 몸매를 위해 심장에 무리를 주면서 런닝머신을 달리는 것을 설명하지 못한다. 추동이론은 암벽 타기, 익스트림 스키, 스카이다이빙, 번지점프와 같은 것도 절대로 설명할 수 없다.

3) 각성이론

흔히 사람들이 긴장을 감소시키기보다는 증가시키는 것을 추구한다는 사실을 설명하기 위하여, 많은 심리학자들은 각성이론(arousal theory)을 제안하였다. 각성이론에 의하면, 인간은 신체적으로 최적의 각성수준을 성취하고 유지하려고 동기화된다. 사람들은 너무 적지도 않고, 너무 많지도 않게 최적의 각성수준을 추구한다. 눈을 가리고, 귀마개를 하고, 움직이지 못하게 하는 감각 제약 상태에 놓인 사람들이나 단조로운 상황에 처한 사람들은 쉽사리 지루해하고 자극을 추구한다. 강력한 불빛을 받거나, 고래고래 소리 지르는 음악을 듣거나, 다른 강한 자극에 놓이게 될 때도 사람들은 자신의 각성수준을 낮추기 위하여 노력을 한다. 물론 사람마다 최적의 자극수준에서 개인차가 있지만(Zuckerman, 1994), 일반적으로 사람들은 자신의 능력과 관련하여 도전적인 활동에 참여할 때 더 행복해하고 더 많이 동기화된다. 너무 쉬운 것은 지루하고, 너무 어려운 것은 불안을 유발한다(Csikszentmihalyi, 1997).

4) 유인이론

사람들은 내적인 욕구상태에 의하여 행동을 '추진'한다는 개념과는 반대로, 많은 동기 심리학자들은 사람들이 외적 목표 혹은 유인에 의하여 '끌어당겨' 진다고 믿는다. 동기의 유인이론(incentive theory)에 의하면, 사람들이 긍정적인 성과나 부정적인 성과와 연합되었다고 학습했던 자극들은 하나의 유인으로 제공될 수 있다. 학점, 돈, 아이스크림, 존경, 로맨틱한 하룻밤의 데이트, 고통으로부터의 해방 등과 같은 것이 여기에 해당한다. 사람들은 자신들의 노력을 통하여 그 유인을 얻을 수 있다고 기대될 때, 그리고 그런 유인들에 가치를 둘 때 어떤 방식으로 행동하도록 사람들을 동기화시킬 수 있다. 사람들은 목표를 설정할 수 있고, 계획을 세우고, 자신들이 산출할 성과에 대하여 생각한다는 것을 인정하면서, 오늘날 동기이론가들은 인지적 구성요소가 매우 중요하다는 것을 강조하고 있다(Weiner, 1989).

5) 매슬로의 욕구위계이론

1954년에 아브라함 매슬로(Abraham Maslow)는 '사람들이 세상에서 가장 원하는 것이 무엇인가?'에 관심을 갖고 욕구위계이론(need-hierarchy theory)을 제안하였다. 이것은 사람들이 위계를 이루고 있는 욕구를 충족시키기 위하여 동기화된다는 것이다. 이 이론은 다음과 같은 세 가지 기본 가정을 전제로 한다.

매슬로(A. Maslow)

- **결핍원리**: 인간은 특수한 형태의 충족되지 못한 욕구들을 만족시키기 위하여 동기화되어 있다고 가정한다. 이 욕구들 가운데 개인별로 충분히 충족되지 못한 욕구들이 긴장을 유발한다. 긴장이 유발되면 인간은 긴장을 감소시킴으로써 내적 평형상태를 회복하고자 행동하게 된다. 그러나 일단 그 욕구가 충족되면 이 욕구는 더 이상 동기로서 힘을 발휘하지 못하게 된다.
- **위계원리**: 비록 사람에 따라서 차이가 있지만, 대부분의 사람들이 추구하는 욕구들은 몇 개의 공통 범주로 나눌 수 있다. 이 보편적인 공통 욕구들은 충족되어야 할 심리적 발달수준에 따라 순서대로 피라미드 형태의 위계로 계열화되어 있다고 주장한다. 인간이 충족시키고자 추구하는 욕구들은 최하위 욕구인 생리적 욕구부터 시작되어, 안전 욕구, 사회적 욕구(애정 및 소속감 욕구), 존경 욕구, 인지적 욕구, 심미적 욕구 그리고 최상위 욕구인 자기실현 욕구로 위계를 갖추고 있다.
- **전진 원리**: 사람들을 동기화시키는 것은 우선적으로 하위 욕구부터 시작되어 점차적으로 상위 욕구로 전진해 나간다는 것이다. 그러므로 낮은 수준의 욕구가 충족되고 난 다음에 한 번에 한 계층씩 상승하여 바로 이웃한 상위 위계의 욕구를 충족시키기 위해 동기화된다고 주장한다.

위계의 맨 밑바닥에는 음식, 물, 산소, 수면 그리고 성을 위한 생리적 욕구가 존재한다. 일단 이런 욕구가 충족되면 사람들은 안전, 안정적인 직장, 재정상의 여유, 안정적인 가정 및 예측 가능한 환경들을 추구한다. 위계 사다리의 다음은 사회적 욕구로 친교, 소속감, 애정, 친밀한 관계, 집단 멤버십과 같은 것을 추구한다. 이런 욕구가 충족되지 않으면, 고독과 소외감을 느끼게 된다. 다음은 존경 욕구인데, 사회적 지위, 존경, 인정, 성취 및 권력과 같은 것에 대한 욕망을 포함한다. 이 욕구가 충족되지 않으면 열등감과 무가치감을 경험한다. 이와 같이, 모든 사람들은 위계상의 모든 욕구들을 충족시키기 위하여 자기 자신의 방식을 취하게 된다.

하지만 이 이론도 몇 가지 측면에서 문제가 있다. 첫째, 전반적으로 피라미드상의 하위 욕구부터 우선적으로 충족되어야 하지만, 때때로 예외를 발견할 수 있다. 가장 기본이 되는 생리적 욕구와는 무관하게 자신의 고유한 삶을 사는 사람들을 쉽게 발견할 수 있다. 둘째, 매슬로가 제안한 것처럼 모든 사람들이 동일한 순서를 따르는 것은 아니다. 어떤 사람들은 자존 욕구를 충족시키기 전에 애정 및 소속감을 추구하지만, 성취지향적인 사람들은 가족보다는 경력을 확립하는 데 더 많은 노력을 한다. 셋째, 문화에 따라서 동기적 우선순위가 달라질 수 있다. 동양문화권과 서양문화권에 따라서 추구하는 바가 다른데, 예를 들어 개인주의를 지향하는 서양문화권은 집단주의를 지향하는 동양문화권보다 존경 욕구를 추구하는 정도가 훨씬 더 강하다.

3. 인간의 기본 동기

1) 생리적 동기

(1) 배고픔과 먹는 행동

배고픔(hunger)은 음식을 찾고 소비하도록 동기화하는 하나의 감각이다. 우리의 뇌는 혈액 속에 있는 포도당을 감시한다. 포도당이 어떤 수준 아래로 떨어질 때 사람들은 배고픔을 경험한다. 식사를 하면 포도당이 올라가고 먹으려는 동기가 감소한다. 포도당 수준은 시상하부(hypothalamus)에 의하여 감시된다. 개인적이나 문화적인 취향과 같은 심리적 요인과 시간이나 동행인과 같은 외적 음식 단서도 배고픔을 느끼고 먹는 행동에 영향을 미친다.

사람들은 체지방이 자신의 최적 체중보다 20% 이상을 초과할 때 비만하다고 생각한다. 대부분의 사람들은 다이어트와 운동을 통하여 장기적으로 체중을 줄일 수 있지만, 비만은 강한 유전적 요소를 지니고 있다. 먹는 행동에 대한 심리적 영향은 신경성 거식증(anorexia nervosa)과 신경성 다식증(bulimia nervosa)에서 분명히 나타난다. 둘 다 청소년기의 소녀와 젊은 여성 사이에서 가장 일반적인 것인데, 특히 체중을 매우 의식하는 문화나 부정적인 신체 이미지를 갖는 여성들에게 많이 나타난다.

(2) 성적 동기

여성과 남성은 그들의 성적 동기(sexual motivation)에서 차이가 있다. 진화론적 측면에서, 여성은 짝의 선택에 매우 신중하고 미래의 소득수준을 예측할 수 있는 경제적 자원이나 특성을 지닌 남성을 찾는다. 남성은 출산 능력을 보여 주는 속성인 젊고 매력적인 여성을 찾을 뿐만 아니라, 성관계가 문란하지 않은 여성을 찾는다. 비교문화연구, 결혼통계 및 개인적인 광고는 이런 가설을 지지하고 있다.

1966년에 윌리엄 매스터스(William Masters)와 버지니아 존슨(Virginia Johnson)에 의한 연구는 해부학적으로, 진화론적으로, 사회화 과정과 태도에서 성차가 있음에도 불구하고, 여성과 남성의 성반응 주기(sexual-response cycle)는 매우 유사하다는 것을 밝혔다. 여성과 남성 모두 다 그들의 성반응 주기는 홍분, 안정, 오르가즘 그리고 해소 단계로 특징지을 수 있다.

성적 지향성(sexual orientation)은 동일한 성(동성애), 반대 성(이성애) 혹은 둘

[그림 10-1] 성적 동기 유발자극

다(양성애)의 구성원들에 대한 성적인 선호를 말한다. 이런 성적 지향성과 관련하여, 남성의 약 5%와 여성의 약 3%가 동성애를 보인다. 게이와 레즈비언에 관련된 쌍생아 연구는 유전적 요소가 존재한다고 밝혔다. 이성애 남성은 시상하부의 작은 신경핵이 여성과 동성애 남성들보다 더 큰 경향이 있다.

2) 심리적 동기

1976년에 맥과이어(McGuire)는 하나의 동기이론이라기보다는 다양한 심리적 동기들에 대한 분류체계를 제안하였다. 이것은 여러 가지 심리적 욕구들을 인지 대 정서, 능동 대 수동, 보존 대 성장, 내적 대 외적을 포함한 네 가지 기준에 입각하여 16가지로 구분한 분류체계다. 이 중에서 몇 가지만 살펴볼 것이다.

(1) 일관성 욕구

일관성 욕구(need for consistency)는 개인의 태도, 행동, 의견, 자기이미지, 타인의 입장 등을 포함하는 모든 측면들이 서로 일관성을 유지하려 하는 것이다. 이런 일관성 욕구를 고려할 때, 하나의 제품이 명품으로 거듭나기 위해서는 제품 디자인도 우아하게 하고, 포장도 화려하게 하며, 유통도 제한을 두어 소수만이 소유할 수 있게 하고, 가격도 고가로 매기고, 광고도 세련되게 할 필요가 있다.

(2) 범주화 욕구

범주화 욕구(need to categorize)는 사람들이 정보와 경험을 관리할 수 있는 수준에서 의미 있게 범주화하고 조직화하려 한다는 것이다. 이런 범주화 욕구는 사람들이 접하게 되는 수많은 정보를 효율적으로 처리할 수 있게 도움을 줄 수 있다. 체형에 따라서, 성별에 따라서, 거주지역에 따라서 사람들을 범주로 묶는 것은 가끔씩 예측력을 높일 수 있다. 우리가 흔히 매장에서 볼 수 있는 490원, 4,900원, 49,000원 식의 단수가격도 500원, 5,000원, 50,000원으로 범주화되는 것을 피하기 위한 것이다.

(3) 신기성 욕구

신기성 욕구(need for novelty)는 사람들이 새로운 것이나 색다른 것을 추구하는 욕구로 이 욕구 때문에 나타나는 결과가 흔히 말하는 다양성-추구 행동이다. 변화에 개방적이라는 장점이 있지만, 한 가지에 열중하지 못하고 이것저것에 어설픈 관심을 보이게 되면 일거리와 문제만 만들 수 있다. 특히 충동적인 행동을 많이 보이며 충동구매를 많이 하는 경향이 있다. 그런데 사람들이 너무 빠른 변화에는 당황하며 안정을 바라고, 너무 변화가 없으면 지루해하면서 변화를 원하는 것처럼, 이 욕구는 시간이 경과함에 따라 변할 수 있으며 비선형적인 특성을 보인다. 예를 들어, 여행업계에서는 신기성 욕구의 비선형성을 고려하여, 휴가여행 시장을 변화가 많은 모험휴가(adventure vacation)와 변화가 적은 휴양휴가(relaxing vacation)로 구분하여 판촉을 한다(Bellow & Etzel, 1985).

(4) 친화 욕구

친화 욕구(need for affiliation)는 사람들과 친밀한 관계를 맺고 다른 사람들에게 수용되고 사랑받고자 하는 욕구로, 이런 욕구가 강한 사람은 가족, 동료, 스포츠팀 등과 같은 집단소속감을 특히 중요시하는 경향이 있다. 대부분의 10대들은 정체성을 확립하기 위해 노력하고 자신들의 또래집단의 판단, 가치, 관심 등에 의해 많은 영향을 받는 생활에 놓여 있기 때문에 친화 욕구의 중요한 표적대상이 된다. 섹스어필을 포함하여 로맨틱한 사랑도 친화 욕구와 관련되어 있기 때문에, 젊은이를 대상으로 하는 잡지에 이런 유형의 광고가 많이 게재된다.

(5) 성취 욕구

성취 욕구(need for achievement)가 높은 사람은 중간 정도의 위험, 자신의 수행결과에 대한 피드백 받기, 개인적인 책임을 선호하는 경향이 있다. 공학, 재정 혹은 생산부서에 종사하는 사람들보다 판매나 마케팅 부서에 종사하는 사람들의 성취동기가 더 높다. 성취동기가 높은 사람들은 혁신적인 재화나 서비스, 특별한 휴가, 중간 정도의 위험을 지닌 금융 상품들에 특히 수용적이다.

4. 정서의 특성

인간은 매우 정서적이고, 따뜻한 피를 지닌 생명체다. 사랑, 미움, 기쁨, 자부심, 수치심, 희망, 공포, 욕망, 싫증, 놀람, 당혹감, 죄책감, 질투 그리고 혐오는 우리의 일상생활을 채색시키고 움직이게 하는 강력한 감정들이다.

인간 감정의 보물창고 안에는 너무 많은 것들이 담겨 있기 때문에, 정서(emotion)는 한마디로 정의하기 어려운 개념이다. 어떤 것은 보편적이지만, 다른 어떤 것은 특정한 문화에서만 발견된다. 어떤 것은 강력하지만, 다른 어떤 것은 미약하다. 어떤 것은 긍정적이지만, 다른 어떤 것은 부정적이다. 어떤 것은 우리가 행동을 하도록 동기화시키지만, 다른 어떤 것은 그렇지 않다. 이런 다양한 어려움에도 불구하고, 심리학자들은 정서가 상호작용하는 다음의 세 가지 구성요소로 이루어진다는 것에 동의한다.

- 생리적 구성요소: 내적인 생리적 흥분
- 행동적 구성요소: 얼굴과 신체에서 나타나는 행동적 표현
- 인지적 구성요소: 인지적 평가

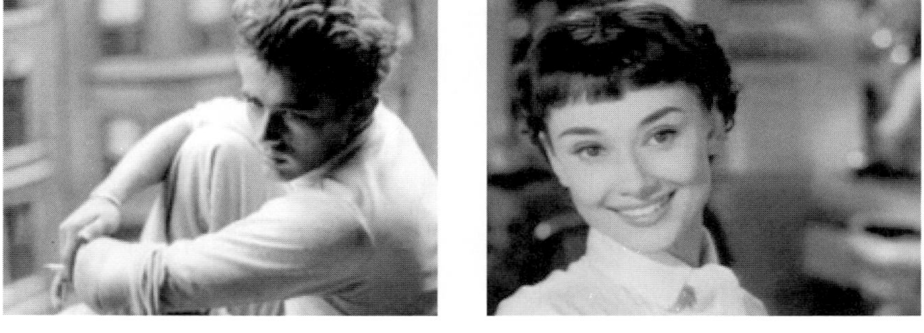

[그림 10-2] 부정적인 정서 표현과 긍정적인 정서 표현의 예

1) 생리적 구성요소

신체는 기쁨, 공포, 분노 및 다른 정서와 같은 감정과 밀접하게 관련이 있다. 윌리엄 제임스(William James)는 정서에 있어서 신체적 기능이 중요한 역할을 한다는 것을 이론화한 최초의 심리학자다. 상식적으로 생각할 때, 우리는 행복하기 때문에 웃고, 슬프기 때문에 울고, 화가 나기 때문에 주먹을 움켜쥐고, 두렵기 때문에 떤다고 간주되어 왔다. 그런데 1884년에 제임스는 급진적이면서 새로운 아이디어를 제안하였다. 사람들은 미소를 짓기 때문에 행복을 느끼는 것이고, 울기 때문에 슬픈 것이고, 주먹을 움켜쥐기 때문에 화가 나는 것이고, 떨기 때문에 두려운 것이다. 다시 말해서, 생리적이거나 행동적인 반응이 정서의 원인이 된다는 것이다. 이런 일련의 과정들은 덴마크의 생리학자인 칼 랑게(Karl Langer)에 의해서도 제안되었기 때문에, 제임스-랑게 이론(James-Lange theory)으로 알려지게 되었다.

1927년에 생리학자인 월터 캐넌(Walter Cannon)은 다음과 같은 세 가지 근거를 들어서 제임스-랑게 이론에 도전하였다.

- 신체적 감각만으로는 정서를 만들어 낼 수 없다. 실제로, 사람들에게 에피네프린(신체를 활성화시키는 호르몬)을 주입할 때, 그들이 '힘이 불어난' 것 같은 느낌을 갖고 흥분된다고 보고하더라도 어떤 구체적인 정서를 경험하지는 못한다.
- 우리는 때때로 신체기관이 반응하기 전에 두려움, 분노 그리고 다른 정서들을 즉각적으로 느낀다.
- 우리가 경험하는 생리적 변화는 너무 일반적이어서 다양한 정서들을 구분해 내지 못한다. 공포심은 심장박동을 더 빠르게 만들지만, 분노와 사랑도 마찬가지 반응을 일으킨다.

제임스-랑게 이론의 대안으로서, 캐넌과 그의 동료인 필립 바드(Philip Bard)는 정서란 대뇌의 일부인 시상(thalamus) 내에서 시작되고, 감각기관에서 나온 메시지가 자율신경계(흥분), 골격근(움직임) 그리고 대뇌피질(의식적 사고)에 동시에 전달된다고 제안하였다. 캐넌-바드 이론(Cannon-Bard theory)에 의하면, 정서를 경험하는 데 신체와 '마음'이 독립적으로 활성화된다. 따라서 만약에 우리 쪽으로 달려오는 자동차를 보게 되면, 우리의 심장은 빠르게 뛰기 시작하고, 우리는 몸을 피하고, 동시에 두려워지는 것이다.

다시 한 번 정리하여, 제임스-랑게 이론에 의하면, 정서는 정서유발 자극에 대한 개인의 생리적 반응들에 뒤따르는 것이다(떨기 때문에 두려운 것이다). 반면에, 캐넌-바드 이론에서는 정서유발 자극은 다양한 생리적 반응과 정서를 동시에 유발한다(어떤 위험을 지각하는 것은 떨리게 만들고 두려움을 느끼게 만든다).

(1) 정서의 뇌중추

오늘날 생리학에 기반을 둔 연구자들은 여러 뇌구조, 신경 경로 및 자율신경계의 흥분에 의하여 나타나는 정서와 관련된 현상들을 이해하고자 노력한다. 많은 정서들은 변연계(limbic system)에 의하여 조절된다. 어떤 정서반응들은 자율신경계의 영향(편도핵에 의하여 즉각적으로 촉발된) 하에 있지만, 다른 정서들은 대뇌피질 내에서 이루어지는 정보처리과정과 관련이 있다. 모든 감정을 조절하는 단일한 피질영역을 정확하게 지적해 낼 수는 없지만, 긍정적인 정서는 좌반구 내에서 높은 수준의 EEG 활동을 유발하는 반면에, 부정적인 정서는 우반구 내에서 더 많은 활동을 유발한다.

(2) 일반화된 자율신경계의 흥분

자율신경계(automatic nervous system)는 대뇌의 명령을 받지 않고 몸의 상태를 신경 스스로 판단하여 자율적으로 활동함으로써 생명을 효율적으로 유지하는데, 호흡기관, 소화기관, 심장과 혈관, 생식기관, 땀샘, 눈물샘 등이 여기에 해당한다. 자율신경계는 다시 교감신경계와 부교감신경계로 구분된다. 어떤 사건이 정서적 반응을 촉발시킬 때, 교감신경계(sympathetic nervous system)는 신체를 적응적인 '알림 반응'을 보이도록 전시체제로 변화시키고, 부교감신경계(parasympathetic nervous system)는 신체를 안정적인 상태로 복원시킨다.

교감신경계는 응급상황, 공격, 방어, 경쟁 등을 위해 골격근육이 에너지를 집중 사용하도록 지원을 하는 신경계로, 다음과 같은 생리적 효과를 나타난다.

- 근육으로 에너지를 모아 공격이나 도피를 준비한다. 따라서 소화기, 생식기, 피부의 혈액을 근육으로 보내고, 얼굴과 입술에서 혈색이 사라진다.
- 심장박동을 늘려서 혈액, 즉 에너지의 공급을 높인다.
- 호흡을 빠르게 하여 산소공급을 늘려 에너지 효율을 높인다.
- 땀을 많이 흘려서 과다한 근육활동으로 올라간 체온을 식힌다.
- 스트레스 대항 호르몬인 아드레날린 분비를 늘려서 전신의 힘을 최대로 발휘시킨다.
- 괄약근을 수축하고, 동공을 확대하고, 췌장 분비를 감소시킨다.

부교감신경계는 휴식, 사랑, 소화, 수면 등을 위해 내장근육(소화, 배설, 생식기의)들이 에너지를 집중 사용하도록 하는 신경계로, 다음과 같은 생리적 반응을 나타낸다.

- 근육의 혈액을 줄여서 소화기관으로 보냄으로써 영양을 섭취한다.
- 땀 분비를 줄여서 체온이 떨어지지 않게 함으로써 에너지를 보존한다.
- 타액선에서 침 분비를 늘려 소화를 돕는다.
- 심장박동과 호흡을 줄여서 에너지의 소모를 줄인다.
- 연동운동을 증가시켜서 대변과 소변을 배설하여 몸을 청소한다.
- 생식기관을 자극하여 성욕을 일으킨다.
- 동공을 수축하고, 괄약근을 이완시키고, 췌장 분비를 증가시킨다.

(3) 구체적인 흥분 양식

분명히, 생리적 흥분은 정서경험을 강화한다. 그러나 모든 정서들이 동일한 흥분상태와 연합되어 있는가, 아니면 각각의 정서가 독특한 증상을 보이는가? 여러 해 동안 학자들은 이 문제에 대하여 논쟁을 하였는데, 연구결과는 후자를 지지한다. 예를 들어, 분노와 공포는 둘 다 심장박동률을 증가시키지만, 분노는 피부의 온도를 증가시키는 반면, 공포는 반대의 효과를 보인다(Levenson, 1992). 또한 사람들은 다른 사람들 앞에서 부끄러움과 당황스러움을 느낄 때 불수의적인 반사로 뺨과 귀가 빨개지고, 체온이 올라간다.

여러 세기 동안, 사람들은 거짓말이 스트레스를 증가시켜서 생리적인 변화를 일으키는 정서경험의 하나라고 생각했다. 그래서 아라비아에서는 범죄 용의자에게 뜨거운 쇳덩이를 핥도록 했고, 인도와 중국에서는 쌀반죽을 씹다가 뱉도록 했다. 거짓말이 사람들의 구강을 건조시킨다는 가정에 근거를 두고서 혀가 데었거나 마른 반죽을 뱉은 자를 정직하지 않은 것으로 판단하였다(Kassin, 2001). 현대의 거짓말탐지기도 거짓말이 자율신경계의 흥분을 높인다는 가정에 근거를 두고 있다. 거짓말탐지기(polygraph)는 다양한 흥분경로를 동시에 기록할 수 있는 전기장치로, 생리적 신호가 신체의 여러 부분에 부착된 센서에 의하여 감지된다. 이 기기를 통해 일상적인 통제 질문보다 범죄 관련 질문에 더 많은 흥분을 보이는 피험자들은 거짓말을 하는 것으로 판단된다.

많은 범죄전문가들은 거짓말탐지기가 효과적이라고 주장하지만, 연구자들은 그런 검사에 몇 가지 심각한 문제가 있다는 것을 발견하였다(Iacono & Lykken, 1997). 어떤 연구자들은 정확도가 90%에 도달한다고 보고하기도 하지만, 그런 주장은 몇 가지 심각한 결점을 지니고 있다는 반박을 받았다. 첫째, 솔직한 사람이 그 검사에서 너무 자주 '실패'를 한다는 것이다. 실제 범죄자의 98%까지 정확하게 확인하는 결과를 보이기도 하지만, 죄가 없는 사람들의 45%가 거짓말을 하고 있다는 결과를 보이기도 한 것이다. 둘째, 속임수를 써서 그 검사를 통과할 수 있다는 것이다. 통제 질문을 받는 동안에 근육을 긴장시키거나, 혀를 물거나, 발가락을 움츠려서 거짓말탐지기가 제대로 반응하지 못하도록 만들 수 있다. 이에 최근에는 두뇌의 불수의적인 전기적 반응을 측정하여 진실과 기만을 구분할 수 있는 검사가 개발되고 있다.

2) 행동적 구성요소

정서는 내적이고, 주관적인 경험이 될 수도 있을 뿐만 아니라 관찰 가능한 행동적 요소를 지니고 있다. 내적 감정과 외적 표현 간의 관계는 수없이 많다. 우리는 행복할 때 웃고, 슬플 때 울고, 당황할 때 얼굴을 붉히고, 자부심을 느낄 때 어깨를 으쓱하고, 싫을 때 얼굴을 찌푸린다. 행동을 통하여 정서를 표현하는 것은 두 가지 기능을 제공한다. 즉, 행동 표현은 다른 사람들에게 비언어적 커뮤니케이션을 하는 방법일 뿐만 아니라, 자기 자신에게 감각적 피드백을 제공해 주는 것이다.

(1) 비언어적 커뮤니케이션

사람들은 흔히 말을 통해서 자신들이 어떻게 느끼는가를 전달한다. 그러나 미소를 짓고, 얼굴을 찌푸리고, 어깨를 으쓱하고, 눈을 깜박거려서 자신의 감정을 비언어적으로 커뮤니케이션 한다. 실제로, 우리가 행동상으로 보여 주는 다양한 표현은 우리가 어떻게 느끼고 있는가를 말로 표현하는 것보다 다른 사람들에게 더 많은 정보를 제공한다(Fridlund, 1994).

얼굴표정은 세계 여러 나라 사람들에 의하여 이해되도록 정서를 커뮤니케이션 한다. 심지어 어린 유아들도 선천적으로 기본 정서와 연합된 얼굴표정을 지을 수 있도록 타고난다. 얼굴 근육의 활동과 관련된 정서를 측정하기 위하여, 연구자들은 얼굴근전도검사계(facial electromyograph)를 사용한다. 이 장비는 두 가지 독특한 유형의 미소가 존재한다는 것을 밝혔는데, 하나는 진짜 웃는 것이고, 다른 하나는 가짜로 웃는 것이다. 정서를 커뮤니케이션 할 수 있는 비언어적 행동에는 신체언어, 시선, 그리고 촉감이 있다.

(2) 감각적 피드백

1872년에 다윈(Darwin)은 우리가 만들어 내는 표현들이 신체상의 피드백으로 우리에게 제공됨으로써 정서경험을 분명하게 만들고 강화한다고 이론화하였다. 요약하면, 정서를 행동으로 표현할 때 두 종류의 청중이 있는데, 바로 다른 사람들과 자기 자신이라는 것이다.

표정-피드백 가설에 의하면, 표정은 개인의 정서를 반영할 뿐만 아니라 정서상태를 촉발시키기도 한다. 비록 이런 효과가 나타나는 이유에 대해서는 동의하고 있지는 않지만, 연구는 그것이 실제로 발생한다는 것을 보여 주고 있다.

3) 인지적 구성요소

정서는 생리적 감각과 행동적 표현보다 훨씬 더 많은 것을 갖고 있다. 우선적으로, 심장은 공포 때문에 두근거리기도 하지만, 분노 때문에 두근거리기도 한다. 우리는 사랑하는 사람이 죽었을 때 비탄에 빠져 울기도 하지만, 사랑하는 사람과 결혼할 때 너무 행복해서 울기도 한다. 우리는 즐거워서 웃기도 하지만, 어이없어서 웃기도 한다. 이처럼 정서를 설명할 때, 무엇인가 부족한 부분을 채워 줄 수 있는 것이 인지적 구성요소다. 심리학자들은 정서에서 인지적 요소의 역할에 대하여 오랫동안 논쟁을 하였다.

(1) 샤흐터의 정서의 이요인 이론

1964년에 스탠리 샤흐터(Stanley Schachter)는 정서 이요인 이론(two-factor theory of emotion)을 제안하였다. 그에 의하면, 특정한 정서를 경험하기 위해서는 두 가지 요인이 필요하다. 첫째, 생리적 각성상태가 높아졌다는 것을 경험해야만 한다. 둘째, 그런 각성을 설명할 수 있는 인지적 명명이나 귀인을 찾아야 한다. 다시 말하면, 생리적 각성상태를 인지적으로 어떻게 해석하느냐에 따라서 여러 정서를 경험할 수 있다는 것이다.

정서의 이요인 이론을 검증하기 위해 샤흐터와 제롬 싱어(Jerome Singer)는 1962년에 생리적 흥분을 일으키는 호르몬인 에피네프린을 남자 피험자들에게 주사하였다. 한 집단(약물정보 제공 집단)의 피험자들에게는 약물주입의 부작용에 대하여 경고를 해 주고, 다른 집단(약물정보 비제공 집단)에게는 그러지 않았다. 세 번째 집단(플라시보 통제집단)은 아무런 해가 없는 가짜 약인 플라시보(비타민영양제)를 주입하였다. 약물효과가 발생하기 전에, 피험자들은 혼자서 실험협조자와 함께 있도록 하였다. 실험 협조자는 어떤 경우에는 도취감에 빠진 척 행동하고, 다른 경우에는 화가 난 것처럼 행동했다. 약물정보 제공 집단은 자신의 생리적 반응은 약물 때문이라 생각하였고, 플라시보 통제집단은 아무런 생리적 반응이 나타나지 않기 때문에 이유를 찾을 필요가 없었다. 그런데 약물정보 비제공 집단은 이유도 모른 채 갑자기 흥분되기 때문에, 자신의 감각을 확인하기 위하여 노력하면서, 동일한 상황에 있는 다른 사람들로부터 자신의 단서를 찾고자 하였다. 이 집단의 피험자들은 실험 협조자의 행동에 따라 행복감을 느꼈거나 분노를 느꼈다고 보고하였다. 어떤 경우에는 그들 자신이 동일한 행동을 보이기도 하였다.

샤흐터의 정서 이요인 이론은 상당한 주의를 끌었는데, 모든 연구들이 그 결과를 확인한 것은 아니지만 한 가지 일반적인 결론을 도출하였다. 사람들은 각성되었지만 그 이유를 알지 못할 때, 그들이 처한 상황을 관찰함으로써 자기 자신의 정서를 확인하려고 노력한다는 것이다. 이런 결론은 두 가지 흥미로운 시사점을 주는데, 하나는 만약에 사람들이 자신의 각성을 비정서적 출처에 귀인한다면, 그들은 정서를 덜 경험하게 될 것이다. 또 다른 하나는 만약에 사람들이 자신의 각성을 정서적 출처에 귀인한다면, 그들은 그 정서를 더 많이 경험하게 될 것이다. 요약하면, 사람들은 자극을 받으면, 자신의 정서를 인지적으로 강화하고, 축소하고, 변경할 수 있다는 것이다.

(2) 오귀인과 반사실적 사고

사람들은 흥분이 되었어도 그 이유를 알지 못할 때, 상황을 자세히 살펴보고 그 원인을 찾음으로써 자신의 정서를 결정한다. 따라서 실제 원인이 아닌 것에 그 원인을 돌리는 오귀인(misattribution) 과정을 통하여, 한 사건에서 생긴 흥분이 다른 사건에 대한 우리의 정서적 반응을 부추길 수 있다. 예를 들어, 격렬한 신체운동을 한 후 사람들은 모욕을 받을 때 더 많이 분노하였고, 이성을 만났을 때 성적으로 더 많이 흥분하였다. 이와 같이 자율신경계의 흥분은 다른 사건에 대하여 부작용을 낳거나 더 많은 감정을 보이게 만들 수 있다.

1986년에 다니엘 카네만(Daniel Kahneman)과 데일 밀러(Dale Miller)는 사건들에 대한 사람들의 정서적 반응은 반사실적 사고에 의하여 채색될 수 있다고 주장하였다. 반사실적 사고(counterfactual thinking)는 발생할 수도 있고 발생하지 않을 수도 있는 다른 시나리오를 상상하는 것이다. 때때로 성과에 대한 우리의 정서적 반응들은 이런 반사실적 사고에 의해 영향을 받는다. 만약에 실제 결과보다 상상된 결과가 더 좋다면, 우리는 상실감이나 좌절감 그리고 후회를 경험하게 될 것이다. 반대로, 상상된 결과보다 실제 결과가 더 좋다면, 안도감과 의기양양과 같은 정서를 경험하게 될 것이다. 인지적 관점이 맞다면, 긍정적인 사건과 부정적인 사건에 대한 정서적 영향은 '무엇이 발생할 수 있었는가'에 대하여 어떻게 생각하는가에 달려 있다(Roese, 1997).

실제로, 1992년 하계올림픽에 출전해서 수상을 한 41명의 선수들을 비디오

테이프로 녹화한 다음에 피험자들에게 그들의 성적을 알려 주지 않고 정서상태를 평가하도록 하였다. 그 결과, 은메달을 수상한 선수보다 동메달을 수상한 선수를 더 행복하게 평가하였다. 이런 결과가 나타난 이유는 동메달을 딴 선수는 4등을 했을 경우를 상상함으로써 좋은 기분을 느낄 수 있는 반면에, 은메달을 딴 선수는 금메달을 땄을 때를 상상함으로써 나쁜 기분을 느낄 수 있었기 때문이다(Medvec, Madey, & Gilovich, 1995).

(3) 평가의 차원

인지이론에 의하면, 우리가 경험하는 정서들은 우리가 존재하는 상황에 대한 평가에 의하여 결정된다. 인지적 평가와 정서적 반응 간에는 분명한 몇 가지 연결고리가 있다. 당황스러움, 수치심 그리고 죄책감과 같이 표면상 유사하게 보이는 정서들조차도 반영 정도에 따라 달라질 수 있다(Tangney et al., 1996).

정서와 가장 밀접하게 연결되어 있는 인지적 평가 차원은 상황의 유쾌함(즐거운지 즐겁지 않은지 여부), 관심(발생한 일에 초점을 두고 있는가 여부), 통제력(통제할 수 있다는 신념), 그리고 확실성(상황의 명료성과 성과의 예측 가능성 여부)이다. 이런 네 가지 평가 차원에 따라서 정서들의 특성을 정리한 것이 〈표 10-2〉이다. 정서들은 이런 차원들 상에서 이루어진 인지적 평가에 의하여 구분될 수

〈표 10-2〉 정서 평가 차원

정서	유쾌함 정도 (pleasantness)	관심 정도 (attention)	통제력 정도 (agency)	확실성 정도 (certainty)	예
행복감	유쾌	높음	높음	높음	친구들과 파티 열기, 졸업식 참석
놀람	유쾌	높음	낮음	낮음	C를 기대하였던 과목에서 A를 받음, 오랜 친구의 예고 없는 방문
수치심	불쾌	낮음 생각 회피	높음	중간 정도	부정행위를 하다가 걸림
분노	강한 불쾌	중간 정도	낮음	중간 정도	공개적으로 모욕 받음
슬픔	매우 불쾌	최소화 하고자 함	낮음	낮음	사랑하는 사람의 죽음
공포심	불쾌	기피하고자 함	낮음	높음	얼음이 언 도로에서 미끄러짐

있고, 이런 차원들은 미국뿐만 아니라 다른 나라에서도 잘 들어맞는다(Mesquita & Frijda, 1992).

5. 인간의 정서

정서가 생리적인 감각, 행동적인 표현 그리고 인지적인 활동에 의해 생겨난다는 것을 아는 것은 첫 단계에 불과하다. 다음 단계는 이런 세 가지 요소들이 어떤 특정한 정서를 경험하도록 어떻게 조합되는가를 아는 것이다.

1) 정서의 유형

영어단어 중에는 정서 범주에 속하는 단어가 2,000개가 넘지만, 심리학자들은 여러 해 동안 인간의 정서를 다양한 방식으로 분류하려고 노력하였다. 오늘날에는 공포심(fear), 분노(anger), 혐오(disgust), 기쁨(joy), 놀람(surprise), 슬픔(sadness)이 기본적인 인간의 정서라는 것에 대해서는 광범위하게 인정되고 있다. 각각은 독특한 얼굴표정을 수반하고, 유아와 어린 아동들도 그런 표정을 보일 수 있으며, 다양한 문화와 지역에서 자신들의 감정을 기술할 때 사용되는 단

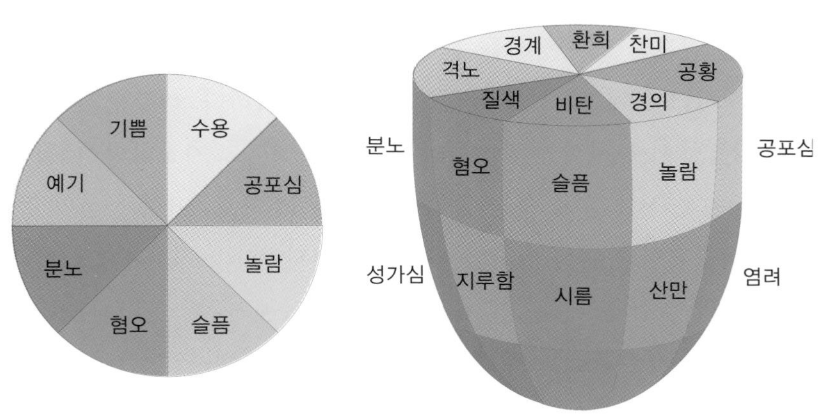

[그림 10-3] 플루치크의 정서이론

어에서 찾을 수 있는 것들이다. 어떤 연구자들은 홍미(interest), 편애(acceptance), 경멸(contempt), 자부심(pride), 수치심(shame) 그리고 죄책감(guilt)을 이 목록에 추가해야 한다고 주장하기도 한다. 동양에서는 인간의 기본 정서를 희로애락(喜怒哀樂)으로 말하기도 하고, 사단칠정(四端七情)이라 하여 인간의 기본 감정으로 희(喜), 노(怒), 애(哀), 구(懼), 애(愛), 오(惡), 욕(慾)을 말하기도 한다.

만약에 단지 몇 가지 기본 정서들만 존재한다면, 우리가 경험하는 다양한 정서들을 어떻게 설명할 것인가? 로버트 플루치크(Robert Plutchik)에 의하면, 삼원색이 다양한 색환의 색상들을 형성하여 조합하듯이, 기본 정서들이 보다 복잡한 정서들을 경험하기 위한 벽돌의 역할을 한다고 하였다([그림 10-3] 참조). 인간 정서의 풍부함은 다음의 세 가지 방식으로 설명할 수 있다.

- 8개의 기본 정서가 존재한다. 기본 6개 정서에 홍미와 편애를 추가하였다.
- 각 정서 유형은 강도 수준에 의하여 음영이 달라진다. 예를 들어, 강한 혐오스러움은 증오로 느껴지지만, 약한 혐오스러움은 지루함으로 느껴진다.
- 새로운 정서들은 8개의 기본 정서가 혼합되어서 형성된다. 예를 들어, 사랑은 기쁨과 편애, 경멸은 혐오와 분노 그리고 향수는 기쁨과 슬픔이 뒤섞인 것이다.

한편, 제임스 러셀(James Russell)은 원형모형(circumplex model)을 제안하였는데, 이 모형은 인간의 모든 정서를 두 가지 차원, 즉 유쾌함과 강도에 따라서 구분하였다. 정서는 유쾌하거나 불쾌하고, 강하거나 약하다. 대부분의 사람들은 긍정적인 감정들이 부정적인 감정들의 반대쪽에 있다고 가정한다. 예를 들어, 행복한 사람이 동시에 슬플 수는 없다는 것이다. 실제로, 이런 정서의 양분론성에 대한 직관적인 가정은 연구를 통해서 확인되었다(Russell & Carroll, 1999). 두 차원에 따라서 원형의 정서가 4등분 되는데, 유쾌-강함 분면에는 '행복한(happy)'과 '아주 기쁜(delighted)' 등이, 유쾌-약함 분면에는 '편안한(relaxed)'과 '만족스러운(satisfied)' 등이, 불쾌-약함 분면에는 '지루한(bored)'과 '슬픈(sad)' 등이, 그리고 불쾌-강함 분면에는 '오싹한(alarmed)'과 '성가신(annoyed)' 등이

들어간다.

2) 정서의 역동성

놀이공원에 가 보면 많은 사람들이 롤러코스터를 즐긴다. 그리고 그것이 무서우면 무서울수록 더욱더 즐거워한다. 이런 현상은 왜 나타나는 것일까? 1980년도에 리처드 솔로몬(Richard Solomon)은 이런 현상을 정서의 대립과정이론(opponent-process theory of emotion)으로 설명하고 있다. 이 이론에 의하면, 어떤 사건은 '기본 상태(학습되지 않은 반응—롤러코스터를 타면서 무섭다고 느끼는 것)'를 촉발시키고, 차례로 '대립 상태(기본 상태와 정서적으로 반대편에 있는 학습된 반응—재미있다고 느끼는 것)'를 활성화한다. 대립 상태는 그 시작이 기본 상태보다 좀 더 늦고, 더 오래 지속되고, 반복되면 더욱더 강해지는 특성을 지닌다. 모든 긍정적인 정서상태는 그것의 부정적인 대응물에 의하여 균형을 이루게 되는데, 이것은 반대의 경우에도 사실이다.

즉, 대립과정이론에 의하면 어떤 자극이 존재했다가 사라질 때까지 긍정적인 정서가 나타나게 되는데, 이런 정서적 반응과 함께 그와 반대되는 부정적인 정서도 더불어 나타난다. 그런데 반대 측면의 정서는 조금 늦게 시작되면서 더 오랫동안 지속되기 때문에, 전체적인 경험정서는 '자극이 사라지는 순간까지는 긍정적이었다가 그 이후에는 부정적인' 것이 된다. 더욱이, 이것은 반복되면 될수록 더욱더 강해지는 경향이 있다. 연인들의 사랑이 깊을수록 이별 후에 미워하는 마음이 더 큰 경우를 자주 목격할 수 있는데, 무엇이든 너무 지나치면 그 자체가 갖고 있던 것과는 반대되는 것들이 더욱 강해지고 부각될 수 있다.

3) 정서의 성차

많은 사람들이 여성이 남성보다 더 정서적이라고 믿고 있는데, 틀림없이 실제로 차이가 나타난다. 여성들은 남성보다 자신들을 더 정서적이라 느끼고, 다른 사람에게 더 많이 자기 노출을 하며, 더 많이 얼굴표정을 짓는다고 기술한다. 여자보다는 남자에게 감정표현을 삼가하게 하는 사회화 과정이 이런 성차를 잘 설명할 수 있다.

4) 쾌락과 행복의 추구

대부분의 사람들이 비교적 행복하다고 말하지만, 여기에는 상당한 개인차가 존재한다. 2007년에 하버드대학의 행복학 강의로 유명한 탈 벤-샤하르(Tal Ben-Sarhar)는 『*Happier*』라는 책에서 불행한 사람의 유형을 미래의 성공을 위해 현재의 행복을 저당 잡힌 '성취주의자', 순간의 즐거움만을 좇다 무료함의 늪에 빠진 '쾌락주의자', 과거의 실패에 발목이 잡혀 스스로 행복을 포기한 '허무주의자'로 나누고, 인간은 누구나 현재의 즐거움과 미래의 행복을 누리는 '행복주의자'가 될 수 있음을 철학적, 심리학적 분석을 바탕으로 주장하였다. 그는 사람들은 더 행복하게 살고 싶어 하고, 행복하게 살아야만 한다고 말한다. 이를 위해서 진정한 행복을 궁극적인 가치로 인정해야 한다. 그리고 직장에서, 학교에서, 가정에서 매 순간 자기 자신에게 다음과 같은 질문을 해 보라고 충고한다. '무엇이 나에게 의미를 주는가?' '무엇이 나에게 즐거움을 주는가?' '나에게 어떤 장점이 있는가?' 물론 마음가짐을 새롭게 한다고 해서 현재의 고통스러운 상황이 달라지지는 않는다. 불행을 부르는 습관이나 행동 역시 한순간에 변화될 수는 없다. 그러나 행복이 궁극적인 가치임을 깨닫고 불행의 순간마다 위의 질문을 떠올리며 조금씩 변화를 추구해 간다면, 우리는 모두 어제보다 오늘이, 오늘보다 내일이 좀 더 행복한 삶을 살 수 있을 것이라고 하였다. 그러면서 보다 구체적으로 다음과 같은 행복 6계명을 제안하였다.

- 인간적인 감정을 허락하라.
- 행복은 즐거움과 의미가 만나는 곳에 있다.
- 행복은 사회적 지위나 통장잔고가 아닌 마음먹기에 달려 있음을 잊지 마라.
- 단순하게 살아라.
- 몸과 마음은 하나라는 것을 기억하라.
- 기회가 있을 때마다 감사를 표현하라.

행복을 경험하기 위해서 필요한 세 가지 중요한 요인은 사회적 관계를 갖고 있는가, 직업이 있는가, 그리고 건강한가 하는 것이다(Kassin, 2001). 원만한 인간관계를 포함하여 폭넓은 사회적 관계를 형성하고, 자신의 적성과 소질을 발휘할 수 있는 직업을 가지며, 신체적으로나 정신적으로 건강할 때 사람들은 행복해질 수 있다. 또한 비록 보다 풍요로운 나라의 국민들이 더 행복할지라도, 소득수준과 행복 간의 연합관계에 대한 증거는 혼합적이다. 우리는 점점 더 부유해질수록 점점 더 불행해지는 사회 속에 살고 있다. 실제로, 영국 신경제재단이 세계 178개국을 대상으로 행복지수를 조사한 결과, 호주 옆의 작은 섬나라인 바누아투가 세계에서 가장 행복지수가 높은 것으로 나타났다. 한국은 지난 40년간 1인당 국민소득이 200배 이상 증가했고, 세계경제력지수는 13위에 해당하지만, 행복지수는 102위에 그쳤다. 이런 결과는 사회적 비교이론(social comparison theory)과 적응수준이론(adaptation-level theory)에 의하여 제안된 것처럼, 부에 대한 지각이 다른 사람들이 갖고 있는 것과 비교하는 식으로 상대적인 측면이 고려되고 그에 익숙해지기 때문이다. 또한 사람들은 시간이 경과함에 따라서 자신의 행복수준을 끌어내리는 성향을 지니고 있기 때문이다.

행복은 누구와 무엇을 어떤 마음으로 하는가에 의하여 결정되는데, 가장 중요한 것은 어떤 마음인가이다. 행복은 마음의 힘을 키우고 가꾸는 것이다. 마음의 크기를 키우고, 마음의 깊이를 만들며, 마음의 색깔을 밝게 만드는 것이 행복한 삶을 완성시킨다. 지금 당장 행복해지고 싶다면, 사랑하는 사람과 맛난 음식을 즐거운 마음으로 먹어라.

제 11 장

스트레스와 건강

PSYCHOLOGY

제 11 장 스트레스와 건강

사회가 복잡해질수록 일상생활에서 경험하는 스트레스가 많아지며 이로 인해 사람들은 신체적 또는 심리적 건강에 점점 더 위협을 받고 있다. 의료기관을 찾는 사람들 중 상당수가 실제로는 스트레스로 인한 문제가 원인일 가능성이 높을 것으로 추정된다. 스트레스는 우리가 피하려고 노력하면 없어지는 것이 아니라 일생에 걸쳐 대면하게 되므로 이를 무시하고 외면하기보다 더 잘 이해하고 대처하며 관리해야 할 필요가 있다.

이 장에서는 먼저 스트레스가 무엇이고, 무엇이 스트레스를 일으키며, 그로 인해 어떠한 반응이 나타나는지 살펴보도록 할 것이다. 그리고 스트레스를 조절하는 요인과 스트레스에 대처하고 관리하는 다양한 방법들을 알아보고 스트레스가 건강이나 질병에 어떠한 영향을 미치는지 설명하도록 하겠다.

1. 스트레스의 정의

스트레스(stress)는 여러 학문 분야에서 연구가 진행되고 있으며 각 분야와 연구자에 따라 그 정의가 다양하기 때문에 아직까지 단일한 개념으로 통일되지 않은 상태다. 스트레스를 어떠한 측면에서 보느냐에 따라 정의는 달라질 수 있는데 크게 세 가지 관점이 있다. 첫째, 스트레스를 외부 환경에서 오는 자극으로 보는 관점이다. 이를 남은 중간고사, 실직이나 은퇴, 친구와의 다툼 등이 여기에 해당된다. 둘째, 스트레스를 자극에 대한 반응으로 보는 관점이다. 시험을 앞두고 온몸이 긴장되고 머리가 아픈 것은 신체적 반응이라고 할 수 있다. 셋째, 스트레스를 자극과 사람 간의 상호작용으로 보는 관점이다. 외부 자극이 무조건 스트레스가 되는 것이 아니라 사람마다 그 자극을 어떻게 평가하고 해석하느냐에 따라 스트레스가 될 수도 있고 전혀 그렇지 않을 수도 있는 것이다. 불확실한 상황에 처하게 되었을 때 어떤 사람은 그 상황에서 어떻게 행동해야 하는지 매우 힘들어하지만 다른 사람은 도전적이라고 평가하여 오히려 더 흥미롭게 받아들일 수 있다.

이렇듯 스트레스는 바라보는 관점에 따라 달리 정의될 수 있으며 스트레스에 관한 연구를 할 때에도 초점을 두는 방향이 달라지게 된다. 일반적으로 심리학은 상호작용의 관점으로 스트레스를 바라보고 있으며, 반응으로 보는 관점은 의학에서 주로 사용하고 있다. 다음에서는 세 가지 관점에 따른 스트레스 이론을 개발된 순서에 따라 살펴보도록 하겠다.

2. 스트레스 이론

스트레스를 반응의 관점으로 본 셀리에(Selye)의 이론을 먼저 소개하고, 자극의 관점에서 연구한 홈즈와 라헤(Holmes & Rahe)의 이론, 자극과 사람이 상호작용한다는 관점을 주장하는 라자러스(Lazarus)의 이론을 차례대로 살펴보도록 한다.

1) 스트레스를 반응으로 보는 관점

셀리에는 스트레스의 개념을 연구하였는데 신체 질병과 스트레스의 관계를 나타내는 사례를 제시하여 사람들이 스트레스의 중요성에 관심을 두게 만들었다. 스트레스에 대한 개념을 처음으로 사용하지는 않았지만, 스트레스가 생리적 반응에 미치는 효과를 연구하였고 스트레스 반응을 질병의 발생과 연결시키려 하였다.

셀리에는 처음에 스트레스를 '자극'으로 간주하였고 스트레스를 일으키는 외부 환경에 초점을 두었다. 하지만 이후에 유기체가 만들어 내는 '반응'을 일컫는 데 스트레스(stress)라는 용어를 사용하였다. 이 두 가지를 구분하기 위해 '자극'을 스트레스원(stressor), '반응'을 스트레스(stress)라고 하였다. 이러한 정의에 기초하여 '스트레스'를 특정하지 않은 반응이라고 개념화하면서 스트레스원이 각각 다르더라도 일반적 신체 반응이 나타난다고 하였다. 즉, 매우 다양한 자극들이 스트레스 반응을 일으킬 수 있지만 그 반응은 항상 동일하다고 하였으며 이것을 일반적응증후군(general adaptation syndrome: GAS)이라고 하였다.

일반적응증후군은 스트레스를 받는 유해한 상황에서 자신을 방어하려는 일반화된 시도를 의미한다(Selye, 1956, 1976, 1982). 이 증후군은 [그림 11-1]에서 보는 바와 같이 세 단계로 구성되는데 1단계는 경고반응(alarm reaction) 단계다. 경고반응 단계에서 스트레스원에 대한 방어는 교감신경계를 통해 이루어진다. 이 단계에서 신체의 힘이 극대화되고 '투쟁-도피' 반응을 준비한다. 스트레스 호르몬의 일종인 아드레날린(에피네프린)의 방출, 심장박동과 혈압 증가, 호흡 증가, 위장기관의 활동 감소 등이 나타난다. 이러한 신체 반응은 단기적으로 적응적이지만 일반적으로 스트레스에 장기적으로 노출되므로 이러한 단기적인 반응이 꼭 적응적이라고 하기 어렵다.

2단계인 저항(resistance) 단계에서는 스트레스원에 적응하기 시작한다. 겉으로는 큰 문제가 없는 것처럼 보여도 신체 내부는 생리적으로 정상이 아니다. 스트레스가 지속되면 신경과 호르몬의 변화가 계속 발생하며 이러한 변화로 질병이 나타나게 된다. 스트레스에 대한 저항으로 나타나는 질병으로는 고혈압, 심혈관 질환, 위궤양, 갑상선 기능항진증 등이 있으며 면역계의 변화가 발생하여

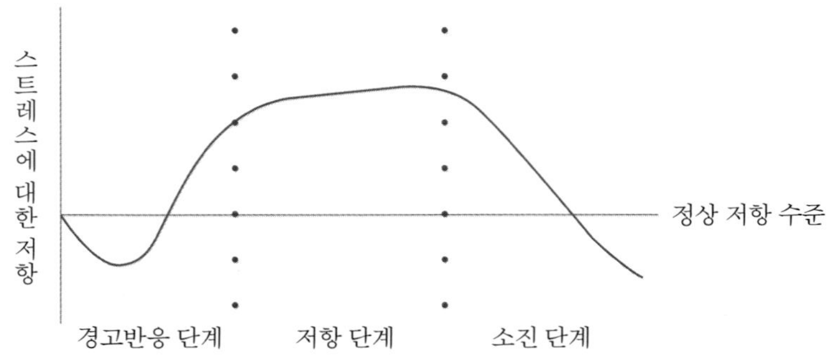

[그림 11-1] 일반적응증후군의 단계

감염에 취약하게 된다.

3단계는 소진(exhaustion) 단계로 신체가 스트레스에 저항하는 능력은 한계가 있으므로 저항 능력이 바닥나면 결국 질병이 생긴다. 이 단계는 부교감신경계가 활성화되는데, 일반적으로 부교감신경계는 신체기능을 균형 있게 만들어 준다. 하지만 소진 단계에서 부교감신경계는 이전 단계에서 매우 높아진 교감신경계를 낮추기 위해 비정상적으로 높은 수준까지 활성화된다. 이러한 단계에서 신체 자원이 보충되지 않거나 스트레스원이 더 나타나면 신체의 모든 기능이 소진되어 질병에 걸리거나 심하면 죽음에 이르게 된다고 가정하였다.

2) 스트레스를 자극으로 보는 관점

홈즈와 라헤(Holmes & Rahe, 1967)는 스트레스를 사회적 재적응에 필요한 압력이나 에너지의 총량으로 정의하면서 외적 자극, 즉 일상생활에서 경험하는 여러 가지 사건들이 스트레스로 작용할 수 있다고 보았다. 홈즈와 라헤는 일상생활에서 일어날 수 있는 다양한 긍정적 · 부정적 변화가 개인의 사회적 재적응(social readjustment)에 대한 압력으로 작용하며 개인은 이러한 변화에 잘 적응하기 위한 에너지를 투입해야 하는데, 이것을 스트레스 지수라고 하였다. 〈표 11-1〉에 제시한 바와 같이 개인이 경험하는 주요 생활사건과 그에 따른 변화 단위를 개발하였는데, 이를 사회재적응평정척도(social readjustment rating scale:

〈표 11-1〉 사회재적응평정척도

지난 1년 동안 당신이 경험한 사건들을 체크해 보십시오. 당신이 체크한 사건들의 생활 변화 단위 점수를 더하면 지난 1년간 당신이 경험한 스트레스의 강도를 알 수 있습니다. 그 점수가 300점 이상이면 당신의 건강은 매우 높은 위험에 처해 있고, 점수가 150~299점에 있다면 상당한 위험 수준에 처해 있다고 해석할 수 있습니다.

순위	주요 생활사건	생활 변화 단위	순위	주요 생활사건	생활 변화 단위
1	배우자의 사망	100	23	자녀의 출가 (예: 결혼이나 대학 입학 등)	29
2	이혼	73	24	시댁이나 처가와의 갈등	29
3	부부의 별거	65	25	두드러진 개인적 성취	28
4	교도소에의 수감	63	26	아내가 직장에 나가기 시작하거나 중단함	26
5	가족의 사망	63	27	학교를 다니기 시작하거나 그만둠	26
6	자신이 다치거나 질병에 걸림	53	28	생활환경의 주요 변화	25
7	결혼	50	29	개인적 습관의 변화	24
8	실직	47	30	상사와의 갈등	23
9	부부간의 화해	45	31	직장에서 작업 시간이나 조건의 주요 변화	20
10	은퇴	45	32	거주지의 변화	20
11	가족 구성원의 건강 변화	44	33	학교에서의 변화	20
12	임신	40	34	취미활동에서의 변화	19
13	성생활에서의 문제	39	35	교회활동의 수나 유형의 변화	19
14	새로운 식구가 생김	39	36	사회활동의 수나 유형의 변화	18
15	사업상 재적응 상황	39	37	1만 달러 이하의 저당이나 융자	17
16	경제적 지위(재정 상태)의 변화	38	38	수면 습관의 변화	16
17	친한 친구의 사망	37	39	가족 모임 횟수의 변화	15
18	직장 부서의 변화	36	40	식사 습관의 변화	15
19	배우자와의 다툼 횟수 변화	35	41	휴가	13
20	1만 달러 이상의 저당이나 융자	31	42	크리스마스	12
21	저당권 상실	30	43	사소한 법률 위반(예: 교통 위반 등)	11
22	직장에서의 책임 변화	29			

SRRS)라고 한다.

사회재적응평정척도는 '결혼'이라는 생활사건에서 요구되는 재적응 노력의 양을 중간으로 기준을 설정한 후 각 사건들에 재적응할 때 필요하다고 생각되는 점수를 추정하게 하였다. 스트레스가 가장 많은 생활사건부터 약한 것까지 순위에 따라 43개의 목록을 만들었다. 배우자의 사망이 100점으로 가장 높고, 결혼이 중간으로 50점 그리고 사소한 법률 위반이 11점으로 가장 낮다. 지난 1년 동안 경험한 사건들을 모두 표시한 다음에 생활 변화 단위에 있는 점수를 각각 더한 총점이 개인의 스트레스 지수다.

1년에 받는 스트레스 지수의 총합이 150점 이하면 그다음 해에 질병이 발생할 확률이 30% 정도였고, 150~299점은 50%, 300점 이상은 80%로 점점 높아졌다. 그리고 스트레스 지수가 300~400점인 사람은 질병이 1.9개였고, 500점 이상이면 2.1개의 질병이 있었던 것으로 나타나 생활사건을 많이 경험할수록 더 많은 질병에 걸리게 된다는 것을 알 수 있다.

3) 스트레스를 상호작용으로 보는 관점

라자러스는 일상생활에서 경험하는 사건 그 자체가 스트레스로 작용하는 것이 아니라 그 사건을 어떻게 평가하고 해석하느냐에 따라 달라진다고 하였다. 즉, 스트레스를 외부 자극과 개인의 평가(또는 해석)가 상호작용한다는 관점에서 본다고 할 수 있다.

일반적으로 외부 자극인 사건을 3개의 과정을 거쳐서 평가하게 되는데, 1차 평가, 2차 평가, 재평가 순서로 이루어진다(Lazarus & Folkamn, 1984). '1차 평가(primary appraisal)'는 어떤 사건이 자신의 행복과 관련하여 긍정적인지 아니면 부정적 또는 관련 없는 것인지 평가하는 것이다. 전공과목의 조별 과제를 할 때 조장을 맡게 되었다면 이것이 나에게 어떠한 의미로 다가오는지 1차적으로 해석한다. 긍정적 평가는 사건이 자신에게 좋은 의미가 있다고 해석하는 것으로, '조장을 맡아서 모임을 나에게 더 편한 시간으로 정할 수 있게 되었다.'고 생각한다. 반면에 부정적 평가는 세부적으로 사건이 해롭거나 위협적 또는 도전적 의미가 있다고 해석하며 스트레스적 평가라고도 부른다. 해로움은 과거에 이미 일어난 상황이고(예: 지난 학기에 조장을 맡았는데 다른 조원들이 시간을 지키지 않아서 많이 속상했다), 위협은 미래에 해로움이 예측되는 상황이며(예: 조장을 맡아서 공부할 시간이 부족해서 학점을 잘 받을지 걱정이다), 도전은 위협 이외에 긍정적 결과도 있다고 판단하는 상황이다(예: 조장을 맡아서 리더십을 배우고 사람들을 많이 알 수 있는 기회를 갖게 되었다). 각 상황에 따라 정서를 다르게 경험하게 되는데, 해로움으로 해석하면 슬픔, 분노, 실망이 나타나고, 위협으로 해석하면 불안, 걱정, 두려움이 발생하며, 도전으로 해석하면 흥분이나 기대를 하게 된다.

1차 평가를 마치면 '2차 평가(secondary appraisal)'로 넘어가게 되는데, 1차 평가인 부정적 또는 스트레스적 평가를 한 이후에 그 상황에 대하여 자신이 적절하게 대처할 수 있는지 2차로 평가한다. 2차 평가에서는 대처 가능성을 평가하기 위해 '사용할 수 있는 대처 자원은 어떤 것인가?' '대처 자원을 성공적으로 적용할 가능성은 얼마인가?' '이러한 과정이 스트레스를 감소시킬 수 있는가?' 등의 질문을 하게 된다. 1차 평가에서 스트레스적 평가로 간주했던 사건이더라도 2차 평가에서 사건에 대한 대처 가능성이 높아지면 해석이 달라질 수 있다. 예를 들어, 조장이 되면 공부시간이 부족하게 되어 위협적으로 평가했지만(1차 평가) 같은 조원 가운데 친한 동기가 조장이 하는 일을 함께 도와주겠다고 하여(2차 평가) 조장을 맡게 된 사건이 위협적이지 않고 오히려 도전적이라고 평가함으로써 더 이상 스트레스로 작용하지 않는 것이다.

세 번째 과정인 '재평가(reappraisal)'는 이전에 알지 못했던 새로운 정보를 사용하게 되어 이전의 평가가 변하는 것이다. 예를 들어, 같은 조원 가운데 자신을 도와 줄 사람이 없어서 스트레스를 받았지만(2차 평가) 조원들을 만나 보니 모두 성실하다는 사실을 알게 되어 조장의 역할에 시간을 별로 빼앗기지 않을 것 같다고 판단하면(재평가) 스트레스가 줄어든다. 하지만 재평가는 항상 스트레스를 감소시키지 않으며 새로운 정보가 부정적인 측면을 가지고 있다면 오히려 스트레스가 더 증가할 수 있다.

지금까지 3개의 평가 과정을 살펴보면 대처(coping)가 매우 중요한 역할을 하고 있다는 것을 알 수 있다. 대처는 '개인이 가진 자원에 부담을 주거나 자원을 넘어선다고 평가되는 내적 · 외적 요구를 처리하기 위한 인지적 및 행동적 노력'(Lazarus & Folkman, 1984)인데, 상황에 따라 지속적으로 변하는 것이 특징이다. 사람들은 살아가면서 스트레스를 피할 수 없기 때문에 스트레스 여부가 아니라 스트레스에 대해 얼마나 잘 대처하고 있는지가 더 중요하게 된다. 그리고 대처를 잘 하는지는 대처 자원을 얼마나 풍부하게 가지고 있느냐에 달려 있는데, 대표적인 대처 자원 여섯 가지(Lazarus & Folkman, 1984)는 다음과 같다.

첫 번째 자원은 '건강과 활력'이다. 건강하고 활력이 넘치는 사람은 그렇지 않은 사람에 비해 내적 또는 외적 요구를 더 잘 처리할 수 있다. 두 번째 자원은

'긍정적 믿음'이다. 바라는 결과를 성공적으로 얻을 수 있다고 믿으면 대처 능력이 높아진다. 세 번째 자원은 '문제해결 기술'이다. 조장을 맡은 사람이 갈등을 중재하고 융통성 있는 의사소통 기술을 가지고 있으면 조별 활동을 할 때 훌륭한 대처 자원이 될 수 있다. 네 번째 자원은 '물질적 자원'이다. 이는 문제해결 기술과 같이 개인이 내적으로 가지고 있는 것이 아니라 외적 조건이며 경제력이 예가 될 수 있다. 다섯 번째 자원은 '사회적 기술'이다. 다른 사람들과 협력할 능력이 있다는 자신감은 스트레스 관리의 중요한 바탕이 된다. 여섯 번째 자원은 '사회적 지지'다. 이는 사회적 기술과 밀접한 관련이 있으며 사람들을 더 건강하게 만들어 준다.

3. 스트레스를 유발하는 요인

스트레스를 유발하는 요인(스트레스원, stressor)은 여러 가지가 있으며 아주 일상적으로 경험하는 사소한 사건부터 엄청난 재난에 이르기까지 매우 다양하다. 여기에서는 스트레스를 유발하는 대표적인 자극들에 대해서 알아보도록 하겠다.

1) 재난

많은 사람에게 영향을 주는 재난은 명확한 스트레스 사건으로 지진, 태풍, 홍수와 같은 자연재해를 비롯하여 전쟁, 폭발, 붕괴, 방사능 오염 등 인간이 만들어 낸 사고가 포함된다. 재난은 의도 여부에 따라 스트레스를 유발시키는 정도가 달라지는데, 자연재해처럼 의도되지 않은 사고에 비해 테러와 같이 의도된 것들은 스트레스가 더 광범위하게 나타난다. 이러한 스트레스가 매우 심각해지면 외상 후 스트레스 장애(posttraumatic stress disorder: PTSD)로 발전한다. 의도 여부 이외에 재난이 발생한 장소와의 거리, 재난 이후에 경과한 시간도 스트레스 악화에 영향을 미친다. 재난이 일어난 곳과 가까운 곳에서 생활하는 사람들은 멀리 떨어져 있는 사람들보다 스트레스가 더 많으며 재난이 발생한 시점에서 오래 지난 사람은 얼마 지나지 않은 사람보다 스트레스를 덜 경험한다. 항상 그렇지는 않지만 재난은 사전 경고 없이 갑작스럽게 발생하고, 그 사건에서 살아남은 사람들 또는 희생자의 가족들은 삶이 돌이킬 수 없이 이전과 확연히 달라지는 경험을 하게 된다.

2) 생활사건

재난은 사람들이 평생 동안 겪을 가능성이 적지만 생활사건은 일생을 살아가면서 상대적으로 더 자주 경험하게 된다. 사별, 이혼, 실직과 같이 주요한 부정적 사건부터 결혼이나 임신, 승진 등 다양한 일들이 생활사건에 해당된다.

생활사건은 재난과 다른 특징을 보인다. 첫째, 많은 사람들에게 영향을 미치는 재난과 달리 생활사건은 소수 또는 해당되는 한 사람에게만 영향을 미친다. 둘째, 재난은 보통 갑작스럽게 일어나지만 생활사건은 비교적 천천히 일어난다. 범죄 피해와 같은 경우에는 갑자기 경험하게 되지만 결혼이나 이혼, 은퇴 등의 사건들은 일정한 과정을 거치면서 진행된다. 셋째, 생활사건은 재난처럼 항상 부정적인 것은 아니며 변화를 요구하고 적응을 필요로 한다. 대학입학이나 승진, 출산은 스트레스로 작용하기도 하지만 도전과 같은 긍정적 측면을 지니고 있다. 앞서 소개한 사회재적응평정척도(Holmes & Rahe, 1967)를 살펴보면 생활사건들이 많이 포함되어 있으며 여러 생활사건을 경험할수록 스트레스를 많이 받는다고 해석한다.

3) 일상적 사건

위에서 언급한 재난이나 생활사건도 스트레스를 유발하지만 우리가 일상에서 경험하는 사소하거나 골칫거리인 사건들로 인해 스트레스가 나타나는 경우가 많다. 일상적 사건은 아주 가끔 일어날 수도 있지만 많은 경우 반복적이고 만성적으로 발생하며 자신이 통제하지 못할 때도 많다. 예를 들어, 출퇴근 때마다 경험하는 교통체증, 층간 소음, 주차공간 부족 등이 있다. 과거에는 재난과 생활사건이 스트레스에 미치는 영향을 중심으로 연구가 진행되었지만 최근에는 일상 사건이 스트레스를 더 많이 유발시킬 수 있다는 관점에서 연구가 활발히 진행되고 있다. 사소한 일상 사건으로 인한 스트레스는 우리가 생활하는 어느 곳에서나 나타날 수 있으며 크게 물리적 환경과 심리사회적 환경으로 분류된다.

(1) 물리적 환경

물리적 환경은 일상적으로 자주 접하게 되고 쉽게 벗어날 수 없는데, 특히 자신이 거주하고 있는 곳의 물리적 환경이 어떠하냐에 따라 스트레스가 더 심해질 수 있다. 스트레스를 일으키는 대표적인 물리적 환경으로는 소음, 오염, 밀집 상황 등이 있다.

먼저 소음에 대해서 살펴보면, 소음이 많은 곳의 아동들은 생리적 각성이 만성적으로 높았으며 인지과제를 수행할 때 쉽게 포기하였다(Evans, Hygge, & Bullinger, 1995). 하지만 소음은 개인이 소리에 대해 갖는 취향과 같은 것이기 때문에 객관적인 소음 크기보다 소음에 대한 주관적 태도가 더욱 중요하다. 도시에 사는 사람들의 경우 소음 크기에 따른 수면장애의 변화는 유의미한 상관이 없었지만 주관적으로 지각하는 소음이 클수록 숙면을 취하지 못하고 더 많은 질병이 발생하였다(Nivision & Endresen, 1993).

다음으로 오염은 그 자체로 신체에 나쁜 영향을 미치지만 심리적으로도 부정적 영향을 나타나게 하는데, 오염된 곳에 거주했던 사람들은 그렇지 않은 사람들에 비해 스트레스로 인한 신체와 심리 증상이 더 높았다(Matthies, Hoeger, & Guski, 2000). 그리고 사람들은 오염을 통제할 수 없다고 지각할 때 더 큰 스트레스를 받게 되는데, 오염된 공기로 인한 스트레스는 실제 오염 수준이 아니라 오염을 통제할 수 있느냐에 따라 많은 영향을 받는다(Rotton, Yoshikawa, & Kaplan, 1979).

마지막으로, 밀집 상황에 대해 살펴보자. 밀도는 물리적 특성을 의미하는 것으로 밀도가 높다고 그 자체로 스트레스를 받지는 않지만, 밀집은 불쾌하게 느끼는 혼잡함을 의미하며 주관적으로 경험되는 것이다. 예를 들어, 영화관이나 야구 경기장 안에서 사람들은 밀도 있게 앉아 있지만 밀집된 상황이라고 느끼지 않는다. 하지만 복잡한 거리를 지날 때는 매우 밀집되어 있다고 지각한다.

밀집된 상황에서는 공격성이 높아지고 업무를 수행하는 능력이 낮아지며 대인관계가 위축되고 범죄율이 증가한다(Sundstrom, 1978). 한편, 밀집은 사망률에도 영향을 미쳤다. 치료감호소에 있는 재소자들의 사망률은 수감자들의 수와 밀접한 관계가 있었는데, 수감자가 증가 또는 감소함에 따라 사망률도 유사하게 변하는 것으로 나타났다(Paulus, McCain, & Cox, 1978).

(2) 심리사회적 환경

물리적 환경 이외에 심리사회적 환경도 일상적 사건들을 자주 경험하게 함으로써 스트레스를 유발시키는 것으로 알려져 있다. 사람은 사회적 동물이므로 사람들 간의 관계에서 벗어나기 힘들기 때문에 심리사회적 환경은 물리적 환경보다 더 빈번하게 스트레스를 일으킬 수 있다. 대표적으로 차별, 직업, 대인관계 등이 있다.

차별은 사람이 모여 있는 곳이면 어디서든 나타날 수 있다. 여러 인종이 살고 있는 미국의 경우 아프리카계 미국인은 아직도 여러 상황에서 차별을 받고 있으며 이는 지속적으로 스트레스를 유발하는 요인이 된다(Landrine & Klonoff, 1996). 이 밖에 여성, 노인, 비정규직 등과 관련한 차별이 있으며 차별은 스트레스를 유발하는 것 외에 심혈관질환의 위험도를 높이기도 한다(Troxel et al., 2003).

물리적인 작업 환경도 스트레스를 발생시킬 수 있지만 자신의 직업 또는 직무 역할이 어떠한 특성을 가지고 있느냐가 영향을 미칠 수 있다. 지위가 낮은 말단 사원은 일반적으로 관리직보다 스트레스를 더 많이 경험하며(Wamala et al., 2000), 매일 많은 결정을 내려야 하는 회사 중역들에 비해 결정된 사항에 따라 일을 처리해야 하는 부하 직원이 직무와 관련된 스트레스가 더 높다. 이는 관리직이나 중역의 업무는 요구 수준이 높은 동시에 통제 수준도 높지만, 말단 사원이나 부하 직원은 요구 수준이 높지만 업무에 대한 통제력을 가지고 있지 않아서 더 많은 스트레스를 받는다고 할 수 있다. 또한 현장 소장과 같은 중간 관리자들도 스트레스가 높은데, 상사와 부하 직원의 요구를 모두 만족시켜야 하므로 자신의 실제 역할에 비해 스트레스를 더 높게 경험한다.

대인관계는 사람이 혼자서 생활하지 않는 한, 모든 상황과 관련이 있다. 일반적으로 대인관계가 활발하지 않으면, 더 활발하게 관계를 맺는 것보다 건강에 있어서 위험성이 좀 더 높아진다(Hobfoll & Vaux, 1993). 하지만 대인관계가 많다고 하더라도 항상 건강에 이롭지 않을 수도 있는데, 청소년과 대학생들은 스트레스를 경험하는 사건들 중 1/3이 대인관계에서 발생하였다는 연구가 있다(김교헌, 전겸구, 1993; 전겸구, 김교헌, 1991). 가족관계에서도 스트레스를 많이 경험하는데, 가정에서 남성과 여성의 역할 및 기대 수준 차이가 부부갈등을 일으켜 스트레스로 작용하게 된다. 특히, 여성은 직장인과 아내, 엄마라는 역할로 남성에 비해 가사와 육아에 대한 부담이 증가하여 스트레스를 받는다.

4. 스트레스에 대한 반응

1) 생리적 반응

스트레스를 지각하면 교감신경계가 활성화되어 생리적 각성이 일어나고 위험한 상황에 반응하기 위해 신체 자원들을 끌어 모은다. 이를 '투쟁-도피 반응(fight-flight response)'이라고 하며 외부의 위험에 맞서 싸우거나 도망갈 수 있도록 몸을 준비시킨다. 이러한 준비 과정은 외부 자극이 위협적이라고 지각되면 자극을 받은 시상하부에서 시작되어 두 가지 경로로 발생하고 모든 신체에 영향을 미치게 된다. 두 가지 경로가 어떠한 과정을 거치는지 [그림 11-2]에 제시되어 있으며, 구체적으로 다음과 같은 과정을 거친다.

첫 번째 경로는 '시상하부-뇌하수체-부신피질'로 이어지는 과정이다. 자극을 받은 시상하부(hypothalamus)가 뇌하수체(pituitary gland)를 다시 자극하여 스트레스에 대항하는 부신피질자극호르몬(adrenocorticotropic hormone: ACTH)을 분비하도록 명령한다. 이 호르몬은 부신의 겉면(부신피질, adrenal cortex)을 자극하여 코르티솔(cortisol)을 비롯한 다양한 호르몬을 방출하게 한다. 코르티솔은 스트레스를 측정할 수 있는 호르몬으로 혈액이나 소변에서 측정할 수 있다. 두 번째 경로는 '시상하부-교감신경계-부신수질'을 통해서 이루어진다. 시상하부가 교감신경계를 활성화시키면 심장박동이 높아지고 혈압이 상승하며 동공이 커진다. 그리고 교감신경계는 부신의 내부(부신수질, adrenal medulla)를 자극하

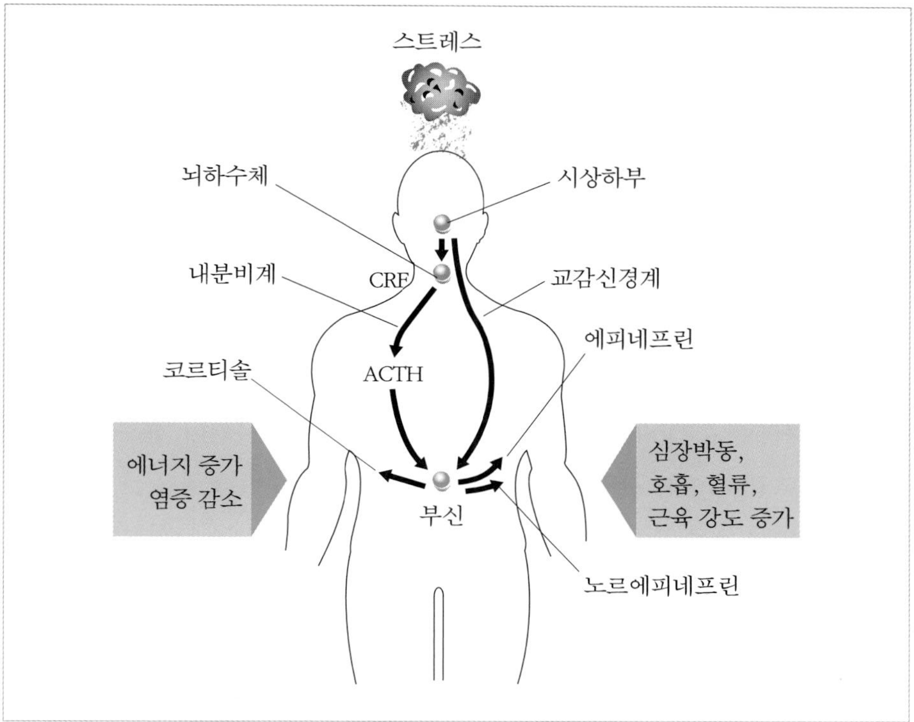

[그림 11-2] **스트레스에 대한 생리적 반응**(현성용 외, 2008)

여 에피네프린(epinephrine 또는 아드레날린)과 노르에피네프린(norepinephrine)을 혈관에 분비한다. 두 가지 모두 흥분 상태를 만들어 내며 식욕이나 수면욕을 떨어뜨린다. 에피네프린은 근육과 내장의 각성 상태를 유지시키는 역할을 하며 혈액을 통해 측정할 수 있고 스트레스의 생리적 지표로 활용된다. 노르에피네프린은 간에 비축되어 있는 포도당을 혈액에 분비하게 해 주며 이로 인해 위협에 빠르게 대처할 수 있도록 에너지가 공급된다.

2) 심리적 반응

스트레스로 나타나는 심리적 반응은 여러 영역(예: 인지, 정서, 행동)으로 나뉘는데, 일반적으로 우리가 스트레스를 받았을 때 일차적으로 생각할 수 있는 것이 정서적 반응이다. 만약 스트레스를 경험하더라도 정서적 반응이 없다면 사람들은 스트레스에 대해서 크게 걱정하지 않을지도 모른다. 왜냐하면 정서적 반응이 상당히 강하므로 일상생활에서 적절하게 대처하지 못하고 심지어 건강에 부정적 영향을 미치기도 하기 때문이다. 일반적으로 스트레스로 인해 나타나는 정서적 반응과 그에 뒤따르는 행동은 다음과 같다.

먼저, 가장 자주 나타나는 정서적 반응은 '불안'이다. 이는 자신의 행복이나 안녕이 보장되지 않거나 그것을 추구할 만한 자원이 부족하여 위협을 느낄 때 경험하며, 스트레스에 맞서 싸우지 않고 회피하려는 행동으로 이어진다. 재난과 같이 사람들이 일반적으로 겪을 수 있는 사건의 범위를 넘어서는 매우 고통스러운 경험을 하게 되면 외상 후 스트레스 장애(posttraumatic stress disorder: PTSD)가 나타날 수 있다. PTSD는 스트레스를 유발시킨 사건이 계속해서 머릿속에 떠오르고, 사건과 관련된 것들을 회피하려 하며, 주변 환경을 과도하게 경계하고, 정서적으로 무감해지고, 생존에 대한 심한 죄책감을 느끼는 증상들이 포함된다.

다음으로 자신의 목표나 기대에 미치지 못할 가능성이 있거나 실제로 성취하지 못할 때 좌절을 경험하면서 나타나는 정서는 '분노'다. 특히, 좌절의 이유가 타인을 비롯하여 외부에 있거나 부당함이 관련되었다고 해석하면 경험하게 되며 이후에 공격적 행동으로 이어질 수 있다. 하지만 좌절의 원인에 대해서 항상 직접적으로 공격성을 나타낼 수 없는 경우가 많으며 종종 원인이 명확하지 않고 모호할 때도 있다. 공격할 대상이 없거나 잘 모르는 경우에는 분노를 표출할 수 있는 다른 대상을 탐색한다. 특히, 분노의 원인이 되는 사람이 자신보다 더 많은 능력이나 권위를 가지고 있어서 직접적으로 공격성을 표출하기 어려우면 자신에게 맞서기 어렵거나 약한 사람에게 대상을 옮겨서 공격하게 된다. 만약 회사원이 상사에게 심한 질책을 받았다면 집에 있는 배우자나 자녀에게 화를 내거나 물건을 던지면서 분노를 표출하는 것이 그것이다.

스트레스로 인해 좌절을 느끼면 분노하고 공격적 행동을 보이기도 하지만 반대로 위축되고 무기력해지는 등 '우울'한 정서가 나타나며 포기하는 행동을 보인다. 학습된 무기력(learned helplessness) 이론(Seligman, 1975)에 따르면, 어떠한 상황에 처해 있을 때 그 상황을 통제할 수 없어서 피하지 못했다면 새로운 상황에서도 이전의 경험이 학습되어 벗어날 수 없다고 생각하여 무기력과 우울이 발생한다. 비록 통제된 상황에서 모두가 무기력이나 우울을 나타내는 것은 아니며 오히려 도전적으로 행동하는 양상도 보이기 때문에(Wortman & Brehm, 1975) 학습된 무기력 이론이 항상 맞는 것은 아니지만, 스트레스를 받은 사람이 왜 우울해지고 포기하는 행동을 나타내는지 알 수 있게 해 준다. 예를 들어, 가정폭력을 경험하는 여성 가운데 남편의 폭력에 적극적으로 맞서지 못하고 계속해서 피해를 입고 있는 여성들이 있다. 이러한 경우는 자신이 어떻게 대처하더라도 남편의 폭력을 막을 수 없고, 자신이 남편을 피해 도망가면 오히려 자녀들이 더 피해를 입게 된다고 생각하기 때문일 가능성이 많다. 즉, 현재 상황을 통제할 수 없다고 생각하기 때문에 무기력하고 우울해지며 폭력에 대항하기를 포기하게 된다.

스트레스를 경험할 때 정서적 반응 이외에 인지적 반응도 자주 나타나는데 주의집중이 어렵고 판단력이 떨어진다. 스트레스로 인해 불안, 분노, 우울 등의 정서를 경험하게 되면 각성수준이 과도하게 높아지거나 낮아지게 되어 주의집중의 폭이 좁아지므로 정보처리를 적절하게 하지 못한다. 가령 기말고사를 볼 때 학점에 대한 걱정으로 불안이 높아지면 앞으로 취업에 대한 걱정과 부모님에 대한 미안함, 미리 시험준비를 철저히 못한 것에 대한 후회 등으로 시험에 집중을 하지 못한다. 이로 인해 문제의 지시문을 정확하게 읽지 못하여 '틀린 것'을 고르라는 지시를 일상적으로 많이 보았던 지시문인 '맞는 것'을 고르라는 것으로 잘못 읽는 등의 실수를 하게 된다. 그리고 주의집중의 폭이 좁아지면 판단력이 낮아지는데, 새로운 문제를 해결하는 상황에서 여러 가지 해결책을 생각하지 못하고 기존에 사용해 왔던 방법만을 적용하려 하기 때문이다. 예를 들면, 화재로 위급한 상황에서 뒤로 당겨야 열리는 문을 계속 앞으로 밀어서 대피하려고 하다가 탈출하지 못하게 되는 경우다.

5. 스트레스를 조절하는 요인

스트레스를 유발하는 사건을 경험한다고 해서 항상 생리적 · 심리적 반응이 나타나는 것은 아니다. 예전부터 스트레스원과 스트레스 반응 사이를 조절 또는 완충하는 개인차 요인과 상황적 요인, 즉 스트레스 조절변수(stress moderator)에 대한 연구가 지속적으로 진행되어 왔다. 예를 들어, 어떤 사람이 스트레스 사건을 경험하더라도 친구나 가족에게 사회적 지지를 받게 되면 이것이 완충 역할을 하여 생리적 각성이나 정서적 문제가 줄어들 수 있다. 이때 사회적 지지는 스트레스원과 스트레스 반응 사이에서 조절변수 역할을 한다.

스트레스를 조절할 수 있는 개인차 요인으로는 A유형 행동양식과 통제 소재, 강인성, 자존감이 있으며, 상황적 조절변수로는 사회적 지지가 있다.

1) A유형 행동양식

스트레스원과 스트레스 반응 간의 관계를 조절할 수 있는 변수 중 가장 많은 관심을 받는 변수는 A유형 행동양식(type A behavior pattern: TABP)이다(Friedman & Rosenman, 1959). A유형 행동양식은 가능하면 빠른 시간 안에 제한된 자원을 획득하기 위해 지속적으로 투쟁하는 성격이라고 정의되고 있다. A유형 행동양식을 지닌 사람들은 심장병과 심장마비에 취약하기 때문에 심장질환 유발 성격이라고 부르기도 한다. A유형 행동양식을 측정하는 문항은 〈표 11-2〉에 제시되어 있다.

〈표 11-2〉와 같이 A유형 행동양식을 보이는 사람들은 보통 야망이 있고, 조급하며, 쉽게 적대감을 표출하고, 시간에 쫓기는 성격 특성이 있으며, 가장 두드러진 특성은 가급적 시간을 덜 들이면서 많은 것을 성취하려는 것이다. 일반적으로, A유형 행동양식을 보이는 사람들은 면도 시간을 단축하기 위해 2개의 전기면도기를 사용하려는 행동을 하는 것과 같이 시간을 절약하기 위해 지나치게 집착하며 이렇게 빠른 인생을 추구하는 덕에 직업적 성공과 부를 누리기도 한다(Bluedorn, 2002). 즉, 이러한 유형의 사람은 상황을 통제하는 것을 좋아하고 책임감도 강하며 혼자 일하는 것을 즐긴다. 그러므로 정확하게 일을 처리하고, 일의 진척도 빠르며, 대학이나 전문영역에서 많은 성취를 이루기도 한다.

한편, B유형 행동양식의 사람은 서두르지 않고 느긋하며 인내심이 있고 여유있는 성격을 나타낸다. 스트레스를 받더라도 조급하고 공격적인 A유형이 아닌 느긋하고 여유로운 성격인 B유형은 스트레스에 대한 저항력이 강하고 스트레스를 어느 정도 조절할 수 있다. 즉, B유형에 비해 A유형 행동양식을 보이는 사

〈표 11-2〉 A유형 행동양식을 측정하는 문항

- 나는 가만히 앉아서 아무것도 하지 않는 것을 싫어한다.
- 나는 다른 사람들이 얘기할 때 끼어들어 말을 막는 경향이 있다.
- 나는 마감 시간이 있을 때 걱정하는 경향이 있다.
- 나는 점심 먹느라 시간을 낭비하는 것을 좋아하지 않는다.
- 나는 계획대로 하고 있는 것을 확신하기 위해 시계를 본다.
- 나는 한 장소에 오래 있지를 못한다. 다른 장소로 재빨리 옮긴다.
- 나는 누군가가 천천히 일하고 있는 것을 지켜보는 것이 싫다.
- 나는 일이 지연되거나 방해를 받는 것에 대해 참기가 어렵다.
- 나는 생활하면서 다른 사람들과 경쟁하는 것을 좋아한다.
- 나는 다른 사람이 내가 싫어하는 일을 하거나 그들이 내 일을 방해할 때 쉽게 화가 난다.
- 나는 편지를 쓰거나 서류를 작성하는 것과 같은 반복적인 일을 하는 것이 참기 어렵다.
- 나는 식사하면서 신문을 읽거나 TV 보는 것을 좋아한다.
- 나는 최소한의 시간 동안 가능한 많은 일을 하려고 노력한다.
- 나는 너무 많은 책임을 맡는다.
- 나는 이완되어 있는 시간이 거의 없다.
- 나는 다른 사람들의 일처리하는 방식에 대해 비판적이다.
- 나는 천천히 하는 것이 거의 불가능하다.
- 나는 인생에서 출세하려면 오랜 시간 일을 해야 한다고 믿는다.
- 나는 흔히 한번에 두 가지 이상의 활동을 한다.

람들은 스트레스에 대해 생리적 각성수준이 높아서 심장질환에 노출되기 쉽다(Boyle, Michalek, & Suarez, 2006).

2) 통제 소재

통제 소재(locus of control)란 자신에게 일어난 일이 자신의 통제 아래에 있었는지 아니면 통제 밖에 있는지에 대한 신념이다(Rotter, 1966). 내적 통제자란 성공이나 성과가 자신의 노력이나 능력에 의해 결정되었다고 믿는 사람인 반면, 외적 통제자란 성공이나 성과가 타인이나 외부의 요인에 의해 결정되었다고 믿는 사람을 의미한다. 자신의 성공을 외적 요인으로 귀인시키는 외적 통제자보다는 능력이나 노력으로 내부 귀인시키는 내적 통제자가 스트레스에 대한 내성이 강하고, 낮은 수준의 긴장을 경험하게 된다. 동일한 스트레스 상황에서도 외적 통제자보다 내적 통제자가 자신의 성공이나 목적을 성취하기 위해서는 스트레스 상황도 통제할 수 있다고 믿기 때문에 스트레스에 의한 긴장을 덜 경험한다. 즉, 개인의 내적 통제는 스트레스원과 스트레스 반응 간의 관계를 조절할 수 있는 변수라는 것이 일반적인 연구결과다(Horner, 1996; Kahn & Byosiere, 1992).

3) 강인성

강인성(hardiness)이란 스트레스에 저항할 수 있는 성격 특성이다. 강인한 성격이 있는 사람은 삶에 대한 통제감을 가지며 자기 일의 목적과 가치, 그리고 가족에 대해 몰입할 수 있다. 그리고 뜻밖의 변화를 장애라고 여기기보다는 도전으로 보는 관점 등의 특성을 가진다(Kobasa, 1979). 강인한 성격을 가진 사람은 스트레스에 대한 생리적 반응을 적게 보이고 일반적 안녕 수준이 높으며 질병에 걸릴 가능성도 작다. 스트레스를 많이 받는 직업을 가진 사람들 가운데 강인한 성격을 지닌 사람은 긴장을 더 적게 하며(Maddi & Kobasa, 1984), 문제중심 대처와 지지 추구적 전략을 적극적으로 활용하고 있다(Cohen & Edward, 1989; Kobasa et al., 1982).

강인한 성격의 사람은 스트레스 상황을 극복해야 할 도전으로 지각하고 있어서 스트레스를 능동적으로 대처한다. 예를 들어, 매우 중요하면서도 스트레스를 많이 주는 시험이 닥칠 경우, 강인한 성격의 대학생은 시험을 자신의 지식과 역량을 보일 수 있는 좋은 기회라고 해석하여 사전에 미리 시험을 준비하는 공부 습관을 만들어서 스트레스 상황을 적극적으로 통제하는 대처 전략을 사용한다(Quick et al., 1997).

4) 자존감

자존감(self-esteem)은 긍정적으로 자신을 정의하거나 긍정적 가치를 지닌 것으로 믿는 정도를 의미하기 때문에 긍정적 자기가치 혹은 긍정적 자기개념이라고도 한다. 동일한 스트레스 상황에 직면했을 때도 자존감이 낮은 사람에 비해 자존감이 높은 사람은 보다 효율적인 대처 전략을 사용하기 때문에 스트레스에 의한 결과나 긴장을 덜 경험하게 된다(Ganster & Schaubroek, 1995). 이렇게 자존감이 스트레스를 감소시켜 주는 긍정적 효과가 있지만, 자존감이 너무 높은 사람의 경우 직장에서 공격적 행동을 일으킬 가능성이 높아 항상 긍정적 효과만을 보이는 것은 아니다(Baumeister et al., 1996). 하지만 스트레스를 받는 상황에서는 자존감이 스트레스원과 스트레스 반응 간의 조절변수 역할을 하는 것으로 알려져 있다(Cooper & Cartwright, 2001).

5) 사회적 지지

스트레스원과 스트레스 반응 사이를 조절하는 상황적 요인으로는 사회적 지지(social support)가 있다. 사회적 지지는 개인이 타인(친구, 동료)이나 집단(가족, 사교 모임), 조직(회사, 동문)과의 공식적 · 비공식적 접촉을 통해 도움이나 위로, 정보, 편안함 등을 얻는 것이다. 이는 개인이 심리적으로 보호받고 있다는 느낌을 주기 때문에 스트레스의 부정적 효과를 완화해 주는 역할을 한다(Cohen & Wills, 1985).

사회적 지지는 세부적으로 정서적, 정보적, 평가적, 도구적 지지로 분류할 수 있다(House, 1981). 정서적 지지는 개인이 겪는 어려움이나 난관에 대해 관심이나 공감, 이해를 해 주는 것으로 보통 가족이나 친구, 심리상담자가 이 역할을 담당한다. 정보적 지지는 난관에 봉착한 문제를 해결할 수 있는 방법이나 전략을 알려 주는 것으로 주로 전문가나 인터넷 등이 유용한 정보적 지지자다. 평가적 지지는 문제가 무엇인지 명확하게 해 주고 자존감을 높일 수 있도록 개인의 능력에 대해 피드백을 주는 것으로 친구, 가족, 심리상담자, 회사 동료가 이러한 역할을 하게 된다. 도구적 지지는 물질적 도움이나 필요한 자원을 제공하는 것으로 가족이 대표적인 지지자다.

사회적 지지는 건강에도 중요한 영향을 미치는데, 심장발작을 경험한 사람 가운데 사회적 지지를 많이 받고 있는 사람은 그렇지 못한 사람보다 심장발작이 재발하는 빈도가 더 낮은 것으로 나타났다. 현대사회는 1인 가족을 비롯하여 가족 구성원의 수가 점점 줄어들고 있기 때문에 전통적인 사회적 지지자였던 가족 이외에 다양한 방식의 지지를 받을 수 있는 통로가 필요하다.

6. 스트레스 대처와 관리

스트레스원에 의해 나타나는 여러 가지 반응을 감소시키기 위해 사람들은 여러 가지 대처와 관리 방법을 개발해 왔다. 스트레스에 대처하는 방식은 개인마다 다르며 그 효과도 항상 좋은 것만은 아니다. 그러므로 자신의 대처 방식이 효과적이고 적응적인지 자세히 살펴봐야 한다. 한편, 스트레스를 관리하는 방법은 많은 연구들에서 긍정적 효과가 있는 것으로 밝혀졌다. 만약 자신의 대처 방식이 효과적이지 않고 일상생활에 부적응적이라면 그 방식에서 벗어나 스트레스를 관리하는 방법을 파악하여 구체적으로 적용하는 것이 바람직할 것이다.

1) 스트레스 대처

개인이 가지고 있는 자원을 넘어선다고 평가되는 내적 및 외적 요구를 처리하기 위한 인지적 · 행동적 노력을 대처라고 한다(Lazarus & Folkman, 1984). 누구든지 스트레스를 경험하면 이를 처리하여 편안한 상태를 유지하려 한다. 하지만 대처하는 방식은 사람마다 다르게 나타나는데 보통 개인의 성격(예: 내향적-외향적)이나 스트레스를 유발하는 사건의 특성(예: 통제 가능-통제 불가능)이 중요한 요인으로 작용한다. 스트레스에서 벗어나려는 목적은 동일하지만 내향적 성격은 소극적으로 대처하고 외향적 성격은 적극적으로 대처한다. 그리고 스트레스원을 통제할 수 있다고 생각하면 문제중심 대처를 선택하고 통제가 불가능하다고 평가하면 정서중심 대처를 선택하는 경향이 있다(Forsythe & Compas, 1987).

스트레스에 대처하는 방식은 다양하며 그 가운데 문제중심 대처와 정서중심 대처가 널리 알려져 있다(Folkman & Lazarus, 1980). 먼저, '문제중심 대처(problem-focused coping)'는 스트레스를 유발시킨 요인을 변화시켜 문제를 해결하는 것이 목적이다. 이 방식은 스트레스원에 대해 직접 반응하여 문제가 되는 상황을 바꾸려는 전략들로 이루어져 있는데 문제해결을 위한 계획 수립, 정보 획득, 새로운 기술 습득, 행동 실행 등이 포함된다. 이 과정에서 무엇이 문제인지 먼저 확인한 후 여러 대안들을 탐색하고 자신이 처해 있는 상황에서 가장 효과적인 대안을 선택하여 변화를 시도한다. 예를 들어, 열흘 후에 있을 면접이 스트레스원이라면 면접관이 무엇을 질문할지 예상하고, 질문할 내용에 대한 정보를 찾아서 정확하게 표현할 수 있도록 연습하는 것이다. 문제중심 대처는 당뇨병 환자가 자신의 혈압이나 혈당을 직접 측정해야 할 때 또는 비만이나 과체중인 사람이 체중을 줄이기 위해 식이요법과 운동을 해야 할 때 도움이 된다(이현수, 1997).

'정서중심 대처(emotion-focused coping)'는 스트레스원으로 인해 나타나는 정서 문제를 감소시키는 데 초점을 둔다. 대표적으로 부정, 회피, 주의분산 등의 방법이 있는데 이 방식은 문제가 되는 스트레스원 자체를 변화시키는 것이 아니라 잠시 거기에서 벗어나 정서를 조절하려는 것이다. 가령 다음 주에 있을 면접 때문에 긴장되고 불안한 상태인데, 면접 준비를 하는 것이 아니라 불안을 감소시키기 위해 운동을 하거나 영화 보기 또는 친구와 만나서 술을 마시는 행동을 한다. 이 방식을 사용하면 단기적으로 불안한 정서가 사라질 수 있지만 스트레스를 유발하는 사건이 이전과 달라지지 않았기 때문에 결국 정서 문제가 다시 발생할 수 있다.

일반적으로 문제중심 대처가 정서중심 대처에 비해 더 효과적이고 적응적이라고 알려져 있다(Endler & Parker, 1990). 또한 문제중심 대처는 건강과 정적 관계가 있지만 정서중심 대처는 부적 관계를 보이는 경향이 있다. 하지만 상황에 따라 적응적인 대처 방식이 달라지기 때문에 어느 방식이 더 효과적인지 파악하여 적용하는 것이 좋다. 예를 들면, 직장에서 상사와 갈등이 있어서 몹시 화가 났을 때 심리적으로 안정을 찾으려고 친구를 만나서 자신이 겪는 일을 털어놓거나 운동을 통해 공격적인 에너지를 분출시키는 것은 상사를 직접 만나서 갈등을 해결하려는 문제중심 대처보다 더 효과적일 수 있다. 그리고 재난처럼 통제할 수 없는 사건의 경우 문제중심 대처가 아닌 정서중심 대처가 더 적응적이며(Folkman, 1984), 외상을 경험한 초기 상황이나 그 외상으로 인해 심리적으로 매우 위축된 경우에는 정서중심 대처가 더 스트레스를 감소시키고 문제중심 대처를 사용하기 전까지 보호해 주는 역할을 한다(Roth & Cohen, 1986).

지금까지 살펴본 바와 같이 대처 방식은 어떠한 상황에 처해 있느냐에 따라 효과가 달라지므로 절대적 기준으로 판단하기 어렵다. 그리고 스트레스를 경험할 때 사람들은 어느 하나의 대처 방식만 사용하는 것이 아니라 문제중심 대처와 정서중심 대처를 동시에 사용하기도 한다(최해연, 2013). 즉, 정서적 어려움에서 벗어나려는 노력과 문제를 해결하려는 시도가 상호작용하면서 시기와 상황에 따라 달리 적용된다고 할 수 있다. 두 가지 대처 방식 이외에도 스트레스 경험을 단순히 고통스러운 것이 아닌 자신의 인생에서 어떠한 의미를 지니는지에 초점을 두는 '의미중심 대처(meaning-focused coping)'가 있고 다른 사람들에게 지지를 받아서 스트레스를 감소시키는 '사회적 대처(social coping)' 등이 있다(Folkman & Moskowitz, 2004).

2) 스트레스 관리

스트레스를 감소시키기 위해 사용하는 문제중심 대처 또는 정서중심 대처가 항상 긍정적인 효과만 나타내는 것은 아니다. 현재 문제에 직면해 있는 상황과 시기에 따라서 오히려 역효과가 나타날 수도 있다. 하지만 사람들은 스트레스를 경험할 때 문제 상황과 시기를 구별하지 않고 대개 자신이 이전까지 대처했던 방식을 지속하는 경우가 많으며 부적응적 결과가 나타날 수 있다. 이러한 경우에는 자신의 대처 방식을 탈피하고 여러 연구들을 통해 긍정적 효과가 있는 것으로 검증된 스트레스 관리 방법을 사용하는 것이 바람직하다. 여기서는 여러 방법 가운데 인지적 기법과 행동적 기법을 살펴보도록 하겠다.

인지적 기법은 스트레스 반응을 일으키는 스트레스원이 무엇인지 탐색하고 그것을 극복하는 방법을 익히는 것이다. 가령 자주 긴장하고 불안해지는 사람이 있다고 할 때 그 사람에게 긴장과 불안한 상태가 되면 언제, 어떠한 반응이 어느 정도로 나타나는지 스스로 관찰하여 기록하도록 한다. 구체적으로 그 당시의 생각, 정서, 행동 등을 최대한 자세하게 쓰는 것이 중요하다. 이러한 기록들을 지속적으로 검토하면 공통적인 스트레스원(예: 낯선 사람을 만나는 것), 생각(예: '상대방이 나를 이상하게 보면 어쩌지?'), 정서(예: 불안, 초조), 행동(말을 제대로 못하고 고개를 숙임) 등을 찾을 수 있다. 다음으로 불안이 어떠한 인지적 과정을 통해서 나타나는지 탐색한다. 평소에 '모든 사람들에게 인정과 사랑을 받아야만 한다.'는 신념을 가지고 있어서 낯선 사람을 만날 때 말이나 행동에 조그만 실수라도 있으면 안 된다고 생각하여 불안해지고 시선을 마주치지 못하며 아무 말도 못하는 경우일 가능성이 높다. 이러한 인지적 과정을 파악하면 스트레스원을 비롯하여 생각, 정서, 행동을 변화시키는 것이다. 되도록 낯선 사람을 만나지 않는 직업을 찾는 것부터 시작하여 중요하게는 자신이 가지고 있는 인지(신념)를 바꾸어 모두에게 인정받기 위해서 작은 실수에 집착하지 않도록 하는 것이다. 이러한 인지 변화를 통해서 정서와 행동의 변화도 함께 이어질 수 있다.

행동적 기법은 주로 스트레스에 대한 생리적 또는 신체적 반응을 감소시키려 할 때 사용되며, 구체적으로는 이완 훈련과 바이오피드백이 있다. '이완 훈련(relaxation training)'은 근육을 이완시켜서 긴장과 불안을 감소시키는 훈련이며 먼저 복식호흡을 통해 몸을 이완시키는 법을 배운다. 스트레스를 받게 되면 몸의 근육은 매우 수축되고 긴장되며 특히 어깨나 등, 목에 있는 근육이 경직되어 만성적 근육긴장과 통증을 발생시키므로 이완을 잘하는 것은 스트레스를 적절히 해소하는 것과 마찬가지다. 이완 훈련은 긴장과 이완을 반복적으로 실시하고 두 감각의 차이를 파악하게 하는 것이 중요하다. 복식호흡을 통해 들숨에서 근육을 긴장시키고 날숨에서 이완시키면서 자신의 몸이 긴장 또는 이완 상태인지 기억해 놓고 이후에 만약 긴장된 상태라면 바로 이완을 할 수 있도록 하는 것이다. 먼저, 아래쪽 발부터 시작해서 발목, 종아리, 허벅지, 배, 가슴, 등, 어깨, 목, 얼굴에 이르기까지 근육을 긴장시키고 이완하는 방법을 배운다.

이완 훈련의 다른 유형으로 '마음챙김 명상(mindfulness meditation)' (Kabat-Zinn, 1993)이 최근에 관심을 받고 있다. 이 방법은 마음챙김에 기반하여 스트레스를 감소하는 훈련으로 스트레스 이외에 불안과 통증이 있는 사람들에게 적용할 수 있다. 명상을 할 때 사람들은 부정적인 감각이나 생각을 일부러 회피하지 않고 머릿속에 떠오르는 생각이나 몸으로 느끼는 감각 자체에 집중한다. 자신의 생각과 감각에 대한 옳고 그름을 판단하지 않으면서 자신이 어떻게 생각하고 지각하는지를 알아차리게 된다. 이를 통해 세상을 보는 방식과 무엇이 자신을 움직이게 하는지를 통찰하는 과정에서 스트레스가 줄어들고 이완된다.

또 다른 행동적 기법인 '바이오피드백(biofeedback)'은 자신의 생리적 또는 신체적 반응이 어떠한지 컴퓨터의 신호를 통해 확인받은 후 자신의 상태를 조절하는 방법이다. 긴장과 불안이 많은 사람의 경우 머리에 전극을 붙이고 미세한 근육의 움직임이 있는지 찾아낸다. 근육의 움직임이 있으면 소리나 빛으로 신호를 보내어 피드백을 준다. 근육이 수축되어 긴장되면 신호가 커지고 반대로 이완되면 작아진다. 이러한 피드백을 통해 소리의 크기를 조절하는 방법을 습득하게 되어 스스로 근육을 이완시킬 수 있게 된다. 근육의 긴장도 이외에 심장박동, 혈압, 피부 온도 등을 측정하여 스스로 조절하게 하는 다양한 바이오피드백 방법들이 있다.

7. 스트레스가 건강에 미치는 영향

스트레스는 생리적, 인지적, 정서적 반응을 일으키는 것으로 끝나지 않고 건강과 질병에 상당한 영향을 미친다. 스트레스는 건강에 두 가지 방식으로 영향을 미치는데, 직접적 영향과 간접적 영향으로 나눌 수 있다. 직접적 영향은 스트레스가 면역계나 신경계, 내분비계 등에 영향을 미쳐서 질병을 일으키는 것이다. 간접적 영향은 스트레스로 인해 술을 마시거나 담배를 피우고 잠을 못 자는 등 건강과 관련된 행동을 변화시켜 질병의 위험을 증가시키는 것이다. 여기서는 직접적 및 간접적 영향을 각각 알아볼 것이다.

1) 직접적 영향

스트레스는 생리적 변화를 일으켜 면역계, 신경계, 내분비계에 직접적으로 영향을 미치기 때문에 질병을 일으킬 수 있다. 스트레스와 관련된 질병은 비교적 경미한 증상인 두통부터 감염성 질병, 심혈관 질환, 만성질환에 이르기까지 다양하다. 여기서는 두통과 심혈관 질환을 중심으로 살펴보도록 하겠다.

두통(headache)은 거의 모든 사람들이 경험하는 질병으로 약 100여 종이 넘는다. 가장 자주 나타나는 두통은 긴장성 두통(tension headache)으로 목이나 머리의 근육이 긴장될 때 나타난다. 두통과 관련된 스트레스원은 생활사건이 아니라 오히려 사소하거나 골칫거리인 일상적 사건인 경향이 있는 것으로 밝혀졌는데, 만성적 두통이 있는 사람은 가끔 두통이 있는 사람보다 일상적 사건들을 더 많이 경험하였다(Bottos & Dewey, 2004). 그리고 스트레스원은 두통이 시작되기 전에 나타나며 두통을 경험하고 있을 때 나타나는 경우에는 두통의 강도를 더 세게 만든다.

심혈관 질환(cardiovascular disease: CVD)과 스트레스의 관계에서 스트레스가 심혈관 질환의 원인일 수도 있지만 이보다는 CVD가 있는 사람의 심장발작이나 뇌졸중을 촉진하는 역할이 더 큰 것으로 보인다. 스트레스로 인해 우울이나 불안을 경험하면 심장발작의 위험이 높아지고 CVD가 있는 사람의 심장발작을 비롯하여 가슴 통증의 가능성을 높인다(Krantz et al., 2000). 그리고 심장발작과 관련 있는 스트레스원을 탐색한 연구 결과, 직장 및 가정 스트레스, 경제적 문제, 지난 1년 동안의 중요한 생활사건, 우울, 외적 통제 소재가 관련이 있었다(Yusuf et al., 2004). 한편, 직장에서 작업요구가 높지만 직무결정권이 낮은 사람은 그렇지 않은 사람보다 작업시간 동안 혈압이 더 높게 나타났다(Fauvel et al., 2001). 집에서도 혈압을 측정했는데, 집에서는 다른 사람과 혈압 차이가 유의미하게 나지 않은 것으로 볼 때 스트레스가 혈압과 심혈관계에 영향을 주는 것으로 볼 수 있다.

2) 간접적 영향

스트레스는 면역계, 신경계, 내분비계를 변화시켜 건강이나 질병에 직접적으로 영향을 미치기도 하지만 건강에 해로운 행동을 더 촉진시켜서 질병을 간접적으로 일으키는 역할을 한다. 즉, 스트레스로 인해 화가 나거나 불안해지면 정서를 안정시키기 위해 음주, 흡연, 폭식 등의 행동을 하게 되며 이후에는 습관으로 굳어지게 된다. 여기서는 건강에 부정적 영향을 주는 행동인 음주와 흡연에 대해서 알아보도록 하겠다.

(1) 음주

음주는 여러 신체 기관에 영향을 미치고 질병을 일으킨다. 신체 기관 가운데 장기적으로 심각한 손상을 주는 기관은 간이다. 하루에 5~6잔 이상 마시는 심각한 음주는 간에 지방이 쌓이게 하고 붓게 만든다. 지속적인 음주는 간을 통과하는 혈액의 흐름을 방해하고 이로 인해 간세포가 죽으면서 간염이 생기는 간경변으로 발전하기도 한다. 간경변은 치명적이고 알코올 중독자가 사망하는 주된 원인이다(Tuma & Casey, 2003). 또한 음주는 뇌에도 손상을 일으키는데, 만성적으로 심각한 음주를 하는 사람은 코르사코프 증후군(Korsakoff Syndrome or Wernicke-Korsakoff Syndrome)이라 부르는 신경학적 기능 이상이 나타난다. 이 증후군은 알코올성 치매라고도 하는데 최근에 경험한 사건이나 새롭게 학습한 정보들에 대한 기억력이 저하되고 시간 · 장소 · 사람에 대한 인식 능력이 떨어지는 것이 특징이다.

하루에 2잔 정도의 음주는 심장발작의 위험을 25% 줄이는 등(Rimm et al., 1999) 술이 심혈관계에 항상 부정적인 영향을 미치는 것은 아니지만, 많은 양의 알코올은 심장근육에서 지방산(심장의 에너지 생산구조를 손상시키는 작용을 함)이 산화되는 것을 약화시키고 심장근육의 수축력을 억제하여 심장의 조절 기능을 저하시키기 때문에 특히 수축기 혈압의 증가를 유발시키는 경향이 있다(Curtis et al., 1997). 술을 마시는 것이 암의 발생에 영향을 미치는지에 대해서는 분명하지 않은데, 과도한 음주자들은 흡연도 병행하는 경향이 많아서 둘의 영향을 따로 분리하기가 쉽지 않기 때문이다. 하지만 200여 개의 연구결과들을 종합적으로 분석한 바에 의하면 장기적인 음주는 간암, 식도암, 비인강암, 후두암과 관련이 있었으며(Bagnardi et al., 2001) 음주 정도가 심할수록 증상의 심각성도 커졌다. 또한 술을 마시면서 담배를 함께 피우면 폐와 식도에 암이 발생할 가능성이 커지는 것으로 나타났다.

직접적인 질병을 일으키는 것은 아니지만 과도한 음주는 출생률을 감소시키고 만성적인 여성 음주자는 불임의 가능성이 많다(Eggert, Theobald, & Engfeldt,

2004). 구체적으로 보면 과도한 음주는 호르몬을 조절하는 뇌하수체나 시상하부에 직접 영향을 끼쳐 월경 주기가 중단되고 비타민, 특히 티아민(thiamine)을 결핍시켜 불임을 야기한다. 그리고 임신했을 때 과도한 음주를 하면(음주 이외에 과도한 흡연, 스트레스, 영양 결핍도 간접적으로 영향을 미침) 태아 알코올 증후군(Fetal Alcohol Syndrome: FAS)의 위험이 높아진다. 이 증후군은 얼굴 기형, 성장 결핍, 중추신경계 장애, 지적장애 등이 나타난다. 특히 임신 초기에는 약한 수준이라도 술을 마시게 되면 태아의 발달에 직접적 영향을 줄 수 있다(Goldsmith, 2004).

사람들의 음주행동을 설명하려는 몇 가지 모형이 제안되었다. 전통적인 질병 모형은 문제성 음주를 신체적 증상으로 보았던 의학 모형의 일종으로 문제성 음주를 하는 사람들은 알코올중독(alcoholism)과 같은 신체 질병을 가지고 있다고 가정한다. 하지만 이 모형은 술의 생리적 속성만을 지나치게 강조하고 환경적, 인지적, 정서적 요인 등을 적절하게 고려하지 못한다는 문제가 있다(Peele, 2002; Quinn et al., 2004).

생리적 변화와 인지적 변화의 조합을 강조하는 인지생리적 이론은 과도한 음주가 알코올의 화학적 속성만이 아니라 음주자들이 경험하는 인지적 변화에 영향을 받는다는 점에 주목한다. 이 이론은 긴장감소 가설(tension reduction hypothesis)과 알코올성 근시(alcohol myopia) 개념을 통해 술이 인지적으로 긴장을 감소시킬 것이라는 기대를 하게 만들거나 인지적 통찰력을 협소하게 만들어 현실적 불안에 대해서 걱정하지 않게 하는 작용을 한다고 주장한다.

학습 모형(learning model)은 음주가 학습된 행동이라고 가정하는데, 술을 마신 후 기분이 좋아지고 더 자신감 있게 행동하며 사람들과 상호작용이 활발해지는 등 긍정적 결과가 나타나는 것을 학습하게 된다(정적 강화). 그리고 술을 마시게 되면 우울하거나 불안한 정서가 줄어들고 스트레스가 감소하는 등 부정적 결과가 사라지는 것을 학습한다(부적 강화). 또한 다른 사람들이 술을 마시는 모습을 보고 배워서 사회적으로 학습한다(사회적 학습/모델링). 특히 대학생들은 술자리에서 주위 사람들의 음주행동을 보고 사회적 압력을 느껴서 자신도 따라서 술을 마시게 되는 경우가 많다(Orford et al., 2004).

(2) 흡연

흡연은 음주보다 건강에 더 위험할 수 있으며 적절한 음주는 건강에 이득을 주기도 하지만 적절한 흡연이 건강에 도움이 된다는 연구는 아직까지 보고되지 않았다. 흡연이 건강과 질병에 미치는 영향에 대해서 구체적으로 살펴보자. 흡연은 심혈관 질환에 영향을 미치는데, 흡연자는 비흡연자에 비해 심혈관 질환에 걸릴 수 있는 상대적 위험이 2배 더 많은 것으로 알려져 있다(CDC, 1993). 일반적으로 남성이 여성보다 약간 더 위험하지만 심장마비나 심장발작이 발생할 가능성은 남녀 모두 높아진다. 담배를 3년 동안 피우면 동맥 안에 죽상반(plaque)이라는 찌꺼기를 만드는 속도를 높여서 동맥경화증의 진행을 약 50% 정도 증가시킨다(Howard et al., 1998). 그리고 담배 안에 있는 물질인 니코틴은 심장박동, 혈압 등을 높이고 혈관을 수축시키는데, 수축된 혈관과 빨라진 심장박동으로 인해 심혈관계에 부담을 주어 심장질환의 위험이 높아진다.

한편, 흡연은 수많은 암을 발생시키는데 그중에서도 폐암의 주된 원인이며 구강암, 후두암, 식도암, 췌장암, 기관지암, 신장암, 방광암 등과도 관련되어 있다(CDC, 1993). 담배를 피우는 남녀 모두 암으로 인한 사망 위험에 크게 노출되는데, 특히 남성 흡연자는 비흡연자보다 암에 걸릴 상대적 위험이 23.3배 더 높다(USDHHS, 2004). 미국의 경우 담배 소비가 급격히 증가한 후 20~25년이 지난 1950년부터 1989년까지 폐암으로 인한 사망도 함께 증가하였고, 1960년대 중반부터 담배 소비가 급격히 감소하였기 때문에 그 후 20~25년이 지나 남성의 폐암 사망이 감소하였다. 이러한 추세는 한국에서도 비슷하게 나타나고 있는데, 흡연이 폐암을 일으키는 중요한 요인이라는 증거가 된다.

흡연은 호흡기를 통해 이루어지기 때문에 폐에 직접적인 영향을 미친다. 만성 폐쇄성 폐질환은 폐에 염증이 생기면서 기능이 저하되고 기도가 좁아지면서 숨쉬기가 어려워지는 병이며 만성기관지염과 폐기종이 이에 속한다. 하루 종일 거친 숨소리와 기침에 시달리며 악화되면 스스로 숨쉬기조차 힘들어진다. 발걸음을 옮기는 것조차 어려워 외출은 물론 혼자 씻거나 식사가 어려울 정도다. 세계보건기구에 따르면 이 질병은 전 세계에서 10초에 한 명씩 사망하는 병으로 세계 사망원인 4위이고, 2020년이면 3위가 될 것으로 예상하고 있으며 한국에서도 2011년의 사망원인(통계청, 2013) 7위에 해당한다.

흡연은 자신의 건강뿐만 아니라 타인의 건강에도 위협을 준다. 최근에 간접흡연에 대한 관심이 늘어나면서 식당이나 PC방 등이 금연 지역에 포함되었는데, 간접흡연은 단순히 타인의 담배 연기가 불쾌감을 일으키는 것만이 아니라 건강에도 위험할 수 있다는 증거들이 1980년대부터 축적되었다. 직장에서 간접흡연에 노출된 사람은 폐암에 의한 사망률이 높다. 간접흡연에 노출될 수 있는 직업을 보면 미국의 경우 '5B'라고 하여 술집(bar), 볼링장(bowling alleys), 당구장(billiard halls), 도박장(betting establishments), 빙고 게임장(bingo parlors)이 있다. 이러한 직장에서 종사하는 사람들은 다른 직장의 종사자들에 비해 혈중 니코틴 농도가 약 18배 더 높으며 인과관계가 확실히 증명된 것은 아니지만 폐암 사망률도 더 높았다(Siegel & Skeer, 2003). 부모의 흡연은 아동이 기관지염이나 폐렴과 같은 호흡기 질환에 걸리게 할 수 있고(Larsson et al., 2001), 출생 시 저체중을 유발하며(Ahluwalia et al., 1997) 아동기 암을 유발시킬 수 있는 것으로 보고되었다(John et al., 1991).

흡연의 원인은 두 가지로 나누어 생각해 볼 수 있다. 첫째는 담배를 피우기 시작하는 이유이고, 둘째는 담배를 끊지 못하고 계속 피우는 이유다. 먼저, 흡연을 시작하는 이유를 살펴보면 사회적 압력이 중요한 역할을 한다. 10대 청소년들은 담배를 권하는 친구에 의해 흡연을 시작하여 지속되는 경우가 많다. 담배를 피우는 부모나 형제자매도 청소년이 흡연을 시작하는 데 영향을 준다(Slomkowski et al., 2005). 한국에서는 담배 광고가 금지되어 있지만 외국 담배회사들이 만든 광고를 대상으로 연구한 결과에 따르면 광고는 청소년이 흡연에 관심을 갖도록 하는 것으로 밝혀졌다. 12~15세 비흡연 청소년을 대상으로 담배를 피우지 않겠다고 결심한 집단과 흡연에 관심을 가진 집단으로 나누어 담배 광고에 민감하게 영향을 받는지 연구한 결과, 흡연에 관심이 없던 집단은 광고에 주의를 기울이지 않고 실제로 흡연할 가능성이 적었지만 호기심을 가진 집단은 반대로 호기심을 유발하는 담배 광고의 영향을 많이 받았다(Pierce et al., 2005). 담배회사들은 광고가 성인들이 특정한 담배로 바꾸려 하는 것을 목표로 하는 것이며 청소년이 흡연을 시작하게 하는 것을 목표로 하지 않는다고 주장하였는데, 비흡연 청소년을 대상으로 연구할 결과를 보면 동일한 대상을 4년 후에 면접했더니 담배회사에서 특정 담배 제품을 광고하는 홍보물(예: 잡지)을 접했던 청소년이 그렇지 않은 청소년보다 흡연하는 비율이 3배 더 많은 것으로 나타났다(Biener & Siegel, 2000). 많은 여자 청소년들은 흡연이 체중조절에 도움이 될 수 있을 것이라고 믿기 때문에 담배를 피우기 시작하는데 체중에 대한 걱정과 흡연 시작이 서로 관련이 있었다(French et al., 1994). 여학생들이 만약 섭식장애 증상, 체중 감소를 위한 시도 경험, 체중 증가에 대한 두려움이나 날씬함에 대한 강한 욕구 가운데 두 가지 이상을 가지고 있다면 흡연을 시작할 가능성이 매우 높아진다. 그리고 체중에 만족하지 않는 남학생들은 운동으로 체중을 조절하는 경향이 있지만 체중에 만족하지 않는 여학생들은 체중조절 수단으로 하제 사용이나 다이어트를 하고 흡연을 하는 경향을 보였다. 이러한 체중조절은 흡연을 시작하는 원인이기도 하지만 흡연을 지속하는 원인에도 함께 포함된다.

다음으로 담배를 끊지 못하고 흡연을 계속하는 이유를 살펴보면 니코틴 중독 때문인 경우가 많은데, 과거부터 현재까지 100개비 이상 또는 하루 15개비 이상 피운 사람들은 그렇지 않은 사람보다 담배를 끊기 매우 어려워하였다(CDC, 1994). 즉, 니코틴을 흡입한 양이 많을수록 흡연에 의존하여 습관을 버리기가 매우 어렵다는 것을 알 수 있다. 흡연의 유일한 이유가 니코틴이라면 다른 방식으로 니코틴을 대체하면 담배를 피우지 않아야 된다. 하지만 다른 방식의 니코틴 섭취(예: 니코틴 껌, 패치 등)가 흡연을 완전히 대체할 수 없다는 것이 증명되었다. 다시 말해서, 흡연을 유지하는 것은 니코틴 이외에 다른 요인이 관련되어 있음을 알 수 있다. 흡연을 계속하는 다른 이유는 학습되기 때문인데 정적 강화와 부적 강화가 대표적이다. 담배를 피운 후에 유쾌하고 즐거운 긍정적인 경험을 하게 되면 정적 강화를 받게 되는데, 그 경험으로는 긴장이 풀려 이완된 느낌, 담배 맛(예: 자신이 피울 때 나는 좋은 담배연기 냄새), 손이 심심하지 않은 만족감 등이 있다. 그리고 담배를 피운 후 불쾌하고 괴로운 부정적인 경험이 사라지게 되면 부적 강화를 받는데, 흡연하지 않으면 긴장, 불안, 우울과 같은 금단 증상이 있다가 담배를 피우면 이러한 불쾌한 증상이 사라지게 된다. 낙관적 편향(optimistic bias)도 원인 중 하나인데, 흡연자들은 자신이 담배를 피워도 질병에 걸리거나 사망할 위험에 노출될 가능성이 더 적다고 생각하여 흡연을 지속하게 된다. 비흡연자(과거부터 비흡연자+현재 비흡연자)와 소량 흡연자는 75세까지 살 수 있는 확률을 실제와 거의 비슷하게 추정하였지만 골초들은 자신이 그때까지 살 수 있는 가능성을 상당히 과대 추정하였다(Schoenbaum, 1997). 또한 흡연자가 자신의 건강에 대한 취약성을 어떻게 지각하는지 알아보았는데 많은 흡연자들이 자신은 덜 취약하다는 낙관적 편향을 가지고 있었다(Weinstein, 2001).

제 12 장

성격과 개인차

PSYCHOLOGY

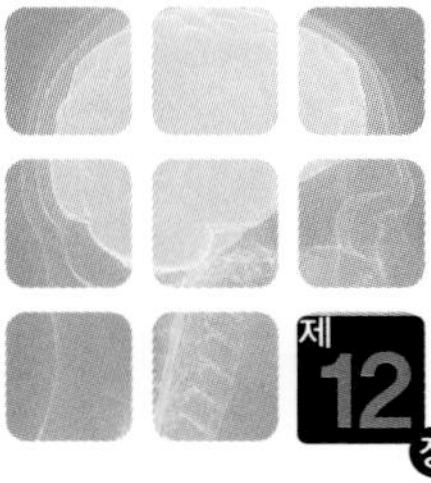

제12장 성격과 개인차

사람들은 자주 '성격'이란 말을 사용한다. 다른 사람을 평가할 때 "저 친구는 활달하고 사교적인 성격이야." "저 여자는 내성적이라 남 앞에서 전혀 말 한마디도 못하는 성격이야." 등으로 말한다. 자신에 대해서는 "난 내가 어떤 성격인지 잘 모르겠어."라고 말한다. 그렇다면 이렇게 자주 언급되는 성격이란 무엇을 의미하는가? 성격은 여러 가지 의미를 지니고 있다. 우선 성격의 의미는 개인의 가장 두드러진 독특한 특성을 말한다. 즉, 변덕스럽다, 수줍다, 명랑하다, 공격적이다 등의 형용사로서 표현되는 개인의 특성을 의미한다. 그리고 다른 의미는 사회에 잘 적응해 가는 능력을 의미한다. 즉, 원만한 대인관계를 유지하는 사교기술이나 호의적인 태도 등은 사회적 적응력이 좋은 성격이라고 할 수 있다. 이 장에서는 성격의 의미, 성격형성의 영향 요인, 다양한 성격이론, 성격의 측정, 건강한 성격 등에 대해 살펴보기로 한다.

1. 성격의 의미

인간의 여러 자질 가운데 가장 중요시되는 것 중의 하나가 성격이다. 친구를 사귀거나, 일생의 반려자를 선택할 때 가장 고려해야 할 요인 중의 하나가 성격일 것이다. 즉, 상대방이 믿을 만한가, 변덕스러운가, 다정한가, 명랑한가, 우울한가 등의 기질은 물론 상대방이 자신과 유사한 인생관이나 가치관을 소유했는지의 여부를 파악하는 것이 중요하다. 그리고 기업에서 새로운 사원을 채용할 때도 그 사람이 성실한가, 정직한가, 참을성이 있는가 등이 판단의 기준이 된다. 다시 말하면, 원만한 사회생활을 하고, 성공과 출세를 하는 데 있어 지능, 학력 등의 요인보다 성격이 더 중요하다.

그렇다면 이렇게 중요한 성격이란 무엇인가? 성격에 대한 정의는 아직 학자 간에 의견일치를 보지 못하고 있다. 그 이유는 성격을 개인 간의 구별되는 차이로 규정할 경우, 그 어느 누구도 다른 사람과 동일한 사고와 행동을 하는 경우는 없기 때문이다. 각 개인 간의 차이는 매우 크므로 사람 간의 어떤 공통점을 찾기란 매우 힘들다. 그러다 보니 심리학자들은 각자의 입장에서 자기 나름대로 성격에 대한 정의를 내리고 있다. 인간의 성격에 대한 연구로 일생을 보낸 올포트(Allport, 1937)는 성격이란 간단히 말해 "진정 그 사람인 것(what a man really is)"이라고 보고, 성격에 대한 많은 정의를 총괄적인 것(omnibus), 통합적인 것(integrative), 위계적인 것(hierarchical), 적응적인 것(adjustmental), 독특한 것(uniqueness) 등 다섯 가지로 분류하였다. 한편, 샌포드(Sanford, 1963)는 성격이란 항상 체제화된 것이고, 영속적인 것이며, 나아가 특징적인 것이라고 주장하였다.

그런데 학자들마다 주장하는 수많은 정의를 검토해 보면 거기에는 공통되는 몇 가지 요인이 있음을 발견할 수 있다. 첫째, 성격은 한 개인을 특징짓는 독특한 면이 있다는 것이다. 둘째, 성격은 여러 상황에서 비교적 일관성 있게 나타나는 행동 및 사고 방식이라는 것이다. 셋째, 성격은 개인이 환경에 적응해 나가는 과정에서 나타나는 행동양식이라는 것이다. 이러한 내용들을 토대로 성격에 대한 일반적인 정의를 살펴보면, 성격이란 개인이 환경에 적응해 가는 방법을 결정해 주는 독특한 사고방식이나 이에 따른 일관된 행동양식이라 할 수 있다.

2. 성격 형성의 영향 요인

1) 유전적 요인

출생한 지 얼마 안 되어 경험이나 학습의 기회를 거의 갖지 못한 신생아의 행동에도 개인차가 관찰되는 것을 통해서 많은 학자들은 본래 모든 인간은 각자 독자적인 경향성을 갖고 태어나는 것이라고 주장한다. 토머스 등(Thomas, Chess, & Brich, 1970)은 아이들은 신생아 때부터 기질(temperament)을 달리하고 태어나며 성격특성과 행동특성이 다르다고 주장했고, 14년간에 걸친 장기간 연구 끝에 신생아부터 청소년기에 이르기까지 이와 같은 기질이 비교적 일정하게 유지된다는 사실을 밝혔다. 그들은 신생아를 기질에 따라 키우기 쉬운 아이(easy child), 키우기 어려운 아이(difficult child), 반응이 별로 없고 위축된 아이(slow-to-warm up child) 등 세 가지 형태로 나누었다. 여기서 키우기 쉬운 아이란 출생 직후부터 정서적으로 안정되고 적응을 잘하는 아이로서 청소년기에 이르러서도 대인관계 형성이 원만하게 이루어지는 아이들이다. 그리고 키우기 어려운 아이는 정서적으로 불안정하거나 예민한 아이들로서 낯선 사람을 만나거나 낯선 곳에 가면 반발하고 저항하며 신경이 예민한 아이들이다. 이와 같이 신생아의 기질 차이는 유전적 요인이 성격에 영향을 미치고 있음을 나타낸다.

한편, 성격이 유전되느냐 혹은 성장하면서 발달하느냐의 문제는 쌍생아 연구를 통해 살펴볼 수 있는데, 이는 주로 일란성 쌍생아와 이란성 쌍생아의 성격 비교에 근거를 둔 것이다. 일란성 쌍생아는 수정된 1개의 난자가 둘로 나누어진 것이기 때문에 유전적 측면에서 똑같은 반면, 이란성 쌍생아는 2개의 난자에서 각각 태어났으므로 유전적으로는 보통의 형제와 다를 바가 없다. 그러므로 일란성 쌍생아가 이란성 쌍생아보다 성격이 더 유사하다고 측정된다면 유전의 영향이 좀 더 크다고 결론을 내릴 수 있다. 부스와 플로민(Buss & Plomin, 1975)은 평균 연령이 55개월 된 동성 쌍생아 139명의 성격특성을 조사했는데, 이들의 어머니들에게 쌍생아들의 정서 반응, 활동 정도, 사회성 등을 평가하도록 하였다. 그 결과, 〈표 12-1〉에서 보듯이 어머니들은 일란성 쌍생아가 이란성 쌍

〈표 12-1〉 쌍생아의 성격 유사성 비교

	남아의 상관		여아의 상관	
	일란성	이란성	일란성	이란성
정서 반응	.68	.00	.60	.05
활동 정도	.73	.18	.50	.00
사회성	.65	.20	.58	.06

생아보다 정서 반응, 활동 정도, 사회성이 훨씬 더 비슷하다고 평가했다. 이 연구결과는 성격이 어느 정도 유전됨을 보여 주는 것이다.

2) 환경적 요인

인간의 행동은 본질적으로 모두 환경과의 상호작용을 통해 학습된 것이다. 환경이란 유기체에게 직간접적으로 영향을 주는 모든 자극으로, 인간은 환경과 상호작용하여 생득적으로 타고난 소질을 제한하게 된다. 환경의 작용에 관해 블룸(Bloom, 1964)은 다음과 같은 결론을 내리고 있다. 첫째, 환경은 인간의 특성에서 일어나는 변화의 범위와 종류를 결정해 주는 요인이다. 둘째, 환경이 미치는 영향은 인간의 발달과정 중에서 가장 급격한 발달을 가져오는 시기에 더욱 큰 영향을 미친다. 셋째, 인간에게 주어지는 환경 중에서 초기의 환경은 보다 큰 영향을 미친다. 넷째, 환경은 원칙적으로 개인에게 변별적으로 작용하나, 동일한 환경 아래 있는 모든 개인을 동일하게 변화하도록 작용할 경우가 있다. 우리가 경험하는 환경 중에 가정은 인간이 기본적인 생활양식을 배우는 곳일 뿐만 아니라 성격 형성에 결정적인 영향을 미치는 장소다.

(1) 부모의 양육태도

유아의 성격발달에 중요한 영향을 미치는 사람은 부모, 특히 어머니다. 어머니의 보살핌은 유아의 생존과 관련되며 유아는 어머니에게 전적으로 의존할 수밖에 없다. 프로이트(Freud)와 할로우(Hollow) 같은 심리학자는 생후 1년까지가 유아의 성격 형성에 중요한 시기이며, 이 기간 동안 어머니의 양육방식이 유아의 성격발달에 커다란 영향을 미친다고 주장하였다. 한편, 인간의 경우 아동기에 이르러서도 부모의 양육방법은 아동의 성격에 많은 영향을 준다. 부모가 엄격하고 처벌을 많이 하며 따뜻하지 않으면, 아동은 소극적이고 위축되거나 반대로 난폭해지는 경우가 많다. 또한 부모가 너무 아동의 요구대로 응하고 받아주게 되면 버릇이 없고 행동이 거칠어진다. 여러 양육방법 중 가장 나쁜 영향을 주는 경우는 부모의 자녀에 대한 무관심이나 애정 부족이다. 이 경우 아동은 자신에 대한 부정적 감정, 즉 자신은 쓸모 없고 가치 없는 존재라는 생각과 이로 인한 열등감을 느끼거나 부모로부터 미움을 받지 않을까 하는 불안감을 갖게 된다.

바움린드(Baumrind, 1967)는 부모의 양육방법이 자녀의 성격에 어떤 영향을 미치는지를 직접 조사하였다. 그 결과, 성숙한 아동의 부모는 아동의 행동기준에 대한 확고하고 일관된 생각을 갖고 따뜻하고 애정이 풍부하며 아동의 의견을 존중하여 자립적인 아동으로 길러 내었다. 반면, 부모가 지나친 통제를 하고 부모 자신의 욕구에 치중하는 경우 아동이 자제력은 있으나 새로운 상황에 대해 불안해하거나 자신감이 없는 것으로 나타났다. 그러나 너무 허용적인 부모, 즉 잘한 행동과 못한 행동에 대한 칭찬과 처벌이 없는 경우도 자제력이 부족하고 의존적인 아동으로 키우게 된다. 결론적으로 아동의 능력과 자신감은 부모가 잘한 행동을 칭찬하고, 자립적 행동과 의사결정을 격려하는 따뜻하고 지지적인 가정에서 가장 잘 형성될 수 있을 것이다.

(2) 형제관계

가정 내에서 형제간의 상호작용이 성격 형성의 기본이 된다. 우선 출생순위와 성격 간의 관계를 살펴보자. 여러 형제 중에 첫째의 성격은 부모의 총애를 독점하기 때문에 이기적인 성격특성을 갖기 쉽다. 그러다 동생이 생기면 강한 질투를 느끼게 되며, 나중에 성장하여 우월감, 지배성, 증오심, 질투심이 생기게 된다. 다른 한편, 첫째로서의 책임감, 독립심, 지도성이 강해 지도자적 성격을 가지기도 한다. 둘째의 성격은 형과 아우의 중간에 위치하여 경쟁의 상대를 인식하므로 불안정하고 불만을 자아내기 쉬운 성격이 된다. 누구에게나 지는 것을 싫어하며 열등감에 사로 잡혀 침착하고 수줍어하거나 동정심이 많은 사람이 된다. 형의 억압이 심하면 활발하지 못하고 의기가 없지만, 형을 능가하고자 하는 측면도 강하여 과단성이 있고 쾌활한 성격을 가지기도 한다. 막내의 성격은 부모의 사랑을 오래 독차지하므로 의존성이 강하고 자제력이나 독립심의 발달이 늦어진다. 또한 과보호될 위치에 있으므로 어린애 같은 태도를 갖거나 사회적 미성숙이 이루어지기 쉽다. 막내라는 특별 대우로 인해 형제간의 시기의 대상이 되기도 하나 자신감이 있고 주저하지 않는 면이 있기도 하다. 독자의 성격은 지나친 보호 아래 성장하게 되어 사회적으로 좋은 성격이 될 수도 있으나, 형제가 없이 홀로 자라므로 사회성의 발달이 늦어지고 지나치게 자기중심적인 사람이 되기 쉽다. 또한 부모들의 관심이 많은 나머지 간섭이 심해져 신경질적으로 되기 쉽다.

다음으로 형제의 수와 성격 간의 관계를 살펴보자. 형제 수가 많은 경우는 자아성장을 촉진시키고 사회성을 가지게 된다. 그리고 정신적인 면에서 안정감, 집단소속감, 연대감, 인내심이 강하다. 반면, 형제 수가 적은 경우는 부모의 과보호와 간섭을 받고 자라서 의지가 약하고 신경질적이며, 비사교적이고 이기적이다. 형제가 같은 성이면서도 동시에 연령차가 적을 때는 형제간의 특성 차이가 적으나, 연령차가 크거나 형제의 성이 다를 때는 태도나 행동 면에서 차이가 크다. 또한 여자 형제 중의 여자보다는 남자 형제 중의 여자가 더 야심적이고 공격적이며 지적 발달도 앞서는 경향이 있다.

(3) 친구관계

우리는 집단에 소속되어 사회성을 발달시킬 수 있고 소속감을 가질 수 있으며, 집단의 분위기에 따라 명랑하고 쾌활해질 수도 우울해질 수도 있다. 집단 구성원의 이러한 특성은 성격 형성에 영향을 미친다.

유아들은 쉽게 다른 아이들과 동일시하는 경향이 있으며, 바람직한 것이든 그렇지 않은 것이든 동료들의 행동을 모방한다. 이런 모델을 반복해서 보고 또 자신도 행동의 목표를 달성하는 데 성공한다면 습관적인 반응을 나타내게 된다. 유아들이 사회적으로 더 성숙한 유아들과 놀게 된다면 더 협동적이 되고, 더 많은 집단 활동에 참여하며, 다른 사람에게 부탁이나 제안을 할 줄 알게 된다. 유아가 자라면서 집 밖에서 보내는 시간이 많아질수록 동료의 영향력은 더 커진다. 따라서 동료집단의 규범에 더 잘 순응하고, 더 큰 집단과 상호작용을 하게 된다.

3. 성격이론

1) 프로이트의 정신분석이론

프로이트(S. Freud)

정신분석은 본래 건강한 성격을 규명하고자 시도된 것은 아니었다. 정신분석의 창시자인 프로이트의 경력에서도 알 수 있듯이 그는 개업의사, 임상가로서 정신적으로 앓고 있는 사람들을 치료한 경험에서 독자적인 성격이론을 창출한 것이었다. 프로이트는 심리장애 환자들을 치료한 임상경험을 토대로 성격의 구조와 형성과정, 그리고 심리적 부적응의 원인과 그 치료방법에 대해 종합적인 이론을 제시하여 심리학 및 정신의학에 큰 영향을 끼쳤다. 그의 정신분석이론은 인간의 행동을 바라보는 데 있어 기존의 관점과는 전혀 다른 새로운 시각을 담고 있어, 그 영향력은 심리학과 정신의학을 넘어 문학, 미술 등의 예술 분야나 인문사회과학 분야 전반에 걸쳐 깊이 자리 잡고 있다.

(1) 기본 개념

프로이트의 정신분석이론의 핵심이 되는 두 가지 기본 개념은 무의식적 동기와 심적 결정론이다. 이 기본 개념에 대해 살펴보면 다음과 같다.

① 무의식적 동기

프로이트는 우리가 의식하고 있는 것은 우리의 정신생활의 극히 일부에 불과하며, 의식의 밑에 깔려 있는 거대한 무의식의 세계가 우리의 생각과 행동에 영향을 미치고 있다고 보았다. 그는 마음의 영역을 현재의 순간순간의 경험으로 인식되고 있는 의식(consciousness), 보통은 인식되지 않지만 노력하면 의식에 나타나는 전의식(preconsciousness), 그리고 결코 인식되지 않고 마음 깊숙한 곳에 존재하고 있는 무의식(unconsciousness) 등 세 수준으로 나누었다. 이 중 무의식 영역은 우리의 욕구나 충동이 담겨 있는 깊은 저장고로, 본인은 그 존재를 전혀 의식하지 못하지만, 이 본능의 충돌들은 끊임없이 밖으로 표출하려는 성향이 있다고 보았다. 우리가 의식하지 못하는 정신세계가 있으리라는 가정을 프로이트가 처음 제시한 것은 아니지만, 무의식의 개념을 발전시켜 인간의 행동을 이해하는 데 적용한 것은 그의 독특한 공헌이다.

② 심적 결정론

프로이트는 또한 우리의 모든 행동, 느낌, 생각에는 의미와 목적이 있으며, 일견 우연처럼 보이는 것도 실상은 우리 내면의 생각, 소망, 갈등의 표현이라고 보았다. 예를 들어, 실언을 한다든가 약속을 잊는다든가 하는 사소한 일까지도 그 의미를 분석해 보면 무의식의 소망과 연결되어 있다는 것이다. 이와 같은 견해를 그는 심적 결정론(psychic determinism)이라고 했으며, 이는 무의식의 존재와 함께 정신분석이론의 기본 가정이 된다.

(2) 성격의 구조

프로이트는 성격을 서로 기능이 다른 세 가지 요소로 구성되어 있다고 보고, 이 세 가지 구성요소를 각각 원초아(id), 자아(ego), 초자아(superego)로 명명하였다.

① 원초아

원초아(id)는 성격의 가장 기본이 되는 요소로 성욕, 공격욕 등 인간의 가장 기본적인 본능적 충동들이 자극되면, 원초아는 이를 즉각적으로 충족시키려고 한다. 원초아는 현실적인 제한이나 미래의 결과에 관계하지 않고 즉각적인 본능 충족을 추구한다는 점에서 '쾌락 원리(pleasure principle)'를 따른다고 할 수 있다. 또한 원초아는 사람의 마음을 일게 하는 심적 에너지의 원천이며, 자아와 초자아에 에너지를 공급한다.

원초아가 본능의 욕구를 충족시키는 방법은 반사작용과 같이 본능의 충동이 일으킨 긴장상태의 즉각적 해소와 1차 과정사고에 의한 욕구충족의 두 가지가 있다. 예를 들면, 배가 고플 때 음식을 섭취하여 즉각적으로 이를 충족시키거나, 혹은 이것이 여의치 않을 때는 음식의 심상을 불러일으킴으로써 긴장을 감소시키려 한다는 것이다. 꿈은 1차 과정사고의 좋은 예라고 할 수 있다. 만일 현실 사회로부터 어떤 제한도 받지 않는다고 한다면 사람은 어린아이처럼 쾌락원리에 따라서 행동할 것이다. 그러나 현실적으로는 어떤 형태로든지 사회적 규제를 받게 마련이기 때문에 원초아는 미리 욕구를 충족시키는 표상을 그리려고 노력한다.

② 자아

자아(ego)는 성격의 조직적, 합리적, 현실 지향적인 체계로 '집행자'의 역할을 한다. 원초아와 같이 본능의 충족을 목표로 하되, 자아는 현실의 요구와 맥락을 고려하여 적당한 대상과 방법이 발견될 때까지 욕구충족을 지연하기도 하고 경우에 따라서는 억제하기도 한다. 따라서 자아는 '현실 원리(reality principle)'에 따라서 기능한다고 할 수 있다. 또한 이러한 욕구 억제 및 만족 지연을 결정하는 데 있어 자아는 현실적이고 논리적인 사고와 계획을 하게 된다. 이를 원초아의 1차 과정과 대비하여 2차 과정이라고 부른다. 1차 과정의 사고가 충족 체험에 연결된 지각을 재현하고자 하는 것에 비해, 2차 과정의 사고는 여러 가지의 표상을 관련시키고 통합하여 고차적인 정신활동(추리, 판단 등)을 행하도록 하는 이성을 말한다.

③ 초자아

성격의 세 번째 구조인 초자아(superego)는 사회의 가치가 내면화된 것으로 사회적인 가치에 위배되는 행동을 했을 때 외부로부터의 처벌에 앞서 소위 양심의 가책을 느끼는 것, 바람직한 행동을 했을 때 자긍심과 만족을 느끼는 것 등을 말한다. 따라서 초자아는 '사회성 원리(social principle)'에 따라 기능한다고 볼 수 있다. 초자아는 부모의 훈육을 통해서 사회규범이나 가치관이 자아 속에 들어가 작용하게 된 것이기 때문에 어린아이의 마음 속에 양심이나 도덕성과 같은 형태로 발달해 간다. 이 초자아는 우리로 하여금 본능의 충동을 누르고, 자아로 하여금 효율성보다는 도덕성과 완벽함을 추구하도록 압력을 가한다.

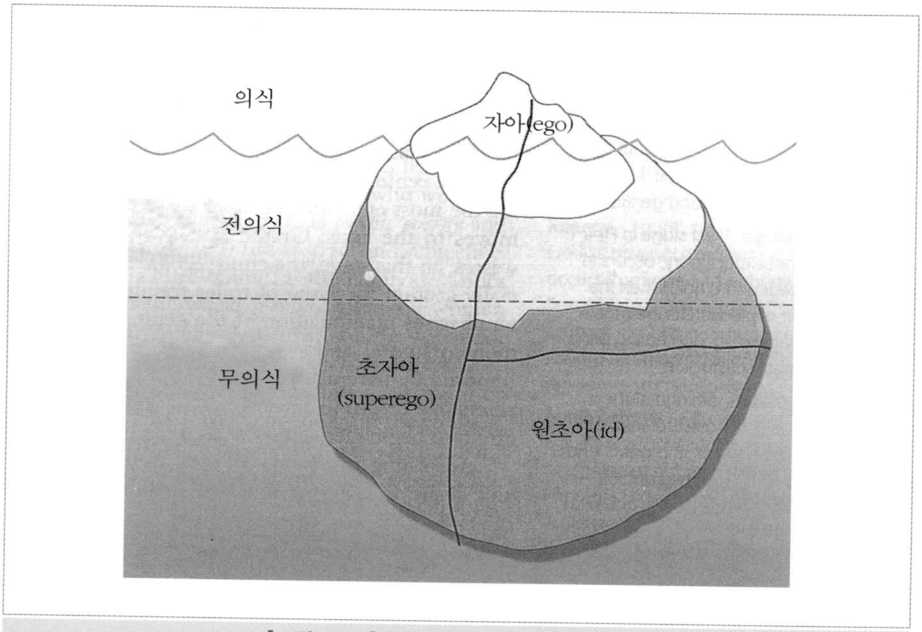

[그림 12-1] 프로이트의 성격의 삼층구조

프로이트가 설정하는 성격의 세 요소는 이와 같이 기능하는 양식이 서로 다르고 서로 상반되는 목표를 추구하므로 사람은 끊임없는 갈등을 경험할 수밖에 없다. 원초아가 상징하는 본능의 욕구, 자아가 대표하는 현실적 여건, 그리고 초자아가 상징하는 이상 및 가치는 어느 한 가지도 버릴 수 없는 중요한 것이다. 따라서 이 세 영역의 역동적 관계가 조화를 이룬다면, 그 사람은 내적으로 잘 적응하고 있는 것이 된다. 프로이트에게 있어서 잘 적응된 성격이란 성격의 이 세 요소 간의 갈등을 잘 조정하여 환경에 효과적으로 적응하는 것을 의미한다.

(3) 성격의 발달

프로이트는 성장과정에서 삶의 에너지인 리비도(libido)가 집중되는 부위가 변화한다고 주장하고, 리비도가 집중되는 신체부위에 따라 성격의 발달 단계를 구강기, 항문기, 남근기, 잠복기, 성기기로 나누고 있다. 이 발달 단계에 대한 자세한 설명은 제4장인 '발달과 성장'에 자세히 서술되어 있다.

프로이트는 이상의 심리성적 발달 단계를 거치면서 성격의 기본 골격이 형성되는 것으로 보았다. 특히 5세 이전의 초기 단계, 즉 구강기, 항문기, 남근기는 성격 형성에 결정적인 영향을 미치는 시기로, 이때의 경험은 지속적으로 그 흔적이 남는 것으로 보았다. 즉, 각 단계의 특징적인 욕구들이 지나치게 많이 좌절되었다든지, 혹은 지나칠 정도로 충족되었을 경우 그 단계에 고착(fixation)되어, 그 단계 특유의 성격 특성을 보이게 된다는 것이다. 예를 들면, 구강기에 고착된 사람의 경우는 의존적이고 흡연이나 음주 등의 구강을 통한 만족을 추구하게 되고, 항문기에 고착된 사람은 인색하고, 꼼꼼하고, 철저한 성격을 갖기 쉽다는 것이다.

2) 아들러의 개인심리학 이론

(1) 기본 개념

아들러(A. Adler)

아들러(Adler)의 '개인심리학'에서는 프로이트의 성 추동을 남성성 추구로 대체하였다. 즉, 프로이트의 생물학적, 외적, 객관적 원인 설명을 심리적, 내적, 주관적 원인 설명으로 대체한 것이다. 아들러는 인간을 사회적이며 목적론적 존재인 미래지향적 인간으로 보았다. 인간은 사회적 관심인 사회복리 추구에도 관심을 갖고 있다고 강조하였다. 즉, 그에 따르면 인간의 모든 행동은 목적이 있으며, 목적이 있는 행동은 행위(action)가 된다. 아들러는 어린 시절 신체적 · 학업적 열등감이 있었으나 이러한 열등감을 승화시키고 극복하여 열등감 자체를 '긍정적 힘'으로 만들었다. 아들러의 연구 과정을 정리하면, 1907년 『기관 열등감과 정신적 보상』이란 저서를 출판하였으며, 1908년 '공격성 추동'을 통해 성 대신에 공격성을 1차적 추동으로 보았다. 그리고 1912년 '신경증 체제: 우월성 추구와 열등감'이라는 개념을 정신건강에 도입하여 격려를 통해 환자의 자존감 향상과 개인의 사회적 관심을 강화시키는 방법을 개발하였다. 또한 내담자의 생활양식 이해에 도움을 주는 개념인 초기 회상과 출생 순위, 꿈 등도 제안하였다.

(2) 주요 이론

① 생활양식

생활양식(life style)은 생을 영위하는 근거가 되는 기본적 전제와 가정을 의미한다(예를 들면, '나는 ~이다. 세상은 ~다. 그러므로 ~이다.'). 우리는 생활양식에 따라 생각하고 느끼고 행동한다. 아들러는 사람들이 자신에게 의미를 주는 삶의 목표를 추구하기 위해 각기 독특한 생활양식을 발달시키며, 이러한 개인의 생활양식 차이가 성격을 형성한다고 하였다. 우리 모두는 어릴 때 상상이든 실제로든 열등감을 경험하고, 이러한 열등감은 우리로 하여금 어떤 방식으로 보상을 하게끔 만든다. 이를 열등감과 보상이라 한다. 신체적으로 허약한 어린이는 체력을 보다 낫게 발전시키는 쪽으로 보상하려고 할 것이다. 즉, 개인의 생활양식은 그의 독특한 열등감을 극복하기 위한 노력에서 나타난다. 이러한 생활양식은 4~5세에 대부분 형성되며, 그 형성 시기는 '세 살 버릇 여든까지 간다'는 속담과도 일치한다. 개인의 독특한 생활양식은 그가 생각하고 느끼고 행하는 모든 것의 기반이 된다. 일단 생활양식이 형성되면, 그것은 외부 세계에 대한 전반적인 태도를 결정하고 기본 성격 구조를 일생에 걸쳐 일관성 있게 유지한다.

생활양식은 사회적 관심과 활동 수준으로 구분된다. 사회적 관심은 인간 개개인에 대한 공감을 말하며, 개인의 이익보다 사회 발전을 위해 다른 사람과 협력하는 것이다. 활동 수준은 인생 문제를 다루는 데 개인이 보여 주는 에너지의 양이다.

② 열등감

인간은 현재보다 더 나은 상태인 완전성을 실현하기 위해 노력하는 존재다. 아들러는 자기완성을 이루기 위해 스스로 느끼는 열등감을 극복해야 한다고 하였으며, 자기완성의 필수 요인으로 열등감을 제시해야 한다고 주장하여 열등감의 긍정적 측면을 강조하였다. 또한 개인이 열등감을 극복하고 자기완성에 도달하기 위해서는 우월성 추구를 하며 건설적 생활양식인 긍정적 · 낙천적 성격을 가지고 심리적 건강을 추구해야 한다고 보았다. 다시 말해, 개인은 자신의 부족한 점을 스스로 인정하고 그것을 극복하려는 의지와 노력을 통해 자기완성을 위해 매진해야 하며, 열등감에 빠지기보다는 열등감을 지배해야 한다는 것이다.

③ 우월성 추구

아들러는 우월성을 자기완성 또는 자아실현의 의미로 사용하였다. 즉, 공격성은 힘에 대한 의지이며, 이러한 공격은 우월성 추구(striving for superiority)로 연결된다고 하였다. 우월성 추구는 삶의 기초적인 사실로 모든 인간이 문제에 직면하였을 때 부족한 것은 보충하며, 낮은 것은 높이고, 미완성의 것은 완성하며, 무능한 것은 유능한 것으로 만드는 경향성이며, 열등감을 극복하는 방식이다. 아들러는 모든 욕구는 완성을 위한 노력에서 비롯되므로 분리된 욕구란 존재하지 않는다고 하였다. 아들러가 제시한 우월성 추구의 특징은 다음과 같다.

- 유아기의 무능과 열등에 뿌리를 두고 있는 기초적 동기다.
- 정상인과 비정상인 모두에게 공통적으로 존재한다.
- 긍정적 방향(사회적 관심)과 부정적 방향(개인적 우월성)이 있다.
- 긴장을 해소하기보다는 증가시킨다.
- 개인과 사회 수준에서 동시에 일어난다.

④ 출생 순위

첫째 아이는 처음 부모의 모든 사랑과 관심을 받지만 둘째의 탄생으로 폐위된 왕의 처지가 된다. 일반적으로 첫째 아이는 리더 또는 지배자(독재자적 권위형)로 자랄 가능성이 높다. 둘째 아이의 경우 경쟁심과 협력심이 둘 다 강한 태도를 보여 혁명가로 불릴 수 있다. 막내 아이의 경우 과잉보호에 의해 과도하게 의존적이거나 문제아가 될 가능성이 있다. 반면, 정상에 서거나 영웅이 되는 경우도 있다. 독자는 자신의 중요성에 대해 과장된 견해를 가지거나 혹은 소심하고 의존적이게 된다. 즉, 독자는 가족 내에서 경쟁할 사람이 없기 때문에 경쟁자가 될 가능성이 적으며, 자신의 중요성에 대해 과장된 표현을 사용하기도 한다.

3) 머레이의 욕구이론

(1) 욕구의 개념

머레이(H. A. Murray)

머레이(Murray)는 주제통각검사(Thematic Apperception Test: TAT)를 개발하였으며, 프로이트의 개념을 조작적으로 정의하기 시작하여 가설 검증을 가능하게 하였다. 머레이 역시 프로이트의 원초아, 자아, 초자아로 성격을 구분하였다. 머레이는 기본적인 추동과 욕구의 원천은 원초아지만, 원초아가 부정적 충동만을 포함한 것은 아니라고 보았다. 초자아는 욕구가 언제, 어디서, 어떻게 표출되어야 하는가를 알려 주는 사회 환경의 내재화된 표상이며, 자아는 조직화된 성격의 자기 의식적 부분으로 변별력, 경험 전달 능력, 추론 능력, 문제해결 능력 등을 가지고 있다고 보았다. 이러한 점에서 머레이는 프로이트보다 자아의 역할과 기능을 강조하였다.

(2) 욕구의 유형과 기능

① 욕구의 유형

머레이는 욕구의 유형을 일차적 욕구(생리적 욕구)와 이차적 욕구(심리적 욕구)로 구분하였으며, 다양한 욕구에 대해 조작적 정의를 하였다. 머레이에 의해 조작적 정의가 되었던 욕구 중 중요한 욕구는 성취, 소속, 지배, 비하, 공격, 자율, 반작용, 방어, 존경, 과시, 위해 회피, 열등 회피, 양육, 질서, 유희, 거절, 감각, 성욕, 의존, 이해 등의 욕구다.

② 욕구의 특성

욕구는 행동을 유발하는 긴급성의 정도에 따라 서로 다른데, 이를 욕구의 우세성이라고 하였다. 또한 어떤 욕구는 서로 보완적이고, 단일 행동을 통해 충족될 수 있고, 일련의 행동에 의해 충족될 수도 있다. 예컨대, 부와 명예를 획득하면 지배욕, 성취욕, 자율성 욕구를 만족시킬 수 있다. 욕구의 융합이란 어떤 욕구를 충족시키기 위해서 다른 욕구를 활성화해야 한다는 개념이다. 개인이 자신이 원하는 집단의 소속감을 갖기 위해서는 그 집단의 규칙을 따르거나 리더를 존경하는 것이 우선이며, 정식 구성원으로서 소속감을 갖게 된 후에는 자신의 주장을 발언할 수 있다. 이때 상위 욕구(정식 멤버십을 갖기 위한 욕구)를 충족시키기 위해 하위 욕구(집단의 규칙을 따르는 것)를 충족시켜야 하는데 이를 하위 욕구의 종속성이라 한다.

③ 압력

머레이는 욕구에 따른 동기가 성격이론의 핵심이며, 동기는 항상 유기체 내에서 작동한다고 하였다. 인간행동에 영향을 미치는 것은 외부 환경이며, 이를 압력(press)이라 하였다. 압력의 유형은 개인이 압력을 어떻게 지각하는가에 따라 객관적이고 실제적인 지각인 α 압력과 주관적 지각인 β 압력이 존재한다고 하였다.

④ 주제

개인적인 요인인 욕구와 압력이 결합하고 융화하고 상호작용하여 차별화된 개인 행동인 주제(thema)를 형성한다. 이러한 주제가 나타나는 체계 과정을 머레이의 성격이론 체계라고 하는데, 이를 그림으로 나타내면 [그림 12-2]와 같다.

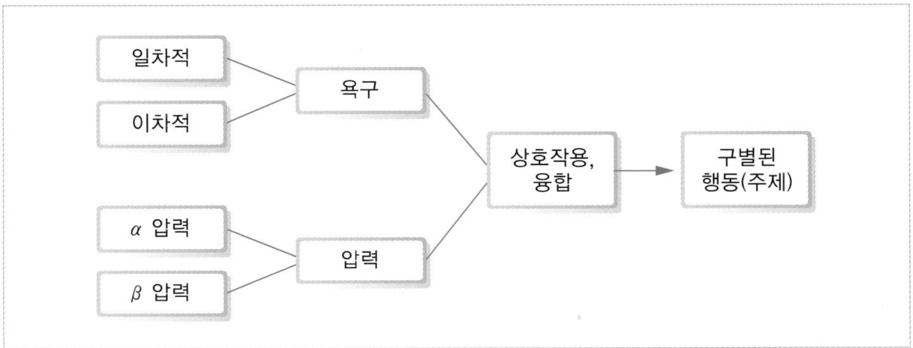

[그림 12-2] 머레이의 성격이론 체계

4) 행동주의 이론

(1) 기본 개념

왓슨(J. B. Watson)

앞서 살펴본 정신분석이론의 관점에서는 사람의 행동이나 생각이 내면의 요인에 의해서 결정된다고 가정하였다. 물론 상황에 따라서 사람의 행동이 달라질 수 있음을 인정하고 있으나, 역시 주요한 관심사는 상황보다는 내면의 성격이라 할 수 있다. 반면, 행동주의 입장에서는 겉으로 나타나고 객관적으로 관찰될 수 있는 행동과 행동의 학습에 영향을 주는 조건에 더 큰 관심을 기울인다. 이러한 측면에서 볼 때, 행동주의적 관점은 여러 상황에서 행동에 일관성을 부여하는 개인의 내적 특성이라는 성격 개념의 중요성을 받아들이지 않는다고 할 수 있다. 행동주의의 아버지라고 부르는 왓슨(Watson)은 다음과 같이 주장하였다.

• 심리학이 과학으로 확립되기 위해서는 그 연구대상을 내면적인 의식이 아닌 객관적으로 관찰 가능한 행동으로 정해야 하며, 그 행동을 예측 · 통제하기 위한 법칙과 원리에 대한 설명을 과제로 삼아야 한다.
• 심리학의 연구방법으로 기존에 주로 사용되었던 내성법(內省法)은 적절하지 못하며, 자연과학과 같은 객관적 방법을 사용해야 한다.
• 모든 행동은 자극과 반응이라는 기본 단위로 이해되어야 하며, 아무리 복잡한 행동이라도 이러한 자극-반응 기제의 복합이라고 볼 수 있다.
• 유기체 행동의 대부분은 조건반사적으로 형성된 후천적인 학습이며, 생득적인 행동은 극히 제한되어 있다.

왓슨은 우리가 출생 시에 갖게 되는 모든 것은 몇 가지의 기본 반사와 정서뿐이며, 우리의 정신적 능력과 기질도 가지고 태어나는 것이 아니라고 주장하였다. 이러한 입장을 끌고 가려는 왓슨의 생각은 그의 유명한 진술문에도 잘 나타나 있다.

"나에게 건강하고 잘 기른 아이를 달라. 그리고 그들을 기를 구체적인 세계를 이야기해 달라. 그러면 나는 그들의 재능, 취미, 경향, 능력, 부모의 인종 등에 관계없이 의사, 법률가, 예술가, 상인, 심지어 걸인이나 도둑 등 원하는 유형의 사람으로 훈련시킬 것을 보장한다."

(2) 성격의 형성

행동주의적 이론의 핵심인 학습이론에서는 사람의 행동은 모두 같은 원리를 통해서 설명할 수 있다고 가정한다. 고전적 조건형성과 조작적 조건형성에서와 같이 실험실에서 발견된 학습의 과정은 우리가 성격의 표현이라고 생각하는 여러 복잡한 행동을 설명하는 데도 똑같이 적용될 수 있다고 보았다. 예를 들어, 자신의 목표를 성취하기 위해서는 남의 권리를 침해하는 것도 주저하지 않는 이기적 행동 성향은 과거에 그러한 행동을 하였을 때 자신이 원하는 바를 얻을 수 있었던 경험이 반복된 결과라는 것이다. 반대로 남의 사정을 먼저 생각하는 사려 깊은 성격은 그러한 행동이 칭찬받고 높이 평가되는 환경에서 형성된 것으로 해석할 수 있다.

행동주의 입장에서는 성격이 과거 경험에 의해서 학습된 행동 성향이라고 파악하고 있다는 점에서 과거 경험의 중요성을 부인하지는 않는다. 그러나 정신분석이론에서 어린 시절의 경험에 의해 형성된 성격은 지속적인 영향을 갖는다고 보는 것과는 달리, 행동주의 입장에서는 상황이 바뀌어 다른 행동이 강화를 받게 된다면 과거와는 전혀 다른 새로운 행동 성향이 나타날 수 있다고 본다. 얌전하고 착실한 행동이 늘 칭찬받는 환경에서 그러한 행동을 많이 보이던 사람도, 그 환경을 떠나 대범하고 활발한 행동이 높이 평가되는 환경에 처하게 되면 새로운 행동 성향을 더 많이 나타낼 수 있다는 것이다.

행동주의 입장에서 주장하는 대로 환경의 변화에 따라 행동이 바뀐다면 사람들에게서 일관성 있는 행동 성향을 보기는 어려울 것이다. 실제로 사람들의 행동이 얼마나 일관성이 있는가 하는 것에 관해서는 심리학자 간에 큰 논쟁이 있어 왔다. 그 결과, 종전에 성격심리학자들이 가정하였던 것과 같이 사람들의 행동에 높은 일관성이 있는 것은 아니라는 것이 밝혀졌다. 그러나 대개는 우리에게 중요한 환경이 크게 변화되지 않고 유지되는 경우가 많고, 또 설령 환경이

다른 행동을 갑자기 강화하기 시작해도 오랫동안 강화받아 왔던 행동이 쉽게 소거되지는 않을 수 있어, 동일한 행동 성향이 오랫동안 지속될 수 있을 것이다.

행동이 환경적 요인에 의해 결정된다고 보는 것은 곧 환경적 조건을 통해 행동을 통제할 수 있다는 것을 의미한다. 제7장에서 설명한 것처럼, 왓슨과 레이너(Watson & Rayner, 1920)는 조건형성 절차를 이용하여 생후 11개월 된 앨버트라는 유아를 대상으로 공포 정서를 학습시켰다. 원래 이 유아는 흰쥐를 좋아했는데 간단히 환경적 조건을 조작하여 흰쥐에 대한 공포를 형성시켰다. 또한 셀리그먼과 마이어(Seligman & Maier, 1967)는 개에게 전기충격을 주고 이 충격을 피할 수 없는 상황을 제시하여 개를 무기력하게 만들었다. 이와 같이 혐오적 장면을 통제할 수 없다는 것을 학습한 동물은 일반적으로 수동적이 된다. 그리고 사람의 경우 학습된 무기력은 우울감을 경험하게 하며, 삶에서 움츠리고, 종국에는 포기해 버리도록 만드는 경향이 있다.

(3) 행동주의 이론의 평가

행동주의 접근에서는 학습의 원리를 통하여 성격이라는 현상을 설명하는 데 새로운 시각을 제공해 주었고, 특히 이전에 간과되었던 상황적 변수에 대한 관심을 새롭게 해 주었다. 행동주의 접근은 환경적 조건을 바꿈으로써 행동을 바꿀 수 있는 길을 제시하였다는 점에서 큰 공헌을 하였다. 그리고 학습이론에 근거를 둔 행동치료 기법은 공포증, 우울증 등과 같은 여러 부적응적 행동을 수정하는 데 효과적으로 활용되고 있다.

그러나 단순한 학습의 개념을 통해서 사람의 복잡한 심리 과정을 설명하는 데는 무리가 있다. 인간은 생각하고 계획하고 상상하는 존재이므로, 이러한 인지적 측면을 빼놓고는 행동을 이해하는 데 한계가 있다고 볼 수 있다. 또한 인간행동의 학습은 주로 사회적 상황에서 이루어지므로 학습의 사회적 맥락 또한 중요하다고 하겠다. 그러므로 미국의 심리학자 로터, 반두라 등은 행동주의 이론을 수정하여 사회학습이론의 관점에서 주변 상황을 해석하고, 자기 자신의 능력을 평가하며, 행동 목표를 달성하기 위한 구체적인 방법을 선택하고, 그 수행 결과를 평가하는 자기통제 체계 등의 인지적 변인을 행동을 결정하는 중요한 개인 내적 변수로 제시하고 있다.

5) 특성이론

특성이론(trait theory)의 가장 중요한 특징은 사람들의 성격을 기술하려 한다는 것이다. 개인 성격에 대한 특성이론은 인간의 기본 특성을 설정하고, 그 기본 특성에 따라 사람을 구분하려 한다. 즉, 특성이론에서 성격에 대한 특성적 분류법의 첫 작업은 성격 속성을 기술할 때 사용하는 언어를 검토하는 것이다. 이러한 특성에 따라 성격을 분류하는 특성이론의 대표적인 학자로는 올포트(Allport), 카텔(Cattell), 아이젱크(Eysenck) 등이 있다.

(1) 올포트

올포트(G. W. Allport)

올포트(Allport)는 특성을 다양한 종류의 자극에 대해 같거나 유사한 방식으로 반응할 경향 또는 성향으로 정의하고, 한 사람의 성격을 이해하기 위해서는 그 사람이 보이는 행동의 규칙적인 성향을 알아야 한다고 했다. 그는 인간의 특성을 공통 특성과 개별 특성로 구분하였는데, 공통 특성(common trait)은 한 문화 안에 속한 대부분의 사람이 공통적으로 지니고 있는 특성으로, 서로 비교할 수 있는 일반화된 성향을 말한다. 이에 비해 개별 특성(individual trait)은 개인에게 고유하기 때문에 타인과 비교할 수 없으며, 개인 내에서 그 나름의 독특한 방식으로 작용하며, 개인의 성격 구조를 가장 정확하게 반영한다고 보았다. 그는 이러한 개별 특성을 영향력을 미치는 범위에 따라 다시 기본 성향, 중심 성향, 이차 성향으로 나누어서 설명하였다. 기본 성향(cardinal disposition)은 개인의 생활 전반에 아주 광범위하게 퍼져 있어 거의 모든 행동에서 그 영향력이 발견되는 성향을 말한다(예: 권력 욕구 등). 이에 비해 중심 성향(central disposition)은 기본 성향보다는 더 제한된 범위의 상황에 영향을 미치지만 행동에 있어 폭넓은 일관성을 나타내는 성향을 말하며, 주위 사람들이 쉽사리 알아차릴 수 있다(예: 성실함, 활발함, 정직함 등). 마지막으로 이차 성향(secondary disposition)은 중심 성향보다 덜 현저하고 덜 일반적이고 덜 일관된 성향을 말하며, 그 사람을 잘 알고 있는 사람이 아니면 알기 어려운 극히 개인적인 성향(예: 특정 대상에 대한 태도, 음식에 대한 기호, 특정 상황에서의 행동 경향성 등)이다.

(2) 카텔

카텔(Cattell)은 특성을 행동의 객관적 관찰에서 추론되는 가설적 또는 상상적 구성개념으로 보았다. 또한 특성은 성격의 기본 요소이며, 행동을 예언하는 데 매우 중요한 요인이라고 간주하였다. 그는 생애기록, 자기평정 등에서 얻은 자료를 요인분석하여 16가지의 일차적인 성격 차원을 추출하였다. 그 결과, 최종 도출된 16가지 근원 특성을 성격 요인이라 불렀는데, 이를 측정하는 검사인 16PF(Sixteen Personality Factors)가 바로 그것이다. 카텔이 제시한 16가지 성격

카텔(J. M. Cattell)

〈표 12-2〉 카텔의 16PF 요인

요인 기호	특성
A	내성적인 – 사교적인
B	지능이 낮은 – 지능이 높은
C	정서적으로 불안정한 – 정서적으로 안정된
E	복종적인 – 지배적인
F	심각한 – 낙천적인
G	편의적인 – 양심적인
H	소심한 – 모험적인
I	완고한 – 부드러운
L	신뢰하는 – 의심 많은
M	현실적인 – 상상적인
N	솔직한 – 약삭 빠른
O	자기 확신적인 – 걱정하는
Q1	보수적인 – 급진적인
Q2	집단 의존적인 – 자기 충족적인
Q3	충동적인 – 통제적인
Q4	이완된 – 긴장한

요인을 살펴보면 〈표 12-2〉와 같다.

그 후의 다른 연구자들은 성격 차원의 수를 가능한 한 줄여 보려고 노력하였다. 그리하여 노먼(Norman)은 성격을 대표할 다섯 가지 주요 차원을 얻게 되었으며, 그것을 성격특성 5요인 혹은 빅 파이브(big five)라 명명하였다. 이 성격특성 5요인은 외향성, 호감성, 성실성, 정서적 안정성, 개방성이다(Norman, 1963). 그 후 많은 연구는 노먼의 것과 아주 비슷한 다섯 요인을 얻었으며, 수정된 성격특성 5요인은 〈표 12-3〉과 같다(Brody, 1987; Goldberg, 1990; John, 1990).

〈표 12-3〉 성격특성 5요인 분류

요 인	척도 차원
외향성	말 많은/말 없는
	솔직한/숨기는
	모험적인/조심하는
	사교적인/운둔적인
호감성	마음씨 착한/화를 잘 내는
	시기심 없는/시기심 많은
	온화한/완고한
	협동적인/반항적인
성실성	세심한/부주의한
	책임 있는/믿을 수 없는
	꼼꼼한/무모한
	참을성 있는/포기를 잘하는
정서적 안정성	안정된/긴장된
	차분한/불안한
	침착한/흥분을 잘하는
	건강염려증이 아닌/건강염려증의
개방성	예술적 감각이 있는/예술적으로 무감각한
	이지적인/편협한
	세련된/촌스러운
	상상력이 풍부한/단순한

(3) 아이젱크

아이젱크(H. Eysenck)

아이젱크(Eysenck)는 성격의 근본적인 차원의 수가 더 적을 수 있다는 믿음을 가지고 성격을 두 가지 차원으로 정리하였다. 그는 신경증-정서적 안정성과 내향성-외향성의 두 가지 차원만으로 성격 차원을 정의하고, 그 안에 모든 성격 차이를 망라하고자 하였다. 아이젱크는 '신경증-정서적 안정성'과 '외향성-내향성'을 독립적 차원으로 상정하고 있지만, 내향적인 사람과 신경증적인 사람은 둘 다 비사교적이고 다른 사람들과의 어울림을 피한다는 공통점이 있다. 그러나 아이젱크는 내향성과 신경증적인 사람의 사교성 부족은 각기 다른 것에 뿌리를 두고 있다고 본다. 건강한 내향적인 사람은 사회 활동을 두려워하지 않고 단순히 좋아하지 않을 뿐이지만, 신경증적으로 수줍어하는 사람은 두려워

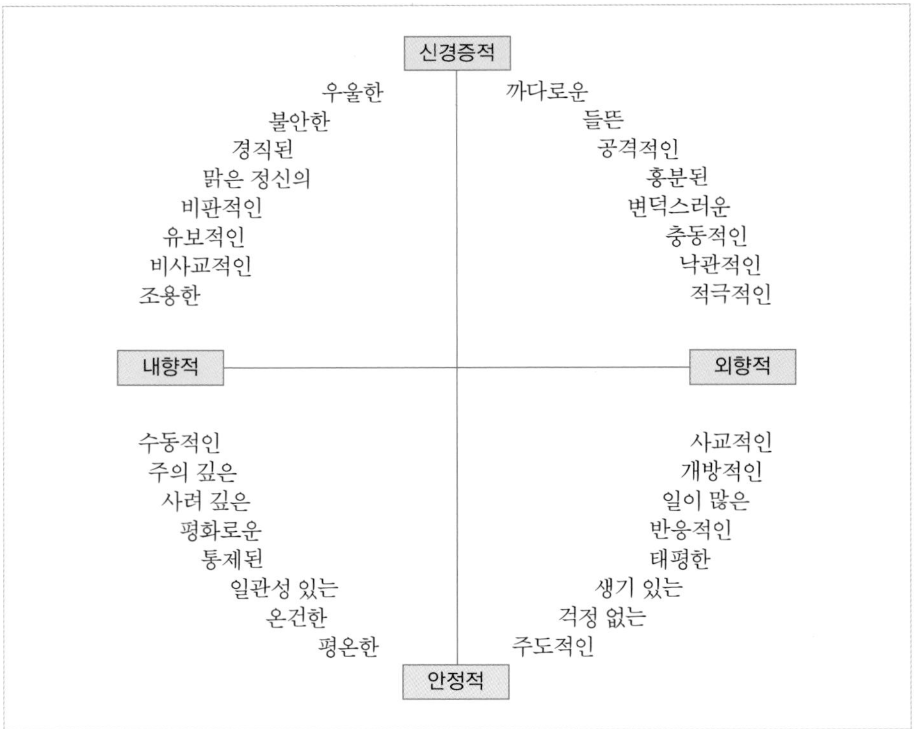

[그림 12-3] 아이젱크의 두 가지 특성 차원

서 자기 자신 속에 머무는, 즉 다른 사람과 함께 있기를 원하면서도 함께 어울리는 것에 겁을 낸다는 점에서 다르다는 것이다.

6) 인본주의 이론

인본주의 심리학은 처음부터 특별한 학파로 존재한 것이 아니고 기존의 정신분석과 행동주의에 대한 제3세력으로 등장한 것이다. 이러한 의미에서 인본주의 심리학을 제3세력의 심리학이라 부르기도 한다. 인본주의를 대표하는 학자로는 매슬로(Maslow), 로저스(Rogers), 펄스(Perls) 등이 있다.

(1) 기본적 인간관

인본주의 접근의 가장 두드러진 특징은 개인의 주관적 경험을 강조한다는 점이다. 모든 행동은 주어진 순간에 개인이 체험하는 모든 것, 즉 현상학적 장에 의해서 결정된다. 그러므로 개인의 행동을 이해하고 예측하려면 무엇보다 그 사람의 눈으로 세상을 바라볼 필요가 있다. 이러한 인본주의 입장에서 보는 인간관을 살펴보면 다음과 같다.

- 인간은 능동적인 존재다. 즉, 인간은 지각, 감정, 사고, 행위에 영향을 줄 수 있는 내적 구조와 과정을 가지고 있다.
- 인간은 심리학적인 조직을 가지고 있다. 즉, 인간은 규칙성과 질서를 가진 통합된 인격을 지니고, 조직적인 성질을 가진 통합체다.
- 인간은 심리적으로 복잡한 존재다. 즉, 통합체로서 인간은 분화 과정을 통해 발달하는 여러 요소를 통합한 복잡한 조직이다.
- 인간의 기능은 합리적이다. 머레이는 인간의 대부분의 행위는 무의식적으로 합리적인 목표, 의도, 가치관에 의해 결정된다고 보았다.
- 인간은 심리적으로 독자적인 존재다. 즉, 인간은 매우 독자적인 존재이기에 행동주의와 같은 하등동물의 행동법칙에 의해 인간을 이해하려고 하는 것은 부당하다고 보았다.
- 인간은 미래지향적이다. 즉, 심리적인 성장, 진보적인 분화와 통합이 강조

되고, 성격은 끊임없이 환경에 작용한다고 보았다.

(2) 로저스의 자기이론

① 자기이론의 특징

로저스(Rogers)의 자기이론은 현상학적 관점에서 성격을 이해하려고 한 대표적인 이론이다. 로저스는 개인의 독특하고 주관적인 경험을 강조한다. 즉, 우리가 주관적으로 경험하고 있는 현실은 각기 다르므로 개인의 주관적 해석을 떠나서 객관적 현실을 이야기하는 것은 무의미하다는 것이다.

로저스(C. Rogers)

로저스는 상담 경험을 통하여 자기(self)가 심리적 적응에 아주 중요한 역할을 해야 함을 발견하게 되었다. 자기는 대부분의 현상학적 이론의 중심 개념이며, 로저스에게도 기본적인 개념이다. 로저스의 자기이론에서 '자기'란 사람들이 자신에게 속한다고 보는 모든 것, 즉 신체적 특징, 능력, 불안감, 포부 등이다. 사람들은 살아가면서 겪는 여러 경험을 통하여 서서히 '자기'라는 것을 인식하게 된다. 이와 같이 형성된 자기는 개인의 주관적인 경험에 영향을 미치고 우리의 체험과 기억을 걸러 내는 기능을 한다.

로저스 이론의 또 다른 중요한 특징으로, 인간은 자신을 유지하고 향상시키는 방향으로 자기 자신이 지닌 모든 능력을 개발하려는 강한 성향이 있음을 가정한다. 이와 같이 인간을 자기실현과 성장을 추구하는 낙관적 존재로 보는 로저스의 견해는 본능의 욕구를 다스리기 위하여 끊임없이 갈등을 겪는 것으로 묘사한 프로이트의 인간관과는 대조를 이룬다.

② 성격의 발달

로저스는 사람은 누구나 중요한 타인들로부터 사랑받고 인정받고 싶은 긍정적 존중(positive regard)의 강한 욕구를 지니고 있다고 보았다. 어린이들은 성장하면서 긍정적 존중은 그냥 얻어지는 것이 아니라 특정한 조건을 충족시켰을 때 주어진다는 것을 깨닫게 된다. 예를 들어, 공부를 잘했을 때 칭찬과 인정을 받게 되면, 이러한 경험을 통하여 긍정적 존중의 조건이 공부를 잘하는 것임을 알게 된다.

긍정적 존중의 조건을 깨닫고 그에 따라 행동하려고 하는 것은 우리 모두를 사회화하는 데 아주 중요한 역할을 하지만, 경우에 따라서는 역기능도 생각할 수 있다. 즉, 긍정적 존중을 얻고자 하는 욕구에 의해 그 조건들에 지나치게 집착하게 되면 우리의 성장과 자기실현의 잠재력은 그만큼 감소하게 된다.

로저스는 기본적으로 누구나 무조건적으로 사랑받고 존중받는 경험이 필요하다고 주장한다. 만약 이러이러한 사람이 되어야만, 또는 이러이러한 행동을 해야만 사랑받고 존중받을 수 있다는 생각을 하면, 자신의 욕구나 경험을 왜곡하고 제한하는 결과를 가져와 자기 안에 내재된 가능성을 실현하는 데서 멀어질 수 있다. 여기서 무조건적인 긍정적 존중(unconditioned positive regard)이란 어떤 행동이라도 그대로 수용한다는 의미가 아니며, 인간으로서의 가치와 존중이 다른 어떤 것보다 우선적으로 인정되어야 한다는 의미다.

③ 바람직한 적응

로저스는 사람은 자기가 느끼고 있는 현상적 자기와 경험 사이에 일관성을 유지하려는 성향이 있다고 주장한다. 따라서 자기 구조와 일관되는 경험은 쉽게 받아들이게 되나, 자기 구조 혹은 자신이 지니고 있는 가치 조건과 어긋나는 경험은 심리적으로 위협을 주게 되므로 그것을 자기 체험의 일부로 받아들이지 않거나 혹은 그 의미를 왜곡하게 된다는 것이다. 이와 같이 자기 구조가 경험을 억압하거나 왜곡하는 것은 단기적으로 심리적 안정감을 유지하는 긍정적 기능을 할 수 있으나, 장기적으로는 자신에게 일어나는 여러 가지 일을 있는 그대로 경험하지 못하게 되어 체험의 폭과 깊이를 제한하고 현실에 적극적으로 대처하는 데 도리어 방해가 된다.

로저스는 자신의 잠재력을 모두 발휘하고 자기가 부딪히는 여러 체험에 대하여 마음이 열려 있으며, 순간순간을 충실히 살 수 있는 사람, 그리고 남보다는 자기 자신에게 의지할 수 있으며 자신이 있는 그대로 살 수 있다는 자유로움을 느끼는 사람을 '완전하게 기능하는 사람(fully functioning person)'의 이상형으로 보았다. 이러한 상태는 자기와 체험 사이의 불일치를 최소화하고 자신의 경험을 있는 그대로 받아들일 수 있는 능력에 달려 있고, 궁극적으로는 타인에 의해서 부과된 가치의 조건에서 얼마나 자유로울 수 있는가에 달려 있다. 로저스는 무조건적인 긍정적 존중이 이러한 능력을 발달시키는 데 핵심적인 역할을 한다고 보고, 심리적 적응의 문제로 괴로움을 겪는 사람을 치료할 때 치료자와 내담자의 관계에서 무조건적인 긍정적 존중이 매우 중요한 역할을 한다고 하였다. 즉, 자기 구조에 대한 위협이 전혀 없는 무조건적인 긍정적 존중이 보장되는 상황에서 자기 구조와 일치하지 않는 체험을 지각 · 검토하여 그 체험을 모두 수용할 수 있도록 자기 구조를 수정하는 것이 곧 심리치료의 핵심이라고 하였다.

4. 성격의 측정

성격을 알아보기 위한 방법에는 여러 가지가 있는데, 그중 가장 대표적인 방법이 검사법이다. 성격검사는 개인이 가지고 있는 어떤 기질이나 성향을 측정하는 것으로서 개인에게 습관적으로 나타날 수 있는 어떤 특징을 측정하는 것이다. 유형적으로 보면 성격검사의 시초는 갈톤(Galton)이 사용한 질문지에서 비롯되었다. 그러나 측정학적인 입장에서 본 최초의 성격검사는 제1차 세계대전 중에 우드워스(Woodworth)가 해외에 파견되는 군인들을 상대로 그들이 해외에서 정신적으로 잘 적응할 수 있는지를 가려내기 위해서 만든 Woodworth Personal Data Sheet(1918)라고 할 수 있다.

이후 많은 심리학자들이 여러 가지 목적으로 다양한 검사를 개발하였다. 이들은 대체로 정상인과 비정상인을 빨리 손쉽게 변별함으로써 상담의 대상을 확인하는 데 도움을 주고자 하였다. 이런 점에서 실제로 큰 도움이 되었으나 명확히 정의된 어떤 성격특성을 분명하게 측정한다는 것은 어려웠고, 또 정상과 비정상을 변별하는 기준도 역시 피상적이었다는 비판이 있었다. 그 이후 많은 심리학자의 연구에 의해 보다 정교한 성격검사가 개발되었다. 일반적으로 성격검사는 크게 두 가지 범주로 분류할 수 있는데 하나는 자기보고식 검사(self-report inventory)이고, 다른 하나는 투사적 검사(projective inventory)다.

1) 자기보고식 검사

이 검사는 자기보고식 질문지 형식을 취하며, 옳고 그른 답이 없이 다만 자신의 현재 태도, 감정, 의견 등을 가장 적절하게 나타낸다고 생각되는 문항에 표시를 하는 방법이다. 이 검사는 시간의 제한이 없는 검사이며, 주로 종이와 연필에 의해 실시되는 검사이기 때문에 지필검사이고, 개인적으로보다는 동시에 다수의 피검사자에게 실시하므로 집단검사의 성격이 강하다.

이 검사는 표준항목으로 구성된 검사지가 동일한 방식으로 실시되며, 채점과정이 표준화되어 있고, 해석의 기준이 제시되어 있으므로 검사를 실시하는 검사자의 주관성이 자료의 수집, 평가, 해석 과정에 개입될 여지가 최소한으로 줄게 된다. 따라서 이 검사는 표준화, 타당도, 신뢰도가 높은 검사다. 자기보고식 검사는 응답자의 왜곡된 반응이 발생할 문제점이 있지만, 사회적 특성을 측정하는 데 유효한 방법이며, 성격이나 적응 및 정신장애를 평가하는 데 유용한 도구로 인정되고 있다.

(1) 미네소타 다면적 성격검사

미네소타 다면적 성격검사(Minnesota Multiphasic Personality Inventory: MMPI)는 자기보고식 검사 중에서 가장 잘 알려져 있는 검사다. 이는 개인의 태도, 정서적 반응, 신체적 · 심리적 증상, 과거 경험 등을 알아보는 약 550개 문항으로 구성되어 있는데, 문항 수가 너무 많기 때문에 각 문항에 주의 깊게 대답하기 위해서는 높은 수준의 동기가 요구된다. 이 검사는 크게 10개의 임상적 척도와 3개의 타당도 척도로 구성되어 있다. 임상적 척도는 심기증, 우울증, 히스테리, 정신병리적 결함, 남성성-여성성, 편집증, 정신쇠약증, 정신분열증, 경조증, 사회적 내-외향성 등을 측정하며, 타당도 척도는 피검사자의 허위, 부주의, 방어적 회피 등을 측정한다. 이 검사는 임상심리학자들이 환자의 성격장애나 정신적 문제를 진단하는 데 큰 도움을 준다.

〈표 12-4〉 MMPI의 10가지 임상적 척도

척도	내용
심기증 (Hs: Hypochondriasis)	자기의 신체 기능이나 건강에 대해 지나칠 정도로 병적 관심을 갖는 증후
우울증 (D: Depression)	일반적으로 인생과 장래에 대해 비관, 염세, 절망 및 사기저하, 무가치감, 무능력 등을 나타내는 증후
히스테리 (H: Hysteria)	자신의 갈등, 문제, 책임 등을 신체적 증후를 통해 피해 나가려는 증후
정신병적 이상성격 (Pd: Psychopathic Deviate)	반사회적인 문제행동 및 범죄적 특징을 나타내는 증후
편집증(Pa: Paranoia)	집착, 의심, 각종 망상의 증후
정신쇠약증 (Pt: Psychasthenia)	공포, 근심, 불안, 강박관념, 죄악감 등의 증후
정신분열증 (Sc: Schizophrenia)	현실에 대한 무관심, 망상, 환상, 외부 세계와의 절교, 사고와 행동의 모순 등을 나타내는 증후
경조증 (Ma: Hypomania)	사고와 행동의 과잉반응, 지나친 정서적 흥분, 낙천주의 등의 증후
남/여성성 흥미 (Mf: Masculinity-Feminity)	남성적 흥미와 여성적 흥미의 증후
사회적 내향성 (Si: Social introversion)	사회적 접촉의 회피, 대인관계의 기피, 비사교적 성격의 증후

(2) 메이어스-브릭스 성격유형검사

메이어스-브릭스 성격유형검사(Myers-Briggs Type Indicator: MBTI)는 융(Jung)의 심리유형론에 근거하여 인간의 성격을 16가지로 분류한 성격유형 선호지표로서, 자신과 타인의 성격역동을 이해하는 데 아주 유용하게 쓰이는 도구다. 이 검사는 외향(E)-내향(I), 감각(S)-직관(N), 사고(T)-감정(F), 판단(J)-인식(P) 등 4개의 차원에 근거해 사람들의 성격유형을 다양하게 분류한다(〈표 12-5〉 참조). MBTI는 최근에 여러 분야에서 폭넓게 활용되고 있는 검사인데, 그 활용 목적에 따라 교육, 상담, 산업, 팀빌딩, 의사소통 훈련, 갈등관리, 문제해결 훈련 등 다양한 장면에서 이용될 수 있다.

〈표 12-5〉 MBTI의 네 가지 선호지표

차 원	내 용
외향형(E)-내향형(I) 〈주의 초점〉	외향형(E)은 세상을 이해하기 위하여 외적 경험을 필요로 하고 먼저 행동으로 체험하려는 경향이 있다. 따라서 이들은 활달해 보이고 활동적으로 보인다. 반면, 내향형(I)은 그들의 업무가 생각을 주로 하는 활동을 많이 요구할 때 더 많은 흥미와 편안함을 느낀다. 이들은 세상을 직접 경험하기 전에 먼저 생각 속에서 이해하려고 하는 경향이 있다.
감각형(S)-직관형(N) 〈인식 기능〉	감각형(S)은 대체로 현재를 있는 그대로 즐기고 순서에 입각해서 차근차근 업무를 수행해 나가는 근면성실형이다. 반면, 직관형(N)은 현재에 머무르기보다 미래의 성취와 변화, 다양성을 더욱 즐기고, 세밀한 사항보다는 전체를 보는 편이다. 그러므로 이들은 새로운 일, 복잡한 일에 겁 없이 뛰어드는 경향이 있다.
사고형(T)-감정형(F) 〈판단과 결정〉	사고형(T)은 일관성과 타당성을 중시하며 객관적이고, 논리적이며, 원리원칙에 입각하여 결정한다. 반면, 감정형(F)은 인간관계를 좋아하고, 동정심이 많으며, 남을 인정할 줄 알고, 재치가 있는 편이다. 객관적인 진리보다는 보편적인 선을 더욱 선호한다.
판단형(J)-인식형(P) 〈생활 양식〉	판단형(J)은 구조화되고 조직화되는 것을 더 좋아하고, 일이 정착되는 것을 더욱 선호한다. 흔히 이들은 계획에 따라 일을 추진하고 미리미리 준비하는 편이다. 반면, 인식형(P)은 어떤 순간에도 적응할 수 있는 자신들의 능력을 믿고, 다양하게 경험할 수 있도록 항상 개방적이기를 좋아한다.

(3) 에니어그램

과거 성격에 대한 수많은 정의들이 있었지만 이해하기 쉽고 설명하기 쉬운 성격체계는 드물었다. 원래 자아 관찰의 도구로 개발되었던 에니어그램은 아홉 가지 성격 유형과 이들 아홉 가지 성격 유형이 어떻게 상호작용하고 있는지를 잘 나타내 주고 있다. 에니어그램은 정서적 습관, 독특한 사고방식, 다른 사람과 인간관계를 맺는 방식 등이 서로 상호작용하는 각 유형의 고유한 특성을 보여 준다.

원래 에니어그램(Enneagram)이란 '에니어(annear, 9, 아홉)'라는 단어와 '그라모스(grammos, 도형 · 선 · 점)'라는 단어의 합성어다. 즉, 에니어그램은 그리스어로 '9개의 점이 있는 그림'이라는 뜻이다. 원과 9개의 점, 그리고 그 점들을

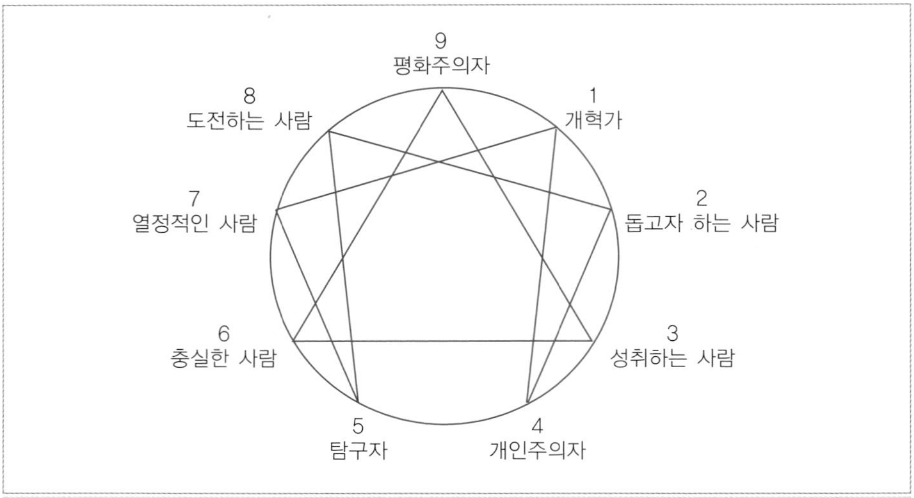

[그림 12-4] 에니어그램의 아홉 가지 성격 유형

잇는 선으로만 구성된 단순한 도형이지만 그 안에는 우주의 법칙과 인간 내면의 모든 것이 상징적으로 표현되어 있다. 에니어그램은 아홉 가지의 성격 유형군으로 에니어그램의 각 숫자는 하나의 유형을 나타낸다. 일반적으로 아홉 가지 모두가 자신과 어느 정도 비슷한 것 같아도, 이 중 자신과 가장 근접한 유형이 하나 있다. 이것이 각자의 기본 성격 유형이 되는 것이다.

2) 투사적 검사

이 검사는 피검사자에게 애매모호한 자극을 제시하여 피검사자로 하여금 이 자극에 반응하도록 하는 것이다. 그래서 그 반응을 분석하고, 이를 통해 그의 숨은 동기, 욕구, 갈등, 정서 상태 등을 측정해 내는 방법이다. 이 검사는 원래 임상심리학에서 정서적 장애를 가진 사람들에게 사용하기 위해 개발되었다.

이 투사적 검사의 장점은 첫째, 검사 자극이 불분명하고 비체계화되어 있다는 점이다. 비체계적이란 검사 자극에 대한 일반적인 공통적 의미가 없다는 것이다. 따라서 응답자는 어떤 반응이 옳고 그르며 어떤 반응을 통하여 방어할 것인지를 알 수 없으므로 방어가 쉽지 않고 응답의 왜곡이 적다. 둘째, 개인의 독특한 반응이 나올 수 있도록 반응의 자유도가 넓어 응답자는 제한 없이 폭넓게 반응할 수 있다는 점이다.

한편, 투사적 검사의 단점은 첫째, 검사가 표준화되어 있지 않아 검사자의 주관성이 개입되며, 검사의 신뢰도와 타당도가 낮다는 점이다. 둘째, 이 검사는 특정한 기준을 예견하는 예언타당도가 매우 낮다. 즉, 정상인과 신경증자의 구별이 분명하지 않으며, 정신장애자의 감별진단에서의 예언타당도도 빈약하다는 것이다.

(1) 로르샤흐 검사

로르샤흐 검사(Rorschach Test)는 피검사자에게 개별적으로 10개의 표준화된 잉크반점 그림(좌우대칭의 그림, [그림 12-5] 참조)을 제시해 주고 그 그림에서 본 것을 설명하도록 요구한다. 이 그림 중 어떤 것은 색채가 있고 어떤 것은 무채색이다. 10개의 카드를 보여 주고 나서, 검사자는 각 카드를 다시 보여 주고 피검사자에게 거기에서 본 것에 관해 자세한 질문을 한다. 즉, '무엇처럼 보이는지' '어느 부분이 그렇게 보이도록 했는지' '검사자도 그렇게 볼 수 있도록 설명해 달라' 등의 질문을 하고 그 대답을 기록한다. 이 답변을 해석하는 과정은 매우 복잡하며, 채점은 매우 주관적이다. 따라서 검사자의 훈련, 임상적 경험, 기술 등이 중요한 역할을 한다.

[그림 12-5] 로르샤흐 검사 그림의 예

(2) 주제통각검사

주제통각검사(Thematic Apperception Test: TAT)는 20개의 애매한 그림으로 되어 있고 그림에는 두 명 이상의 주인공이 여러 상황에서 제시된다. 피검사자는 각 그림을 보고 '무슨 그림인지' '그 그림에서 주인공은 누구인지' '그 그림 다음에는 어떤 장면이 연출될

[그림 12-6] 주제통각검사 그림의 예

것 같은지' 등의 차원에서 이야기를 꾸며야 한다. 이 이야기들은 검사자의 주관적이고 비표준화된 과정에 의해 분석된다. 주제통각검사는 주로 임상심리학과 연구에 사용되나, 때로는 산업계의 사원 선발 상황에 이용되기도 한다.

5. 건강한 성격

어떤 성격이 건강한 성격이고 어떤 성격이 건강하지 않은 성격인지를 구분하기란 쉽지 않다. 건강한 성격을 가진 사람들의 특징은 어떤 것이며, 정신적으로 건강하다는 것은 무엇을 의미하는가? 이러한 의문은 심리학자들만의 관심이 아니라 일반적으로 누구나 갖게 되는 관심사임에는 틀림없다. 최근 들어 많은 심리학자들은 건강한 성격의 연구가 심리학 분야의 기본적인 초점이 되어야 한다고 보고, 성격의 병적인 측면 대신에 건강한 측면에 관심을 쏟고 있다.

슐츠(Schultz)는 건강한 성격 모형 제시가 성격연구의 중요한 주제임을 강조하고, 각 심리학자들이 내세우는 건강한 성격의 모습을 다음과 같이 제시하였다.

- 올포트(Allport): 성숙한 인간
- 매슬로(Maslow): 자아실현하는 인간
- 로저스(Rogers): 완전하게 기능하는 인간
- 프롬(Fromm): 생산적 인간
- 융(Jung): 개성화된 인간
- 프랭클(Frankle): 자기를 초월하는 인간
- 펄스(Perls): 지금-여기에서 살아가는 인간

슐츠는 이상의 심리학자들의 성격연구를 정리하면서 다음과 같은 결론을 내렸다. 건강한 사람은 자신의 강점과 약점, 선과 악을 잘 인식하고 일반적으로 관대하게 받아들인다. 그들은 다른 사람이나 상황이 요구하는 사회적 역할을 수행하는 반면에, 진정한 자아의 역할을 혼동하지 않는다. 일반적으로 건강한 사람은 현재에 초점을 맞춰 생활하지 과거 속에서 살지 않는다. 또한 건강한 성격은 미래에의 전망을 강조한다. 그러나 그들은 현재를 미래로 대치하도록 주장하지 않는다. 다시 말하면, 미래의 목표와 사명을 행해야 하지만, 현재에서 계속되는 실존을 인식하며 살아가야 한다.

로저스는 심리적으로 건강한 성격이란 하나의 고정된 상태가 아니라 하나의 '되어 가는 과정'으로 본다. 그가 주장하고 있는 자아실현은 계속 진행되는 것으로서 완료되었거나 정체된 상태가 아니다. 그가 쓴 『*On becoming a Person*』(1961)이라는 책에서도 그의 중심 사상이 잘 나타나 있다. 그는 건강한 사람이 갖는 특징을 다음의 다섯 가지로 설명하고 있다.

- 경험에 대한 개방성(openness): 삶이 제공하는 모든 경험을 수용하고 융통성을 발휘한다.
- 실존적 삶(existential life): 순간순간 일어나는 모든 일에 대해 개방되어 있고 적응력이 있다.
- 자신에 대한 신뢰(trust): 자기 자신에 대한 신뢰감을 갖는다.
- 자유감(a sense of freedom): 선택이나 행동에 대한 자유로움을 경험한다.
- 창조성(creativity): 자기 실존의 모든 영역에서 독창적 사고력과 창조적 삶으로 자신을 표현한다.

매슬로는 '사람들이 세상에서 가장 원하는 것이 무엇인가?'에 관심을 갖고 욕구위계이론을 제안하였다. 그리고 이 욕구위계 중 가장 상위의 욕구가 자아실현의 욕구라고 하였다. 이 욕구를 실천하는 자아실현자의 특징을 살펴보면 〈표 12-6〉과 같다.

〈표 12-6〉 매슬로가 제시하는 자아실현자의 특징

- 현실을 효율적으로 지각하며 불확실성을 참아 낼 수 있다.
- 자신과 타인을 있는 그대로 수용한다.
- 사고와 행동이 꾸밈이 없고 자연스럽다.
- 자기 자신 위주가 아니라 문제중심 경향이 있다.
- 유머 감각이 있다.
- 창의적이다.

- 의도적으로 관습의 틀을 깨려고 하는 것은 아니나 주변 문화의 영향에 쉽게 휩쓸리지 않는다.
- 인류의 복지에 대해 관심을 갖는다.
- 삶의 기본 체험을 깊이 음미할 줄 안다.
- 여러 사람보다는 소수의 사람들과 같이 있고 만족스러운 인간관계를 갖는다.
- 삶을 객관적 시각에서 바라볼 수 있다.

제 13 장

사회적 행동

PSYCHOLOGY

제13장 사회적 행동

사회적 존재로서 우리는 대부분의 시간을 타인과 상호작용하는 사회적 환경 속에서 보낸다. 그런데 사회적 환경은 우리가 어떻게 느끼고, 생각하고, 행동하는지에 심대한 영향을 미친다. 이 장에서 우리는 사회적인 존재로서 우리 주위의 세계에 대해 어떻게 생각하며 그 세계를 지각하는 방식은 어떠한지, 타인은 우리의 행동에 어떤 영향을 미치는지, 우리는 어떻게 타인과 관계 맺기를 하는지와 같은 사회적 행동들에 대해 알아보기로 한다.

1. 사회 지각

1) 인상 형성

사회적 존재로서 우리는 끊임없이 타인에 대한 인상을 형성하며, 우리 또한 타인으로부터 인상 형성의 대상으로 살아간다. 타인에 대한 인상은 어떻게 형성되는 것이며, 그에 관련된 기제는 무엇일까?

(1) 첫인상 효과

당신이 어떤 사람에 대해 당신의 친구에게 이야기해 준다고 하자. 그 사람은 '지적이며, 근면하고, 충동적이며, 비판적이고, 고집불통이며, 그리고 샘이 많다.'고 이야기한다. 당신의 친구는 이 사람을 얼마나 좋아할까? 이번에는 다른 친구에게 동일한 사람에 대한 특징을 단지 순서를 달리하여 알려 줘 보자. 그는 '충동적이며, 비판적이고, 고집불통이며, 샘이 많고, 그리고 지적이며, 근면하다.' 두 명의 친구 중에서 알려 준 사람에 대해 누가 더 긍정적일까? 묘사한 특징이 동일함에도 불구하고 두 번째에 비해 첫 번째 사람을 더욱 긍정적으로 평가한다. 이것은 애쉬(Asch, 1946)가 실제로 행한 인상 형성에 관한 유명한 실험의 결과다. 동일한 특성을 지닌 두 사람이 있을 경우에 이들을 묘사하는 특성의 순서만 바꿔도 우리는 두 사람에 대해 상이한 인상을 갖게 된다는 흥미로운 사실을 알려준다.

타인에 대한 인상을 형성할 때 애쉬가 보여 준 실험의 결과는 '초두효과(primacy effect)' 때문이다. 초두효과란, 초기에 주어지는 정보에 더 많은 중요성을 부여하는 경향성을 일컫는다. 따라서 타인에 대한 인상 형성 시에도 타인에 대해 주어지는 정보 중에서 초기 정보를 더욱 중시하는 경향성이 작용하는 것이다. 물론 초두효과가 작용하더라도 새로운 정보가 타인에 대한 인상 형성에 영향을 미칠 수도 있다. 하지만 그것은 매우 어렵다. 왜 그럴까? 첫째, 우리는 최초로 주어지는 정보에 더 많은 주의를 기울이고 후속 정보에 대해서는 상대적으로 주의를 덜 기울이는 경향이 있으며, 둘째, 우리는 최초의 정보를 토대로 후속적으로 주어지는 정보를 각색하는 경향이 있기 때문이다. 초두효과는 특히 모호성이나 불확실성을 싫어하는 사람에게 더 두드러지게 작용하며, 대상의 중요성이 높을 때보다 낮을 때 더 잘 나타나는 경향이 있다.

초두효과는 우리가 타인에 대한 인상을 형성할 때 초기에 주어지는 소수 정보를 재빨리 활용하는 놀라운 능력이 있음을 보여 주는 것이다. 진화심리학자는 이러한 능력이 생존을 위한 적응이 진화되었기 때문이라고 제안한다. 우리가 타인을 만났을 때 그 사람이 우리의 적인지 아니면 도움이 될 사람인지를 재빨리 판단하는 것은 생존을 위해 매우 큰 적응적 가치를 지니는 것이다. 하지만 우리는 언제나 초두효과에만 휘둘리는 것은 아니다. '최신효과(recency effect)'의 영향도 받게 된다. 최신효과는 초두효과와 달리 초기 정보가 아니라 새로운 정보를 더욱 중시하는 경향성이다. 타인을 지속적으로 접촉하게 되면 초두효과는 감소하면서, 최신효과가 증가할 수 있다. 타인에 대한 순간적인 판단을 유보하도록 요청받거나 또는 타인에 대한 정보를 주의 깊게 고려하도록 요청받음으로써, 그리고 타인에 대한 판단이 중요한 것임을 알게 했을 때는 초두효과가 아닌 최신효과의 영향이 증가할 수 있다(Webester et al., 1996).

(2) 고정관념

당신은 평소 관심을 가지고 있던 대학의 사진 동아리에 가입하려고 한다. 그런데 친구로부터 동아리 회장이 차갑고 사교성이 떨어지는 사람이라는 이야기를 듣는다. 당신은 동아리를 찾아가 회장을 만나고 동아리 가입에 대해 이야기를 하려고 하나 회장은 말도 없고 서먹하게 대한다. 당신은 단정적으로 말할 것이다. "그래, 회장은 정말 차가운 사람이군!" 이번에는 동아리 회장이 좋은 사람이지만 수줍음을 많이 탄다는 이야기를 들었다고 하자. 역시 회장은 말이 없고 서먹하게 대한다. 하지만 이번에는 회장이 차가운 사람이기보다는 그저 수줍음을 많이 타는 사람으로 생각할 것이다. 회장은 같은 행동을 했지만 당신은 회장에 대해 다르게 평가할 수 있는 것이다. 예와 같이 우리는 타인에 대해 평가할 때 어떤 식으로 지각할 준비상태를 갖추는 경향이 있다. 이러한 준비상태는 우리가 타인을 지각하는 데 상당한 영향력을 발휘한다.

그렇다면 어떤 대상에 대한 우리의 준비태세에 영향을 미치는 것은 무엇일까? 대인 지각에서 타인에 대한 인상을 형성할 때 많은 영향을 미치는 것으로 고정관념(stereotype)을 들 수 있다. 고정관념이란 어떤 집단이나 일군의 사람들에 대한 일반화된 신념이다. 우리는 나이, 성, 직업, 인종 등 수많은 고정관념을 가지고 있다. 잘 알려진 실험을 살펴보자(Darley & Gross, 1983). 실험참가자들은 아홉 살 된 어떤 아이의 비디오를 보고 그 아이의 학업능력을 평가해야 했다. 한 집단에게는 그 아이의 부모는 화이트 컬러이며 중상위 소득층 자녀라고 알려 주었고, 다른 한 집단에게는 그 아이는 빈촌에 살며 부모가 노동자라고 알려

주었다. 비디오에서 그 아이는 특별나지도, 열등한 것도 아닌 평균 수준의 학업능력을 보여 주었다. 두 집단의 모든 참가자는 동일한 학업능력을 보았음에도 불구하고 빈촌에 살며 부모가 노동자라고 알려 준 집단의 참가자들은 그 아이의 학업능력을 더 형편없는 것으로 평가하였다. 이 연구는 고정관념이 타인에 대한 지각에 얼마나 큰 영향력을 행사하는지 잘 보여 준다.

(3) 편견

형태가 어떠하건 간에 타인을 처음 대면하게 되는 상황에서 우리는 체형이나 얼굴 생김새를 보는 즉시 상대방에 대한 인상을 형성하게 된다. 아이이건 어른이건 매력적인 외모에 더 호감을 가진다. 실제로는 그렇지 않은데도 불구하고 매력적이지 않은 외모의 사람은 성격도 별로이며 덜 행복하고 인생도 성공적이지 않을 것으로 기대하는 경향이 있다. 이처럼 편견이란, 특정 집단의 성원이라는 이유로 그 사람에 대해 가지는 부정적인 태도라 할 수 있다. 앞에서 살펴본 고정관념은 주로 인지적인 데 비해, 편견은 좋다거나 또는 싫다는 정서적인 평가라는 점에서 차이가 있다.

편견의 기제는 인지 측면과 동기 측면으로 나누어 볼 수 있다. 먼저, 편견의 인지적 요인으로는 유목화와 편 가르기 사고, 그리고 고정관념과 귀인왜곡이 있다. 인간은 인지적인 구두쇠이며 가능한 한 인지노력을 최소화하고자 한다. 따라서 우리는 세상을 단순화하고자 하며 이를 위해 사람이나 사물을 유목화하는 경향이 있다. 유목화를 통해 세상을 단순화함으로써 다른 사람의 행동을 손쉽게 예측할 수 있는 장점도 있지만, 이것이 편견의 씨앗이 되기도 한다. 유목화를 통해 우리는 내집단과 외집단, 즉 우리가 속한 집단과 그렇지 않은 집단을 구분하게 된다. 내집단과 외집단 유목화는 거기서 그치지 않고 편향된 반응을 일으킨다. 내집단에 대해서는 더욱 호의적인 태도를 가지며 좋은 점들을 보게 만든다. 반면에 외집단 폄하는 우리가 속하지 않은 집단에 대해 부정적인 점들을 부각시킨다. 특히 우리들이 위협적인 상황에 처하면 내집단 편향은 더욱 강해지는 경향이 있다(Hewstone et al., 2002). 사람들은 외집단 동질성 편향을 보이기도 한다. 외집단에 속한 사람들은 더욱 유사한 것으로, 그리고 내집단에 속한 사람들은 덜 유사한 것으로 지각하는 것이다.

유목화는 집단에 속한 개인들의 개인적 특징보다는 지각된 집단성을 토대로 사람을 판단하는 경향을 강화한다. 의식적이건 무의식적이건 우리가 집단에 부여하는 명칭은 그들에 대한 고정관념을 활성화하는 데 많은 영향을 미친다. 고정관념은 좀처럼 변하지 않는 경향이 있다. 만약 우리가 고정관념에서 벗어난 사람을 알게 된다면 어떤 일이 일어날까? 물론 그 사람을 통해 고정관념을 바꿀 수도 있다. 하지만 대부분의 경우는 그 사람이 예외적인 경우이거나 또는 개인 성향이 아닌 상황요인의 탓으로 치부하는 귀인왜곡을 통해 편견은 유지될 가능성이 높다.

편견의 동기 요인으로는 경쟁과 갈등, 그리고 자존감의 향상이 있다. 현실적 갈등이론(realistic conflict theory)은 제한된 자원을 서로 차지하기 위한 경쟁에서 편견이 비롯된다고 본다. 소수인종에 대한 적대적 행위는 경제 상황이 악화될 때 특히 더 잘 나타난다는 현상은 현실적 갈등이론을 지지하는 좋은 예로 볼 수 있다. 외집단이 실제적인 원인제공자가 아닌 것을 알더라도 편견은 수그러들지 않을 수 있다. 만약 백인이 어떤 일로 분노하게 되었고 흑인이 원인제공자가 아닌 것을 알더라도 흑인에 대한 암묵적인 편견은 증가한다. 분노는 집단 간 갈등이나 경쟁과 너무나도 밀접하게 관련되기 때문에, 분노 그 자체가 외집단에 대한 편견을 자동적으로 활성화하는 경향이 있는 것이다(Pettigrew & Meertens, 1995).

사회정체이론에 의하면 편견은 자존감을 향상하고자 하는 욕구에서 비롯된다. 자존감이 위협받을 때 편견은 더욱 강하게 나타나지만, 다른 사람을 폄하할 기회가 주어지면 자존감이 회복되고 편견도 덜 나타난다. 자존감은 개인정체와 집단정체의 두 요인에 근거한다. 스스로가 잘났음을 인정하는 것뿐만 아니라 자신이 속한 내집단의 공적과 자신을 연결시킴으로써 자존감은 향상될 수 있다. 반대로 내집단에 대한 위협은 곧 나에 대한 위협이며 이때 위협적인 외집단을 폄하하게 된다.

2) 귀인

우리의 일상은 우리 자신이나 타인이 왜 그렇게 행동했을까를 판단하는 것으로 이루어진다고 해도 과언이 아니다. 자신이나 타인의 행동 원인에 대한 판단을 귀인(attribution)이라고 한다. 당신이 대학생 공모전에서 입상을 했다면 그것은 당신의 능력 때문인가, 아니면 운이 좋았기 때문인가? 교수가 수업 시간에 화를 낸 것은 교수의 성격 때문인가 아니면 학생들의 수업태도 때문인가? 행동의 원인을 무엇으로 보는가는 우리 자신은 물론 타인에 대한 평가에도 심대한 영향을 미친다.

(1) 내적 귀인과 외적 귀인

우리가 타인의 행동에 대해 이해하려고 할 때는 통상 개인적인 성향 때문인지 아니면 상황 때문인지를 두고 따지는 경향이 있다. 내적 귀인은 행동의 원인을 개인적인 특성 탓으로 돌리는 것이며 외적 귀인은 행동의 원인을 상황 탓으로 돌리는 것이다. '기말고사를 잘 본 것은 내 능력 때문이다.'는 내적 귀인이며, '기말고사를 잘 본 것은 이번 시험이 쉬웠기 때문이다.'는 외적 귀인에 해당한다.

그러면 우리는 어떤 행동이 개인적 성향 때문인지 아니면 상황적 특성 때문인지 어떻게 판단하는 것일까? 당신이 사진 동아리에 가입하려고 친구에게 가입을 해야 할지 말아야 할지 조언을 구했는데 친구의 반응은 가입에 대해 부정적이었다고 하자. 그 동아리는 정말 형편없는 것일까? 아니면 친구의 성향 때문일까? 이 경우 우리는 세 가지 정보를 토대로 판단할 수 있다. 켈리(Kelley, 1973)는 이 세 가지 정보를 일관성, 특이성, 그리고 합의성으로 보았다. 동아리에 대한 친구의 반응은 언제나 일관되는가? 친구가 다른 사람에게, 그리고 다음 주에 물어도 역시 부정적인 반응을 보인다면 일관성이 높다고 할 수 있다. 다음으로, 친구의 반응은 특이한가? 만약 친구가 유독 사진 동아리만 싫어한다면 특이성이 높은 것이지만, 다른 동아리에 대해서도 모두 부정적이라면 특이성은 낮다. 마지막으로, 다른 친구들은 사진 동아리에 대해 어떤 반응을 보이는가? 다른 친구들 역시 사진 동아리에 대해 부정적이면 합의성은 높지만, 그렇지 않다면 합의성은 낮은 것이다. 만약 일관성, 특이성, 합의성이 모두 높다면 사진 동아리에 대한 친구의 부정적인 반응은 상황 탓으로 돌리게 된다. 하지만 일관성은 높지만 특이성과 합의성은 낮다면 사진 동아리에 대한 부정적 반응은 그 친구의 성향 탓으로 돌리게 된다.

일관성	고: 개인 성향 탓(내적 귀인) 저: 상황 탓(외적 귀인)
특이성	고: 상황 탓(외적 귀인) 저: 개인 성향 탓(내적 귀인)
합의성	고: 상황 탓(외적 귀인) 저: 개인 성향 탓(내적 귀인)

[그림 13-1] 켈리의 입방체 모형

(2) 귀인편향

사회심리학은 개인의 사고와 행동에는 사회적 환경이 많은 영향을 미친다는 것을 강조한다. 하지만 항상 그런 것은 아닌 것 같다. 때로 우리는 행동의 원인을 추론할 때 사회적 환경을 무시하기도 한다. 이러한 현상을 '근본적인 귀인오류(fundamental attribution error)'라고 한다. 근본적인 귀인오류는 우리가 타인의 행동을 설명할 때 상황의 영향을 과소평가하는 대신 개인의 성향을 과대평가하는 것이다(Ross, 2001). 이러한 편향은 우리 주위에서 쉽게 발견되기도 한다.

만약 당신이 낙태에 대한 리포터를 제출해야 한다고 하자. 당신은 낙태에 찬성하든 반대하든 자신의 의견을 자유로이 표현할 수 있다. 낙태에 대해 진술한 당신의 리포터를 같은 반의 친구와 바꾸어 읽는다고 하자. 당신의 친구는 낙태에 대한 찬성이나 반대 의견이 강요에 의한 것이 아님을 알기에 낙태에 대한 의견은 당연히 당신의 개인적인 성향을 반영한다고 생각할 것이다. 만약 당신이 낙태를 반대한다면 친구는 당신이 낙태에 대해 부정적인 견해를 가진다고 생각할 것이다. 이번에는 다른 상황을 가정해 보자. 이제 당신은 낙태에 대한 견해를 자유로이 진술할 선택권이 없다. 당신은 무조건 낙태에 찬성하는 의견을 진술해야 한다. 당신의 친구는 당신이 낙태에 대한 견해를 밝히는 데 선택권이 없음을 잘 안다. 따라서 당신의 견해는 상황의 영향을 받은 것이라는 것도 안다. 그럼에도 불구하고 친구는 진술문이 당신의 성향을 반영한다고 믿는 경향이 있다. 상황의 힘이 작용함에도 불구하고 이를 무시하는 것이다.

근본적인 귀인오류를 일으키는 요인에 대해서는 심리학자들 간에 다양한 의견이 있지만, 근본적 귀인오류가 피할 수 없는 현상은 아니라는 점에는 동의한다. 어떤 경우에 근본적인 귀인오류가 감소될까? 내린 판단에 대해 숙고할 시간을 가지거나 또는 판단에 대해 충분히 주의를 기울여야 할 동기를 가질 때 근본적인 귀인오류는 감소한다. 특히, 근본적인 귀인오류는 우리 자신이 아니라 타인의 행동을 추론할 때 더 잘 나타난다. 즉, 자신의 행동을 설명할 때는 상황적 요인의 영향을 고려하지만 타인의 행동에 대해서는 상황적 영향을 무시하고 개인적 성향 탓으로 돌리는 경향이 강하다는 것이다. 이러한 경향은 '자기본위 편향(self-serving bias)'으로 나타난다. 우리는 자신의 행동을 설명할 때 자존을 보호하거나 향상하는 방향으로 귀인을 하게 된다. 자기본위 편향은 성공했을 때는 자신 탓으로, 실패했을 때는 상황 탓으로 돌리는 경향이다. 성공은 자기 탓이며 실패는 자기 탓이 아니라고 생각함으로써 자존감이 상처를 받는 것을 피할 수 있다(Ross & Nisbett, 1991).

(3) 귀인의 문화 차이

문화는 우리가 주위의 세계를 지각하는 데 심대한 영향을 미치며 귀인에 있어서도 예외는 아니다. 그동안 수행된 연구에 의하면 타인의 행동을 주로 개인의 성향 탓으로 돌리는 경향은 개인주의의 서구사회에서 특히 더 잘 나타난다(Triandis, 2001). 집단주의의 동양권에서 성장한 사람들은 나이가 많을수록 타인의 행동을 설명할 때 외적 상황귀인을 하며, 반면에 개인주의의 서구권 사람들은 나이가 많을수록 내적 귀인을 하는 경향이 강하다. 문화는 자신의 행동에 대한 귀인에도 영향을 미친다. 위에서 살펴본 자기본위 편향의 경우에 동양권에서 자란 사람들은 서구권에서 자란 사람들에 비해 자기본위 편향의 경향이 약하다. 집단주의 문화에서 겸손은 미덕으로 평가된다. 따라서 집단주의 문화에서는 개인의 성공을 자신의 탓으로 돌리는 경향은 강하지 않지만 실패에 대해서는 자신의 탓을 하는 경향이 강하다.

이러한 문화에 따른 귀인의 차이는 사고 유형과 관련이 있다. 서구인에 비해 동양인은 세계를 총체적으로 보는 경향이 있다. 세상의 모든 사건들은 단절된 것이 아니라 서로 연결되어 있다는 신념을 가진다. 따라서 어떤 행동에 대한 원인을 추론할 때도 단순한 시각을 가지기보다는 다양한 요인을 고려하게 된다. 한국인과 유럽인을 비교한 한 연구에 의하면, 한국 대학생은 총체적 사고(holistic thinking) 측정에서 더 높은 점수를 받았으며, 타인의 행동 원인을 추론할 때도 유럽의 대학생에 비해 한국 대학생은 더 많은 정보를 활용하는 것으로 나타났다.

2. 태도와 태도변화

태도에 대한 정의는 학자에 따라 차이가 있지만 현대 심리학자는 '태도란 어떤 대상에 대해 일관되게 좋다거나 싫다는 식으로 반응하는 학습된 선유경향'이라는 정의를 받아들인다(Fishbein & Ajzen, 1975). 이 정의에 의하면 태도는 타고난 것이 아니라 학습되는 것이며, 예측 가능한 방식으로 반응하는 경향성이자 평가반응이다. 우리가 지니는 태도는 우리 자신의 정체를 정의하는 데 도움을 줄 뿐만 아니라 행동을 안내하며 타인을 판단하는 데도 영향을 미친다.

1) 태도와 행동

태도는 행동에 영향을 미치는가? 대부분의 사람들은 태도는 당연히 행동에 영향을 미친다고 생각할 것이다. 하지만 널리 알려진 고전적인 연구결과에 의하면, 태도를 통해 행동을 예측하는 데는 분명 한계가 있음을 보여 준다. 1930년대에 라피에르(LaPiere)라는 연구자는 두 명의 젊은 중국인 부부와 미국 각지를 여행하면서 251개의 식당과 호텔, 그리고 다양한 시설물들을 방문했다. 당시만 하더라도 동양인에 대한 미국인의 편견이 만연했었다. 그런데 중국인 부부가 방문한 곳 중에서 이들을 거절한 곳은 단 한 곳에 지나지 않았다. 이후에 중국인 부부가 방문했던 곳에서 설문조사를 다시 실시했다. 만약 중국인 고객이 방문하면 받아들이겠느냐는 질문을 했다. 그런데 응답자의 90% 이상이 거절하겠다고 응답하였다. 이들의 태도는 행동과 전혀 일치하지 않는 것이었다. 이 연구는 태도와 행동의 일관성에 의문을 제기하기에 충분했다. 초기 연구자들은 태도와 행동의 상관에 대해 매우 회의적이었다. 하지만 태도 연구의 메타 분석(meta analysis) 결과에 의하면, 방법론적인 문제를 제거했을 때 태도와 행동 간의 상관은 .79까지 증가함을 보고한다. 그동안 연구에서 확인된 태도와 행동 간의 관련성에 영향을 미치는 조절 변수들은 다음과 같다.

- **현출성 또는 중추성**: 개인의 핵심 신념과 가치의 중심에 있는 태도는 그렇지 않은 태도에 비해 행동과의 관련성이 높다.
- **구체성**: 태도와 행동이 구체적일수록 태도는 행동의 훌륭한 예측인이다.
- **직접 경험**: 개인의 직접 경험에 의해 형성된 태도일수록 행동과의 관련성이 높다.
- **사회적 바람직성**: 개인은 사회적으로 바람직하다고 여기는 방식으로 행동하는 경향이 있다. 이러한 경향은 대중 맥락에서 특히 강하다.
- **자기조정 능력**: 태도와 행동 간의 관련성은 자기조정(self-monitoring) 능력이 높은 사람보다 낮은 사람에서 높다. 자기조정 능력이 낮은 사람은 특정 상황에 자신을 맞추어 적응하는 경향이 낮기 때문이다.
- **관련 태도의 활성화**: 개인의 의식 일선에서 활성화된 태도가 행동의 보다 높은 예측인이다.
- **다중행위 준거**: 다중행위를 채택할 때 태도와 행동 간의 관계는 강하다. 행동을 통해 태도를 명시화할 다양한 기회를 주면 태도와 행동 간의 관계는 증가한다.

2) 태도변화

(1) 균형이론

하이더(Heider, 1958)는 개인이 지닌 태도와 개인과 타인 또는 대상에 대한 감정 간에 조화로운 균형을 유지하려는 동기가 작용한다고 제안하였다. 균형이론의 기본 틀은 P-O-X 삼자관계를 토대로 한다. P(perceiver)는 관계 지각의 주체이고, O(other)는 타인, 그리고 X는 제3자나 다른 태도 대상이다. 균형이론은 이 삼자관계를 균형과 불균형으로 구분하며, 그 기준은 관계 간 감정 기호들의 곱이다([그림 13-2] 참조). 삼자관계 간 감정의 곱이 (−)이면 불균형, (+)이면 균형이다. 예를 들어, 절친한 친구 사이인 P와 O는 정부의 교육정책(X)에 대해 상이한 태도를 가진다고 하자. P는 교육정책에 대해 긍정적이지만 O는 부정적이라면 P와 X의 관계는 (+)이고 O와 X의 관계는 (-)이다. 두 사람은 친구이므로 이들 관계는 (+)이다. 이때 세 부호의 곱은 (-)가 된다. 이는 불균형적이다. 하지만 두 사람 모두 교육정책에 대해 동일한 태도를 가진다면 세 부호의 곱은 (+)이므로 삼자관계는 균형을 이루게 된다. 만약 불균형 상태가 야기된다면 개인은 이를 균형 상태로 바꾸려 하며, 이 과정에서 다른 사람이나 대상에 대한 태도가 변화될 수 있다. 불균형을 균형으로 변화시키기 위해 다양한 방법을 동원할 수 있다. 그러나 변화는 '최소 노력의 법칙'에 따라 일어난다. 예컨대, P는 끽연가이며, P의 애인인 O는 흡연에 대해 매우 부정적인 태도를 가진다. 이 경우에 P와 O 그리고 흡연(X) 간의 관계는 불균형이 된다. P가 불균형을 균형 상태로 바꾸려면 담배를 끊거나 애인과 헤어져야 한다. 이때 어떤 방법을 동원할 것인지는 변화에 최소한의 노력이 드는 쪽을 택할 것이다.

태도 변화에 대한 유용한 설명 틀임에도 불구하고 균형이론은 한 번에 3개 이상의 인지 간의 관계를 동시에 고려하는 상황에 적용하기에는 한계가 있다. 예를 들어, 소비자 P가 광고모델인 O를 좋아한다고 하자. 그리고 O는 캐주얼 브랜드 X의 광고모델이므로 X와 O는 (+)관계다. 만약 소비자 P가 캐주얼 브랜드 X에 대해 긍정적인 태도를 가진다면 삼자 간에는 균형관계가 유지된다. 하

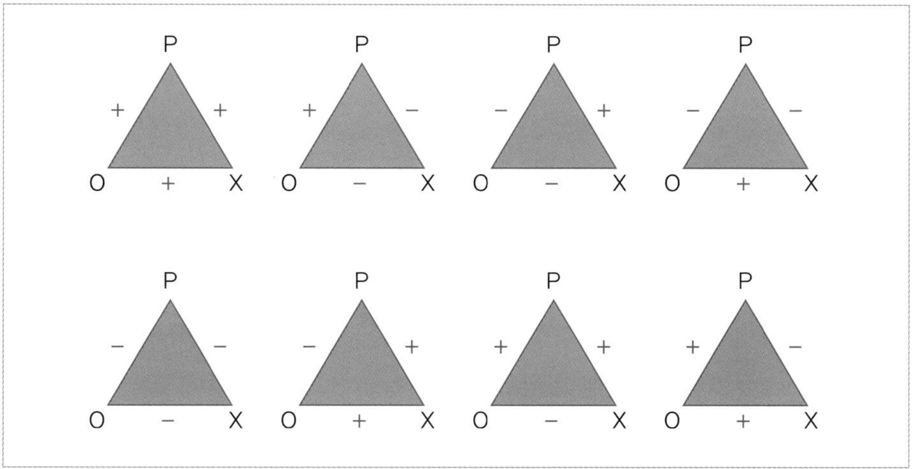

[그림 13-2] 하이더의 균형이론 모형

지만 이 같은 관계는 상황을 너무 단순화한 것이다. 실제는 보다 복잡한 관계가 개입된다. 소비자 P가 브랜드 X를 좋아하더라도 P의 절친한 친구인 Y는 브랜드 X를 싫어할 수 있다. 또는 소비자 P는 브랜드 X를 좋아하지만 X보다 더 좋아하는 다른 캐주얼 브랜드가 있을 수 있다. 이처럼 개인의 신념과 태도, 그리고 지식은 복잡한 연결망을 구성한다. 태도는 고립되어 존재하기보다는 관련 신념과 태도, 그리고 가치와 연결되어 있다는 점을 염두에 두어야 한다.

(2) 인지부조화이론

페스팅거(Festinger, 1957)가 제안한 인지부조화이론은 사람들이 어떤 대상에 대해 자신이 가진 기존의 태도와 어긋나는 행동을 하면 심리적 불편감을 느끼게 되며, 행동의 원인을 상황 탓으로 돌릴 수 없다면 불편함을 줄이기 위해 태도를 변화시킨다고 본다. 인지부조화이론은 주로 인지와 행동 간의 균형에 적용되지만 인지들 간의 균형이나 인지와 정서 간의 균형에도 적용된다. 균형이론과 마찬가지로 인지부조화이론 역시 인지와 행동 간의 불균형은 균형 상태로 돌리기 위해 사람들을 동기화한다고 본다. 특히, 인지부조화이론은 자기설득 과정에 대한 유용한 통찰을 제공한다.

사람들은 일상생활에서 부조화를 경험하며 다양한 방법을 동원해 부조화를 감소시키려 한다. 부조화를 감소시키는 한 가지 방법은 부조화를 야기한 사실 자체를 부정하는 것이다. 평소 위장장애를 가진 사람이 흡연은 위암의 주요 원인이 될 수 있다는 내용을 접하였다고 하자. 담배를 끊는다면 별 문제 될 것이 없겠지만 담배를 끊을 생각이 없다면 부조화를 경험하게 될 것이다. 이때는 흡연과 위암의 관련성을 '부정'함으로써 부조화를 감소시키려 할 수 있다. 다른 방법으로는 부조화를 일으킨 내용을 인정하지 않거나 평가 절하하는 것이다. 흡연보다는 식습관이 더 중요하다는 신념을 강화함으로써 부조화를 감소시킬 수도 있다. 이 밖에 기존에 견지하던 신념에 변화를 줌으로써 부조화를 감소시키기도 한다. 술 애호가인 사람이 술을 끊고 나서 음주를 부정적으로 평가한다든지, 또는 고기가 건강에는 유해하다고 생각하던 사람이 육식을 즐기게 되면서 고기 예찬론을 편다든지 하는 것을 볼 수 있다.

일상생활에서 다양한 형태로 전개되는 인지부조화 현상을 연구하는 데에는 다음의 네 가지 연구 패러다임이 사용된다.

① 자유 선택 패러다임

스스로 결정한 자유 선택 후에 경험하게 되는 심리적인 불안에 초점을 맞춘 것으로 '사후결정 부조화'라고도 한다. 사람들은 스스로 어떤 결정을 하고 나면 그 결정이 올바른 것인지 염려하는 경향이 있다. 이때 결정자는 스스로의 결정이 올바른 것임을 정당화하려 한다. 예를 들어, 고민 끝에 해외 배낭여행을 하기로 결정하였다면 이 결정을 정당화하는 사고, 행위에 집중하게 되는 것이다.

② 신념 불일치 패러다임

부조화는 개인이 가지고 있는 신념과 불일치하는 정보에 노출될 때 발생한다. 이때 개인은 부조화를 야기하는 정보를 거부하거나 왜곡 또는 회피함으로써 부조화를 감소시키려 한다. 예를 들어, 펀드 투자를 하는 어떤 개인의 경우, 주식이 하락 장세라면 투자자가 얼마나 손실을 보는지 알기 위해 좀처럼 주식 시세 정보를 보려고 하지 않을 것이다. 하지만 상승 장세라면 반대 현상이 일어날 것이다. 얼마나 이익을 보는지를 알기 위해 투자자는 시세 정보를 적극적으로 탐색할 것이다. 이런 현상은 선택적 노출이 부조화를 극복하는 방법으로 동원됨을 보여 준다. 개인은 자신의 선택이나 결정을 지지하는 정보를 찾거나 또는 자신의 선택이나 결정에 모순되는 정보를 회피함으로써 정보에 선택적으로 노출되려고 한다는 것이다. 이런 현상은 소비 상황에서도 광범하게 발견된다. 디지털카메라를 구입하기 전에는 모든 디지털카메라 광고를 꼼꼼하게 볼 것이다. 하지만 특정 상표의 디지털카메라를 구입하고 난 뒤에는 구입한 상표의 광고에만 주의를 기울이게 되는 것도 선택적 노출 현상에 속한다.

③ 강제 선택 패러다임

인지부조화 연구에서 가장 널리 사용된다. 이 패러다임에 의하면 개인이 자신의 태도나 자기이미지에 부합하지 않는 행위를 자신의 의지와 관계없이 하게 되면 부조화 정도는 크지 않지만, 자신의 의지에 따라 자신의 태도에 모순되는 행위를 하게 되면 부조화 정도가 클 것으로 예측한다. 여기에는 외부 유인가

(incentive)가 중요한 역할을 한다. 외부 유인가가 크면 클수록 개인의 태도와 모순되는 행위를 하더라도 부조화는 크지 않다. 하지만 외부 유인가가 미미하거나 없을 경우에 자신의 태도와 모순되는 행위를 하게 되면 부조화 정도는 커진다. 외부 유인가는 자신의 태도와 모순되는 행위에 대한 합리화를 제공한다. 그것이 긍정적 유인이건 위협이나 처벌과 같은 부정적 유인이건 간에 외부 태도와 모순되는 행위의 원인을 외부 유인 탓으로 돌릴 수 있기 때문이다.

외부 유인의 크기도 부조화 정도에 영향을 미친다. 유인가가 크면 클수록 부조화 정도는 작지만 외부 유인가가 작을수록 부조화 정도는 커진다. 이와 관련된 가장 잘 알려진 연구는 페스팅거와 칼스미스(Festinger & Carlsmith, 1959)에 의해 수행되었다. 이들은 대학생 참가자들에게 재미없고 따분한 과제를 30분 동안 하도록 지시하였다. 그러고 나서는 참가자들에게 실험 보조자 역할을 해 줄 것을 요청하였다. 참가자들이 해야 할 일은 실험실 밖에서 기다리고 있는 다른 참가자들에게 실험 과제가 흥미롭고 중요하다고 말해 주는 것이었다. 대가로 한 집단의 참가자들에게는 1달러를, 다른 한 집단의 참가자들에게는 20달러를 주었다. 이 두 집단의 참가자 모두는 실험 과제에 대한 그들의 태도와 모순되는 행위(과제가 흥미롭다고 이야기함)를 하였다. 하지만 후에 실험 과제에 대한 실험 참가자들의 흥미도를 측정하였더니 20달러를 받은 참가자에 비해 1달러를 받은 참가자들이 실험 과제가 더 흥미롭다고 평가한 것으로 나타났다. 왜 이런 결과가 가능할까? 20달러를 받은 참가자는 자신의 모순되는 행동을 20달러라는 외부 유인 탓으로 돌릴 수 있었지만 1달러를 받은 참가자는 1달러라는 돈이 자신의 모순되는 행동을 정당화하기에는 불충분하기 때문에 실험 과제에 대한 태도를 긍정적으로 바꾼 것이다.

④ 노력 정당화 패러다임

노력 정당화란 개인이 어떤 것을 얻게 되었을 때는 그것이 정당한 것인지 아닌지 평가하게 된다는 것이다. 어떤 결과를 얻는 데 많은 희생을 하면 할수록 개인은 결과의 가치를 과대평가하게 된다. 하지만 별다른 희생 없이 결과를 얻게 되면 그 가치를 과소평가하게 된다. 힘든 통과의례를 거쳐 어떤 단체에 가입하였을 때는 쉽게 가입하였을 때에 비해 그 단체의 가치를 더욱 높게 평가하게 된다. 왜 그럴까? 가입하기 위해 기꺼이 행한 힘든 행위는 부조화를 야기하지만 가입한 단체의 가치를 높임으로써 자신의 행위를 합리화할 수 있는 것이다. 반면, 별다른 어려움 없이 단체에 가입하는 경우에는 합리화의 필요성이 없기 때문에 가입 단체의 가치를 더 높게 평가할 필요가 없을 것이다.

(3) 이성행위이론

이성행위이론(theory of reasoned action)은 1970년대에 피쉬바인(Fishbein)과 아젠(Ajzen)에 의해 개발되었다. 이성행위이론은 설득 메시지에 노출된 개인의 인지과정에 초점을 맞추기 때문에 합리적 설득이론이라고도 한다. 사람들은 설득 메시지를 체계적으로 분석하고 모든 이용 가능한 정보를 평가하며, 결정을 내리기 전에 설득 메시지 수용에 따른 득과 실을 적극적으로 따진다고 가정한다. 이성행위이론의 핵심은 '행동 의도'다. 개인이 무엇을 할 것인지에 대한 신뢰성 있는 지침은 바로 개인이 무엇을 하려고 하는지에 대한 의도라고 본다.

행위 의도에 영향을 미치는 두 가지 요인은 '행동에 대한 태도'와 '주관적 규범'이다. 행동에 대한 태도는 설득 메시지가 요구하는 행위를 하였을 때 얻게 되는 득과 실에 대한 개인의 평가다. 행동에 대한 호의적인 태도는 행동의 접근성을 높이지만 부정적인 평가는 행동에 대한 회피성을 높일 것이다. 헌혈 캠페인을 본 후의 헌혈 가능성은 헌혈 의도의 영향을 받을 것이며, 헌혈 의도는 헌혈 행위에 대한 태도의 영향을 받을 것이다. 만약 헌혈에 대해 호의적인 태도를 가진다면 헌혈 의도는 강해지겠지만, 헌혈에 대해 부정적인 태도를 가진다면 헌혈 의도는 약해질 것이다. 그런데 이성행위이론에 의하면 행동에 대한 태도뿐만 아니라 행동 결과에 대한 신념과 평가도 행위 의도에 영향을 미치는 요인이 된다. 행동에 따라 긍정적인 결과가 있을 거라는 믿음이 강하면 강할수록, 또 행동의 결과를 긍정적으로 평가하면 할수록 행동에 대한 태도는 강할 것이다. 승용차 함께 타기에 참여하면 연료비를 아낄 수 있으리라는 믿음이 강하다면, 그리고 연료비 절약을 긍정적으로 평가한다면 승용차 함께 타기에 대해서도 긍정적인 태도를 가지게 될 것이다.

행동 의도에 영향을 미치는 다른 하나의 요인은 주관적 규범이다. 주관적 규범은 개인이 중요하다고 생각하는 주위 사람의 견해에 대한 규범적 신념과 그 사람의 견해에 순응하려는 동기로 구성된다. 만약 절친한 친구가 환경운동가라면 승용차 함께 타기에 대해 호의적인 신념을 가질 가능성이 크다. 아울러 환경운동가인 친구의 규범적 신념을 존중하고 지지하려는 열망이 강할수록 승용차 함께 타기에 참여할 가능성은 커질 것이다. 이성행위이론은 특히 AIDS 예방, 음주운전 예방, 안전띠 착용, 쓰레기 분리수거와 같은 사회공익 설득 메시지 고안에 유용하다.

(4) 정교화 가능성 이론

페티와 카시오포(Petty & Cacioppo, 1986)에 의해 개발된 설득의 정교화 가능성 모형(elaboration likelihood model: ELM)은 설득 연구에서 가장 널리 인용되는 매우 영향력 있는 이론 중 하나다. 먼저, 정교화 가능성 모형은 설득에는 2개의 기본 경로가 작동한다고 가정한다. 하나는 '중심 경로(central route)'로서 설득 메시지의 내용에 대한 인지정교화, 즉 메시지 내용을 주의 깊게 생각하고 숙고하는 과정을 포함한다. 다른 하나는 '주변 경로(peripheral route)'로서 중심 경로와는 달리 설득 메시지를 평가할 때 설득 메시지 내용 자체보다는 정보 전달자의 매력이나 메시지의 양과 같은 요소에 의존하는 손쉬운 방법을 포함한다. 그러면 설득 메시지를 처리할 때 어떤 경로가 동원되는지는 어떻게 결정되는가? 정교화 가능성 모형에 따르면 설득 메시지의 이슈나 주제에 대한 개인의 관여도, 메시지를 이해하고 처리할 수 있는 능력, 메시지를 처리하고자 하는 동기, 인지 욕구 등의 여러 요인에 의해 어떤 경로가 동원될 것인지가 결정된다.

사진학원에 등록하려는 철수라는 학생이 있다고 하자. 좋은 사진 작품에 대한 철수의 개인적인 관여가 높아서 반드시 사진학원을 다니려고 한다면 그는 중심 경로에 의존하게 될 것이다. 이럴 경우에 철수는 여러 사진학원의 특징이나 수강료 또는 강사진에 대한 정보를 입수하고 서로 비교하는 등 숙고하여 정보를 처리하게 된다. 반면, 주위 사람들은 앞으로 사진작가가 매우 전망 있는 직업이라고 하지만 철수 자신은 사진에 대한 동기가 낮다면 중심 경로가 아닌 주변 경로에 의해 학원을 선택하는 경향이 있을 것이다. 이럴 경우에 철수는 학원의 규모나 광고 여부 또는 학원의 위치와 같은 정보에 의존해 선택을 하게 된다. 이처럼 철수가 사려 깊은 결정을 하고자 한다면 중심 경로를 채택할 것이지만, 정략적인 결정을 한다면 주변 경로를 채택하게 될 것이다. 그러면 중심 경로와 주변 경로에 의한 태도변화에 영향을 미치는 요인과 과정에 대해 좀 더 자세히 알아보자. 먼저, 중심 경로에 의한 태도변화를 살펴보자.

중심 경로에 의해 태도변화가 일어나려면 설득 메시지가 주의를 끌고 이해 가능한 것이어야 한다. 설득 메시지에 대한 이해는 인지반응, 즉 메시지에 동의하거나 반대하는 등의 내적 반응을 야기하며, 나아가 메시지에 대한 동의나 반박에 대한 논리를 생성하는 인지 정교화를 야기한다. 설득 메시지에 의한 태도변화의 방향과 강도는 인지 정교화에 의해 결정된다고 할 수 있다. 이 같은 중심 경로에 의해 발생한 태도변화는 보다 오랫동안 지속되며 공격적인 다른 설득 메시지에 노출되더라도 저항력을 지닌다. 중심 경로에 의한 태도변화에는 다음과 같은 메시지 내용의 논지, 설득 메시지 수신자의 자기 관여, 그리고 수신자의 메시지 처리 능력이 영향을 미친다.

- 메시지 내용의 논지: 메시지 내용의 논지와 메시지의 양은 상호작용한다. 논지의 논리적 구성력이 견실하다면 메시지의 양이 많은 것이 적은 것보다 태도변화에 효과적이다. 하지만 논지의 구성이 허술할 경우에는 메시지의 양이 많은 것이 오히려 부정적 효과를 초래한다.
- 메시지 수신자의 자기 관여: 하나는 메시지 내용이나 주장에 대한 자기 자신의 몰입이다. 자신의 태도나 의견이 확고할 경우에 반대 메시지는 편향된 처리를 유발한다. 메시지를 편향되게 처리함으로써 자신의 입장을 방어할 수 있는 것이다. 다른 하나는 메시지에 대한 흥미나 관심이다. 메시지 내용이 자신과 관련된 것일수록 수신자는 메시지에 관심을 보이고 숙고하게 된다. 자기가 사는 지역에 납골당이 들어서는 것과 자기와 관계없는 다른 지역에 납골당이 들어설 경우에 납골당 설치에 관한 메시지에 보이는 관심은 상당한 차이가 날 것이다.
- 수신자의 메시지 처리 능력: 메시지에 대한 몰입이나 관심이 높다 하더라도 메시지 내용에 대한 지적 능력이 있어야 체계적 처리가 가능하다. 카메라에 대한 관심이나 구입 동기가 높다 하더라도 카메라에 대한 지식이 부족

하다면 광고의 제품 정보를 통해 제품의 장점을 간파하거나 평가하는 등의 체계적 처리는 불가능하다.

주변 경로를 통한 태도변화에 영향을 미치는 요인은 경험 지식 또는 간편법인 휴리스틱(heuristic)이다. 여기에는 우리 편 휴리스틱, 전문가 휴리스틱, 그리고 메시지 휴리스틱이 있다.

- **우리 편 휴리스틱**: 메시지 수신자 자신이 속한 집단이 있을 때 이 집단 성원의 다수 의견을 받아들이는 것이다. 따라서 소수 의견보다는 다수 의견이 더욱 설득력을 지니게 된다. 집단이 수신자가 동일시하는 준거집단일 경우에는 설득에 더 큰 영향을 미친다.
- **전문가 휴리스틱**: 메시지의 출처가 전문가인지 아닌지에 따라 메시지 수용 여부를 결정하는 것이다. 메시지 전달자의 언변이나 자신감 있는 말투, 차림새 등이 전문성 이미지에 영향을 미친다. 우리나라의 어떤 칫솔 광고에서는 실험실 연구원을 연상시키는 흰색 가운을 광고모델이 입고 나온 적이 있다. 이는 차림새를 통해 전문가 효과를 주기 위한 방편이다. 하지만 수신자가 메시지 논점에 주의를 기울이는 경우에는 전문가 휴리스틱 효과는 나타나지 않는다.
- **메시지 휴리스틱**: 메시지의 논점이나 내용보다는 메시지의 길이나 양과 같은 피상적 요소가 태도변화에 영향을 미치는 것이다. 메시지 휴리스틱 효과는 메시지 수신자가 메시지 내용에 대한 이해 능력이나 관심이 낮아 충분한 주의를 기울일 수 없을 때 발생한다.

3. 집단 속의 개인

1) 동조

동조는 자신의 태도, 신념 그리고 행동을 집단규범에 부합시키는 행위다. 규범은 집단 성원들이 공유하는 암묵적이며 비구술화된 규칙으로, 타인과 상호작용을 할 때 지침 역할을 한다. 규범에 동조하려는 경향은 작은 집단 내에서뿐만 아니라 사회 전체 단위에서 일어나기도 하는데 이는 직접적이며 명백한 사회적 압력이나 무의식적인 영향에 기인하기도 한다. 우리가 동조를 하는 데는 두 가지 유형의 영향이 작용한다. 한 가지는 '정보적 영향'으로 다른 사람들은 정확한 지식을 가지고 있으며 그들이 하는 것은 올바르다고 믿기 때문에 다른 사람들의 견해나 행동을 따라 하는 것이다. 다른 한 가지는 '규범적 영향'으로 타인에게 배척당하지 않고 수용됨으로써 뒤따르는 보상을 얻기 위해 동조하는 것이다(Bond, 2005).

애쉬의 기념비적인 연구는 동조에서 정보적, 규범적 영향의 힘을 잘 보여 준다. 실험에 참여한 대학생들은 [그림 13-3]의 단순한 시각과제를 수행하였다. 즉, 이들은 오른쪽에 있는 3개의 비교 선들 중에서 왼쪽에 있는 표준선과 같은 길이의 선은 어느 것인지 자신의 생각을 말하는 것이었다. 그런데 실험에 참여한 사람들 중에서 실질적인 실험대상은 단지 한 명이었으며 나머지는 모두 실험자의 지시를 받은 협조자들이었다. 한 명씩 자신의 의견을 이야기하게 했는데 실제 실험대상자는 맨 마지막에 답하도록 했다. 예상하는 대로, 실험 협조자들은 모두 오답을 말했다(비교선들 중에서 A 또는 B). 실험결과는 놀라웠다. 실험조건의 경우에 실험대상은 전체 시행 중에서 37%나 오답에 동조하였다. 하지만 집단이 아니라 혼자서 선의 길이를 알아맞히도록 한 통제조건의 경우에는 다른 길이의 선을 대답한 비율은 1%에 지나지 않았다. 어려운 과제도 아니었고 가시적인 압력이 작용하지도 않았음에도 불구하고 우리가 동조할 수 있다는 것은 분명 놀라운 일이다. 실험이 끝난 뒤에 몇몇 실험대상자들은 다른 사람들의 답이 틀렸다는 것을 알았지만 분위기를 깨고 그들로부터 배척당하고 싶지 않아서 그들을 따라 말했다고 토로했다. 이는 규범의 영향을 보여 주는 것이다. 다른 실험대상자는 시행을 거듭할수록 자신의 판단력에 대해 의심하기 시작했다고 토로했는데 이는 동조의 정보적 영향을 보여 주는 것이다.

후속 연구를 통해 애쉬는 동조에 영향을 미치는 요인들을 체계적으로 규명했다. '집단의 크기'는 동조에 영향을 미친다. 집단의 크기가 증가함에 따라 동조도 증가한다. 하지만 한 명에서 네 명 또는 다섯 명 까지는 동조가 비례하여

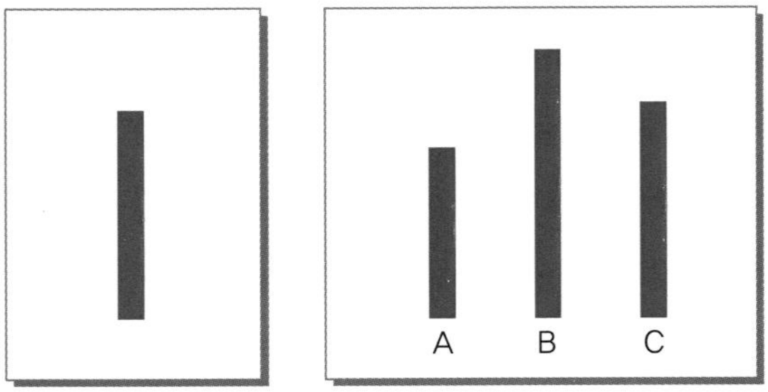

[그림 13-3] 선분 맞히기

증가하지만, 집단의 크기가 그 이상으로 증가할 경우에는 동조에 별다른 영향을 미치지 않는다. '이탈자의 존재'도 동조에 영향을 미친다. 애쉬의 실험을 다시 생각해 보자. 만약 실험에서 실험대상자 이외에 한 명이라도 오답에 동의하지 않으면 동조는 급격히 감소하게 된다. 동조 역시 문화적 배경과 무관하지 않다. 개인주의보다 집단화합이 중시되는 집단주의 문화에서 성장한 사람들에게서 동조 경향은 더욱 강하다.

2) 복종

권위에의 복종은 긍정적인 것이기도 하지만 비극적인 결과를 낳기도 한다. 제2차 세계대전이 끝나고 수백만 명의 무고한 사람들을 죽음으로 몰아넣은 나치 전범을 심판하기 위해 재판이 열렸다. 피고인들은 한결같이 자신들은 단지 명령에 따랐을 뿐이라고 주장했다. 하지만 우리 대부분은 그와 같은 주장을 쉽사리 받아들이지 않는다. 그들의 주장은 단지 합리화에 지나지 않으며 같은 상황에서 우리는 더욱 인간적으로 행동하리라고 확신한다. 하지만 정말 그럴까?

(1) 밀그램의 실험

밀그램(Milgram, 1974)은 평범한 사람들도 만약 권위적인 인물의 명령이 무고한 사람들에게 신체적인 해를 가한다 하더라도 과연 그의 명령에 복종할 것인지에 의문을 가졌다. 이러한 의문을 구명하기 위해 밀그램은 정교한 실험을 수행하였다. 20세부터 50세, 그리고 다양한 직업과 교육수준의 대표성을 띤 40명의 남자가 실험에 참여하였다. 실험실에서 실험참여자는 사실은 실험 협조자인 또 다른 한 명의 실험참여자를 만났다. 실험참여자에게는 이 실험은 처벌이 기억에 미치는 영향을 알기 위한 것이라고 알려 주었다. 실제 실험참여자는 선생의 역할을, 그리고 실험 협조자는 학습자의 역할을 맡게 하였다. 선생은 학습자에게 일련의 기억 문제를 제시하고 학습자가 오류를 범할 때마다 학습자에게 전기충격을 가해야 했다. 전기충격기에는 15볼트의 충격을 가할 수 있는 30개의 스위치가 있는데 15볼트에서 시작하여 최대 450볼트까지 충격을 가할 수 있었다. 실험참여자는 학습자가 전기충격을 염려하며 심장에 경미한 문제가 있음을 알게 하였다.

실험자는 실험참여자에게 45볼트의 전기충격을 경험하게 하고는 실험을 시작하였다. 학습자 역할의 실험협조자는 의도적으로 문제를 틀렸다. 하지만 실제로는 어떠한 전기충격도 받지 않았다. 학습자는 전기충격에 대해 구두로 항의하였는데 실제로는 사전에 녹음된 것으로 모든 실험참여자에게는 표준화된 동일한 내용이 들려지도록 하였다. 학습자가 문제를 틀리면 실험참여자는 전기충격을 가해야 했다. 만약 실험참여자가 전기충격을 가하기를 주저하면 실험자는 "계속하세요." "계속해야만 합니다." "다른 선택권은 없습니다."와 같이 단계별로 명령의 강도를 높여갔다. 전기충격의 강도가 높아질수록 학습자의 저항의 강도도 높아졌다. 예컨대, 150볼트 충격이 가해졌을 때 학습자는 "여기서 나가게 해 주세요. 심장에 문제가 있다고 했잖아요. 심장 때문에 괴로워요. 제발 여기서 나가게 해 주세요. 더 이상 실험을 할 수 없습니다." 하고 외쳤다. 실험참여자의 복종의 강도는 그가 계속한 전기충격의 강도로 측정하였다.

이 실험의 결과는 과연 어떠했을까? 실험참여자의 몇 %가 최대 충격치인 450볼트까지 실험자의 명령에 따라 전기충격을 가했을까? 실험 전에 밀그램은 정신과 의사, 학생, 그리고 교수와 중산층의 일반 성인들에게 예측을 해 보라고 했다. 그들은 450볼트까지 복종하는 사람은 1%도 되지 않을 것이라고 했다. 하지만 실제 실험의 결과는 예측과 전혀 달랐다. 40명의 실험참여자 중에서 26명(65%)이 450볼트 최대치까지 전기충격을 가했다!

(2) 복종에 영향을 미치는 요인

- 피해자와의 원격성: 희생자를 직접 볼 수 없을 때 복종은 더 잘 나타난다. 선생과 학습자를 실험실의 같은 공간에 두면 복종률은 40%까지 떨어진다. 나아가, 복종에 따라야 하는 선생이 학습자에게 신체적인 접촉을 하고 학습자의 팔을 직접 전기충격기에 묶게 하면 복종은 더욱 감소한다.
- 권위적 인물과의 근접성 및 권위의 정당성: 권위를 지닌 인물과 가까이 있거나 권위의 정당성을 지각하게 되면 복종은 가장 잘 일어난다. 만약 실험자가 실험실을 떠나거나 전화로 명령을 하거나 또는 일반인이 대신 명령을 내리면 복종률은 20%까지 떨어진다.
- 책임의 분산: 다른 사람이 전기충격기의 작동을 대신하고 실제 실험참여자는 직접적인 전기충격과 덜 관련된 일을 수행하게 했을 때 복종률은 90%대까지 증가한다. 수행해야 할 일이 희생자의 고통에서 멀어질수록 복종률은 증가한다.

4. 집단역학

우리들의 많은 행동은 집단으로 일어난다. 관심사나 행위를 공유하기 위해, 과제를 수행하거나 또는 혼자서는 성취하기 버거운 목표를 달성하기 위해 우리는 집단을 형성한다.

1) 사회태만

사회태만(social loafing)은 혼자서가 아니라 집단으로 일을 할 때 개인이 노력을 덜 기울이는 경향이다. 사회태만 현상은 밧줄 당기기나 박수치기 등과 같은 육체적인 과업은 물론 의사결정이나 진술문의 평가 등과 같은 인지적인 과업을 수행할 때도 발생한다. 이러한 현상은 왜 일어나는 것일까? '집단 노력 모형'(Karau & Williams, 1993)에 의하면, 집단과제를 수행할 때 사람들은 단지 목표를 성취하는 데 필요하다고 판단되는 만큼의 노력만 기울이는 경향이 있다.

사회태만 현상은 다음과 같은 경우에 더 잘 관찰된다.

- 개인의 수행이 집단수행에 묻혀서 잘 드러나지 않을 때
- 수행해야 할 과업이나 함께 작업하는 집단이 개인에게 가치나 의미가 적을 때
- 성공을 위한 동기가 낮고 동료가 더 많은 노력을 할 것으로 기대할 때

한편, 집단으로 일을 수행할 때 사회태만과는 정반대의 현상이 나타나기도 한다. 바로 사회촉진(social facilitation) 현상인데, 이는 어떤 과제를 수행할 때 혼자서 과제를 수행할 때보다는 다른 사람이 있을 경우에 수행이 향상되는 경향이다. 하지만 항상 그런 것은 아니다. 즉, 수행하는 과제의 성격에 따라 사회촉진이 일어나기도 하고 오히려 수행이 방해를 받기도 한다. 과제를 수행할 때 타인이 함께할 경우에는 자신이 이들에 의해 평가를 받는다는 분위기에 놓이게 된다. 이때 만약 과제가 이미 익숙한 것이거나 숙달된 것이라면 수행은 향상된다. 하지만 과제가 낯설거나 난해하다면 타인의 존재는 오히려 수행을 방해하게 된다.

사회태만은 성이나 문화에 따라 영향을 받는다. 남성으로만 구성된 경우에 여성이나 남녀 혼성으로 구성되었을 때에 비해 사회태만 현상이 더 잘 나타난다. 그리고 집단 목표가 중시되는 집단주의 문화에 비해 개인주의 문화권에서 사회태만 현상이 더 잘 일어나는 경향이 있다. 그렇다면 사회태만 현상은 어떤 경우에 감소하게 되는 것일까? 첫째, 집단의 성원들이 그들이 속한 집단과 수행할 과제에 가치를 부여할 때이며, 둘째, 개인의 수행이 잘 드러날 때, 셋째, 집단뿐만 아니라 개인의 수행에 대해서도 적절한 보상이 주어질 때, 넷째, 집단 성원이 자신이 좋아하는 사람들로 구성될 때는 사회태만 현상이 감소하는 경향이 있다.

2) 집단극화

중요한 결정이 주로 집단토의를 거치는 것은 집단이 개인에 비해 덜 극단적

이며 덜 급진적일 것으로 가정하기 때문이다. 만약 출발이 덜 급진적이라면 최종적인 견해나 태도도 그럴 가능성이 크다. 하지만 집단 성원 중에 누구라도 급진적이며 모험적인 견해에 무게를 두기 시작한다면 이야기는 달라진다. 이 경우에는 회의의 결말이 더욱 급진적이며 모험적으로 끝나게 된다. 이러한 현상을 집단극화(group polarization)라고 한다. 집단극화란, 서로 마음이 맞는 사람들이 집단으로 어떤 이슈에 대해 논의할 때 집단 성원의 평균 견해가 더욱 극단으로 변모하는 경향을 말한다.

집단극화 현상은 왜 일어날까? 첫째, 규범적 영향 때문이다. 집단으로부터 배척되지 않고 받아들여지기 위해 극단적인 견해를 수용하기 때문이다. 집단의 규범에 동조하려는 것이다. 둘째, 정보적 영향 때문이다. 집단토의를 거치면서 사람들은 이전에 알지 못했거나 생각하지 않았던 입장을 지지하는 주장에 접하게 됨으로써 태도가 극화될 수 있다(Krizan & Baron, 2007).

3) 집단사고

우리들은 매우 뛰어난 집단임에도 불구하고 형편없고 이해할 수 없는 의사결정에 도달하는 경우를 종종 본다. 이러한 일은 왜 일어날까? 집단토의 과정에서 집단의 성원들이 합의에 도달하기 위해 비판적인 사고를 유예하는 현상을 집단사고라 한다(Janis, 1982). 집단사고는 다음과 같은 경우에 발생하는 경향이 있다.

- 집단이 반드시 어떤 결정에 도달해야 한다는 압박감이 있을 때
- 외부 정보로부터 유리되어 있을 때
- 집단 리더가 개인적인 주장을 밀어붙이는 권위적인 사람일 때
- 집단응집력이 강할 때

특히 집단위협에 직면했을 때 긍정적인 관점을 유지함으로써 대립되는 견해를 주의 깊게 고려하지도 않고 합의에 도달하게 된다. 집단사고에는 다양한 징후들이 포착된다. 집단토의 도중에 의문을 제기하는 사람에게는 평지풍파를 일

으키지 말라는 직접적인 집단압력이 가해진다. 어떤 성원은 부정적인 견해를 차단하는 역할을 하기도 한다. 결국 집단성원들은 자기검열 체계를 갖추게 되어 의심의 여지없이 모두가 결정에 동의한다는 만장일치의 환상에 사로잡히게 된다.

집단사고는 어떻게 방지할 수 있을까? 첫째, 집단리더가 토의하는 동안 공정하며 비판적인 견해를 격려할 때, 둘째, 집단 외부인의 의견을 청취할 때, 셋째, 집단을 더욱 작은 집단으로 나누어 토의하고 그럼에도 하나의 결론에 도달하는지 확인할 때, 넷째, 서로의 견해에 대해 자유롭게 비판하게 할 때 집단사고 현상은 감소한다.

4) 몰개성화

몰개성화는 개인이 군중 속에 묻힐 경우 개인성을 상실하여 탈억제된 행동을 하게 되는 현상이다. 몰개성화 현상에 일찌감치 관심을 가진 사람은 프랑스의 심리학자인 르봉(Le Bon)이었다. 그는 1895년에 군중심리 이론에 관한 책을 출간하였는데 개인이 군중에 묻히게 되면 각각의 개성은 군중의 집단 사고방식의 지배를 받게 된다고 보았다. 르봉은 군중의 행동은 익명성, 감정, 그리고 저하된 지성의 지배를 받게 되어 개인은 책임감을 상실하게 된다고 보았다. 이후 포스트메스와 스피어스(Postmes & Spears, 1998)는 60여 개의 몰개성화 연구에 대한 메타 분석을 실시한 결과, 몰개성화의 주된 요인은 익명성이라고 결론지었다. 익명의 상황은 자아의식을 감소하게 만들고 또 자기규제를 어렵게 함으로써 탈억제된 행동을 촉진한다. 익명의 상황에서는 개인성이 노출되지 않기 때문에 타인을 의식하지 않고 자유롭게 행동하게 되며, 평소에는 해서는 안 된다고 생각하는 사회금기와 제약에서 벗어나 자기절제가 되지 않은 무책임하고 반규범적인 행동을 할 수 있다는 것이다.

짐발도(Zimbardo, 1969)는 개인성의 상실은 통제력의 상실을 가져오고, 그로 인해 개인은 과격하고 충동적인 행동을 하게 된다고 보았다. 하지만 짐발도는 몰개성화의 주요인으로 간주되었던 익명성 외에 각성, 감각 과부화, 상황 예견성의 상실, 약물이나 술에 의한 의식변화, 그리고 시간 관점에 대한 변화와 집단몰입과 같은 요인을 추가하고 이러한 상황요인들이 개인 정체성이나 자의식의 상실을 초래하여 상황 자극에 둔감해지며 동기나 정서에 대한 인지적인 통제력을 잃게 된다고 제안했다.

몰개성화의 사회정체모형(Social Identity model of Deindividuation Effects: SIDE)은 사회정체성이 첫째, 개인이나 집단정체를 강화하고, 둘째, 청중이 특정 행동을 하도록 설득하는 두 가지 기능을 한다고 보았다. 사회정체모형은 몰개성화 현상에서 익명성보다는 사회정체성의 활성화에 의한 집단규범에의 동조에 무게를 두었다는 점에서 몰개성화의 고전적인 이론과는 차이가 있다. 익명의 상황은 자아의식을 약화시키지만 특정 집단에 소속되어 있는 경우에는 익명의 상황이라 하더라도 집단정체성이 작용한다고 보았다. 이 경우에는 개인은 집단의 규범에 따라 행동할 가능성이 증가하게 된다. 따라서 익명의 상황은 반규범적 행동이 아니라 집단에 동조하는 행동을 일으키는 것이다.

제 14 장

심리장애

PSYCHOLOGY

제14장 심리장애

21세기에 들어서 사람들의 심리적 건강과 행복의 문제가 더욱 중요시되고 있지만 이와 관련된 문제는 쉽게 해결되지 않고 점점 더 증가하는 추세다. 보건복지부에서 실시한 2011년도 정신질환실태 역학조사 보고서에 따르면, 우리나라 국민이 1년 동안 정신장애가 있었던 경험이 100명 중 10명(니코틴 · 알코올 사용장애 제외)이었고, 평생에 걸쳐 1번 이상 경험하는 사람은 전국민의 14.4%(니코틴 · 알코올 사용장애 제외)였으며 이는 2006년에 실시한 조사에 비해서 14.3%나 증가한 수치다.

현대사회가 변화하는 속도는 점점 더 빨라지고, 과거보다 훨씬 많은 압력 속에서 살아가고 있으며 이에 따른 대인관계의 문제는 우리가 이 세상에 적응하는 데 어려움을 가져오게 한다. 이러한 부적응이 일시적이면 괜찮지만 계속 반복되어 만성적으로 지속된다면 일상생활에 심각한 어려움을 일으켜 심리장애로 발전할 수 있으며 이는 자살, 집단 따돌림, 학교폭력, 군대 총기사건, 기타 각종 범죄 등 자신과 타인의 고통을 발생시키는 원인이나 위험요소가 될 수 있다.

이 장에서는 먼저 심리장애를 구분하는 기준이 무엇인지 알아보고, 이러한 심리장애를 일으키는 원인과 분류체계 및 종류에 대해서 살펴볼 것이다.

1. 심리장애의 기준

심리장애(psychological disorder)는 이상심리 또는 이상행동으로 부르기도 하는데 심리장애는 상대적으로 공식적인 분류체계에 포함되는 용어라고 할 수 있다. 하지만 세 가지 용어가 명확히 구분되는 개념이 아니기 때문에 여기서는 심리장애와 나머지 2개의 용어를 함께 사용할 것이다. 사람들은 자신이나 타인이 과연 정상(normal)인지 이상(abnormal)인지 궁금해하는 경우가 많은데, 자신과 타인을 판단할 때 각자 가지고 있는 기준에 근거를 두게 된다. 그러므로 사람들의 생각이나 행동은 다른 사람에게 이상하거나 올바르지 않은 행동으로 보이기도 하며, 또 유별난 행동이 다른 사람이나 사회에 방해가 되거나 해를 끼칠 수도 있다. 이상심리나 이상행동은 별다른 문제가 없는 사람들의 심리나 행동과 크게 다르지 않는 경우도 있지만, 주변의 압력이 강해서 잘 버티지 못하거나 그에 대처하여 적응하는 데 실패하는 경우를 말한다. 이러한 적응의 실패는 심리적 · 행동적 장애나 생리적 질병을 유발하게 된다.

심리장애는 여러 가지 요인이 복합적으로 작용하여 나타나는 현상이기 때문에 그 개념을 명확하게 정립하는 데 어려움이 있다. 따라서 우리가 고려해야 할 것은 심리적으로 건강한 상태와 건강하지 않은 상태의 구분이 뚜렷하지 않다는 것이다. 이를 구분하는 기준은 연구자에 따라 다양하며, 포괄할 수 있는 단일한 기준은 아직 없다. 하지만 보편적으로 정상과 이상을 적용하는 기준이 있는데 주관적, 사회문화적, 통계적, 부적응, 전문적 기준 등으로 나누어 볼 수 있다.

1) 주관적 기준

주관적 기준은 정상과 이상의 여부를 개인이 경험하는 주관적인 고통의 여부에 따르는 것이다. 즉, 주관적으로 불안하고 우울하며 식욕이 없고 잠이 오지 않는 등의 심리적 · 생리적 증상이나 고통을 느끼면 이상으로 간주하는 것이다. 이 기준은 개인의 주관적 경험이나 주장을 중요하게 생각한다는 점에서 가장 인본주의적이라고 할 수 있다. 그러나 기분이 좋고 자신감이 충만해지는 조증 상태(manic state)는 개인이 주관적으로 고통을 경험하지 않기 때문에 이상이 아니라 정상으로 판단하게 되는 오류가 발생할 수 있다.

2) 사회문화적 기준

사회문화적 기준은 개인의 주관적 경험이 아닌 타인의 기준이 더 중요시된다고 할 수 있는데, 개인의 행동이 사회문화적 관습이나 규범에서 벗어나는 경우를 이상으로 본다. 즉, 개인이 속해 있는 사회 또는 문화에서 지켜야 할 규범에 따라 행동하지 못할 경우 이상행동으로 분류하게 된다. 이 사회문화적 기준은 한 사회의 구성원 대다수가 공유하고 있는 준거가 그 기준이 되므로 모든 사회 구성원이 쉽게 동의한다는 장점이 있다. 하지만 제2차 세계대전 중에 독일에서 유대인을 비정상이라고 하여 학살을 정당화했던 것처럼, 사회가 가지고 있는 관습과 규범은 사회적 강자가 자신의 이익을 위해 만든 경우도 많다. 그리고 이 기준은 시간의 경과나 어느 문화권인가에 따라서 정상과 이상이 달라질 수 있다는 점이 무시된다. 예를 들어, 우리나라에서 과거에는 몸에 문신을 하는 것을 이상이라고 간주했지만 최근에는 점차 이를 개성이나 생활양식의 차이라고 보는 경향이 있다.

3) 통계적 기준

통계적 기준은 주관적 기준이나 사회문화적 기준에 비해 상대적으로 객관적인 지표를 적용하는데, 개인의 행동이 타인에 비해 통계적 수준(예: 평균)에서 어느 정도 이탈되어 있느냐에 따라 심리장애 여부를 규정한다. 즉, 대부분의 사람에게 나타나지 않는 행동을 특정 개인만이 한다든지, 대부분의 사람이 하는 행동을 특정 개인만은 하지 않아 통계적으로 이탈되어 있다면 그의 행동을 이상행동으로 보는 것이다. 일반적으로 평균에서 표준편차의 2배 이상 벗어난 경우를 이상이라고 하며, 대략 상위 2.5%와 하위 2.5% 정도가 여기에 해당된다. 지능지수(IQ)가 70점 이하인 지적장애를 판단할 때 이 기준을 적용하는데, 현재 사용하고 있는 대부분의 지능검사는 평균 100점과 표준편차 15점으로 되어 있으며 2 표준편차 이하가 바로 70점에 해당된다. 그러나 이 기준은 객관적인 지표이긴 하지만 역시 사람들이 상 · 하위 2.5%라고 합의한 또 하나의 사회적 규칙이라는 점에서 한계가 있다. 그리고 우리는 운동 능력이나 지적 능력이 평균보다 매우 뛰어난 사람을 비정상이라고 판단하지 않기 때문에 이 기준이 항상 옳은 것은 아니다.

4) 부적응 기준

부적응 기준은 개인의 행동이 사회적, 학업적, 직업적 기능에 부적응을 일으키느냐에 따라 심리장애의 여부를 규정한다. 즉, 앞의 세 가지 기준에 해당된다고 하더라도 일상적 기능에 문제가 없다면 이상이 아니라고 본다. 사회적 기능은 가족, 친구, 선생님, 직장 동료나 선후배 등의 대인관계 영역이고, 학업적 기능은 수업태도나 학습, 성적 문제 등과 관련되며 직업적 기능은 과도한 음주로 인한 결근과 같은 근무 태도나 업무 수행의 문제 등과 관련된다. 그러나 이러한 부적응이 있다 하더라도 모두 심리장애라고 판단하기 어려운데, 예를 들어 자신의 전공이 적성에 맞지 않아 다른 분야에 몰두하느라 전공수업에 자주 결석하는 경우에는 이상행동이라고 하기 어렵다.

5) 전문적 기준

전문적 기준은 전문가의 임상심리학적, 정신의학적 판단을 이상행동의 준거로 삼는 것이다. 즉, 임상심리학자나 정신의학자와 같은 전문가가 관찰과 각종 검사를 통해 정상과 이상 여부에 대한 진단을 하는 것이다. 그러나 전문가 간의 진단기준이 일치하지 않아 서로 다른 기준을 적용하여 진단하게 되면 동일한 사람에게 정상과 이상의 판단을 다르게 결정할 수 있다. 또한 동일한 진단기준을 가지고 적용한다 하더라도 전문가마다 다른 진단을 하여 평가자 간 불일치가 나타나는 문제도 있다.

지금까지 심리장애를 판단할 때 적용하는 기준들을 살펴보았는데, 이 밖에도 연구자에 따라 '자신과 타인에게 위험한 행동' '예측하기 어려운 행동' '현실에 대한 잘못된 지각과 해석' 등 기준들이 다양하다. 중요한 점은 어느 한 가지의 기준만으로 정상과 이상을 구분하게 되면 오류 가능성이 높아지기 때문에 여러 가지 기준을 적용하여 결정하는 방법이 타당하다고 할 수 있다.

2. 심리장애의 원인

심리장애의 원인을 밝히는 것은 매우 중요하다. 밝혀진 원인을 통해 효과적인 치료를 할 수 있기 때문이다. 사람들의 마음과 행동을 설명하는 심리학 이론을 근거로 하여 심리장애의 원인을 설명할 수 있는데, 일반적으로 거대 이론이라고 하는 '정신분석' '행동주의' '인본주의' '인지주의' 관점으로 나눌 수 있다. 이외에 심리장애가 신체적 문제로 인해 나타난다는 '생물학적' 관점이 있으며, 우리를 둘러싼 사회문화적 환경의 영향을 다룬 '사회문화적' 관점 그리고 다양한 접근방법이 포함된 '취약성-스트레스' 관점이 있다.

1) 정신분석적 관점

정신분석적 관점은 심리장애를 무의식적인 내적 갈등이 상징적으로 표현된 것으로 보았다. 프로이트(Freud)는 정신이 의식, 전의식, 무의식의 세 가지 구조로 나누어져 있으며 사람들은 의식이 자신의 행동을 통제한다고 생각하지만 실제로는 무의식이 행동의 주인이라고 가정하였다. 그리고 사람의 성격은 원초아(id), 자아(ego), 초자아(superego)로 구성되어 있는데 3개의 구조가 상호작용하여 행동이 나타난다고 하였다. 원초아는 무의식적 욕구로 채워져 있어서 쾌락원리에 따라 언제라도 충동을 해소하려 한다. 초자아는 도덕 원리에 따라 충동을 억제하고 만족을 지연시키려 한다. 자아는 현실 원리에 입각하여 원초아와 초자아 간의 갈등을 중재하여 일상생활에서 문제를 일으키지 않고 살아갈 수 있게 해 준다. 하지만 만약 자아가 힘이 약해서 제대로 작동하지 못하면 원초아나 초자아의 힘이 너무 강하게 되어 정상에서 벗어난 이상행동을 함으로써 심리장애가 나타난다고 설명한다.

2) 행동주의적 관점

행동주의적 관점은 정상적인 행동과 같이 이상행동도 학습의 원리에 따라 나타나며 외부 자극이나 환경과 잘못 연합되었기 때문에 심리장애가 발생한다고 가정하였다. 학습원리는 고전적 조건형성, 조작적 조건형성, 사회학습 등 다양하며 행동 이외에 우울이나 불안과 같은 정서가 형성되고 유지되는 과정도 설명할 수 있다. '고전적 조건형성'은 무조건 반응(예: 공포)을 일으키는 무조건 자극(예: 시끄러운 쇳소리)과 조건 자극(예: 하얀 쥐)을 반복적으로 연합시킨 이후에 무조건 자극이 없어지고 조건 자극만 나타나도 조건 반응(예: 공포)이 나타나는 현상을 설명한다. '조작적 조건형성'은 사람들이 어떤 행동(예: 식사)을 한 이후에 보상을 받는 결과(예: 기분 좋음)와 짝지어지면 그 행동이 증가하여 강화(예: 폭식)되며, 반대로 보상이 아니라 처벌을 받는 결과와 연합되면 행동이 감소된다고 설명한다. 그리고 '사회학습'은 위의 두 가지 원리에서 설명하는 직접적 경험 이외에 간접적 경험인 관찰이나 모방을 통해서도 새로운 행동을 학습할 수 있다고 설명한다. 예를 들어, 폭력을 휘두르는 사람이 피해자에게 얻는 경제적, 관계적 이득을 관찰하게 되면 자신도 그러한 이득을 얻기 위해 따라서 폭력을 행사하는 경우를 들 수 있다.

3) 인본주의적 관점

인본주의적 관점 가운데 인간중심적 치료를 발전시킨 로저스(Rogers)에 따르면, 인간은 자기를 유지하고 향상하고 실현화하는 '자기실현 경향성'을 가지고 있는데, 이러한 경향성이 현실에서 여러 가지 장애물로 인해 막히면 심리장애가 나타난다고 하였다. 즉, 자신이 실현하고자 하는 욕구가 있지만 타인에게 긍정적 존중을 받기 위해 자신이 원하는 것이 아닌 타인이 바라는 쪽으로 방향을 바꾸면 우울이나 불안과 같은 문제가 발생하게 된다. 예를 들어, 원래 음악을 하고 싶었지만 착한 자녀가 되기 위해(긍정적 존중을 받는 것) 부모님이 원하는 경영학을 전공하는 대학생은 학창시절 내내 자신의 내적 경험을 무시하여 겉만 멀쩡하고 속은 썩어 가는 사람이 된다. 이후에는 자신이 음악을 좋아한다는 것을 부정하고 경영학이 더 적성에 맞다고 왜곡하여 내적 경험을 회피하게 된다. 다시 말하면, 자신의 내적 경험과 불일치가 많이 일어나서 왜곡과 부정이 많아질수록 심리장애도 함께 악화된다고 할 수 있다.

4) 인지주의적 관점

인지주의적 관점은 정보를 처리하는 과정에 문제가 있으면 심리장애가 일어난다고 가정하였다. 행동주의적 관점과 달리 이 관점은 외부 자극이나 환경으로 인해 심리적 문제가 나타나는 것이 아니라 그러한 자극이나 환경을 부정적으로 해석하는 잘못된 인지(예: 신념, 태도 등)가 주된 역할을 한다고 보았다. 예를 들어, 절친한 친구와 말다툼을 한 다음에 불안해지고 대인관계를 회피하는 고등학생은 말다툼이라는 사건 때문이 아니라 중요한 타인에게 항상 사랑과 인정을 받지 못하면 안 된다는 비합리적인 신념으로 인해 정서와 행동 문제가 나타난 것이라고 할 수 있다. 한편, 우울증은 자신과 세상(환경), 미래에 대해 부정적으로 생각하기 때문에 나타난다고 보면서 이러한 부정적 생각, 즉 인지적 오류를 변화시키는 것이 바로 인지치료라고 하였다. 이 관점은 행동주의적 관점과 결합하면서 인지행동적 관점 또는 인지행동치료로 발전하였으며 그 효과가 과학적인 연구를 통해 검증되고 있다.

5) 생물학적 관점

지금까지 살펴본 네 가지 관점이 심리장애가 심리적 원인 때문에 나타난다고 가정하였다면, 생물학적 관점은 신체적 문제가 그 원인이라고 하였다. 이 관점은 질병 또는 의학적 관점이라고도 불리는데, 이상심리나 이상행동을 일종의 신체적 질병이라고 간주하였으며 유전, 뇌의 구조나 기능, 신경화학(신경전달물질, 내분비계) 등의 문제에 초점을 맞추어 연구한다. 예를 들어, 조현병(과거 '정신분열병')은 유전적 요인이나 뇌 구조(뇌실의 확장과 전두엽 피질, 해마, 편도핵의 축소)의 문제를 원인으로 보며 우울증은 세로토닌과 같은 신경전달물질의 불균형 때문에 나타나는 것으로 판단한다. 이 관점은 심리장애에 영향을 미치는 심리적 요인 이외에 신체적 요인에 대한 이해의 폭을 넓혔으며 약물치료라는 방법으로 심리장애를 감소시키는 데 기여하였다.

6) 사회문화적 관점

이 관점은 이상행동이 심리적 또는 신체적 문제 이외에 사회적, 문화적 환경에서 비롯되는 스트레스 요인에 의해서 나타난다고 가정한다. 우리의 행동은 우리가 속해 있는 사회의 가치, 제도, 관습 등 사회문화적 요인과 일상생활에서 만나게 되는 주위 사람과의 상호작용에 의해 영향을 받는다. 문화가 우리의 정신건강과 밀접한 관련이 있다는 것은 잘 알려진 사실이다. 모든 문화에는 나름대로 기본적인 성격 구조가 있는데, 이는 가족 형태, 양육 형태, 경제적 구조 등과 같은 기본 요건에 따라 형성된다. 그리고 이것이 근거가 되어 우리의 가치관, 신념, 사회적 태도 등의 형성에 영향을 주기도 한다.

사회문화적 환경이 심리장애와 밀접한 관련이 있다는 사실이 밝혀지면서, 사회경제적 수준, 가정 및 주거 환경, 직업, 종교 등과 이상행동의 관계가 광범위하게 연구되었다. 일반적으로 심리장애의 발병률은 도시가 농촌보다 더 높고, 사회경제적 수준이 낮은 사람이 더 높으며, 이혼이나 별거 생활을 하는 사람이 더 높게 나타났다(Levy & Rowitz, 1984).

7) 취약성-스트레스 관점

심리장애의 원인은 앞에서 살펴본 어느 한 가지 관점만으로 충분하게 설명하기 어렵다. 취약성-스트레스(vulnerability-stress) 관점은 심리장애의 원인을 하나의 접근방법이 아니라 다양한 접근방법을 통합하여 설명한다. 이 관점은 심리장애가 개인이 고유하게 가지고 있는 생물학적, 심리적, 사회적 취약성과 외부에서 경험하는 스트레스가 서로 상호작용하여 발생한다고 제안한다. 예를 들어, 가족력이나 양육방식에서 취약성이 없는 사람은 일정 정도의 스트레스를 받아도 우울해지지 않지만 우울증의 가족력이 있고 매우 의존적인 방식으로 성장한 사람은 동일한 스트레스에도 쉽게 우울해지게 된다. 이 관점을 통해 여러 심리장애의 취약성 및 스트레스 요인이 각각 밝혀져 왔으며 두 가지 요인들의 상호작용이 심리장애가 발생하는 데 필요한 조건이라는 인식이 넓어지고 있다.

3. 심리장애의 분류체계

심리장애는 그 증상이 매우 다양하게 표출된다. 이렇게 다양한 심리장애를 의미 있게 유형별로 분류하는 것은 이를 이해하고 치료하는 것뿐만 아니라 이론적인 연구를 발전시키는 데에도 많은 도움이 된다.

오늘날 널리 통용되고 있는 심리장애의 분류체계로는 두 가지가 있다. 하나는 세계보건기구(WHO)에서 인정하는 『국제질병분류(*International Classification of Disease: ICD*)』에 포함되어 있는 분류체계로 1992년에 제10판(ICD-10)이 발행되었다. 다른 하나는 미국정신의학회(American Psychiatric Association: APA)에서 만든 『정신장애의 진단 및 통계편람(*Diagnostic and Statistical Manual for Mental Disorders: DSM*)』으로 1994년에 제4판(DSM-IV; APA, 1994)이 발행되었고 2000년에 개정판(DSM-IV-TR; APA, 2000)이 나왔으며 2013년에 5판(DSM-5; APA, 2013)이 출간되었다. DSM의 분류 방식은 ICD보다 진단기준이 더 자세하고 구체적으로 설명하고 있으며 세계적으로 가장 많은 전문가들이 사용하고 있으므로, 여기에서는 DSM 분류체계를 바탕으로 심리장애를 소개하려 한다.

DSM 분류체계의 특징을 살펴보면 다음과 같다. 첫째, 심리장애를 분류할 때 특정한 원인이나 이론에 근거하는 것이 아니라 증상을 중심으로 진단기준을 기술하여 범주적으로 진단한다. 둘째, 각 장애에 대한 구체적인 진단기준을 마련하여 객관적이고 신뢰할 수 있게 진단을 할 수 있다. 셋째, 각 장애와 관련된 부가적인 특징(유병률, 발달 및 경과, 위험요인 및 예후, 감별진단, 공병증상 등)을 세분

〈표 14-1〉 DSM-5의 심리장애 범주

1. 신경발달장애(Neurodevelopmental Disorders)
2. 조현병 스펙트럼 및 기타 정신증적 장애(Schizophrenia Spectrum and Other Psychotic Disorders)
3. 양극성 및 관련 장애(Bipolar and Related Disorders)
4. 우울장애(Depressive Disorders)
5. 불안장애(Anxiety Disorders)
6. 강박 및 관련 장애(Obsessive-Compulsive and Related Disorders)
7. 외상 및 스트레스 관련 장애(Trauma and Stressor-Related Disorders)
8. 해리장애(Dissociative Disorders)
9. 신체증상 및 관련 장애(Somatic Symptom and Related Disorders)
10. 급식 및 섭식장애(Feeding and Eating Disorders)
11. 배설장애(Elimination Disorders)
12. 수면-각성장애(Sleep-Wake Disorders)
13. 성기능장애(Sexual Dysfunctions)
14. 성별 불쾌감(Gender Dysphoria)
15. 파괴적, 충동조절 및 품행장애(Disruptive, Impulse-Control, and Conduct Disorders)
16. 물질 관련 및 중독 장애(Substance-Related and Addictive Disorders)
17. 신경인지장애(Neurocognitive Disorders)
18. 성격장애(Personality Disorders)
19. 성도착장애(Paraphilic Disorders)
20. 기타 정신장애(Other Mental Disorders)

하여 심리장애를 이해하고 치료계획을 세우는 데 도움이 된다. 이와 더불어 가장 최근에 발행된 DSM-5는 범주적 진단의 문제점을 보완하려고 심리장애를 심각한 정도에 따라 나누는 차원적 평가를 함께 실시한다. 한편, DSM-IV 및 DSM-IV-TR에서 적용했던 다축체계는 임상적 타당성이 낮다는 문제로 DSM-5에서는 더 이상 사용하지 않고 있다.

가장 최근에 개정된 DSM-5에 포함된 심리장애의 범주를 〈표 14-1〉에 소개하였으며, 여기에 소개된 장애 가운데 주요한 범주에 대해서 살펴보도록 하겠다.

4. 심리장애의 종류

DSM-5는 심리장애를 20개의 범주로 나누었으며, 각 범주 아래에 300개 이상의 장애를 포함하고 있다. 여기에서는 20개 범주 가운데 중요한 범주에 속하는 몇몇 장애들의 특징을 자세히 살펴보기로 한다. 특히, 각 장애 중에서 조현병 스펙트럼 장애와 우울장애처럼 주요한 장애에 대해서는 그 원인을 함께 살펴보도록 하겠다.

1) 신경발달장애

신경발달장애(neurodevelopmental disorders)는 중추신경계인 뇌의 발달이 지연되거나 손상되어 나타나는 심리장애들로 구성되어 있다. 주로 출생 후부터 아동기와 청소년기에 걸쳐 발생하는 장애가 많으며 DSM-IV에서 '유아기, 아동기 및 청소년기에 흔히 처음으로 진단되는 장애'에 해당되었던 장애들이 대부분이다. 하지만 이 장애가 성인기의 장애와 명확히 구분되는 것은 아니며 성인에게도 진단이 가능한 경우가 있다. 이 장애는 발달하는 과정에서 나타난다는 점을 고려할 때 진단과 치료에서 발달적 관점에 유의할 필요가 있다.

(1) 지적장애

지적장애(intellectual disability)는 지적발달장애(intellectual developmental disorder)라고도 불리며 지적기능과 적응기능의 문제가 있고 발달하고 있는 기간 동안에 시작된다. 지적기능은 '추리, 문제해결, 계획 세우기, 추상적 사고, 판단, 학교 및 경험을 통한 학습'을 포함하며 이러한 기능에 문제가 있는지 판단하기 위해서 임상적 평가와 표준화된 지능검사를 실시한다. 지능검사로 측정한 지능지수(IQ)가 70 미만일 때 일반적으로 지적장애라고 볼 수 있다. 적응기능은 비슷한 연령과 사회문화적 배경을 가진 타인과 비교하여 개인적 독립과 사회적 책임에 대한 공동체의 기준을 얼마나 잘 충족하는지를 의미하며 개념적/학업적(conceptual/academic: 기억, 언어, 읽기, 쓰기, 수리 추론 능력 등), 사회적

(social: 타인의 생각, 감정, 경험을 알아차리는 능력 등), 실제적(practical: 일상생활에서 학습과 자기관리 능력 등) 영역을 포함한다. 적응기능의 문제가 있으면 가정, 학교, 직장 및 공동체와 같이 여러 환경에 걸쳐 '의사소통, 사회참여 및 독립생활'과 같은 일상적 활동이 저하되며 이 가운데 적어도 1개 이상의 손상이 나타나면 지적장애로 진단할 수 있다.

지적장애는 심각도에 따라 가벼운 정도(mild), 중간 정도(moderate), 심한 정도(severe), 매우 심한 정도(profound)로 구분하는데, 이전의 DSM-IV와 같이 지능지수 점수에 따라 나누는 것이 아니라 개념적/학업적, 사회적, 실제적 영역에서 기능하는 정도를 기준으로 하여 분류한다. 유병률은 전체 인구의 약 1%이고 심한 정도(severe)의 경우 1,000명 중 6명 정도로 나타나며 연령에 따라 다양한 유병률을 보이며 남성이 여성에 비해 진단받는 비율이 더 높다.

(2) 의사소통장애

의사소통장애(communication disorders)는 말이나 언어를 사용하거나 대화하는 데 문제가 있는 것으로 언어장애(language disorder), 발음장애(speech sound disorder), 아동기에 시작하는 유창성장애(childhood-onset fluency disorder), 사회적 의사소통장애(social communication disorder)가 있으며, 여기서는 언어장애와 사회적 의사소통장애를 다루기로 한다.

언어장애는 언어를 습득하고 사용하는 데 어려움이 있는 것으로 '어휘, 문장구조, 대화'에 대한 이해와 표현 능력이 손상되어 있다. 어휘는 '단어지식'을 의미하고, 문장 구조는 '문법규칙에 기초하여 문장을 만들기 위해 단어를 배치하는 능력'이며, 대화는 '주제나 사건을 설명하거나 대화하기 위해 어휘를 사용하고 문장을 연결시키는 능력'을 뜻한다. 즉, 언어를 사용할 때 가장 기초가 되는 어휘나 단어를 사용하는 문제부터 시작하여, 단어를 통해 문장을 만들고 문장이 연결되어 대화가 이루어지는 매우 복잡한 문제까지 폭넓은 범위다. 언어능력은 해당 연령에서 기대할 수 있는 것보다 질적·양적으로 더 낮아야 하며 이로 인해 효과적인 의사소통, 사회참여, 학업 및 직업 성취 등의 기능 저하가 나타나면 진단할 수 있다. 이러한 장애가 있으면 말할 때 단어가 상당히 빈약하고 적절하게 사용하지 못하며, 복잡한 문장을 사용하지 못하여 짧고 단순한 문법 구조로 이루어진 문장을 사용하거나 중요한 부분을 생략하고 말의 순서가 올바르지 못한 대화(예: 우유, 친구 마신다)를 하게 된다.

사회적 의사소통장애는 언어적 · 비언어적 의사소통을 사회적으로 적절하게 사용하지 못하는 경우이며, 구체적으로 다음의 네 가지에 모두 해당할 때 진단할 수 있다. 첫째, 사회적 맥락에 적절한 방식으로 사회적 목적을 위한 의사소통(예: 인사하기, 정보 공유)을 하지 못한다. 둘째, 상황 혹은 상대방의 필요에 맞추기 위해 의사소통을 변화(예: 운동장에서 말하는 것과 다르게 교실에서 말하기, 어른에게 말하는 것과 다르게 아이에게 말하기)시키지 못한다. 셋째, 대화와 이야기를 하는 규칙(예: 대화할 때 순서를 지키기, 이해하지 못했을 때 다른 말로 바꾸어 말하기, 상호작용을 좋게 하기 위해서 언어적 · 비언어적 신호를 사용하기)을 따르지 못한다. 넷째, 명확하게 표현되지 않은 것(예: 추측하기)과 비유적이거나 애매한 의미(예: 관용구, 유머, 은유-해석에 있어서 맥락에 따라 여러 가지 의미가 있는 것)를 이해하지 못한다. 이 장애는 언어장애에서 나타나는 어휘, 문장 등을 이해하거나 표현하는 문제가 없다고 하더라도 그러한 언어 사용이 사회적 상황에 맞지 않다면 역시 장애로 간주할 수 있다는 관점에서 만들어졌다고 볼 수 있다.

(3) 자폐 스펙트럼 장애

자폐 스펙트럼 장애(autism spectrum disorder)는 사회적 의사소통과 상호작용이 어려우며 행동, 흥미, 활동이 제한적이고 반복적인 형태로 나타나는 것이 주된 문제다. DSM-IV에서 전반적 발달장애 범주였던 자폐성 장애, 소아기 붕괴성 장애, 아스퍼거 장애, 달리 분류되지 않는 전반적 발달장애가 이 장애에 포함되었다고 할 수 있는데, 각각의 장애가 질적으로 다른 것이 아니라 증상의 심각도에 따라 양적으로 다를 뿐 실제로는 연속적이라는 관점이 반영되어 스펙트럼이란 용어를 사용하고 있다.

이 장애는 위에서 언급한 것처럼 주요 증상이 두 가지로 나타난다. 첫째, 사회적 의사소통과 상호작용의 문제가 있다. 어려서부터 다른 사람과의 사회적 관계를 형성하는 데 어려움이 있고, 사람들과 눈을 마주치지 않고, 신체적 접촉을 하지 않으려 하고, 또래친구와 관계를 맺는 데에는 관심 없이 주로 혼자서 하는 놀이에 빠져드는 경향이 있다. 또한 사회적 상호작용을 하기 위해 사용되는 비언어적 의사소통에 문제가 나타나는데, 예를 들어 언어적 · 비언어적 의사소통을 통합하지 못하고, 몸짓이 비정상적이고, 얼굴표정과 비언어적 의사소통이 전혀 되지 않는 경우까지 다양하다. 둘째, 제한적이고 반복적인 형태의 행동, 흥미, 활동이 나타난다. 똑같은 동작(예: 까치발로 서서 걷기)이나 물건 사용(장난감을 한 줄로 세워서 놀기)을 반복하고 익숙한 주위 환경에서 사소한 변화라도 나타나면 몹시 놀라고 당황한다. 그리고 기이한 손동작을 하기도 하며 자신이 관심을 두고 있는 특정한 물건에만 집착하여 모으거나 그것만 가지고 노는 경우도 많다. 또한 감각 자극에 대해 과잉 또는 과소 반응(예: 통증에 대해 무관심, 특정한 소리를 싫어함)을 나타내거나 감각적 측면에 유별난 흥미(예: 과도하게 물건의 냄새를 맡거나 손으로 만지기, 반짝거리거나 움직이는 것에 매혹되어 바라봄)를 보이기도 한다. 이러한 두 가지 증상의 심각도는 세 가지 수준으로 평가하며 수준이 높을수록 더 많은 지지와 도움이 필요한 것이다.

유병률은 전체 인구의 약 1%로 알려져 있으며 지능의 문제가 없는 경우도 있지만 상당수는 지적장애에 해당하는 지능 수준을 보여 독립적인 생활이 가능한 사람은 매우 적은 편이다. 성별에 있어서는 남자가 여자보다 약 3~4배 정도 더 많이 발병하는 것으로 보고되고 있다. 발병 시기는 3세 이전이고 첫 번째로 발

[그림 14-1] 자폐 스펙트럼 장애에 관한 영화 〈말아톤〉

견되는 증상은 언어발달이 느리고, 사회적 관심이 부족하거나 이상한 사회적 상호작용을 하고, 유별난 놀이 방식(예: 장난감을 가지고 놀지 않고 끌고 다님)과 의사소통(예: 이름을 불러도 반응 없음) 등이 자주 나타난다.

(4) 주의력결핍/과잉행동장애

주의력결핍/과잉행동장애(attention deficit/hyperactivity disorder: ADHD)의 핵심 증상은 일상적인 기능이나 발달을 방해하는 지속적인 부주의와 과잉행동-충동성으로, 같은 또래의 아동들에 비해 주의집중이 매우 어렵고 눈에 띄게 과도하고 충동적인 행동을 6개월 이상 지속적으로 나타낸다.

부주의 증상은 과제나 놀이를 할 때 주의를 지속시키지 못하고, 다른 사람의 말을 주의 깊게 듣지 않고, 학업이나 직업 활동을 할 때 실수를 많이 하거나 끝까지 마치지 못하고, 물건을 자주 잃어버리고, 외부 자극(예: 교실 밖에서 나는 소리) 때문에 쉽게 주의가 분산되고, 일상적으로 해야 하는 일들을 자주 잊어버리는 등의 양상을 보인다. 과잉행동 증상은 앉아 있을 때 손이나 발을 가만히 두지 못하고 몸을 꼼지락거리고, 앉아 있어야 할 상황(예: 교실, 사무실)에서 자리를 벗어나고, 조용히 있어야 할 상황에서 뛰거나 기어오르고, 마치 발동기가 달려 있는 것처럼 끊임없이 움직이고, 과도하게 말을 많이 하는 특징을 보인다. 충동성 증상은 질문이 끝나기도 전에 불쑥 대답을 하고, 차례(예: 줄을 서는 것)를 기다리지 못하고, 다른 사람의 활동(예: 대화, 놀이)을 방해하고 끼어드는 행동이다.

이러한 증상들은 2개 이상의 상황(예: 가정이나 학교 또는 직장에 있을 때, 친구나 가족들과 함께 있을 때, 다른 활동을 하고 있을 때)에서 나타나고, 12세 이전부터 있어 왔으며 사회적, 학업적 또는 직업적 기능을 방해한다. ADHD는 세 가지 하위 유형으로 나뉘는데 부주의와 과잉행동-충동성 모두가 많이 나타나는 '혼합형(combined presentation)', 부주의가 많고 과잉행동-충동성이 적은 '부주의 우세형(predominantly inattentive presentation)', 과잉행동-충동성이 많고 부주의가 적은 '과잉행동-충동성 우세형(predominantly hyperactive/impulsive presentation)'이며 증상의 심한 정도에 따라 가벼운(mild), 중간(moderate), 심한(severe) 수준으로 평가한다.

유병률은 아동의 경우 대부분의 문화권에서 약 5%이며 성인은 약 2.5%이다. 아동의 경우 남아가 여아보다 약 2배 많고, 성인의 남녀 비율은 1.6:1 정도로 알려져 있는데(APA, 2013), 앞으로 한국에서 DSM-5를 기준으로 한 남녀 비율의 연구결과와 비교해 볼 필요가 있다. 여성은 남성에 비해 부주의 증상이 더 주로 나타난다. 아동기를 지나 청소년기를 지나면서 증상이 좋아지는데, 특히 과잉행동-충동성 증상은 나아지는 경향이 있지만 부주의 증상은 상대적으로 더 오래 지속된다.

(5) 특정 학습장애

특정 학습장애(specific learning disorder)는 학업 기술을 배우고 사용하는 데 어려움이 있으며 다음 6개 증상(① 단어를 읽을 때 부정확하거나 느리고 노력이 많이 필요함, ② 읽은 내용의 의미를 이해하기 어려움, ③ 맞춤법을 틀림, ④ 글쓰기를 어려워 함, ⑤ 수에 대한 감각이나 정보 또는 계산을 습득하기 어려움, ⑥ 수학적 추론의 어려움 가운데 1개 이상이 6개월 동안 지속된다. 학업 기술의 문제는 자신의 연령에 비해 질적 또는 양적으로 기대에 미치지 못하고, 학업적 또는 직업적 수행이나 일상적 활동을 방해하며 표준화된 성취검사와 임상적 평가를 통해 확인할 수 있다. 이 장애는 지능이 낮거나 정서적 문제가 있어 나타나는 것은 아니며 학습에 필요한 능력을 습득하는 심리과정에 문제가 있다고 볼 수 있다. 하위 유형으로 읽기장애, 쓰기장애, 수학장애가 있으며 ①과 ② 증상은 읽기장애, ③과 ④ 증상은 쓰기장애, ⑤와 ⑥ 증상은 수학장애에 해당된다. 그리고 장애의 심각한 정도에 따라 가벼운, 중간, 심한 수준으로 나눈다.

유병률은 아동이 약 5~15%이고 성인은 명확하지는 않지만 약 4% 정도로 추정된다. 하위 유형 가운데 읽기장애가 가장 흔하며, 하나의 유형만이 아니라 다른 유형들과 함께 진단되는 경우도 많다. 이 장애는 학습의 어려움으로 인해 자신감이 떨어지고 정서적으로 우울해지며 대인관계의 문제가 동반되어 학교나 직장에서 적응하는 데 문제를 발생시킨다.

2) 조현병 스펙트럼 및 기타 정신증적 장애

조현병 스펙트럼 및 기타 정신증적 장애(schizophrenia spectrum and other psychotic disorders)는 자신의 경험이 현실에서 실제로 일어나는 것인지를 명확하게 판단하지 못하고 왜곡함으로써 나타나는 망상이나 환각을 비롯하여 혼란된 사고(언어)와 행동, 음성증상을 보이는 여러 장애들을 포함한다. 자폐 스펙트럼 장애와 마찬가지로 증상의 심각도에 따라 연속적으로 나타난다는 관점에서 스펙트럼이란 용어를 쓰며 구체적으로 조현병(schizophrenia), 조현정동장애(schizoaffective disorder), 조현형 장애(schizophreniform disorder), 단기 정신증적 장애(brief psychotic disorder), 망상장애(delusional disorder), 조현형 성격장애(schizotypal personality disorder) 등으로 구성된다. 여기서는 가장 심각한 증상을 나타내는 조현병에 대해서 중점적으로 다루도록 하겠다.

조현병은 과거에 '정신분열병'이라고 불렸는데, 정신분열병이라는 진단명으로 인해 환자는 물론 환자의 보호자에게 사회적 낙인 등의 부정적 영향을 미칠 수 있기 때문에 최근에 조현병으로 변경되었다. 조현병은 발생하는 확률이 비교적 낮지만 일단 발병하면 회복되었다 하더라도 재발할 가능성이 높다. 그리고 다른 심리장애들과 비교했을 때 학업 또는 직업적 · 사회적 기능을 손상시키는 정도가 커서 상대적으로 정상적인 생활을 유지하기 어려운 경우가 많다.

조현병의 증상은 여러 형태로 나타날 수 있는데, 그 핵심적인 임상적 특징을 살펴보면 다음과 같다. 첫째, 현실을 판단하는 데 있어서 왜곡을 나타낸다. 대표적인 것으로 실제로는 존재하지 않지만 있다고 지각하는 환각 증상이다. 예를 들어, 자신의 행동을 비난하는 소리를 듣거나, 어떤 일을 하라고 명령하는 소리를 듣기도 하며, 서로 다른 목소리가 다투는 것이 들리기도 한다. 그리고 현실에서 일어나지 않은 일이 실제로 발생하고 있다고 생각하는 망상을 보인다. 망상이란 일반적으로 잘못 해석된 지각이나 경험을 포함하는 잘못된 신념이다. 망상의 내용은 매우 다양한데, 자신이 미행을 당한다거나 감시당한다거나 괴롭힘을 당한다고 믿는 피해망상, 어떤 특정한 말투와 문구 및 그 밖의 다른 단서가 자신과 관련되어 있다고 믿는 관계망상, 자신이 예수나 대통령이라고 생각하는 과대망상 등이 있다. 둘째, 논리적 사고의 전개가 어려운 장애다.

이들의 말이나 글을 보면, 여러 가지 무관한 연상이 논리적 연결 없이 나열되어 있는 것 같아 이해하기 어렵고 기이한 느낌을 준다. 예를 들어, 한 가지 주제에서 벗어나 상관 없는 말을 하는 '이탈(derailment)', 말이 앞뒤가 맞지 않고 너무 혼란스러워 거의 이해할 수 없는 '지리멸렬(incoherence)' 등이 있다.

위의 두 증상은 생각과 관련된 증상에 해당되며, 다음으로 소개하는 셋째 증상은 행동과 관련된 증상으로 상당히 이상하고 괴이하며 긴장증적 행동을 보인다. 이상하고 괴이한 행동은 계절에 전혀 맞지 않는 옷차림을 하거나 규칙적인 식사나 청결을 유지하는 등의 일상활동을 못하는 경우다. 긴장증적(catatonic) 행동은 과도하게 움직이거나 반대로 움직임이 거의 없는 것으로 복도 양쪽 끝을 안절부절못하면서 계속 반복해서 걸어다니거나 복도 한쪽에 서서 어떠한 움직임도 없이 꼼짝도 하지 않고 서 있는 모습을 보인다.

마지막으로, 넷째 증상은 정서표현의 감소와 무욕증(avolition)을 보이는 음성 증상(negative symptoms)이다. 정서표현의 감소는 자신의 정서적 경험을 적절히 표현하지 못하여 상황에 전혀 맞지 않는 엉뚱한 감정을 표현하거나 전혀 감정이 없는 것처럼 보여서 무감각하다는 인상을 주기도 한다. 예를 들어, 가족이나 친구의 죽음에 별로 슬퍼하지 않거나 아무 이유 없이 혼자 실없는 웃음을 짓는 등의 정서를 나타낸다. 무욕증은 의욕이 없어서 일상활동에 대한 흥미를 보이지 않고 목표지향적 행동을 하지 않는 것으로, 사람들과 약속을 잡거나 만나려 하지 않고 집안에서 아무런 목적도 없이 어떠한 일도 하지 않으면서 시간을 보낸다.

평생유병률은 약 0.3~0.7%이며 남녀의 발생 빈도는 표본에 따라 차이는 있지만 대체로 비슷하다고 알려져 있다. 발병 연령은 남성이 여성보다 더 빠르며 보통 10대 후반에서 30대 중반 사이에 나타난다. 정신증적 증상이 처음 시작되는 가장 빈번한 연령은 남성의 경우 20대 초·중반이며 여성은 20대 후반이다.

조현병에 대해 많은 연구가 이루어졌지만, 아직까지 이 정신질환이 어떤 경로로 발생하는가는 구체적으로 밝혀지지 않고 있다. 다만, 조현병은 그 증상이 다양한 것에서 알 수 있듯이 여러 가지 요인이 복합적으로 작용한다고 볼 수 있다. 조현병의 원인을 살펴보면 다음과 같다.

'생물학적 요인'은 조현병의 원인 가운데 연구가 가장 활발히 진행되고 있고 뒷받침하는 자료도 많이 검증되고 있으며 크게 유전과 생화학적 관점으로 나누어 볼 수 있다. 유전적 관점에서 보면 조현병의 원인 중 유전에 대한 연구는 쌍생아 연구, 입양아 연구 등을 통해 이루어지고 있다. 쌍생아 연구에 의하면 유전 정보가 똑같은 일란성 쌍생아가 이란성 쌍생아에 비해 조현병이 발병할 확률이 약 4배 정도 높고(Tsuang, Gilbertson, & Faraone, 1991), 조현병인 어머니에게서 태어난 아동이 정상 가정에 입양되어 성장하여도 발병률이 높게 나타났다(Heston, 1966). 이는 조현병의 원인으로 유전자의 유전 정보가 그 원인임을 시사한다.

'생화학적 관점'에서 보면 대뇌의 신경전달물질인 도파민이 조현병과 깊은 관련이 있다는 사실이 밝혀졌다. 즉, 조현병의 증상을 완화시키는 항정신제들은 뇌의 도파민 양을 감소시키거나 도파민 수용기를 차단하는 등 도파민의 기능을 억제하는 것으로 알려져 있다. 그리고 도파민의 기능을 활성화시키는 암페타민을 다량 흡수하였을 때 조현병의 증상을 악화시키는 것으로 나타났다. 한편, 최근에는 조현병의 생화학적 요인으로 세로토닌계의 활동이 주목을 받고 있다. 즉, 음성 증상이 현저한 환자나 전형적인 약물에 반응하지 않던 환자도 세로토닌을 조절하는 약물에 반응하고 세로토닌이 도파민의 활성도를 조절한다는 점은 조현병의 원인으로 세로토닌이 중요함을 의미한다(박진환, 1996).

조현병의 발병에서 '심리사회적 요인'은 증상을 촉발시키거나 생물학적 취약성이 있을 때 증상을 더 악화시키는 역할을 하게 된다. 심리적 요인 가운데 인지주의적 관점에서는 주의(attention) 기능의 문제로 망상이나 혼란된 사고 및 언어 등 사고장애가 나타난다고 가정한다. 망상의 경우 주의 기능의 손상으로 외부에서 들어오는 자극을 적절하게 여과하지 못하면 모든 정보에 주의를 기울이게 되어 사소한 것에도 과도하게 민감한 반응을 하기 때문에 나타나게 된다. 반대로, 주의 기능이 너무 좁아져서 외부 자극을 심하게 통제하면 타인의 시선에 무관심하여 혼란된 행동이나 음성 증상이 나타날 수 있다.

'사회적 요인'은 가정환경이나 스트레스에 대해서 주목한다. 조현병 환자 중에는 어렸을 때 부모를 일찍 잃거나 정서적으로 불안정한 부모 밑에서 성장한 집단이 그렇지 않은 집단보다 그 발생 빈도가 높은 경향이 있다. 이는 정서적으로 불안정한 부모와의 상호작용을 통하여 자녀는 진실한 감정을 이해하는 데

[그림 14-2] 조현병에 관한 영화 〈뷰티풀 마인드〉

어려움을 느끼며 혼란을 경험하기 때문이다(Lidz, Fleck, & Cornalison, 1965). 성장기의 부모 등 가족관계가 조현병의 원인이 된다는 주장도 있다. 냉담하고 지배적이며 자식에게 갈등을 유발하는 부모 밑에서 성장한 자녀는 조현병이 되기 쉬우며, 부모가 자녀에게 일관성 없이 모순되는 메시지를 전달하면 자녀는 어느 것이 올바른지 모르고 혼란에 빠지기도 한다. 이와 같이 건강하지 못한 가족관계는 건전한 성격을 발전시키는 데 저해 요인이 되므로, 특히 생물학적으로 조현병에 대한 취약성이 있는 사람에게는 발병의 위험성이 더욱 높다. 따라서 생물학적 취약성과 심리사회적 스트레스가 상호작용하여 조현병의 발병 가능성이 높아진다고 할 수 있다.

3) 양극성 및 관련 장애

양극성 및 관련 장애(bipolar and related disorders)는 DSM-IV에서 우울장애(depressive disorders)와 더불어 기분장애(mood disorders) 범주에 포함되었다가,

최근 연구에서 원인이나 예후 등 다양한 측면에서 서로 차이가 있는 것으로 나타나 DSM-5에서 따로 독립된 범주로 분류되었다. 이 범주에는 양극성 I 장애(bipolar I disorder), 양극성 II 장애(bipolar II disorder), 순환성장애(cyclothymic disorder)가 포함되어 있으며 여기에서는 양극성장애를 중심으로 살펴보도록 하겠다.

양극성장애는 이전에 '조울증'이라고 불렸으며, 조증과 우울증이 번갈아 나타나는 것이 특징이다. 조증은 우울증과는 반대되는 특징으로 지나치게 활력이 넘치고 자신감이 가득하며 기분이 들뜬 상태를 경험한다. 자신의 능력에 대해 실제보다 과대평가를 하는 경향이 있고, 주위의 다른 사람이 자신의 말이나 계획에 동조하지 않으면 매우 공격적으로 반응하기도 한다. 또한 매우 충동적인 행동을 하는 경우도 많은데, 극단적인 경우에는 에너지가 다 소진되어 주저앉을 때까지 끊임없이 움직이고 이해할 수 없는 행동을 계속한다.

이 장애는 비현실적으로 들뜨고 활기에 찬 기분을 느끼는 기간이 있고, 이어서 기분이 처지고 우울한 상태를 경험하는 것이다. 조증과 우울증이 교대로 나타나는 것은 실상은 조증이 우울증에 대한 방어를 의미하는 것으로 해석되기도 한다. 다시 말하면, 조증 증상은 그 바로 밑에 있는 깊은 절망을 부정하고 회피하기 위한 노력의 일환이라는 것이다.

양극성 I 장애는 기분이 고양되고 자신감이 팽창되며 충동적이고 무계획적인 과도한 행동 등이 적어도 1주일 이상 지속되는 조증 삽화(manic episode)가 나타난다. 이러한 삽화로 인해서 일상적 기능에 현저한 손상이 발생하고 심하면 망상이나 환각과 같은 정신증적 양상을 동반하기도 한다. 양극성 II 장애는 양극성 I 장애에 비해 증상의 정도가 경미하고 지속 기간이 상대적으로 짧아 최소 4일 정도 지속되는 경조증 삽화(hypomanic episode)가 나타나며 일상적 기능에 심각한 손상이나 정신증적 양상은 없다. 이와 함께 이전에 조증 삽화를 경험한 적이 없으며 원인을 비롯하여 유병률 등에서 양극성 I 장애와 구별된다.

유병률은 미국의 경우 양극성 I 장애 0.6%, 양극성 II 장애 0.8%이며, 한국은 양극성 I 장애와 양극성 II 장애를 합하여 0.2%(조맹제, 2011) 정도다. 남녀 비율은 비슷한 것으로 알려져 있으며 평생유병률을 비교하면 남녀 약 1.1:1이다. 하지만 조증 삽화는 여성보다 남성이 먼저 경험하는 경우가 많다.

양극성장애는 기분이 들떠 있는 증상이 있기 때문에 심각하게 생각하지 못하지만 일반적으로 우울장애와 함께 자살 가능성이 매우 높아서 상당한 주의와 관심이 필요하며 조증 상태보다 우울증 상태일 때 가능성이 더 많아진다.

4) 우울장애

우울장애(depressive disorders)는 기분이 지나치게 가라앉아 있거나 침울하여 이 때문에 일상생활과 대인관계에서 곤란을 겪는 경우를 말한다. 이 장애가 없는 사람도 정서적으로 우울할 때가 있지만 이러한 양상이 쉽게 조절되지 않고 장기간 지속되며 학업 또는 직업 및 사회적 활동을 적절하게 수행할 수 없게 된다. 우울장애는 파괴적 기분조절장애(disruptive dysregulation disorder), 주요우울장애(major depressive disorder), 지속적 우울장애(persistent depressive disorder/dysthymia), 월경전 불쾌장애(premenstrual dysphoric disorder)를 포함하고 있으며 여기에서는 주요우울장애를 중심으로 소개하려고 한다.

주요우울장애는 2주 이상 주요우울 삽화(major depressive episode)를 경험하는데 구체적으로 보면 기분이 우울하고, 일상활동에 대한 흥미나 즐거움이 줄어드는 증상과 함께 심한 절망감이나 무가치감 또는 죄책감이 지속된다. 그리고 신체적 증상도 나타나는데 식욕 및 체중의 감소 또는 증가, 불면 또는 수면과다, 움직임이 과도하게 빨라지거나 느려진다. 또한 주의집중이 어렵고 우유부단해지며 심하면 죽음에 대해 생각하거나 자살 계획을 세우기도 한다.

유병률은 미국의 경우 약 7%이며 한국의 경우 3.1%(평생유병률 6.7%)다(조맹제, 2011). 연령에 따라서도 차이가 있는데 18~29세의 유병률은 60세 이상보다 3배 더 높게 나타난다. 여성이 남성보다 더 자주 경험하는데 여성이 약 5~9%, 남성이 약 2~3%로 여성이 1.5~3배 정도 더 많은 것으로 알려져 있다. 성역할과 우울의 관계를 연구한 결과에서 여성 성향을 지닌 사람들은 우울 점수가 의미 있게 높고 남성 성향을 지닌 사람들은 우울 점수가 낮아 성역할이 우울과 상관이 높은 것으로 나타났다(전양숙, 1990).

사람들이 종종 경험하는 우울한 기분과 심리장애인 우울장애는 구별할 필요가 있다. 우리가 일상생활 중 크게 자존심이 상하는 일이 있을 때, 학교나 직장에서 어떤 문제가 생겼을 때, 사랑하는 사람을 잃었을 때 우울한 기분을 느끼는 것은 정상적인 일이다. 이러한 우울은 대부분 현실에서 경험하는 문제들 때문에 나타나는 경우가 많고, 이런 현실의 문제가 해결되면 우울한 기분은 호전된다. 반면, 우울 증상이 심하며 쉽게 없어지지 않고 지속적으로 남아 있다면 정상적인 범주를 넘어선 심리장애로 간주할 수 있다.

주요우울장애는 생물학적 원인을 지지하는 결과가 많이 나오고 있지만 여전히 심리학적 접근법이 매우 유용하며 조현병과 마찬가지로 여러 가지 요인이 상호작용한다고 볼 수 있다. 정신분석적 관점에서는 우울장애를 상실에 대한 반응으로 보고 그 정도가 지나치거나 지나치게 오래 지속될 때 나타난다고 본다. 그러면 왜 상실에 대한 반응이 우울증으로 발전하게 되는가? 정신분석에서는 그 원인을 어린 시절의 경험에서 찾으려 한다. 즉, 우울한 사람들은 어렸을 때 자신이 사랑받고 있으며 필요한 존재라는 믿음을 확고히 얻지 못하고 성장한 경우가 많아 상실의 경험에 특히 취약하다고 설명한다. 어떤 이론가는 우울증을 공격성이 자기 자신에게로 표출된 결과라고 본다. 즉, 우울한 사람은 좌절이나 상처를 준 사람에 대한 자신의 분노를 상대방에게 직접 표현하는 데 어려움을 겪으므로, 그 적대감을 자기 자신에게 돌리게 되어 자기 처벌에 빠지고 결국 우울장애를 경험하게 된다는 것이다.

행동주의적 관점에서 보면 학습이론을 근거로 설명하는데, 우울한 사람들의 무기력이나 절망은 주로 환경을 통해 얻게 되는 강화가 부적절하거나 부족하기 때문이라고 본다. 예를 들어, 사회생활에서 계속 좌절을 겪게 되면 그만큼 긍정적인 보상을 얻을 기회가 줄게 되고 점차 매사에 수동적으로 된다. 이에 따라 보상의 기회는 더욱더 감소하고 외부 환경과의 관계가 더욱 위축되고 고립되는 악순환이 시작된다. 이때 우울 증상이 주위의 관심과 동정을 받아 강화받게 되면 우울과 관련된 행동이 지속적으로 유지된다. 셀리그먼(Seligman, 1975)은 우울장애를 학습된 무기력의 한 형태로 보았다. 그는 회피할 수 없는 상황에서 전기충격 등의 외상 경험을 했을 때 동물은 무기력, 식욕 감퇴 등 우울증과 유사한 증상을 나타냈다고 보고하면서, 사람도 자신에게 일어나는 중요한 사건을 전혀 통제할 수 없다고 느낄 때 학습된 무기력과 비슷한 상태를 경험하여 우울장애로 나타난다고 하였다.

인지주의적 관점에서 벡(Beck)은 우울장애가 사고의 내용에 의해 크게 영향을 받는다고 가정하면서 잘못된 신념체계와 왜곡된 사고과정이 원인이라고 주장하였다. 그는 우울한 사람이 매사를 부정적으로 보는 경향이 있으며 논리적 사고에서도 특정한 부분적 사실에 근거하여 전체 맥락에서 벗어나는 결론을 내린다고 하였다. 예를 들어, 상사에게 아주 부정적인 평가를 받으면 자신이 무능력한 사람이고 그 직장에서의 장래는 이제 끝났다는 식의 성급한 결론을 내리게 된다.

생물학적 관점에서는 유전과 생화학적 측면으로 나누어 볼 수 있다. 유전적 측면을 살펴보면 양극성 장애의 경우 일란성 쌍생아의 일치율이 72%, 이란성 쌍생아의 일치율이 14%로 나타났으며, 주요우울장애의 경우는 일란성 쌍생아의 일치율이 40%, 이란성 쌍생아의 일치율이 11%로 나타났다. 이러한 결과는 기분장애가 유전의 영향을 받는다는 것을 의미한다. 생화학적 측면에서는 우울장애가 대뇌의 신경전달물질인 노르에피네프린, 세로토닌 등과 밀접한 관계가 있다는 설명이 제기되고 있다. 즉, 노르에피네프린과 세로토닌 등의 신경전달물질이 결핍되면 우울 증상이 나타나고 과도하면 조증이 나타날 수 있다는 주장은 이들 신경전달물질의 활동을 조절하는 약물을 투여하였을 때 우울장애가 호전된다는 사실로 입증되고 있다.

5) 불안장애

불안(anxiety)은 어떤 위협을 받거나 위험에 처하였을 때 누구나 경험하는 정서 상태다. 우리는 위협이 되는 상황에서 불안하지 않다면 적응할 수 없다. 그러나 불안할 이유가 없는데도 불안해지거나 그 정도가 심하여 사회생활에의 적응이 어려워지고 일상생활에 문제가 된다면 불안장애(anxiety disorders)라고 할 수 있다. 일반적으로 불안해지면 교감신경계의 활동 증가로 땀이 나고 심장박동이 빨라지는 등 생리적 증상이 나타나며 이와 더불어 근심, 걱정, 두려움 등의 감정이 수반된다. 불안장애는 각 범주별로 비교하면 가장 자주 경험하는 심리장애라고 할 수 있는데 우리나라의 경우 1년 유병률은 6.8%, 평생유병률은 8.7%로 높다. 불안장애의 하위 유형은 분리불안장애(separation anxiety disorder),

선택적 함구증(selective mutism), 특정공포증(specific phobia), 사회불안장애(social anxiety disorder), 공황장애(panic disorder), 광장공포증(agoraphobia), 범불안장애(generalized anxiety disorder) 등이며 여기서는 특정공포증, 사회불안장애, 공황장애, 광장공포증, 범불안장애를 주요하게 살펴보도록 하겠다.

특정공포증은 특정한 대상이나 상황에 대해 강렬한 공포가 6개월 이상 나타나며 전혀 두려워해야 할 이유도 없고 그렇게 하는 것이 비합리적이라는 것을 알면서도 통제할 수 없는 심한 공포감을 느끼게 된다. 공포를 느끼는 대상의 유형은 동물(예: 거미, 벌레, 개), 자연환경(예: 높은 곳, 폭풍, 물), 혈액-주사-상처(예: 주사바늘, 외과적 의료절차), 상황(예: 비행기, 엘리베이터, 막힌 공간)으로 나뉜다. 공포를 유발하는 대상이나 상황에 노출되면 곧바로 공포를 느끼고 적극적으로 회피하려 하며 이로 인해 일상적 기능에 상당한 지장을 초래한다. 일반적으로 상황 유형을 가장 많이 호소하고 자연환경, 혈액-주사-상처, 동물 유형 순으로 나타난다. 유병률은 미국의 경우 약 7~9%이고 유럽은 약 6%로 비슷하며 한국은 4.8%(조맹제, 2011)로 상대적으로 낮은 편이다. 아동은 약 5% 정도이고, 13~17세에 이르면 약 16%로 높아지며 그 이후에는 3~5%로 낮아진다. 여성이 남성보다 더 많이 진단되며 약 2:1 비율로 높다. 여성은 주로 동물, 자연환경, 상황 유형에 대해서 경험하고 혈액-주사-상처 유형은 남녀 모두 비슷하게 나타난다.

사회불안장애는 사회공포증(social phobia)이라고도 불리며 다른 사람들에게 노출되는 1개 이상의 상황에 대해 과도한 공포나 불안을 6개월 이상 느끼는 경우다. 예를 들어, 사회적 상호작용 상황(예: 대화하거나 낯선 사람과 만날 때), 관찰 받는 상황(예: 음식을 먹거나 마실 때), 타인 앞에서 어떤 일을 수행하는 상황(예: 발표할 때)이 포함된다. 이러한 증상은 자신이 부정적으로 평가받을 행동을 하거나 불안한 모습을 보일 수도 있다는 두려움 때문에 나타나게 된다. 그리고 두려움이나 불안은 사회적 상황으로 인한 실제적 위협과 사회문화적 맥락에 비해 너무 과도하게 나타난다. 이 장애는 사회적 기술이 부족한 사람에게서 자주 발생하고 자신의 증상을 남들이 알아채는 것을 창피하게 여겨 숨기려는 경향이 있다. 유병률은 미국의 경우 약 7%이고 한국은 0.3%이며(조맹제, 2011) 전체 인구를 대상으로 하면 여성이 남성에 비해 1.5~2배 정도 더 많고 임상집단의 경

[그림 14-3] 사회불안장애에 관한 영화 〈킹스 스피치〉

우 남녀가 비슷하거나 남성이 약간 더 높다.

공황장애는 몇 분 안에 최고조에 이르는 극심한 공포 또는 불편감이 갑자기 밀려드는 공황발작(panic attack)을 경험하며 이러한 발작이 예상치 못하게 반복해서 나타나는 것이다. 공황발작은 심리적 증상(예: 죽음에 대한 두려움, 통제하지 못하고 미칠지도 모른다는 두려움)과 함께 다양한 신체적 증상(예: 가슴이 두근거리거나 심장박동이 빨라짐, 땀을 흘림, 몸이 떨림, 숨이 차는 느낌, 질식할 것 같은 느낌, 가슴 통증 또는 답답함, 메스꺼움 또는 복통, 어지럽고 기절할 것 같은 느낌, 춥거나 열이 나는 느낌, 마비 또는 저린 느낌)과 해리 증상(예: 비현실감, 자신과 분리된 느낌)으로 구성되어 있다. 그리고 발작은 불안한 상태에서뿐만 아니라 평온한 상태에서도 갑자기 나타난다. 하지만 공황발작만으로 공황장애를 진단하는 것은 아니며 공황발작의 재발이나 발작의 결과(예: 통제 못함, 심장마비, 미치는 것)에 대한 지속적인 걱정 또는 발작과 관련 있는 행동의 부적응적 변화(예: 공황발작을 피하기 위해 운동이나 낯선 상황을 멀리 하는 것) 가운데 최소한 1개가 함께 나타나야 한다. 공황장애를 경험하는 사람들은 죽을지도 모른다는 두려움 때문에 종종 응급실을 방문하는 경우가 있지만 일반적으로 두려움을 포함하여 여러 가지 신체 증상들은 10~20분 내에 없어지게 된다. 유병률은 미국이나 유럽의 경우 약 2~3%이며 청소년기(특히 여성)에 점점 더 늘어나는 경향이 있으며 성인기에 가장 높아진다. 여성이 남성보다 약 2배 정도 더 많이 경험하며 연령이 높아질수록 비율은 감소하는데 64세 이상은 0.7%로 낮다.

광장공포증은 공황과 비슷한 증상 또는 무기력하거나 난처한 증상(예: 노인이 쓰러지는 것에 대해 두려워 함)이 발생할 때 벗어나지 못하거나 도움을 받기 어렵다고 생각하여 여러 상황을 두려워하거나 회피하는 것이다. 다음 중 2개 이상의 상황에서 공포와 불안을 경험하는데 첫째, 대중교통(예: 자동차, 버스, 기차, 배, 비행기)을 이용하는 상황, 둘째, 개방된 공간(예: 주차장, 시장, 다리)에 있는 상황, 셋째, 막힌 공간(예: 상점, 영화관)에 있는 상황, 넷째, 줄을 서 있거나 혼잡한 곳에 있는 상황, 다섯째, 혼자 집 밖에 나와 있는 상황이 해당된다. 이러한 증상이 있는 사람은 혼자서 돌아다니기 어렵기 때문에 일상생활에 상당한 방해를 받으며 대인관계나 직업활동이 어렵게 된다. 하지만 함께 다니는 사람이 있으면 그 상황을 어느 정도 참을 수 있다. 유병률은 미국이 약 1.7%이며 여성이 남성보다 2배 더 많이 경험한다. 그리고 아동기에도 발생하지만 후기 청소년기부터 초기 성인기에 가장 많이 나타난다.

범불안장애는 여러 사건이나 활동(예: 직업 또는 학업 수행)에 대해 과도하게 불안해하고 걱정하는 것이다. 이러한 걱정을 스스로 통제하기 어려우며 관련 증상(예: 안절부절못함, 쉽게 피곤해짐, 집중력 저하, 쉽게 화를 냄, 근육 긴장, 수면장해) 가운데 3개 이상이 나타나면 진단할 수 있다. 이 장애는 우리가 주변에서 흔히 경험할 수 있는, 객관적으로 그다지 큰 스트레스 상황이 아닌데도 그보다 더 심각한 반응을 나타낸다. 그리고 아무런 이유 없이 막연하게 걱정이 많으며 분명한 근거 없이 항상 불안해 보이므로 이를 '유동불안(free-floating anxiety)'이라고 부르기도 한다. 유병률은 미국의 경우 청소년은 0.9%, 성인은 2.9%이며 한국은 1.0%다(조맹제, 2011). 여성이 남성보다 2배 정도 더 많으며 성인 중년기에 가장 자주 진단되고 이후부터 점점 줄어든다. 이 장애는 다른 불안장애보다 치료를 받는 비율이 낮은 것으로 알려져 있는데, 공황장애나 공포증과 같이 증상이 명확한 장애에 비해서 특정한 불안이 확실하게 나타나지 않아서 스스로 문제가 있다고 인식하지 못하는 경우가 많기 때문인 것으로 보인다.

6) 강박 및 관련 장애

강박 및 관련 장애(obsessive-compulsive and related disorders)는 생각이나 충동, 행동을 적절하게 억제하지 못하고 집착하여 일상생활에 잘 적응하지 못하는 문제들을 포함하고 있다. DSM-IV에서는 불안장애 또는 신체형장애, 충동억제장애 등에 포함되었으나 DSM-5에서 독립적인 범주로 분류되었다. 하위 유형으로 강박장애(obsessive-compulsive disorder: OCD), 신체변형장애(body dysmorphic disorder), 저장장애(hoarding disorder), 발모광/모발 뽑기장애(trichotillomania/hair-pulling disorder), 피부 벗기기장애(excoriation/skin-picking disorder) 등이 있으며 여기에서는 강박장애를 중심으로 살펴보도록 하겠다.

강박장애는 강박사고와 강박행동의 두 가지 양상으로 나타난다. 강박사고(obsession)는 원하지 않는 생각이나 충동, 심상이 반복적이고 지속적으로 떠오르는 경험을 뜻한다. 예를 들어, 가까운 가족이나 친구에게 불길한 사건이 일어나지 않을까 하는 생각에 끊임없이 집착하여 시달리는 경우가 해당된다. 그리고 이러한 생각, 충동, 심상을 무시 또는 억제하거나 다른 생각이나 행동으로 중화시키려는 노력이다. 강박행동(compulsion)은 반복행동(예: 손 씻기, 순서대로 정리하기)이나 정신활동(예: 기도하기, 숫자 세기, 확인하기)이 있는데, 이는 강박

[그림 14-4] 강박장애에 관한 영화 〈이보다 더 좋을 순 없다〉

사고를 없애거나 엄격하게 적용되어야 하는 규칙에 따라 수행해야 한다고 느낀다. 이러한 행동이나 정신활동은 불안이나 고통을 예방 또는 감소시키거나 두려운 사건, 상황을 발생시키지 않으려는 목적 때문이지만 실제로 그런 효과는 나타나지 않거나 확실히 과도하다. 강박사고와 강박행동은 시간을 소비하며(예: 하루에 1시간 이상) 사회적 또는 직업적 기능이나 다른 중요한 영역의 손상을 일으킨다.

유병률은 미국 1.2%, 한국 0.6%이며(조맹제, 2011) 아동기에는 남성에게 더 자주 나타나지만 청소년기에는 여성이 약간 더 높은 비율을 보인다. 평균 발병 연령은 19.5세이며 남성이 여성보다 더 이른 나이에 시작된다. 발병했을 때 치료받지 않으면 경과는 점점 더 만성화된다.

7) 외상 및 스트레스 관련 장애

외상 및 스트레스 관련 장애(trauma-and stressor-related disorders)는 외상 또는 스트레스 사건을 경험한 이후에 다양한 증상들이 나타나며 일상생활에 심각한 손상을 일으킨다. DSM-IV에서는 불안장애 또는 아동기장애 등에 포함되었으나 DSM-5에서 독립적인 범주로 분류되었다. 하위 유형으로 반응성 애착장애(reactive attatchment disorder), 탈억제 사회관여장애(disinhibited social engagement disorder), 외상 후 스트레스 장애(posttraumatic stress disorder: PTSD), 급성 스트레스 장애(acute stress disorder), 적응장애(adjustment disorder) 등이 있으며 여기에서는 외상 후 스트레스 장애를 중심으로 살펴보도록 하겠다.

외상 후 스트레스 장애는 외상 사건(예: 실제적 또는 위협적 죽음, 심각한 상해, 성폭력)을 경험한 후 외상과 관련된 반복생각(침투), 자극 회피, 인지와 정서의 부정적 변화, 각성과 반응의 변화가 나타나는 것이 특징이다. 외상 사건을 경험하는 방식은 직접 경험하는 것 이외에 목격하는 것, 가까운 가족이나 친구의 경험을 듣고서 알게 되는 것, 혐오스러운 세부 내용에 반복해서 또는 극심하게 노출되는 경험을 하는 것으로 그 범위가 넓고 다양하다.

반복생각은 외상과 관련된 고통스러운 기억이 무심결에 반복적으로 머릿속에 침투하듯이 생각나고, 고통스러운 꿈을 반복해서 꾸고, 외상을 상징하거나 유사한 내적 · 외적 단서에 노출되면 강한 심리적 고통이나 생리적 반응이 나타나는 것이다. 자극 회피는 외상과 관련된 고통스러운 기억, 생각, 느낌 자체를 회피하거나 그것을 유발하는 외적 단서(예: 사람, 장소, 대화, 활동, 대상, 상황)를 회피하는 것이다. 인지와 정서의 부정적 변화는 외상의 중요한 측면을 기억하지 못하고, 자기나 타인 또는 세상에 대해 지속적이고 과장된 부정적 신념이나 기대를 가지고 있고, 부정적 정서 상태가 지속되고(예: 공포, 분노, 죄책감, 수치심), 긍정적 정서(예: 행복, 만족, 사랑)를 경험하지 못하고, 타인과 거리감이나 소원함을 느끼는 것이다. 각성과 반응의 변화는 쉽게 화를 내고, 자기파괴적 행동을 하고, 과잉각성이 되어 있고, 과도하게 깜짝 놀라고, 집중을 못하고, 수면장해가 있는 것이다. 일반적으로 외상 사건을 경험하게 되면 바로 다음에 위와 같은 증상이 나타나는데, 1개월 이내에는 급성 스트레스 장애라고 진단하며 1개월 이상 지속될 때 외상 후 스트레스 장애로 진단하게 된다.

유병률은 미국이 3.5%이고 한국은 0.6%(평생유병률 1.6%)이며(조맹제, 2011) 여성이 남성보다 더 높고 더 오랫동안 지속된다. 참전 군인과 외상에 노출될 위험이 높은 직업을 가진 사람들(예: 경찰관, 소방관, 응급구조사)은 이 장애에 진단될 비율이 더 높다. 진단 가능성이 가장 높은 사람들은 성폭력 피해자, 전쟁 포로, 인종적 또는 정치적 문제로 수용된 사람, 대량학살 생존자들이다.

한국에서는 성수대교 붕괴(1994년), 삼풍백화점 붕괴(1995년), 대구지하철 화재(2003년) 등의 사건에서 생존한 사람들과 목격자들이 PTSD를 나타냈으며, 최근에 발생한 세월호 침몰(2014년) 이후에도 많은 사람들이 이 장애로 고통받고 있다. 증상은 대개 외상 경험 직후에 나타나지만 짧게는 6개월부터 몇 년이 지난 이후에 천천히 나타나는 경우도 있는데 이를 지연된 유형(with delayed expression)이라고 세분한다. 그러므로 PTSD 가능성이 높은 사건이 발생했을 때에는 장기적인 관심과 노력을 가지고 진단과 치료에 임해야 할 것이다.

8) 신체증상 및 관련 장애

신체증상 및 관련 장애(somatic symptom and related disorders)는 의학적으로 특별한 신체적 문제가 없지만 신체증상이 나타나는 것으로, 심리적 어려움이 적절하게 해소되지 못하여 몸으로 표출되는 것이다. 이 장애가 있는 사람들은 꾀병을 부리거나 주위의 관심을 끌기 위해 일부러 그러는 것이 아닌가 하는 의심을 받기도 하지만 실제로 여러 가지 신체적 증상을 경험한다. 하위 유형으로 신체증상장애(somatic symptom disorder), 질병불안장애(illness anxiety disorder), 전환장애(conversion disorder), 허위성장애(factitious disorder) 등이 있으며 여기에서는 신체증상장애와 질병불안장애에 초점을 맞추어 살펴보도록 하겠다.

신체증상장애는 고통을 주거나 일상생활을 심각하게 방해하는 신체증상을 1개 이상 경험하는 것이다. 신체증상은 특정하게 나타날 수도 있지만(예: 통증) 비교적 덜 특정할 수도 있으며(예: 피곤함), 때때로 정상적인 신체감각이거나 심각한 질병을 의미하지 않는 불편감일 때도 있다. 이와 함께 신체증상 또는 건강염려와 관련된 과도한 생각, 느낌, 행동(예: 증상의 심각성에 대한 생각, 건강이나 증상에 대한 높은 불안, 증상이나 건강염려에 쏟는 과도한 시간과 에너지)을 나타낸다. 그리고 신체증상 1개가 연속해서 나타나지 않더라도 증상이 있는 상태가 6개월 이상 지속된다. 신체증상 가운데 특히 통증을 주로 경험하게 되면 통증 유형(with predominantly pain)이라고 세분한다. 증상의 심각함에 따라서 세 가지 수준으로 나누는데, 가벼운(mild) 정도는 과도한 생각, 느낌, 행동 가운데 1개만 있을 때, 중간(moderate) 정도는 2개 이상 있을 때, 심한(severe) 정도는 2개 이상과 함께 신체증상을 여러 개(또는 아주 심한 증상 1개) 호소할 때다. 유병률은 이 장애가 DSM-5에서 새롭게 만들어졌기 때문에 아직 더 연구가 필요하며 약 5~7% 정도로 추정한다. 여성이 남성보다 신체증상을 더 많이 보고하는 경향이 있기 때문에 유병률도 더 높을 것으로 예상된다.

질병불안장애는 심각한 질병에 걸렸다고 집착하고, 건강에 대한 불안이 높고, 건강과 관련된 부적절한 행동을 하는 것이 특징이며 DSM-IV에서는 건강염려증(hypochondriasis)이라고 불렸다. 자신이 경험하는 신체증상(예: 두통)을 심리적(예: 시험 스트레스) 또는 환경적(예: 공사장 소음) 원인으로 해석하는 것이 아니라 신체적 원인(예: 뇌출혈)으로 해석하여 심각한 질병에 걸렸다고 생각하고 두려워한다. 이로 인해 건강과 관련된 과도한 행동(예: 질병의 징후를 찾기 위해 검사를 반복함)이나 부적응적 행동(예: 진료와 병원을 회피함)을 하게 된다. 그리고 질병에 대한 집착이 6개월 이상 지속되며 두려워하는 질병은 이 기간 동안 달라질 수도 있다. 하위 유형으로 진료나 검사를 자주 받는 진료추구 유형(care-seeking type)과 거의 받지 않는 진료회피 유형(care-avoidant type)이 있다. 유병률은 이 장애가 신체증상장애처럼 DSM-5에서 새롭게 만들어졌기 때문에 아직 알려진 바가 없으나 DSM-IV에서 건강염려증은 약 4~9%였으며 남녀 비율은 비슷한 것으로 보고되었다.

9) 성격장애

성격장애(personality disorder)는 청소년기 또는 초기 성인기에 시작되며 자신이 속해 있는 문화에서 기대하는 바로부터 현저하게 벗어나 있는 성격(내적 경험과 행동)이 지속적으로 나타나고 심각한 고통과 일상생활의 기능 손상을 일으킨다. 내적 경험과 행동은 인지(예: 자신, 타인, 사건을 지각하고 해석하는 방식), 정서(예: 정서 반응의 범위, 강도, 불안정성, 적절성), 대인관계, 충동통제 네 가지 영역으로 나뉘며 이 가운데 2개 이상 문제가 있을 때 진단할 수 있다. 이러한 영역의 문제는 개인과 사회적 상황에 걸쳐 융통성 없이 광범위하게 나타난다.

이 장애는 비슷한 특성을 중심으로 하여 3개의 군집으로 나뉘며 총 10개의 하위 유형을 포함한다. A군(cluster A)은 특이하고 기이한 것처럼 보이며 편집성(paranoid), 분열성(schizoid), 분열형(schizotypal) 성격장애가 있다. B군(cluster B)

〈표 14-2〉 성격장애 유형

군집	하위 유형
A군 (특이하고 기이한 성격)	편집성 성격장애(paranoid personality disorder) 분열성 성격장애(schizoid personality disorder) 분열형 성격장애(schizotypal personality disorder)
B군 (극적, 감정적, 변덕스러운 성격)	반사회성 성격장애(antisocial personality disorder) 경계성 성격장애(borderline personality disorder) 연극성 성격장애(histrionic personality disorder) 자기애성 성격장애(narcissistic personality disorder)
C군 (불안 또는 두려워하는 성격)	회피성 성격장애(avoidant personality disorder) 의존성 성격장애(dependent personality disorder) 강박성 성격장애(obsessive-compulsive personality disorder)

은 극적이고 감정적이고 변덕스러운 것처럼 보이며 반사회성(antisocial), 경계성(borderline), 연극성/히스테리성(histrionic), 자기애성(narcissistic) 성격장애가 속한다. C군(cluster C)은 불안하거나 두려운 것처럼 보이며 회피성(avoidant), 의존성(dependent), 강박성(obsessive-compulsive) 성격장애가 있다. 〈표 14-2〉에 각 군집에 따른 하위 유형을 제시하였으며, 다음에서 대표적인 하위 유형을 설명하도록 한다.

(1) 편집성 성격장애

A군에 해당하는 편집성 성격장애(paranoid personality disorder)는 확실한 근거가 없음에도 불구하고 타인이 자신을 착취하거나 속인다고 의심하며 자신의 신상에 대한 정보를 마음 놓고 털어놓지 않는다. 선의로 하는 말이나 일에도 자신을 비하하거나 위협하는 의미로 이해하고, 타인에게 받은 모욕이나 상처, 무시를 용서하지 않고 원한을 품고 있으며, 자신의 인격이나 평판이 비난받았다고 여기면 바로 화를 내거나 반격을 가한다. 그리고 정당한 이유 없이 배우자나 사귀는 사람의 정절에 대해 의심하기도 한다. 따라서 이 장애가 있으면 사람들과 친밀한 대인관계를 맺기 어렵고 지나치게 사람을 경계하기 때문에 자신의 속마음을 드러내지 않고 냉정한 사람처럼 보인다. 또한 남을 잘 믿지 않기 때문에 무슨 일이든지 혼자 처리하고, 다른 사람이 자신에 대해 하는 비난은 잘 받아들이지 않으면서 남의 탓을 잘하고, 사소한 일에도 자신을 위협한다고 생각하여 그에 대한 반격으로 법적 소송을 자주 벌이기도 한다.

(2) 반사회성 성격장애

B군에 해당하는 반사회성 성격장애(antisocial personality disorder)는 타인의 권리를 무시하고 침해하는 문제가 지속적으로 나타나며 15세 이후부터 발생한다. 이 장애는 사회적 규범이나 법률을 지켜야 한다는 내면적 기준이 확립되어 있지 않으며 타인에 대한 배려가 없이 자신의 이익을 위해서만 행동하는 특징이 있기 때문에 법을 위반하고 범죄를 저지르는 경우가 많다. 구체적으로 나타나는 문제들을 살펴보면 자신의 이익이나 쾌락을 위해 반복적으로 거짓말을 하고, 가명을 쓰고, 남을 속이는 등 사기를 친다. 그리고 충동적이고 미리 계획을

세우지 못하며 직장을 꾸준히 다니지 못하고 재정적 의무를 지키지 않는 등 무책임하다. 또한 자신이나 타인의 안전을 무시하는 무모한 행동을 하며 상해, 학대, 절도 행위에 대해서도 개의치 않고 합리화하는 등 양심의 가책이 없다. 이 장애는 최소한 18세부터 진단할 수 있으며 15세 이전에 시작된 품행장애(conduct disorder)가 있어야 한다.

(3) 강박성 성격장애

C군에 해당하는 강박성 성격장애(obsessive-compulsive personality disorder)는 초기 성인기에 시작되며 융통적, 개방적, 효율적인 것을 포기하더라도 정리정돈, 완벽주의, 정신 및 대인관계 통제에 집착하는 특징을 나타낸다. 구체적인 증상을 보면 중요한 사항을 놓칠 정도로 세부 사항, 규칙, 목록, 순서, 일정표에 집착하고, 과제를 마치는 데 방해를 하는 완벽주의(예: 기준이 너무 엄격하여 이에 도달하지 못하기 때문에 과제를 끝낼 수 없음)에 집착하고, 일과 생산성에만 과도하게 빠져 있어 여가활동을 하거나 우정관계를 맺지 않는다. 또한 경직되어 있고 고집이 세며 자신의 방식대로 일을 따라 하지 않으면 일을 맡기거나 함께 하지 않으려 한다. 그리고 돈은 미래의 재난을 위해 모아 놓아야 한다는 생각으로 자신과 타인에게 구두쇠처럼 돈을 쓰고, 감상적인 가치가 있는 게 아닌데도 낡거나 가치 없는 물건을 버리지 못한다.

이 장애가 있는 사람은 어떠한 의사결정을 할 때 최선의 방법이 무엇인지 숙고하는 일에 시간을 소비하다 보면 결정하는 시간이 늦어져 손해를 보는 경우가 생기며 과제를 할 때에도 너무 꼼꼼하게 완벽을 기하려다 마감 시간을 넘기게 되어 할 일이 누적되는 경우가 많다.

한편, 이 장애는 강박장애와 비슷한 측면도 있지만 구별할 필요가 있다. 강박장애는 강박사고나 강박행동에 대해 스스로 비합리적이라는 것을 인식하고 거기에서 벗어나려 하는 것이 특징이지만, 강박성 성격장애는 자신의 증상에 대해 불편해하지 않고 오히려 그러한 증상이 지켜질 때 더 편하게 느낀다. 그러므로 강박성 성격장애가 있는 사람은 강박장애보다 자신에게 문제가 있다는 사실을 잘 인정하지 않으려 하고 치료를 받으려는 동기가 부족하다.

제 15 장

심리치료

P S Y C H O L O G Y

제15장 심리치료

심리장애는 그 원인이 무엇인가에 따라 치료방법이 달라질 수 있다. 만일 심리장애가 신체적 원인 때문에 발병하는 것이라면 약물치료 및 정신외과적 치료 등의 의학적 치료가 우선적으로 선택될 것이다. 그러나 그 원인이 심리적인 것이라면 심리학적 입장에서 장애를 치료하는 심리치료 기법이 적용되어야 한다. 심리치료(psychotherapy)란 심리학적 방법을 적용하여 심리장애로 고통받고 있는 사람의 문제를 해결해 나가는 과정을 말한다. 즉, 전문가인 치료자가 문제를 가지고 도움을 요청하는 내담자 개인 및 집단에게 교육, 지지, 격려 등을 하고 때로는 도움을 주어 장애를 교정하거나 삶의 문제를 보다 효과적으로 대처하도록 도와주는 교육이라고 할 수 있다.

심리치료는 심리장애를 이해하고 설명하는 이론적 입장에 따라 각기 다른 기법을 사용한다. 여기서는 일반적으로 널리 적용되고 있는 대표적인 심리치료 이론과 기법을 먼저 살펴보고 생물학적 이론에 근거를 둔 생물학적 치료에 대해 알아볼 것이다.

1. 정신분석치료

정신분석치료는 프로이트(Freud)의 정신분석이론을 근거로 인간의 성격 형성이나 정신병리를 결정론적 입장에서 본다. 정신분석이론에서는 인간의 행동이 무의식적 동기(성적 충동, 공격적 충동)나 이에 대한 갈등, 그리고 초기 유아기의 경험에 의해 결정된다고 전제한다. 이와 같이 인간의 행동이 무의식에 기초하기 때문에 심리치료는 과거의 경험에 뿌리를 두고 있는 내적 갈등을 분석하는 과정이라고 본다. 따라서 치료자가 내담자의 억압된 무의식적 갈등을 의식화시켜 줌으로써 내담자는 그 갈등에서 자유로워질 수 있다.

이 치료의 목적은 증상의 제거가 아니라 무의식적 충동이나 갈등을 의식화하여 현실적이고 자유로운 선택을 할 수 있는 능력을 배양하도록 돕는 것이다. 즉, 무의식의 세계에 있는 심리적 갈등을 의식의 세계로 끌어올려 드러난 문제를 당사자가 직접 부딪히면 해결할 수 있다는 것이다. 결국 정신분석치료는 내담자로 하여금 보다 성숙한 방식으로 자신의 갈등을 이해하고 다루어 나감으로써 정신 내적인 갈등을 해소할 수 있도록 도와주는 것이다.

정신분석치료에서 무의식적 갈등이나 충동을 의식화하는 방법으로는 자유연상, 꿈 해석이 있으며 내담자는 전이 분석을 통해 통찰하게 되며 훈습으로 성격 구조를 변화시키게 된다.

1) 자유연상

자유연상(free association)은 내담자에게 맨 처음 머리에 떠오르는 것을 말하게 하는 기법이다. 이때 내담자는 긴 소파에 편안하게 누워 있으며 치료자는 내담자의 시야에서 벗어나 앉는다. 아무것도 염두에 두거나 두려워하지 말고 생각이 자유롭게 흘러가도록 두어서 여과하지 않고 생각나는 대로 말하게 한다. 자신이 생각하기에 사소하다거나 유치하다거나 불필요하다는 식의 의식적인 검열 과정 없이 자연스럽게 흘러나오도록 한다. 이러한 과정에서 내담자 자신도 모르게 감추고 있던 사건이나 갈등의 원인이 드러난다. 치료자는 내담

[그림 15-1] 자유연상의 실제 모습

자의 연상의 흐름을 방해하지 않으면서 도중에 주저함이나 막힘, 변화 등이 나타나는지 세밀하게 살펴보아야 한다. 그러한 양상이 나타나는 것은 내담자가 억압했다는 신호일 가능성이 크기 때문에 관련된 내용을 해석해 주면 된다.

2) 꿈 해석

무의식의 자료를 드러내는 수단으로 자유연상 이외에 꿈 해석도 매우 중요시되는데, 꿈을 꾸는 수면 상태에서는 방어기제가 약화되어 갈등, 욕망, 충동에 접근할 수 있어서 억압된 무의식이 잘 나타나기 때문이다. 그래서 프로이트는 꿈을 무의식에 이르는 왕도라고 하였다. 꿈의 내용은 보통 상징적이거나 왜곡되어 있지만 대개는 환자의 문제를 아주 잘 나타내 준다. 그러므로 내담자가 꿈을 꾸었을 때는 그것을 잘 기억하도록 하여 치료에 활용한다. 즉, 해석 과정을 통해 꿈에 보인 상징의 의미, 꿈속에 나타난 의미의 가능성, 그 밖의 내담자 상태 등을 깨닫도록 해 준다.

3) 전이 분석

전이(transference)란 내담자가 중요한 인물에게 느꼈던 감정을 상담자에 대하여 갖게 되는 것을 말한다. 전이는 긍정적인 것일 수도 있고 부정적인 것일 수도 있는데, 내담자는 치료자에게 아주 강한 애착심을 느끼거나 적대적인 감정을 갖기도 한다. 치료자는 전이 분석을 통해 내담자로 하여금 과거와 현재를 구별하도록 해 주며, 내담자가 얼마나 과거의 시점에서 현재를 잘못 지각하고 해석하고 반응하는지를 이해하도록 도와준다. 이와 같이 전이반응을 분석하고 해석함으로써 내담자의 문제를 이해하고 갈등을 스스로 풀어 가도록 도움을 줄 수 있기 때문에 정신분석치료에서 매우 중요하다.

4) 저항

저항(resistance)이란 치료하는 동안 내담자의 변화를 방해하는 생각, 정서, 행동이다. 만약 내담자가 자신의 가족에 대해서 특히 말하고 싶어 하지 않는다면 치료자는 그 주제를 중요하게 생각해야 한다. 이러한 저항은 무의식과 의식 사이에 있는 장애물이라고 할 수 있다. 저항을 다루려면 저항하는 이유를 분석해야 하는데, 특정한 주제에 대한 저항이 클수록 내담자의 핵심적인 문제일 수 있다. 저항이 힘을 잃게 되면 내담자는 그제서야 고통스러운 욕망이나 충동을 직면할 수 있다.

5) 해석

해석(interpretation)은 내담자의 언어나 행동의 바탕에 깔려 있는 무의식을 파악할 수 있도록 치료자가 알려 주는 것이다. 예를 들어, 내담자가 직장 상사에 대해 별다른 이유 없이 참을 수 없는 분노감을 느끼는 것은 실제로 아버지에 대한 분노 때문이라고 말해 주는 것이다. 해석은 내용의 정확성 이외에 내담자가 그 내용을 받아들일 수 있는 준비가 충분히 되어 있는지가 중요하며, 내담자와 치료자 간의 신뢰할 수 있는 관계형성이 더 큰 역할을 한다.

6) 통찰과 훈습

내담자는 전이 분석을 통해 갈등의 핵심이 무엇인지 통찰(insight)하게 되며 통찰은 전이를 분석하는 기간에 진행된다. 내담자의 전이가 분석되어 갈등의 본질을 알아차리게 된다고 해도 곧바로 변화가 나타나지는 않는다. 자신에게 익숙한 방식으로 돌아가려는 힘이 아직 강하게 남아 있기 때문에 통찰을 지속적으로 반복하는 훈습(working through)을 통해 자신의 문제를 정교화하고 확대하는 과정을 가져야 한다. 훈습 과정은 현실을 회피하거나 부인하지 않고 갈등 상황에 직면할 수 있게 해 주며 내담자의 무의식에 대한 깊은 이해와 변화를 이끌게 된다.

2. 행동치료

행동치료는 학습의 원리를 적용해서 심리장애를 교정하는 치료기법이다. 우리는 굳이 유아기 경험에 대해 심층 분석을 가하고 무의식적 동기를 탐색하고 내적인 갈등을 해결할 필요가 없는 문제를 겪는 경우가 있다. 예를 들면, 고소공포증, 폐쇄공포증 등이다. 이런 경우 행동치료가 다른 치료보다 더 적절할 수가 있다. 또한 다른 심리치료법보다도 효과가 빠르며 비용이 적게 든다. 행동주의적 접근은 파블로프(Pavlov)의 조건형성 연구와 그 이후에 발달한 학습이론으로부터 유래했다. 커다란 강점은 일관성 있는 개념 체계다. 정신분석이나 정신역동과 달리 행동주의 치료자들은 무의식적 동기나 갈등을 다루지 않았다. 대신에 이름에서도 볼 수 있듯이 행동주의 치료자들은 행동을 강조하는데 여기서 행동이란 포괄적인 의미를 띤다. 몸을 움직이는 행동뿐만 아니라 말하기, 꿈꾸기, 상상하기, 생각하기 등이 모두 포함된다. 행동주의 치료에서는 환자의 이상행동을 내면적 갈등에서 비롯된 외현적인 증상이 아닌, 있는 그대로의 문제라는 차원에서 보았다. 즉, 환자의 문제를 잘못된 학습의 결과로 생겨난 행동일 뿐이라고 보았다. 따라서 두려움, 공포증, 강박행동 등의 문제들을 잘못 학습된 것으로 보고 학습에 의해 획득된 것은 학습원리를 적절하게 적용하여 교정할 수 있다고 보았다. 굳이 무의식적 기제 따위를 들먹일 필요가 없이 배운 것(학습된 것)은 잊어버릴 수도 있고 다시 제대로 잘 배울 수도 있다는 것이다.

행동치료는 치료를 개발한 이론적 기초에 따라 크게 세 가지 방법으로 구분하는데, 고전적 조건형성 이론을 적용하는 행동치료 기법으로는 체계적 둔감화와 혐오치료가 있으며, 조작적 조건형성 이론을 적용하는 기법으로는 자기주장훈련, 토큰경제, 바이오피드백 등이 있다. 그리고 사회학습이론에 근거한 기법으로는 모델링 등이 있다.

1) 체계적 둔감화

체계적 둔감화(systematic desensitization)는 사람이란 동시에 느긋하면서 불안할 수 없다는 원리에 입각한 것으로, 주로 특정 대상을 두려워하는 공포증이나 불안증에 효과적인 치료기법이다. 이 기법은 불안을 일으키는 자극을 가장 약한 수준에서 시작하여 가장 높은 수준까지 견딜 수 있도록 단계적으로 불안을 줄여 간다. 이 기법의 과정에서 우선 내담자는 가능한 한 긴장을 풀고 힘을 빼고 조용한 상태에 있게 된다. 이런 상태에 들어가면 내담자는 두려움의 서열에서 제일 약한 상황을 상상한다. 이때 불안감이 되살아나면 그것을 잊어버리고 다시 평온한 상태로 되돌아가려고 노력한다. 결국 불안했던 상황에 들어가면서도 긴장을 하지 않을 수 있게 된다. 이것이 가능하게 되면 다음 단계의 상상을 한다. 이렇게 해서 점차적으로 공포의 단계가 높은 쪽으로 상상을 옮겨 가면, 나중에는 실생활에서 공포의 상황에 부딪혀도 크게 불안감을 느끼지 않게 된다. 이와 같이 이 기법은 근육의 긴장 이완하기, 개인의 불안위계 작성하기, 체계적으로 둔감화해 나가기 등의 세 단계로 구성되어 있다.

2) 혐오치료

혐오치료(aversive therapy)는 문제행동을 혐오 자극과 짝지어서 문제행동의 빈도와 강도를 감소시키는 방법이다. 이 치료에는 다양한 혐오 자극이 쓰이고 있는데, 가장 보편적인 방법으로 전기충격이 사용된다. 즉, 바람직하지 않은 행동을 전기충격과 적절히 연결시킴으로써 점차 그 행동에 대한 혐오 반응이 생겨 결국 행동이 수정된다. 예를 들어, 조건형성의 과정에서 술잔에 손을 대기만 해도 강한 전기충격을 준다든가 하면 혐오를 일으키는 전기충격이 음주행동과 연관된다. 그러면 나중에는 술 생각만 하면 전기충격이라는 불쾌한 경험이 떠오르기 때문에 술 마시는 것과 관련된 생각이나 행동을 기피하게 되어 마침내 음주행동이 치료되는 것이다. 이 기법은 알코올중독, 흡연 등의 치료에 매우 효과적이다.

3) 자기주장훈련

자기주장훈련(assertive training)은 소극적인 사람에게 자기주장기술을 가르치고 직접 연습하도록 하는 치료기법이다. 이것은 표현하고 싶은 말을 하지 못하고 자신이 행동한 뒤에 일어날 일을 미리 걱정하고 타인의 반응에 민감할 때 적용할 수 있다. 이 기법은 보통 역할연기식으로 진행된다. 예를 들어, 상담자는 자신을 내담자가 대하기 힘들어하는 상사라고 여기고 자신에게 내담자의 하고 싶은 말을 표현해 보도록 하여 점차 자연스러운 자기표현기술을 익히도록 도와준다. 이 훈련기법은 대인관계에 어려움이 있는 사람들, 즉 자신의 감정을 표현하기 힘든 사람, 타인의 요청을 거절하지 못하는 사람, 대화에 참여하기 어려운 사람 등에게 효과적이다.

4) 토큰경제

토큰경제(token economy)는 내담자와 행동 계약을 체결하여 미리 정한 바람직한 행동을 하면 토큰이라는 보상을 주어 강화하는 방법이다. 여기서 토큰이란 스티커 또는 돈과 비슷한 것으로 사람들은 자신의 연령, 선호도 등에 따라 보상이라고 생각하는 것이 다르기 때문에 도입한 것이다. 예를 들어, 4세 아이는 달콤한 사탕이 보상이 될 수 있지만 21세 대학생에게는 적절한 보상이 되지 않는다. 즉, 사람마다 강화물이 다르므로 모든 사람들에게 동일한 가치의 보상을 주기 위해서 토큰을 이용한다. 토큰을 모으게 되면 누구나 자신이 원하는 행동을 할 수 있는데 토큰 10개는 컴퓨터 사용하기, 20개는 놀이공원 가기에 사용할 수 있다. 토큰경제의 장점은 바람직한 행동을 한 다음에 지연시키지 않고 곧

바로 강화시킬 수 있다는 점으로, 즉각적 강화가 행동을 증가시키는 정도가 더 높아지기 때문이다. 이 방법을 사용할 때 중요한 점은 어떠한 행동을 하면 토큰을 얼마만큼 받을 수 있으며 이것을 모으면 몇 개를 가지고 무엇을 할 수 있는지 미리 정해 놓아야 효과가 나타난다는 것이다.

5) 바이오피드백

바이오피드백(biofeedback)은 사람이 의도적으로 통제할 수 없는 자율신경계의 생리적 반응을 통제하는 것을 학습하는 기법이다. 치료의 기본 원리는 내담자가 자신의 생리적 지표를 피드백 받게 되면 다양한 방법(예: 긴장 이완 등)을 통해 생리적 수준을 정상적인 수준으로 변화시키게 되는데, 이것이 일종의 강화 자극이 되어 생리적 수준을 변화시켰던 행동을 반복하게 된다는 것이다. 이 기법은 편두통, 고혈압, 긴장성 두통, 순환장애 등과 같은 정신생리적 장애의 치료에 효과적이다.

6) 모델링

모델링(modeling)은 강화를 받는 모델의 행동을 단순히 관찰하는 것만으로 모델의 행동을 학습하게 된다고 가정한다. 예를 들어, 어떤 대상에 대해, 특히 무서워하는 사람에게 그가 불안해하는 그런 상황에 처해 있는 다른 사람이 전혀 두려움 없이 대처해 나가는 모습을 보여 주고 그대로 따라 하도록 하여 그것이 별로 두려워할 것이 못 된다는 사실을 깨닫게 하는 방법이다.

3. 인지치료

인지치료는 정신분석치료와 행동치료의 한계를 극복하기 위해 1950년대 이후 인지혁명을 배경으로 발전한 심리치료 기법이다. 이 치료는 인간의 행동이 인지(cognition), 즉 사고나 신념에 의해 매개된다고 가정하고, 문제행동과 관련된 내담자의 인지 체계를 바꿈으로써 문제행동을 변화시킬 수 있다고 본다.

인지치료는 다음의 세 가지 가정에 근거한다. 첫째, 사고나 신념과 같은 인지적 요인이 인간의 정서와 행동에 영향을 미친다. 둘째, 심리장애는 이러한 인지적 요인에 의해 매개되어 발생한다. 셋째, 인지의 변화를 통해서 정서와 행동의 변화를 가져올 수 있다.

인지치료는 심리장애의 치료에서 인지적 요인을 중요시하는 여러 기법을 포괄적으로 지칭한다. 대표적인 치료기법으로는 엘리스(Ellis)의 합리적 정서행동치료와 벡(Beck)의 인지치료가 있다.

1) 엘리스의 합리적 정서행동치료

합리적 정서행동치료(rational emotive behavior therapy: REBT)는 엘리스에 의해 발전된 것으로, 그는 심리장애의 유발 요인으로 사람이 가지고 있는 신념과 생각이 중요하며, 잘못된 신념이나 생각을 변화시키면 이상행동을 고칠 수 있다고 보았다. 엘리스의 합리적 정서행동치료는 보통 ABCDE 공식으로 설명된다. 일반적으로 심리장애는 스트레스를 유발하는 선행사건에 의해 발생된다. A(antecedent events)는 선행사건을 의미하며, B(beliefs)는 선행사건에 대한 의미를 해석하는 인지적 과정, 즉 신념 체계를 뜻하며, C(consequence)는 그 결과로 나타난 정서적 또는 행동적 상태를 의미한다. 엘리스는 B(신념 체계)의 과정에서 비합리적인 신념과 생각이 심리장애를 유발하는 주요한 요인이라고 보며, 이러한 비합리적인 신념과 생각을 수정하는 것이 치료의 중요한 요소라고 보았다. 따라서 치료자는 내담자의 비합리적인 신념이나 생각에 대해 논박하게 되며(dispute: D), 그 결과 내담자는 보다 합리적인 신념 체계를 갖게 되고 삶을 효율적으로 살아가는 철학을 갖게 된다(effect: E).

심리장애를 유발하는 대표적인 비합리적 신념으로는 '매사에 유능하고 완벽해야 한다.' '나는 주위의 모든 사람에게 항상 사랑과 인정을 받아야 한다.' '어떤 일이 내가 원하는 대로 안 될 때는 절망적이다.' 등이 있다.

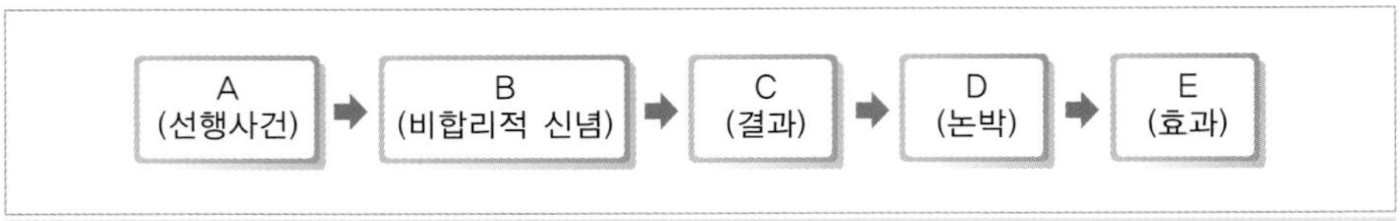

[그림 15-2] 엘리스의 ABCDE 모형

2) 벡의 인지치료

인지치료(cognitive therapy)는 임상 분야에서 크게 영향을 미쳤고 널리 적용되고 있다. 벡은 우울증 환자를 치료하는 과정에서 그들이 부정적인 내용의 사고를 많이 지니고 있음을 발견하였다. 그런데 이러한 부정적 사고는 당사자에 의해 잘 의식되지 않고 환경적 자극에 의해 자동적으로 촉발되는 경향이 있기에 자동적 사고(automatic thoughts)라고 부른다. 특히, 심리장애를 지닌 사람은 주변 환경의 자극을 체계적으로 왜곡하는 경향이 있다. 이러한 왜곡의 경향, 즉 인지적 오류의 예로는 흑백논리적 사고(이분법적 사고), 임의적 추론(제멋대로 결론 내리기), 선택적 여과, 과잉일반화, 개인화 등이 있다.

벡의 인지치료는 이러한 사실에 근거하여 심리장애를 지닌 사람들의 부적응적 인지를 변화시키는 작업이라고 볼 수 있다. 즉, 심리장애를 가진 사람이 내면적으로 소지하고 있는 부정적인 자동적 사고나 역기능적 신념을 자각하도록 도와주고, 그다음에는 그 부적응적인 사고와 관련된 인지적 오류를 현실성과 논리성의 측면에서 치료자와 함께 논의하고, 마지막으로 보다 적응적인 현실적 사고와 신념으로 대체하도록 도와준다.

인지치료는 내담자로 하여금 역기능적인 사고와 신념을 자각하고 변하게 한다는 점에서는 합리적 정서행동치료와 근본적으로 유사하다. 그러나 합리적 정서행동치료는 지시적인 데 비해, 인지치료는 내담자가 자신의 잘못된 신념을 대화를 통해서 발견할 수 있도록 도와준다.

행동치료와 인지치료의 기법이 합쳐진 방식을 인지행동치료(cognitive-behavioral therapy)라고 부르는데, 인지치료도 인지행동치료의 범주에 속한다고 할 수 있다. 행동치료 입장에서 볼 때 인간의 행동을 더 효과적으로 설명하고 변화시키기 위해 인지적 입장을 도입하였고, 인지치료 입장에서 보면 인지적 변화

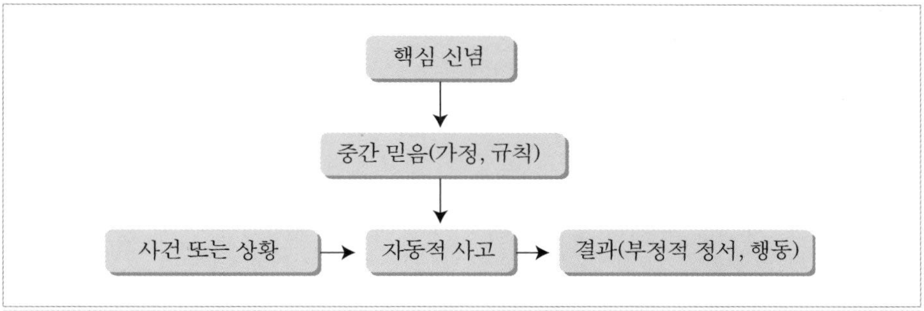

[그림 15-3] 벡의 인지치료 모형

와 함께 행동적 변화를 일으키는 것이 치료의 효과를 더 높이기 때문에 2개의 치료방식은 자연스럽게 통합되어 인지행동치료라는 더 큰 범주의 치료방식이 만들어졌다고 볼 수 있다.

4. 인본주의 치료

인본주의 심리치료는 인간이 잠재적으로 자기를 실현하려는 경향을 가지고 있으며 이를 평생에 걸쳐 추구한다고 보았다. 상담자는 내담자의 문제를 밝히고 고쳐 주는 것이 아니라 내담자가 스스로 자신의 문제를 인식하고 잠재해 있는 자기실현 경향성을 발현하도록 돕는 사람이라고 여긴다. 이 치료방식은 정신분석치료와 같이 아동기의 갈등이나 과거의 문제를 파헤치는 것이 아니라 지금-여기에 초점을 두며 행동치료처럼 객관적이고 외적인 문제가 아니라 주관적인 지각과 내면적 요인에 더 관심을 갖는다. 인본주의 치료에는 인간중심치료, 실존주의 치료, 게슈탈트치료 등이 있으며 여기에서는 인간중심치료와 게슈탈트치료를 중심으로 살펴보도록 하겠다.

1) 인간중심치료

인간중심치료(person-centered therapy)는 이전에 내담자중심치료(client-centered therapy)라고 불렸으며 이 치료법을 만든 로저스(Rogers)는 정신분석치료나 행동치료와 달리 인간의 본성을 매우 긍정적인 입장에서 보았다. 즉, 인간은 본질적으로 건설적이고 합리적인 존재라는 것이다. 그는 인간 본성에 대해 크게 두 가지 가정을 하고 있는데, 하나는 모든 사람은 자신의 가능성을 실현시키고자 하는 자기실현(self-actualization) 경향성을 소유하고 있다는 것이다. 즉, 인간은 스스로 자신을 유지하고 개발해서 성장해 나갈 수 있는 잠재 능력을 소유한 존재이며, 인간의 삶에서 최우선적인 동기는 유전적인 특질이 허용하는 한도 내에서 최선의 자기(self)가 되고자 하는 것이다. 이러한 자기실현 경향성은 정상인뿐만 아니라 심리적인 부적응을 겪고 있는 사람을 포함해서 모든 인간에게 내재한다.

다른 하나는 인간은 개인마다 독특한 현상학적 장(phenomenal field)이 있다는 것이다. 즉, 모든 사람은 세상을 지각하고 느끼며, 또 자신이 어떤 사람인가에 대해 생각하는 사적이고 주관적인 경험의 세계를 가지고 있다는 것이다. 따라서 개인이 어떻게 행동하는가는 그가 세계를 어떻게 지각하고 해석하느냐에 달려 있으며, 개인의 행동은 개인이 세계를 지각하고 해석한 직접적인 결과라고 본다. 이는 곧 개인을 가장 잘 이해하기 위해서는 그가 세상을 어떻게 보고 어떻게 해석하는가 하는 내적 준거 틀(internal frame of reference), 즉 자아를 이해할 필요가 있다는 것을 의미한다.

개인이 세상을 지각하고 해석하는 준거 틀인 자아의 형성과 발달은 부모, 형제, 친척 등 개인을 둘러싸고 있는 중요한 사람들과의 상호작용을 통해서 이루어진다. 식물이 성장하는 데 햇빛, 물, 적당한 온도 등의 필요한 환경 조건이 있듯이, 자아가 건강하게 성장하는 데도 필요한 환경 조건이 있다. 이 환경 조건이란 다름 아닌 공감적 이해(또는 감정이입), 무조건적인 긍정적 존중, 일치성/진솔성이 있는 환경이다. 즉, 사람들은 자신이 느끼고 경험한 바를 마치 자신처럼 똑같이 느껴 주고 이해해 주며 자신을 있는 그대로 수용해 주는 환경에서(공감적 이해), 그리고 자신이 조건 없이 긍정적으로 대우받고 사랑받을 수 있는 환경에서(무조건적인 긍정적 존중) 자아를 원만하게 발달시킬 수 있다. 이러한 환경 속에서 사람들은 자신이 느낀 감정이나 생각을 솔직하게 표현할 수 있다(일치성/진솔성).

예를 들어, 모든 인간은 중요한 사람으로부터 '인정과 사랑을 받고자 하는 기본적 욕구(positive self regard)'를 가지고 있다. 그러나 흔히 어른은 아이에게 '만약 ~한다면'이라는 가치의 조건을 제시하고 그러한 가치나 기대에 일치하게 행동할 때만 칭찬과 인정과 사랑을 주는 조건부적인 사랑을 한다. 따라서 긍정적인 대우를 받고자 하는 욕구를 충족시키기 위하여, 아이는 자신이 실제로 느낀 감정이나 생각을 억압하고 타인의 기대와 가치에 따라 행동하려고 하며, 그 경험의 좋고 나쁨을 타인의 생각과 가치에 따라 지각하게 된다. 이러한 과정은 유기체적 경험과 일치하지 않는 자아개념을 형성하게 하여 건전한 자아의 발달을 방해한다.

다음으로 인간중심치료에서 사용하는 치료기법에 대해서 살펴보겠다. 로저스가 주장하는 인간 본성에 대한 가정, 즉 자기실현의 경향성과 현상학적 장에 대한 개념은 상담이론의 근간을 이룬다. 왜 상담자는 인간 존중에 대한 마음이 갖추어져 있어야 하며, 모든 사람의 행동을 객관성을 가지고 수용할 수 있는 포용력이 있어야 하는가? 만약에 우리가 누구나 자신의 가능성을 실현하고자 하는 동기를 가지고 있다고 가정한다면 어떤 문제를 가진 사람일지라도 함부로 무시할 수는 없을 것이다. 또 모든 사람이 나름대로의 독특한 경험의 세계를 가지고 있다고 가정한다면 타인의 행동을 자신의 주관에 의해서 평가할 수는 없을 것이다.

따라서 자아가 원만히 성장할 수 있는 세 가지 환경 조건(공감적 이해, 무조건적인 긍정적 존중, 일치성/진솔성)은 상담 장면에서 상담자와 내담자 사이의 촉진적인 관계를 형성하기 위한 핵심 원리가 된다. 예를 들어, 상담에서 가장 중요한 일은 상담자가 도움을 청하러 온 내담자를 정확하게 이해하는 것이다. 내담자가 표현한 말을 아무런 왜곡 없이 이해할 뿐만 아니라 표현되지 않은 내담자의 내면세계까지 이해하게 될 때 좋은 상담관계 속에서 문제를 해결해 나갈 수 있다.

또한 사람은 누구나 존중받기를 원하며 자기를 존중해 주는 사람을 믿고 따르게 마련이다. 상담자가 내담자를 평가하지 않고 있는 그대로 수용하며 존중해 줄 때, 내담자는 상담자를 더욱 신뢰하여 자유롭게 자신의 이야기를 할 수 있게 된다. 그리고 어떤 의사소통 과정에서나 자신이 느낀 감정 또는 생각을 왜곡하지 않은 채 진솔하게 표현한다. 분노나 좌절, 의심 등 부정적 감정의 이면에 깔려 있는 긍정적인 동기를 솔직하게 표현할 때, 상대방에게 자신의 진심이 전달되며 진정한 의사소통을 할 수 있다. 인간중심이론에 근거한 상담의 핵심 원리를 자세히 살펴보면 다음과 같다.

(1) 공감적 이해

공감적 이해(empathy)란 상담자가 상대방의 입장에서 그의 주관적인 세계를 이해하는 것을 말한다. 이것은 상담자가 제3의 귀를 가지고 상대방의 가슴에 있는 '소리 없는 소리' 또는 '마음의 소리'를 듣는 것이다. 마치 우리가 상대방의 안경을 쓰고 사물을 보는 것과 같이 상대방이 지니고 있는 생각과 느낌의 틀, 즉 상대방의 내적 준거 틀을 이용하여 그 사람의 생각과 감정을 이해하는 것이다. 상담자가 상대방의 감정에 공감하고 있음을 보이면, 상대방은 그 자신이 이해받고 있다는 느낌을 갖게 되며, 상담자를 보다 신뢰하게 되어 자신을 더욱 깊이 드러내 보인다. 그리고 이러한 과정 속에서 촉진적인 의사소통 관계가 이루어진다. 공감적 이해의 수준은 관습적 수준, 기본적 수준, 심층적 수준의 세 가지 수준으로 구분할 수 있다. 상담의 궁극적인 목적이 인간관계에서 발생하는 갈등과 문제를 해결해서 상호 간의 이해와 사랑을 증진하고 개인의 발달과 성숙을 도모하는 데 있다고 볼 때, 관습적 수준은 여기에 아무런 공헌을 하지 못하는 수준이다. 그리고 기본적 수준은 초보적이고 기초적인 수준에서 공헌하며 심층적 수준은 보다 깊은 수준에서 공헌한다.

공감적 이해의 세 가지 수준은 다음과 같다. 첫째, 관습적 수준은 상대방이 표현하는 감정이나 사고를 정확히 지각하지 못하거나 또는 상대방의 표면적 감정이나 사고만을 지각하여 반응을 보인다고 할지라도 자신의 개념 틀에 의존하기 때문에 상대방의 감정, 생각과 일치된 의사소통을 하지 못한다(예: "제가 이번 승진에서 누락된 이유가 무엇입니까?" → "자네 이번에도 승진하지 못했나?"). 둘째, 기본적 수준은 상대방의 언어적 · 비언어적 표현에 주의를 기울임으로써 표면에 나타난 상대방의 감정, 사고와 일치된 의사소통을 한다. 하지만 상대방의 내면적 감정, 생각에는 반응을 보이지 않는다(예: → "이번 인사 조치에 대해 자네가 몹시 서운한 것 같아 보여."). 셋째, 심층적 수준은 언어적으로 명백히 표현되지 않은 상대방의 내면적 감정, 생각까지도 지각하여 왜곡 없이 충분히 표현하며, 상대방의 적극적인 성장 동기를 이해하여 표현하는 경우다(예: → "자네가 승진할 자격이 충분히 있는데도 그렇지 못해 몹시 서운했을 거야.").

또한 공감적 이해는 다음의 두 가지 차원에서 이루어진다. 첫째, 감수성(sensitivity) 차원으로 상담자가 내담자의 말, 얼굴표정, 제스처 속에 숨겨져 있는 중요한 감정, 태도, 신념, 생각 등을 민감하게 포착하는 것이다. 감정이나 생각은 겉으로 표출되는 것도 있고 심층에 숨겨져 있을 수도 있는데 가능한 한 이 모두를 민감하게 파악해야 한다. 둘째, 의사소통(communication) 차원으로 상담자가 파악한 내담자의 감정이나 생각을 내담자에게 적절하게 전달해 주는 과정이다. 상담자가 아무리 정확하게 내담자의 내면세계를 이해하였다 할지라도 그 내용을 내담자에게 전달해 주지 않으면 내담자는 자신이 이해받고 있다는 것을 느끼지 못할 것이다. 사람 중에는 유난히 남의 얘기를 잘 들어 주고 공감해 주는 사람이 있다. 그러나 이러한 능력은 다른 사람에게 관심을 기울이려는 마음가짐과 끊임없는 노력과 훈련에 의해 습득된다.

공감적 이해를 할 수 있는 대표적인 방법은 반영적 경청이다. 반영적 경청이란 상대방의 이야기를 듣거나 상대방의 표정이나 행동을 보고 그 사람의 심정이 어떠한지를 파악한 후 상대방에게 그것을 확인해 보는 과정을 말한다.

(2) 무조건적인 긍정적 존중

무조건적인 긍정적 존중(unconditional positive regard)이란 상대방을 한 인간으로서 존중하며, 그의 감정, 사고, 행동을 평가하거나 비판하지 않고 있는 그대로 받아들이는 것을 말한다. 이것은 상대방이 어떤 문제를 지니고 있건 어떤 죄악과 과오를 범하였건 상관없이 무조건적으로 그를 귀중한 존재로서 소중하게 여기는 것이다. 상담자가 이러한 태도를 마음과 행동으로 보여 줄 때 내담자는 자신이 존중받고 있다는 느낌을 갖게 되어 자유롭게 자신의 체험과 감정을 표현할 수 있게 된다. 이러한 과정이 진행됨에 따라 심층적인 의사소통 관계가 이루어진다.

무조건적인 긍정적 존중의 세 가지 수준은 다음과 같다. 첫째, 관습적 수준은 상대방을 전적으로 무시하고 그의 성취, 경험, 잠재 능력에 대해 부정적인 평가를 하며, 상대방을 거의 존중하지 않는다(예: "이번 일은 고의로 그런 게 아닌데 이와 같은 처벌은 너무 한 것 같습니다." → "무슨 변명이 그리 많아? 잘못하면 처벌받는 게 당연하지."). 둘째, 기본적 수준은 상대방의 성취, 경험, 잠재 능력을 있는 그대로 수용한다(예: → "어쩌다 실수한 일에 대해 이런 처벌을 받는 건 너무하다는 생각이 들 수 있지."). 셋째, 심층적 수준은 상대방의 성취, 경험, 잠재 능력에 대하여 깊은 존중과 긍정적인 관심을 표현하며, 드러나지 않은 상대방의 가치와 가능성을 배려하여 표현한다(예: → "열심히 하는데도 오히려 일이 잘못될 수 있지. 평소에 했던 것으로 보면 일부러 그랬다고는 생각하지 않고 있네.").

(3) 일치성/진솔성

일치성/진솔성(congruence)이란 상담자가 내담자와의 관계 속에서 경험한 감정, 사고, 태도 등을 솔직하고 정확하게 인식하여 표현하는 것을 말한다. 다시 말하면, 이는 상담자가 느끼는 내면적인 경험과 그러한 경험을 표현하는 것이 모두 일치하는 것을 말한다. 상대방과의 관계에서 갖게 되는 감정, 사고, 태도는 긍정적일 수도 있고 부정적일 수도 있다. 상담자가 자신이 느낀 긍정적 또는 부정적인 감정과 사고를 솔직하게 표현할 뿐만 아니라 내담자가 표현하는 부정적인 감정을 받아들일 수 있을 때, 솔직한 의사소통과 감정의 교류가 가능하게 된다.

진솔성의 세 가지 수준은 다음과 같다. 첫째, 관습적 수준은 상대방에 대해 부정적인 표현을 하거나 자신의 감정, 사고를 진실하게 표현하기보다는 의례적으로 표현한다(예: "오늘 늦게 도착해서 죄송합니다." → "늦을 수도 있지. 괜찮아."). 둘째, 기본적 수준은 표면적인 자신의 감정, 사고를 표현하나 자신의 내면에 있는 진심이 아직 표현되지는 않은 경우다(예: → "그래, 오늘 또 늦었구만. 일찍 다닐 수 없겠나?"). 셋째, 심층적 수준은 자신의 감정과 사고를 솔직하게 표현하여 자신의 내면에 있는 긍정적 동기를 아주 솔직하게 표현하고 상대방에게 관심을 충분히 전달한다(예: → "요즘 자주 늦는구만. 혹시 업무에 흥미가 떨어져서 그런 건 아닌가?").

2) 게슈탈트치료

게슈탈트치료(Gestalt therapy)는 펄스(Perls)가 창안하였으며 인간중심치료에 비해 기법을 더 강조한다. 중심 목표는 내담자가 자신의 정서를 경험하고 욕구를 충족시키는 것을 어떠한 방식으로 방해하는지 스스로 자각하도록 도움을 주는 것이다. 이를 위해 '지금-여기(here and now)'에 초점을 맞추어 과거가 아니라 현재 무엇을 하고 있으며 어떤 방식으로 살고 있는지 자각하게 하면서 현재 나타나고 있는 부적응을 일으킨 갈등과 억압을 인식하고, 스스로를 수용하고 존중할 수 있도록 한다. 그러므로 내담자에게 힘들었던 과거 경험에 대해서 이야기하는 것이 아니라 현재 그에 대해 어떠한 감정을 느끼는지 집중하라고 하면서 과거의 일이 마치 지금 일어나고 있는 것처럼 말하게 한다.

이 치료는 과거의 경험 가운데 특히 미해결 과제에 대해 다루는데, 미해결 과제는 어떤 사건과 관련된 정서를 무시하거나 경험하지 않았을 때 만들어지며 기억이나 환상을 통해 내면에 간직하고 있으며 이외에 표현되지 못한 정서(예: 고통, 슬픔, 불안, 분노, 증오, 죄책감 등)로 나타난다. 이러한 정서는 내면에 자리 잡고 있어서 충분히 자각되지 못했기 때문에 대인관계를 비롯하여 일상생활에서 다양하게 영향을 미친다. 미해결 과제는 사람들이 직면하여 억눌려 있는 정서를 다룰 수 있을 때까지 계속 진행하며 '지금-여기'를 자각함으로써 해결된다.

자각을 촉진시키는 다른 방법으로 빈 의자(empty-chair) 기법이 있다. 이 기법은 내담자가 정서를 포함하여 사람이나 상황 또는 대상을 투사한 다음에 그것을 향해 말을 한다. 만약 내담자가 자신에게 상처를 준 아버지 때문에 괴로워하고 있다면, 치료자는 내담자에게 아버지가 앞에 있는 빈 의자에 앉아 있다고 생각하고 말을 해 보도록 한다. 이를 통해 내담자는 자신이 아버지에게 품고 있던 감정을 더 잘 자각하게 만들어 준다.

게슈탈트치료는 치료과정에서 내담자의 자각이 방해를 받고 있을 때 내담자의 책임에 대한 자각을 향상시키는 데 초점을 둔다. 치료자는 여러 방법들을 이용하여 내담자의 자각에 방해가 되는 습관적 행동들을 자각하게 하고 주변 환경과 상호작용을 통해 이를 없애도록 한다. 그리고 상담의 효과나 내담자의 성장은 사용된 기법 때문이 아니라 내담자와 치료자 간의 진실한 접촉이 기반으로 작용하여 성취된다.

5. 집단치료

집단치료는 치료자와 내담자가 일대일로 만나는 개인치료와는 달리 한 명의 치료자와 여러 명의 내담자가 함께 문제를 해결해 나간다. 일반적으로 비슷한 문제를 가진 내담자들로 구성되는 것이 좋으며 집단의 특성에 따라 다르지만 6~10명 정도가 적절하다. 집단치료에서 내담자들은 서로의 행동을 관찰하고 조언해 주며 자신의 경험을 교환하면서 자신과 다른 집단 구성원들의 문제에 대해서 이야기한다. 집단치료자는 각 구성원들과 대화를 나누는 동시에 구성원들 간의 대화를 동기화시키면서 집단을 주도적으로 이끌지만 상황에 따라서는 앞에 나서기보다 뒤로 물러나 있으면서 회기의 진행을 보조적으로 도와주는 역할을 하기도 한다.

집단치료는 교육을 목적으로 단 1회기만 실시하는 경우부터, 몇 개월에서 몇 년 동안 지속될 때도 있다. 공황장애, 사회불안장애, 이혼과 같이 특정한 문제를 가지고 있는 사람들이 모인 집단은 심리교육이나 구체적 치료방법 등을 다룬다. 상대적으로 특정한 문제는 없지만 학교나 직장에서 대인관계를 적절하게 형성하는 방법을 배우고자 하는 사람들은 타인의 감정을 알아차리거나 적절한 감정표현에 대해서 집단을 통해 도움을 얻을 수 있다. 이와 같이 집단치료는 반드시 심리장애를 가진 사람들을 대상으로 하는 것은 아니며 다양한 사람들이 다양한 목적을 위해 참여한다.

집단치료는 개인치료에 비해 몇 가지 장점이 있는데 첫째, 자신의 문제가 자신만이 가지고 있는 특수한 것이 아니며 다른 집단 구성원들도 보편적으로 가지고 있는 문제임을 알 수 있다. 둘째, 집단치료가 진행되면서 다른 구성원들이 치료효과가 나타나는 것을 관찰하게 되면 자신도 좋아질 수 있겠다는 희망이 생기게 된다. 셋째, 상호작용을 통해서 집단을 이루고 있는 구성원에게서 자신의 생각, 감정, 행동 등에 대한 피드백을 받을 수 있고, 구성원 간의 역동이 활발히 일어나기 때문에 일상생활에서 자신의 대인관계가 어떠했는지를 확인해 볼 수 있다. 넷째, 다른 구성원에게 도움을 줌으로써 자신의 가치를 확인하고 자존감을 높일 수 있다. 마지막으로, 다른 구성원에 대한 모델링을 통해 자신의 문제를 고치고 새로운 행동을 습득하는 기회가 될 수 있다.

하지만 집단치료가 효과적이지 않을 때도 있다. 먼저, 내담자가 다른 사람과 함께 상호작용하는 것이 어려울 때다. 내담자의 문제를 고치기 위해 비슷한 문제를 가진 사람들과 함께 만나서 자신의 경험을 나누고 새로운 행동을 배우는 것도 좋지만 내담자가 사회적 상황에서 과도하게 불안해지거나 공격적이 되면 오히려 집단치료는 모두에게 부정적 영향을 미칠 수 있다. 그러므로 내담자가 사회적 상황에서 어느 정도 상호작용을 할 수 있는 준비가 될 때까지 기다려 줄 필요가 있다. 다음으로 집단치료는 구성원들의 공통적인 문제에 관심을 두고 해결하는 것이 주된 목표이기 때문에 어느 한 명의 집단 구성원의 심층적인 문제에 집중하기 어렵다. 그러므로 개인의 문제가 대외적으로 밝히기 어려운 비밀과 관련이 있거나 내담자의 독특한 성격으로 인한 것이라면 집단치료보다 개인치료를 통해 우선적으로 접근하는 것이 효과적이다.

집단치료는 집단이 가지고 있는 문제의 심각도나 집단 자체의 특성에 따라서 다양한 방식의 프로그램으로 진행되며, 구체적으로는 심리극(psychodrama)이나 감수성 훈련 또는 참만남 집단(encounter group) 등이 있다. 심리극은 감정

[그림 15-4] 집단치료의 실제

을 표출하거나 타인의 감정에 어떻게 반응하는지를 중요시 여긴다. 집단 구성원은 연극하는 배우와 같이 연기하기도 하고 관객이 되어 연극을 보는 것처럼 그 상황을 객관적으로 관찰하기도 한다. 감수성 훈련 또는 참만남 집단은 개인의 문제를 다루기보다는 현재 그 자리에서 일어나는 감정을 중심으로 표현하는 훈련이다. 사실 우리의 일상적인 의사소통의 특징을 살펴보면 솔직하지 못하고 애매하여 듣는 사람으로 하여금 많은 오해와 왜곡을 불러일으키는 것이 보통이다. 따라서 감수성 훈련은 '지금-여기'에 충실하여 최대한으로 솔직하며, 자신의 감정과 그 감정이 들게 된 배경을 명확하게 표현하고 전달하는 것을 훈련함으로써 자신과 타인의 감정을 보다 정확하게 지각하고 보다 효율적으로 의사소통할 수 있도록 하는 데 도움을 준다.

6. 가족치료

가족치료는 가족 구성원 개인의 문제에 초점을 맞추기도 하지만 일반적으로 가족을 이루고 있는 구조나 의사소통, 역할 등을 중요시 여긴다. 그러므로 가족 가운데 어느 한 사람이 심리장애가 있다고 하더라도 그 개인만을 치료의 대상으로 삼지 않는다. 심리장애가 있는 가족 구성원은 어쩌면 가족의 문제 때문에 희생양이 되었을 가능성이 있다고 보기 때문이다. 예를 들어, 아버지의 과도한 음주 때문에 모든 가족들이 힘들어서 가족치료를 받으러 왔다고 가정해 보자. 치료과정에서 아버지의 음주 습관도 하나의 문제이지만 치료자는 가족 간의 의사소통이 어떤 방식으로 이루어지는지 주시한다. 아버지를 제외한 가족 구성원들이 아버지와 대화할 때 의도적으로 소외시키는데, 특히 아내와 자녀들의 관계가 너무나 견고해서 아버지가 비집고 들어갈 수 있는 틈이 없게 된다. 아버지는 대화의 단절로 섭섭함을 느끼고 그러한 감정을 술로 해결하려 했기 때문에 현재의 문제까지 이르게 된 것이다. 즉, 아버지의 음주 문제만 고치면 가족의 문제가 없어지는 것이 아니라 본질적으로 가족 간의 의사소통 구조가 변화되어야 하는 것이다.

가족치료에서 치료자는 가족 구성원 간의 상호작용을 관찰하고, 개인이 다른 가족 구성원들과 어떤 방식으로 관계를 형성하고 있는지 그리고 개인의 가족 문제에 어떠한 영향을 미치는지 인식할 수 있도록 해 준다. 이러한 인식을 통해 가족은 스스로 문제를 파악하고 가족의 구조, 의사소통, 역할 등을 변화시킨다.

가족치료는 직접적으로 심리장애를 감소시키기도 하지만 간접적으로도 도움을 줄 수 있다. 조현병 환자에게 있어서는 가족치료를 통해 가족들이 환자에게 더 긍정적이고 명확하게 의사소통하도록 도움을 줄 필요가 있다. 왜냐하면 가족 구성원이 서로 분노와 적대감을 표출하여 상처를 주고, 다른 가족의 일상생활에 과도하게 간섭하는 환경에 있는 환자는 그렇지 않은 환경에 있는 환자보다 치료 후 재발하는 정도가 더 높게 나타나기 때문이다. 그러므로 가족 구성원들이 부정적으로 감정을 표현하는 방식을 고치고 독립적인 생활을 보장할 수 있도록 하는 프로그램이 진행되면 조현병 환자의 재발 비율을 낮출 수 있을 것이다. 이는 반드시 조현병 환자의 경우에만 적용되는 것은 아니며, 특정한 심리장애가 없더라도 가족의 의사소통이나 환경에 문제가 있다면 가족치료를 통한 개입이 필요할 것이다.

7. 생물학적 치료

심리장애는 심리학적 원인 이외에 생물학적 원인 때문에 나타날 수도 있다. 생물학적 접근법은 심리장애가 신체 질병과 같이 뇌의 생화학적 또는 생리학적 기능의 문제로 인해서 나타난다고 가정한다. 조현병을 비롯하여 주요우울장애나 양극성장애에서 나타나는 증상을 호전시키기 위해서는 심리치료만으로 충분하지 않다. 특히 증상이 갑자기 악화되거나 자신 또는 타인에게 위험이 되는 상황에서는 생물학적 치료가 효과적이다. 생물학적 치료는 크게 다음과 같이 약물치료와 전기경련치료로 나뉜다.

1) 약물치료

생물학적 치료 가운데 가장 많이 사용하고 있는 방법은 약물치료다. 약물치료는 정신약물학 이론에 기초하는데, 정신약물학은 뇌 안에 있는 신경전달물질의 양에 따라 사람의 생각, 정서, 행동이 달라진다고 가정한다. 심리장애를 치료하기 위한 약물은 어떠한 장애를 고치는 데 사용하느냐에 따라 항정신병 약물, 항우울제, 항불안제 등으로 분류하며, 각 약물들의 특징을 알아보면 다음과 같다.

(1) 항정신병 약물

항정신병 약물(antipsychotic drugs)은 1950년대에 개발되어 조현병 환자들에게 주로 처방되었으며 이 약물로 인해 환자들의 퇴원 기간이 짧아졌고 이후 사회복귀도 많아졌다. 대표적으로 클로르프로마진(chlorpromazine), 할로페리돌(haloperidol), 클로자핀(clozapine), 올란자핀(olanzapine)과 같은 약물들이 있다. 항정신병 약물은 망상이나 환각을 일으키는 신경전달물질인 도파민(dopamine)을 받아들이는 수용기를 차단한다. 이로 인해 도파민이 잘 전달되지 않기 때문에 양성증상인 망상과 환각이 감소하게 된다. 하지만 조현병의 음성증상에 해당하는 정서표현의 감소나 무욕증, 사회적 위축 등의 문제에는 큰 영향을 미치지 않는다.

이 약물은 조현병 자체를 완전하게 치료하지는 못하지만 환자가 일상생활에 잘 적응할 수 있도록 도와주고 재발을 예방하는 효과가 있다. 연구에 의하면 항정신병 약물을 지속적으로 사용하면 약 1/3 정도 재발하지만 도중에 중단한 사람은 1년 이내에 재발하는 확률이 2/3가 넘고 2년 이내에는 확률이 더 높아졌다(Gitlin et al., 2001; Sampath et al., 1992). 반면, 조현병 환자 가운데 약 1/4은 약물의 효과가 나타나지 않는다. 그리고 눈이 침침해지거나 입이 마르는 부작용이 있으며 장기간 사용하면 얼굴이나 입, 턱 등이 의도하지 않게 움직이는(예: 입맛을 다시거나 혀를 내미는 행동) 지연성 운동장애(tardive dyskinesia)가 나타나기 때문에 환자들은 약물 사용을 꺼려 하는 경우가 있다. 최근에는 이러한 부작용이 적으면서 조현병 증상을 완화시키는 비정형 항정신병 약물(atypical antipsychotics)

이 개발되어 치료에 많이 쓰이고 있다.

(2) 항우울제

항우울제(antidepressant drugs)는 신경전달물질을 조절하여 우울한 사람의 기분을 향상시키는 약물이다. 가장 오래된 것은 MAO 억제제(monoamine oxidase inhibitors)로 노르에피네프린(norepinephrine)과 세로토닌(serotonin)을 분해하는 MAO라는 효소를 차단하여 뇌에 신경전달물질의 농도를 높여 준다. 이후에 나온 삼환계 항우울제(tricyclic antidepressants)는 노르에피네프린과 세로토닌이 흡수되는 것을 방해하여 신경전달물질이 활동하는 시간을 증가시킨다. 두 약물은 우울증에 효과가 있는 것으로 검증되었지만 부작용도 발견되었는데, 어지럽고, 성욕이 감소되고, 입이 마르고, 변비 등이 나타나는 문제가 있었다.

최근에 가장 많이 사용하고 있는 약물은 선택적 세로토닌 재흡수 억제제(selective serotonin reuptake inhibitors: SSRIs)로 세로토닌만 선택적으로 재흡수되는 것을 방해하여 세로토닌의 수준을 증가시키는 작용을 한다. 대표적으로 프로작(Prozac)이라는 상품명으로 알려져 있는 플루옥세틴(fluoxetine)을 비롯하여 파록세틴(paroxetine), 시탈로프람(citalopram) 등이 있다. 이후에 개발된 벤라팍신(venlafaxine) 같은 세로토닌-노르에피네프린 재흡수 억제제(serotonin-norepinephrine reuptake inhibitors: SNRIs)는 세로토닌과 노르에피네프린 2개가 재흡수되는 것을 방해하여 뇌에서 활성화시키는 역할을 한다. 이와 같은 약물들은 사용 후 메스꺼움, 설사, 어지러움 등이 나타나지만 이전에 사용해 왔던 항우울제에 비해 상대적으로 부작용이 덜 하고 좀 더 효과적이며 우울증 이외에 공황장애나 강박장애와 같은 불안장애의 치료에도 효과가 있는 것으로 보고되었다.

항우울제는 조증이나 경조증 없이 우울증이 나타나는 단극성 우울증을 치료할 때는 효과적이지만 양극성장애가 있는 사람의 우울증을 치료할 때는 조증 상태를 유발할 수 있다. 이러한 경우에는 리튬(lithium)이나 발프로에이트(valproate)와 같은 기분안정제를 많이 사용하는데, 조증과 우울증의 극단적인 기분을 가라앉히고 기복을 줄여서 정상 상태로 되돌리는 역할을 한다. 리튬은 복통, 메스꺼움, 설사 등의 부작용이 있으며 과다하게 복용하면 신장이나 갑상선에 심각한 문제를 일으킬 수 있다. 그러므로 적절한 용량을 복용해야 하며 이를 위해 혈중 약물 농도를 정기적으로 검사해야 한다.

(3) 항불안제

항불안제(antianxiety drugs)는 공포나 불안을 감소시키는 데 도움을 주는 약물이다. 가장 많이 사용하는 약물은 벤조디아제핀(benzodiazepine) 계열에 속하는 것으로, 이는 뉴런을 억제하여 진정시키는 작용을 하는 신경전달물질인 GABA (gamma-aminobutyric acid)의 효과를 향상시킨다. 술을 마시면 GABA의 활동이 증가하여 단기적으로 불안이 억제되는 효과가 나타나는데, 항불안제를 술과 함께 복용하면 중추신경계를 과도하게 억제하여 치명적인 결과를 나타낼 수 있으므로 조심해야 한다. 이 약물은 내성이 생길 가능성이 있으며 사용을 중단하면 긴장과 불안, 불면, 심장박동 증가 등의 금단 증상이 나타날 수 있으므로 장기간 복용한 경우에는 약을 갑자기 끊기보다 점차 줄이는 것이 더 바람직하다.

심리장애를 치료하는 데 있어서 사람들은 약물치료에 대해 과도하게 신뢰하거나 아니면 지나치게 거부하는 경우가 있다. 약물치료는 심리장애의 원인을 제거하거나 증상을 영구적으로 완치시키지 않지만 상황에 따라 심리치료보다 효과가 더 빠르고 강력하게 나타나므로 필요한 경우에는 반드시 사용하는 것이 좋다. 특히 심리장애로 인해 자신이나 타인에게 피해를 줄 수 있는 상황이나 증상이 급성적으로 악화되어 심리치료가 어려운 상황, 일상적 기능이 빨리 회복되어 학교나 직장에 복귀해야 하는 상황 등이 해당된다.

반면에 치료효과가 없는 사람들의 비율도 많고, 복용한 이후에 나타나는 부작용이 약물에 따라 다양하게 나타나며 장기 복용에 의한 위험성이 검증되지 않은 약물들도 있기 때문에 무조건적으로 약물을 신뢰하는 것도 위험하다고 할 수 있다.

최근에는 심리장애를 치료할 때 심리치료와 약물치료를 통합하는 쪽으로 변화하고 있다. 모든 장애에서 그런 것은 아니지만 한 가지 치료방법만을 사용할 때보다 두 가지를 함께 사용할 때 더 많은 효과를 나타내기 때문이다. 그러므로 심리장애를 치료함에 있어서 과도한 맹신이나 거부가 아니라 전문가들의 조언과 각각의 특수한 상황에 근거하여 현명하게 접근하는 것이 바람직하다.

2) 전기경련치료

전기경련치료(electroconvulsive therapy: ECT)는 뇌에 전기를 직접 흘려보내는 방법을 사용하며, 전기충격치료라고도 불린다. 이 치료는 항정신병 약물이나 항우울제를 본격적으로 사용하기 이전인 1940년대에서 1960년대에 널리 이용하였다. 현대에 이르러서는 심리치료나 약물치료의 효과가 나타나지 않는 심한 우울증 환자에게 주로 사용한다. 초기에는 근육이완제나 마취제 없이 전기자극을 주었기 때문에 치료 중에 상해를 입을 가능성이 많았지만 최근에는 미리 마취제와 근육이완제를 투여한 후 실시한다.

치료는 몇 주에 걸쳐 4~6회 정도 실시한다. 과거에 비해 약한 전류를 보내고 마취가 된 상태이기 때문에 환자는 전기로 인한 발작이나 치료절차에서의 불안을 경험하지 못한다. 이 치료를 받는 환자 중 많은 사람이 우울증과 자살충동의 감소가 나타나는 것으로 알려져 있다. 하지만 우울증이 재발하는 경우도 많아서 치료효과는 아직까지 일관되지 않고 있다. 부작용도 만만치 않은데, 보통 치료가 끝난 후 단기간의 기억손상이 나타나고 두통이나 근육통을 호소하는 사람도 있다. ECT가 어떠한 기제를 통해 우울증을 감소시키는지 명확하게 알려진 바는 없고 부작용도 있지만 약물치료나 심리치료에 반응하지 않는 사람 가운데 이 치료를 통해 도움을 받는 사람이 있다는 것은 부정할 수 없다.

제 16 장

심리학의 응용 분야

PSYCHOLOGY

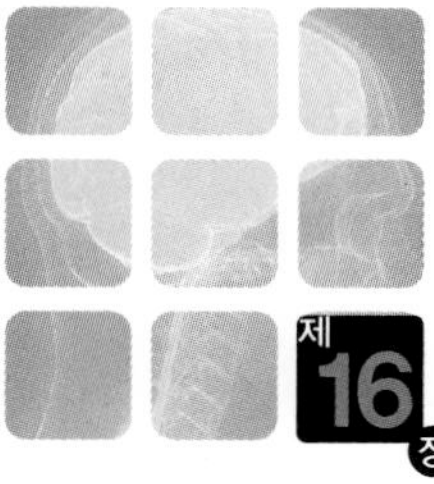

제16장 심리학의 응용 분야

지금까지 우리가 살펴본 것처럼, 심리학은 인간의 행동과 정신과정을 이해하는 학문으로 우리들의 일상생활에 매우 밀접하게 관련되어 있다. 심리학의 지식들은 그 자체로 가치 있는 것이기도 하지만 그러한 지식은 우리의 일상생활에서 매우 다양한 장면에 응용되고 있다. 이 장에서는 이러한 심리학의 응용 분야들에 대해 알아볼 것이다.

응용심리학은 우리의 실제 생활에서 벌어지는 다양한 문제를 극복하고 삶의 질을 높이기 위해 심리학의 기초 원리와 이론을 활용하는 분야다. 기초심리학은 심리학의 원리나 이론을 발견하는 그 자체에 관심을 가지지만, 응용심리학은 심리학의 기초 원리나 이론을 실생활에 적용하여 실제 문제를 해결하는 데 관심을 둔다. 앞에서 살펴본 '주의(attention)'를 예로 들어 보자. 기초심리학에 관심을 가진 인지심리학자는 정교한 실험을 통해 주의에 관한 다양한 자료를 수집하고 통계분석을 거쳐 효과적으로 주의를 획득할 수 있는 주의모형을 개발한다. 응용심리학자는 인지심리학자가 개발한 모형의 활용에 관심을 가지게 된다. 예컨대, 인간공학심리학자는 횡단보도에서 운전자 사고를 줄이는 시스템을 개발하는 데 응용할 것이며, 광고심리학자는 소비자의 주의를 끌 수 있는 광고제작물을 개발하는 데 응용할 수 있다.

응용심리학의 학문 분야는 다양하다. 2013년 기준으로 한국심리학회 산하에는 14개의 분과가 있는데 그중에서 임상, 상담, 산업 및 조직, 소비자 및 광고, 건강, 여성, 중독, 법정, 학교, 코칭 등의 응용 분야에서 심리학자들이 활발하게 활동하고 있다.

1. 인사심리학 · 조직심리학

인사심리학(personnel psychology)과 조직심리학(organizational psychology)은 심리학의 이론과 원리를 기업, 산업체, 공공기관 등의 다양한 조직에 적용하는 심리학의 응용 분야로, 작업 장면에서 인간의 행동을 연구하고 이해하여 종업원 개인의 수행성이나 육체적, 정신적 건강뿐만 아니라 조직 전체의 이익을 증진하는 것을 목표로 한다. 인사 및 조직심리학은 작업장의 생산성이나 종업원의 육체적, 정신적 안녕의 개선 및 증진과 같은 이슈에 초점을 맞추어 종업원의 태도와 행동, 기업의 평가, 그리고 리더십 훈련과 같은 다양한 영역에 관심을 가진다. 인사 및 조직심리학의 핵심 분야는 다음과 같다.

- **훈련과 개발**: 특정한 직무를 수행하기 위해 요구되는 기술의 규명과 종업원을 위한 훈련 프로그램의 개발과 평가
- **선발**: 특정 직무에 대한 지원자의 적격성 결정을 위한 검사와 같은 인사선발 평가의 개발
- **인간공학**: 작업 수행성의 극대화와 부상의 최소화를 위한 작업 절차와 도구의 설계
- **수행성 관리**: 종업원이 그들의 직무를 잘 수행하고 있는지를 결정하기 위한 평가 체계와 기술의 개발
- **작업생활**: 종업원의 스트레스 관리 및 만족개선, 작업장의 생활의 질 개선, 그리고 작업 생산성 극대화를 위한 프로그램의 개발

• 조직개발: 이익증진, 제품의 개선, 그리고 조직구조의 개선을 통한 조직향상에 기여

인사심리학과 조직심리학을 좀 더 구체적으로 살펴보면 다음과 같다. 인사심리학은 산업 및 조직심리학의 역사에서 가장 오래된 전통적 분야다. 산업심리학 초창기에 이루어진 대부분의 연구주제는 인사심리학과 관련된 것이었다. 인사심리학은 인적 자원의 개인차 문제에 관심을 두고 어떻게 하면 개인과 특정 직무역할을 잘 조화시킬 것인지를 모색하는 데 중점을 둔다. 종업원의 특징을 평가하여 그들이 능력을 가장 잘 발휘할 수 있는 직무에 배치하는 데 관심을 기울이며 종업원의 선발, 배치, 승진, 평가, 교육 등과 관련된 모든 문제를 다룬다. 따라서 인사심리학은 특정 직무가 요구하는 지식, 기술, 능력, 흥미와 성격 등을 밝혀 직무에 적합한 인재를 선발하고 적절하게 배치하여 효율적으로 직무를 수행하는 데 필요한 교육과 평가, 그리고 승진 등을 결정하는 데 기여한다. 직무분석은 종업원이 수행하는 과업의 성질을 구체적으로 기술하여 특정 직무를 성공적으로 수행하기 위해 필요한 것이 무엇이며 어떤 자질을 가진 지원자가 적합한지, 효과적인 수행을 위해 직무나 작업장은 어떻게 설계하는 것이 좋은지와 같은 문제에 구체적인 해결책을 제공한다(이재창, 2011). 이를 위한 인지능력, 흥미검사, 적성검사, 성격검사 등의 다양한 심리검사도 중요한 인사심리학의 분야라 할 수 있다.

조직심리학은 조직 내의 종업원 간의 상호작용에 초점을 맞추어 기업체와 같은 조직이 근로자의 개인행동에 어떻게 영향을 미치는지에 더 많은 관심을 가진다는 점에서 인사심리학과 차이가 있다. 인사심리학이 종업원의 선발과 평가 같은 개인수준의 문제를 다룬다면 조직심리학은 조직 내의 사회적, 집단적 요인에 관심을 기울인다. 직무만족, 작업동기, 조직의 구조, 조직의 규범, 경영스타일, 그리고 종업원 상호 의사소통, 리더십, 역할기대 등은 조직 내의 개인행동에 영향을 미치는 요인들로 조직심리학자의 주 관심 분야다. 아울러, 노사갈등이나 단체교섭, 그리고 협상 등도 조직심리학자의 관심 연구영역이다.

2. 공학심리학

인적 요인 심리학(human factors psychology)이나 인간공학(ergonomics)은 공학심리학(engineering psychology)과 같은 의미로도 사용된다. 이들 분야는 인지와 정신 과정이 도구나 기계, 그리고 환경 속의 대상과 상호작용하는 데 어떻게 영향을 미치는지를 연구하는 분야로 심리학의 원리를 적용하여 제품을 설계하고, 안전문제를 최소화하면서 생산성을 높이는 작업환경을 조성하는 데 목적이 있다. 인적 요인 심리학의 연구목표는 인간의 정신과정과 행동의 한계 및 편향을 이해하여 조화롭게 상호작용할 수 있는 아이템과 시스템을 설계하고 작업오류를 최소화하고 작업능률을 최대화하고자 하는 것이다.

공학심리학은 제2차 세계대전 중에 항공기 운항의 안전을 개선하기 위해 여러 분야의 전문가들이 공동 연구한 것에서 출발하였다. 제2차 세계대전 후 옥스퍼드와 케임브리지 대학이 공동으로 개설한 심리실험실은 'Cambridge Cockpit'이라는 시뮬레이터를 개발하여 조종사들이 비행을 하는 데 필요한 능력이나 특성, 한계 등을 실증적으로 연구하였다. 이 실험결과를 통해 조종사의 선발, 훈련기준의 설정, 수면이나 피로관리, 그리고 시각인지 과정을 규명하여 항공기 계기판의 설계에 관련한 문제해결에 기여하였다. 그 이후로 인적 요인 심리학은 발전을 거듭하여 현재는 컴퓨팅, 제조, 제품 설계, 공학, 군, 그리고 각종 정부 산업 등의 다양한 분야에서 중요한 위치를 차지하고 있다.

심리학의 많은 분야는 인간의 행동을 이해하기 위한 모형들을 개발하고자 하며 이러한 모형들은 주로 실험을 통해 획득한 자료를 근거로 한다. 하지만 인적 요인 심리학자 역시 그러한 자료를 사용하지만 목적에서 차이가 있다. 공학심리학자는 인적 요인을 배가하는 과정과 대상을 설계하는 데 초점을 맞춘다. 공학심리학자는 인간이 기술을 어떻게 사용하고 조작하는지에 관한 인간학습보다는 일반 심리학자들이 설계한 인간행동 모형과 조화를 이룰 수 있는 기술을 설계하는 데 주력한다. 인간의 육체적 한계를 이해하고 피로와 스트레스를 줄이기 위한 제품의 설계와 인간의 육체적 한계를 고려한 작업 시스템의 설계에 중점을 둔다. 버튼의 크기나 사무실 의자의 설계와 같은 단순한 것으로부터 인간공학 중심의 인적 요인 심리학자는 우리의 일상에서 맞닥뜨리는 스트레스를 완화하기 위해 노력한다.

공학심리학에 전문화된 인적 요인 심리학자는 인간공학 심리학과는 다소 다른 일을 한다. 공학심리학 역시 인적 요인 심리학의 한 분야이지만 연구 분야는 조금 다르다. 공학심리학은 제품이나 시스템의 설계에서 인간의 정보처리 능력의 한계를 고려하여 최적의 수행이 가능하도록 연구하고 적용하는 학문이다. 공학심리학은 인간의 인지과정에 따른 수행 자료를 제품의 설계에 응용한다는 점에서 인간의 뇌 과정 또는 인지과정에 더 역점을 둔다.

3. 소비자심리학 · 광고심리학

소비자심리학(consumer psychology)은 지각, 사고, 신념, 태도, 그리고 정서 등의 심리학적 기제가 소비자로서 사람들의 제품이나 서비스 구매에 어떻게 영향을 미치는지를 연구하고 이해하기 위한 분야다. 소비자심리학의 공식적인 정의에 의하면, 소비자심리학은 소비 주체로서 개인, 집단, 기업이 그들의 욕구를 충족하기 위해 제품이나 서비스, 경험, 그리고 아이디어를 선택하고 사용, 처분하는 과정과 이러한 과정이 소비자나 사회에 어떠한 영향을 끼치는지를 연구하는 학문이다. 이 분야의 전문가는 왜 소비자가 특정 제품이나 서비스를 구매하는지를 이해하는 데 도움을 주기 위해 의사결정 과정이나 설득, 그리고 동기 등과 같은 다양한 심리 현상에 관심을 기울인다(남승규, 1999). 소비자심리학은 상업적인 제품이나 서비스의 소비 주체로서의 소비자뿐만 아니라 비영리 목적의 공익실현을 위한 대상으로서의 소비자도 포함한다.

소비자심리학자가 주로 관심을 기울이는 현상은 첫째, 소비자는 어떻게 특정 제품이나 서비스를 선택하는가, 둘째, 소비자 의사결정에 관여하는 사고과정이나 정서는 무엇인가, 셋째, 친구나 가족, 매체, 그리고 문화와 같은 환경변인들은 소비자 구매과정에 어떻게 영향을 미치는가, 넷째, 소비자가 여러 대안 중에서 특정 제품이나 서비스를 선택하는 동기는 무엇인가, 다섯째, 성격이나 동기와 같은 개인차는 소비자의 구매과정에 어떻게 영향을 미치는가 등이다.

이러한 현상에 답하기 위해서는 기초심리학의 다양한 이론과 원리를 알아야 한다.

광고심리학(advertising psychology)은 광고의 효과를 극대화하기 위해 소비자가 광고라는 자극 정보를 어떻게 처리하며, 광고가 구매에 영향을 미치는 데 관여하는 심리학적 기제를 연구하고 이해하는 분야다. 광고란 명시된 광고주가 행하는 제품, 서비스, 아이디어에 관한 유료의 비인적 설명 및 판매촉진 활동의 모든 것이며 다양한 형태의 매체 이용을 포함한다. 광고는 광고물 또는 광고 메시지라는 좁은 의미를 넘어 광고행위 또는 광고과정 전체를 뜻한다. 19세기 후반까지 광고는 단지 '알리는 기능' 중심이었지만 현대에 와서는 알리는 것에서 설득으로, 그리고 최근에는 커뮤니케이션으로 그 기능이 바뀌면서 광고에서 심리학의 중요성이 부각되기 시작했다. 이는 광고의 중심축이 광고주에서 광고의 목표 집단인 소비자로 이동한 것과 관련성이 있다. 광고란 곧 기업이 노력을 기울이는 영향이 인간인 소비자에게서 나타나게 하려는 수단 가운데 하나이기 때문에 이러한 문제는 커뮤니케이션과 설득의 문제로서 효과적인 설득이 이루어지기 위해서는 인간에 대한 이해가 필수적인 것이다.

광고가 제시되는 순간부터 구매가 이루어지는 순간까지 단계별로 나타나는 광고효과를 확인하고 예측, 통제하기 위해 심리학적 이론과 지식이 반드시 필요하며 이것이 광고심리학이 주로 다루는 주제들이다. 광고심리학의 연구는 주로 광고물이라는 자극 자체에 대한 감각수준, 광고 메시지의 처리에 관한 인지수준, 광고효과에 영향을 미치는 개인차 변수에 대한 개인수준, 그리고 개인을 둘러싸고 있는 가족, 친구, 사회, 문화 등의 사회적인 수준에서 이루어진다(김재휘 외, 2009).

4. 임상심리학

임상심리학(clinical psychology)은 개인의 안녕과 발전을 위해 심리학의 지식과 원리를 적용해 심리적인 고통이나 기능장애를 이해하고 예방, 완화하기 위한 응용 분야다. 임상심리학은 마음의 병을 다룬다는 점에서 건강심리학이나 상담심리학 등과 공통점이 있으나 비정상적인 사람들에 대해 치료적인 개입을 한다는 점에서 차이가 있다. 따라서 임상심리학자는 연구, 교수, 프로그램의 개발과 관리 등의 일도 하지만 주된 수련 분야는 심리 평가와 치료다. 행동관찰, 면담, 심리검사 등을 통해 정신적인 장애를 평가하고 진단하며, 이를 토대로 심리치료를 하여 정신장애를 경감시키고자 한다.

임상심리학자들이 수행하는 작업은 다양한 치료모형 내에서 이루어지는 경향이 있다. 여기에는 전문가와 내담자 간의 공식적인 관계가 포함되는데 개인, 부부, 가족 또는 소집단 등이 있다. 임상심리학자와 내담자 간의 공식적인 관계에는 치료 동맹을 형성하고, 심리학적인 문제를 탐색하며, 새로운 사고나 느낌 그리고 행동 방법을 고무하기 위한 절차들이 적용된다. 임상심리학자는 주로 병원에서 정신과 의사와 협력하여 일하지만 사회복지사 등과 한 팀을 이루어 일하기도 하며, 공공기관에서 정신건강과 관련한 정책행정을 수행하거나 범죄자의 교정활동 등에 기여하기도 한다. 임상심리학회는 임상심리전문가와 임상심리사라는 자격 규정을 두고 자격시험을 실시하고 있다. 임상심리전문가의 자격시험 과목은 기초 과목으로 성격이론, 인지 및 학습 이론, 생리심리학, 임상심리학 연구방법 등이 포함되고, 임상 과목으로는 정신병리학, 심리평가, 심리치료가 포함된다. 임상심리사의 자격시험 과목으로는 기초 과목으로 성격심리학, 학습심리학, 발달심리학, 심리통계 등이 포함되고, 임상 과목으로는 이상심리학, 임상심리학, 심리 검사 및 측정이 포함된다.

5. 상담심리학

상담심리학(counselling psychology)은 대부분의 정상인이 살아가면서 마주치게 될 수 있는 생활 속의 다양한 적응과 기능의 문제에 초점을 맞추어 연구하는 심리학의 응용 분야다. 즉, 상담심리학은 삶을 살아가는 과정에서 경험하는 심리적 갈등, 관계 문제, 진로 등 개인의 적응과 기능 및 대인관계를 촉진하는 데 목표를 두며, 정서적, 행동적, 사회적, 직업적 그리고 교육 및 건강 등의 다양한 영역에서의 적응 문제에 관심을 기울인다.

상담은 상담심리학자가 훈련을 받은 이론적 접근이나 내담자의 특성에 따라 개인상담, 집단상담, 부부나 가족 상담으로 이루어진다. 개인상담은 아동, 청소년, 대학생, 성인에서부터 노인에 이르기까지 다양한 나이대의 적응과 기능 문제를 다룬다. 집단상담은 사회기술, 대인관계 능력의 향상, 자기 이해와 수용 능력의 향상 등을 목적으로 한다. 가족상담은 한 명의 가족 구성원이 아닌 가족 전체를 상담의 대상으로 보고 가족 간의 상호작용을 변화시킴으로써 가족 구성원 전체의 변화를 시도한다. 한편, 적용 장면에 따라 상담심리학의 활동 범위는 산업체, 학교, 군대 등으로 증가하고 있는 추세다. 예컨대, 산업상담은 직업이나 일에서 발생하는 종업원의 문제를 해결하고 적응문제를 개선하는 데 기여하고 나아가 직업의 선택, 경력의 개발, 그리고 직장에서의 갈등해소와 적응에 도움을 주고자 한다. 군 상담은 사병이나 장교들의 불만 또는 심리적 부적응을 미연에 방지하고 개선함으로써 정신건강을 유지하고 군생활의 부적응에서 발생할 수 있는 다양한 사고를 미연에 방지할 수 있도록 돕는다. 상담심리사 자격을 취득하려면 상담심리학, 이상심리학, 학습심리학, 발달심리학, 심리검사의 5과목에 대한 필답시험에 합격해야 한다. 상담심리전문가는 공통과목인 상담 및 심리치료 이론 1과 상담 및 심리치료 이론 2(선택), 집단상담, 성격이론, 심리통계, 상담심리 연구방법론을 자격 취득시험 과목으로 정해 놓고 있다.

6. 학교심리학

학교심리학(school psychology)은 임상심리학과 교육심리학의 원리를 적용하여 학생의 행동 및 학습 문제를 진단하고 개선하려는 분야다(교육심리학은 교육 장면, 특히 학교에서 인간이 어떻게 학습을 하며, 특정 교수제도의 효과는 어떠한지, 학습에서의 개인차, 그리고 학습장애와 같은 주제를 연구하는 데 주력한다. 교육심리학은 아동기나 청소년기의 학습과정뿐만 아니라 전 생애에 걸친 학습의 사회적, 정서적, 인지적 과정도 포함한다). 주로 학령기 아동이나 청소년들의 학습 문제, 정서 문제, 그리고 행동 문제를 다룬다. 대부분의 정서 문제와 부적응 행동 문제는 아동기 및 사춘기에서 비롯되기 때문이다. 이를 위해 학교심리학자는 아동발달, 교육 및 상담 심리학, 그리고 임상심리학적 훈련에 기초하여 각각의 학생을 대상으로 여러 가지 검사를 실시하고 평가한다. 또한 학령기 아동과 청소년들의 학습 문제 및 진로 고민을 상담하고, 가정 · 학교 · 사회의 적응을 돕는 역할을 한다. 최근에는 우울이나 불안과 같은 정서 문제와 비행, 게임중독, 학교폭력, 학교 중도 탈락과 같은 행동 문제를 겪고 있는 아동과 청소년의 수가 증가하고 있다. 이와 같이 일반 학교에 재학하고 있는 아동과 청소년이 겪는 학업, 진로, 정서, 행동 문제를 조기에 발견하고 개입하여 건강한 삶을 영위하도록 돕는 학교심리 전문가의 역할이 중요해지고 있다.

학교심리학자들은 심리평가를 수행하고 예방 프로그램을 개발한다. 아울러, 학교 시스템이나 가족과 같은 기타 시스템 내에서 아동의 발달과정에 초점을 맞춘 서비스를 평가한다. 학교심리학자는 학습과 행동 문제 및 사회와 정서 문제에 관해 학교 구성원과 교사, 부모에게 자문한다. 육아기술, 학습전략, 그리고 학교 정신건강과 관련된 다양한 기술들에 대해 가르치며, 개인이나 집단, 때로는 가족 상담을 수행하기도 한다.

7. 법정심리학

법의 기능은 인간행동의 억제와 권장에 있으며 심리학은 행동의 억제와 권장과 관련한 학문이기 때문에 심리학과 법의 관계는 긴밀하다고 할 수 있다(박광배, 2004). 법정심리학(forensic psychology)은 법체계와 법정 장면, 법과 관련한 의문과 이슈에 심리학의 방법과 원리를 응용한 분야다. 넓은 의미에서 법정심리학은 법, 법제도, 형사사법체계 등 법과 관련된 인간행동 전반을 다룬다. 범죄심리학은 법정심리학에 포함된다고 할 수 있다.

법정심리학은 경찰, 범죄자, 피해자, 판사, 배심원, 목격자 등에 대해 개인으로서의 능력, 관점, 가치관, 태도 등에 주목하고 이들의 행동과 행동에 영향을 주는 내 · 외적인 요인들을 밝히고자 한다. 수사 단계에서 범죄자 프로파일링을 토대로 수사정보를 제공하거나 목격자 진술의 신뢰성을 평가하며, 판결 단계에서는 범죄의 동기분석, 피고인의 인지능력을 평가하여 법적 책임 여부를 판단하고 재범 가능성을 예측하며, 교정 단계에서 교정 프로그램을 개발하고 수행하며 그리고 재범예방을 위한 정책의 제안이나 프로그램을 개발하는 등에 이르기까지 법정심리학의 영역은 광범하다. 우리나라에서(외국도 마찬가지지만) 법정심리학이 연구되고, 학회활동을 시작한 것이 얼마 되지 않는다. 그러나 지난 몇 년 동안 제도가 획기적으로 바뀌었다. 일반인이 배심원으로 참여해 유무죄를 판단하고 형량 결정에도 참여하는 국민 참여재판이라든지 공판중심주의, 로스쿨 도입 등 많은 변화가 있었다. 제도의 변화로 사법 분야에서 법정심리학, 법심리학 연구의 핵심적인 학문 수요가 급격히 늘어나고 있는 실정이다. 특히, 국민 참여재판의 경우에는 중차대한 책임을 맡은 배심원을 어떻게, 어떤 기준으로 선정할지, 배심원들이 맡게 된 해당 사건에서 중요한 법률과 법 원칙이 무엇인지를 어떻게 알려 줘야 하는가도 중요한 분야다. 또한 사법제도 안에서 심리학의 도움을 받아야 할 경우가 종종 발생한다. 특히, 아동피해자 진술의 증거력 인정 유무에 대해서는 심리학적 평가와 판단이 아주 유용하다.

가장 전형적으로, 법정심리학에는 특별한 개인에 대한 임상분석과 어떤 특정한 심리-법적인 질문들에 관한 평가가 포함된다. 심리-법적인 질문이라고 해서 범죄와 관련된 것만 포함되는 것은 아니다. 사실, 법정심리학자는 실제 범죄수사에는 거의 관여하지 않는다. 보호관리가 법정심리학자가 수행하는 비범죄 평가의 대표적인 사례다. 비록 수사 과정에 심리학자가 직접적으로 관여하지는 않지만 목격자 증언의 타당성과 확인이 범죄수사에 그래도 가장 근접한 법정심리학 분야라 할 수 있다.

8. 건강심리학

미국심리학회에 의하면 '건강심리학은 건강을 증진시키고 유지하며, 질병을 예방하고 치료하기 위해 심리학의 지식을 교육적, 과학적으로 그리고 전문적으로 활용하는 종합과학'으로 정의한다. 건강심리학(health psychology)은 생물학, 행동 그리고 사회적 맥락이 건강과 질병에 어떻게 영향을 미치는지 이해하는 데 관심을 둔다.

건강심리학자들은 가르치고 연구를 수행하지만 일반적으로 임상 장면의 타 의학 전문가와 함께 일한다. 비록 건강심리학의 출발은 임상심리학 영역으로 거슬러 올라가지만 접근법에서 차이가 있다. 건강심리학자들은 사람들이 건강을 유지하고 환자가 질병 처치요법에 충실하도록 도움을 주는 두 가지 목적을 달성하기 위한 건강 행동을 변화시키는 데 목적을 둔다. 이러한 이슈들에 대한 의학적 관점은 개인의 정신 상태가 신체조건과 매우 밀접하다는 점과 이 둘을 함께 검사하고 처치해야 한다는 점에서 건강심리학과는 구별된다. 의학적 관점은 주로 신체 상태나 질병을 치료하는 데 관심을 두는 경향이 있다.

건강심리학자들은 현대인이 직면하는 다양한 건강위기에 관심을 기울이며, 인지행동치료와 행동수정은 건강심리학자들이 자주 채택하는 기법들이다. 건강심리학의 연구 분야는 일상생활의 스트레스와 생활사건의 변화 및 신체 질병 간의 관계와 대처, 생리심리적인 장애와 비만, 알코올 중독과 금연 그리고 환자 행동과 의료진 관계 등에 이르기까지 다양하다. 직업 건강심리학은 건강심리학과 산업 및 조직심리학의 융합으로부터 비교적 최근에 출현한 새로운 분야로서, 근로자의 건강 관련 문제를 야기하는 작업장의 심리사회적 특성을 확인하는 데 관심을 둔다. 예컨대, 심장혈관 질환과 같은 신체건강 또는 우울증과 같은 정신건강 문제들에 관심을 기울인다. 직업 건강심리학이 연구해 온 작업장의 심리사회적 특징들의 예로 종업원이 행사할 수 있는 의사결정 범위와 감독관의 지속성을 들 수 있다. 직업 건강심리학은 작업 관련 건강 문제를 예방하고 완화할 수 있는 도구를 개발하고 실행하는 데 관심이 있다. 아울러, 직업 건강심리학 연구는 조직의 경제적 성공에 중요한 함의를 제공한다. 비인간적 작업장 환경, 폭력, 일과 가정의 전이, 실업, 그리고 조직축소, 작업장 안전, 사고예방 등도 직업 건강심리학의 연구주제다.

9. 환경심리학

환경심리학(environmental psychology)은 비교적 새로운 분야로 1970년대에 들어 환경심리학과 관련된 다양한 조직들이 등장하기 시작했다. 현재는 미국심리학회(American Psychological Association), 국제응용심리학회(International Association of Applied Psychology), 그리고 물리적 환경에서의 인간 연구협회(Association for the Study of People in their Physical Surroundings) 산하 분과에 속해 있다.

환경심리학은 인간과 환경과의 상호작용을 심리학적으로 연구하는 분야로 환경이 인간의 정서, 인지, 행동에 어떻게 영향을 미치며 또 상호작용하는지에 관심을 갖는다(Bechtel & Churchman, 2002). 처음에 환경심리학의 관심은 물리적 환경이 개인의 심리에 미치는 영향을 규명하는 데 있었다. 정신병동의 물리적 환경이 환자에게 끼치는 영향을 규명한 것이 환경심리학의 최초 연구 중 하나로 간주된다. 그러다가 환경심리학은 물리적 환경에서 관심영역을 확장하였다. 환경심리학자는 물리적 환경뿐만 아니라 자연적, 인공적 환경이 인간행동에 미치는 영향을 이해하기 위해 연구한다. 연구대상인 환경에는 가정, 사무실, 교실, 자연 등 다양한 환경 유형이 포함된다. 비록 환경의 종류는 다르지만 환경심리학에는 공통 주제들이 있다. 예컨대, 소음과 주위 온도는 명백히 어떤 환경에서든 존재하며 환경심리학자들의 논의 주제가 된다. 과밀이나 스트레스 요인도 환경심리학이 관심을 기울이는 환경요인이다. 특별한 환경을 조사할 때 환경심리학은 환경 사용에 있어서 사람들의 목표와 목적이 무엇인지를 살피며 환경이 그러한 사람들의 목표나 목적에 얼마나 잘 맞는지를 결정하려고 한다. 예컨대, 조용한 환경은 시험을 치르는 교실의 학생들에게는 필요한 환경이지만, 놀이공원에 놀러 온 사람들에게는 그렇지 않다. 환경심리학의 개념과 연구들은 공간을 건립하고 재배열함으로써 그 공간이 최대한 의도한 대로 기능할 수 있도록 사용될 수 있다.

환경심리학 역시 다른 응용심리학 분야와 마찬가지로 다양한 심리학 이론과 원리를 필요로 하며 특히 인지심리학, 지각심리학, 학습심리학, 그리고 사회심리학 지식을 요구한다. 환경심리학자는 환경 이슈와 관련된 정부의 다양한 프로젝트에 참여하여 환경 연구와 환경 관련 정책 개발에 기여한다. 시민들을 위한 보다 안전한 환경 조성, 노숙자를 위한 주거환경 조성, 그리고 지역사회 주민들의 공동체 의식을 높이는 환경 조성 등과 같은 도시개발 관련 일에 참여하며 심리학적 요인을 고려한 친환경 건축물이나 도로, 공원의 개발에도 관여한다.

10. 교통심리학

교통심리학(traffic psychology)은 도로 이용자의 행동과 심리학적 과정 간의 관계를 연구하는 비교적 역사가 짧은 심리학의 응용 분야다. 교통심리학은 교통참가자인 운전자와 보행자가 교통사회에서 행하고 있는 교통행동을 연구대상으로 하고 있으며, 교통참가자의 행동양식을 과학적으로 이해하고자 한다. 운전행동의 심리과정에 대한 행동과학적 접근은 운전자가 교통환경에 어떻게 적응하는가, 그리고 그러한 적응행동의 배경요인으로서 개인적, 환경적 요인은 무엇인가를 명확히 하려고 한다. 과거에는 자동차 결함이나 교통시설의 미비가 교통사고의 주요인으로 이해되었지만, 점차 운전자와 보행자의 인간적 오류가 자동차 사고의 직접적인 원인으로 작용하고 있다고 이해되고 있다. 자동차의 안전성 개선이나 안전시설의 설치와 개선만으로는 교통사고를 감소시킬 수 없으며 운전자와 보행자의 행동변화가 이루어져야 교통사고가 감소될 수 있다는 사실도 확인되고 있다.

교통행동은 특수한 교통상황에서 발생하는 특수한 행동양식으로 이해되기도 하지만, 의식주와 더불어 '이동'이 인간생활의 중요한 요소가 되어 버린 현대생활에서는 교통상황에서의 교통행동을 인간행동의 축소판으로 보아도 무방할 것이다. 일반적으로, 교통심리학의 목적은 사고보호 프로그램의 개발과 적용을 돕고, 도로이용자에 대한 교육을 통해 바람직한 행동을 유도함으로써 교통 이동을 개선하기 위해 심리학의 이론과 원리를 적용하는 데 있다. 통상 행동은 교통사고에 관한 연구와 공조를 이루어 진행된다. 하지만 교통심리학에서의 주체는 인간이다. 즉, 교통심리학에서는 운전이란 자동차를 조작하여 목적지까지 가는 행동이 아니라 교통상황이나 물리적, 사회적 교통환경에 자동차를 적응시키기 위해 운전자가 주체적, 선택적으로 상황에 대한 의사결정을 거쳐 목적지까지 이동하는 행동으로 본다. 교통환경에 있어서 산업심리학이나 교통공학에서는 주로 물리적 측면을 강조하지만, 교통심리학에서는 물리적 환경뿐만 아니라 운전자와 물리적 환경의 상호작용으로 형성되는 환경 및 교통참가자 상호 간에 형성해 내는 환경도 고려한다.

교통심리학자들은 운전자의 세 가지 행동 동기를 구분한다. 이성적/계획적 행동, 충동적/정서적 행동, 그리고 습관적 행동이다. 아울러, 시행규칙, 도로 안전 교육 프로그램, 그리고 치료와 재활 프로그램의 개발에도 관여한다. 인지, 감각 운동, 신경심리 등 심리학의 제반 이론과 원리가 광범위하게 적용된다. 도로 이용자의 경험과 행위를 이해하고 규명하기 위해 주의, 기억, 공간인지, 경험 부족, 스트레스, 음주운전, 주의분산, 모호한 자극 처리, 피로, 그리고 운전 중 휴대전화 통화와 같은 다양한 요인들을 연구한다.

11. 스포츠심리학

스포츠심리학(sports psychology)은 심리학 내에서도 비교적 역사가 짧은 영역이다. 1920년에 베를린에 세계 최초의 스포츠심리학 실험실이 설립되었으며, 1980년대에 들어 운동 수행 향상을 위해 심리학이 어떻게 사용될 수 있는지에 초점을 맞추면서 보다 엄격한 과학적 주제를 추구하기 시작했다. 스포츠심리학은 스포츠, 신체활동 그리고 운동 수행에 영향을 미치는 심리적 요인을 이해하여 이를 개인과 팀 수행 향상을 위해 응용하는 분야다. 미국심리학회는, 스포츠심리학은 스포츠, 운동, 그리고 기타 신체활동에 참여하고 수행을 하는 것과 관련된 심리학적 요인에 대한 과학적 연구로 정의한다. 이 정의에 의하면, 스포츠심리학은 운동 수행성에 미치는 심리학적 요인의 영향뿐만 아니라 스포츠 참여가 심리학적 발달과 건강, 그리고 정서적 안녕에 미치는 효과 모두에 관심을 둔다.

스포츠심리학자들은 운동 수행과 동기를 향상하기 위해 전문 운동선수와 코치와 함께 일하기도 하며, 최근 들어서는 운동선수가 아닌 일반 사람들의 삶과 안녕을 향상하기 위해 운동과 스포츠를 이용하기도 한다. 스포츠심리학의 접근은 코치와 운동선수의 관점과는 다르다. 코치는 우승 또는 승리라는 최종 목표에 초점을 맞추는 경향이 있다. 따라서 코치는 오로지 승리로 이끄는 운동선수의 행위에 주로 관심이 있다. 하지만 스포츠심리학은 승리를 하고자 하는 운동선수의 사고과정에 초점을 맞추려고 한다. 코치는 신체훈련에 중점을 두지만 스포츠심리학자는 운동선수를 정신적으로 준비하도록 훈련시킨다. 스포츠심리학은 운동선수의 정서를 관리하고 저조한 수행과 부상으로 인한 심리적 효과를 최소화함으로써 운동성과를 높이는 데 관여한다. 스포츠심리학이 중점적으로 관여하는 부분은 목표 설정, 이완(명상, 호흡조절, 점진적 근육이완), 시각화하기, '나는 잘할 수 있다'와 같은 자기과제(self-task) 인식, 통제, 주의집중, 귀인 훈련 등이다. 학습과정과 운동기술을 향상하도록 돕기, 경쟁 압박감을 극복하기, 최고의 성과를 내기 위해 최적의 의식수준을 유지하기, 관리하기, 운동시합 중에 발생하는 다양한 주의분산을 극복하고 집중상태를 유지하기 등의 기술에 관심을 둔다.

참 / 고 / 문 / 헌

김계현(1998). 상담심리학: 적용영역별 접근(개정증보판). 서울: 학지사.

김교헌(1999). 전인적 건강과 시스템 이론. 사회과학논총, 12, 55-68. 충남대학교 사회과학연구소.

김교헌, 전겸구(1993). 중학생용 생활스트레스와 대처척도의 개발연구 I. 한국심리학회지: 임상, 13(1), 197-217.

김영채(1995). 사고와 문제 해결 심리학. 서울: 박영사.

김영채, 박권생 역(1997). 인지심리학: 이론과 적용(제2판). 서울: 박영사.

김원형, 남승규, 이재창(1999). 산업심리학. 서울: 학지사.

김정호, 김선주(1998). 스트레스의 이해와 관리. 서울: 도서출판 아름다운세상.

김재휘, 박은아, 손영화, 우석봉, 유승엽(2009). 광고심리학. 서울: 커뮤니케이션북스.

남승규(1999). 소비자심리학. 서울: 학지사.

박광배(2004). 법심리학. 서울: 학지사.

박아청(1992). 성격심리학: 성격과 인간이해. 경기: 교육과학사.

박진환(1996). 정신분열증과 세로토닌. 정신분열증(pp. 177-196). 서울: 중앙문화 진수출판사.

방희정(1999). 여성심리학의 과제와 전망. 1999년도 한국심리학회 춘계 심포지엄: 2000년대 심리학의 전망과 과제. 한국심리학회.

신현정(2000). 개념과 범주화. 서울: 아카넷.

이재창(2011). 인적자원관리의 심리학. 서울: 학지사.

이재호(1993). 대명사의 성별단서와 선행어격이 참조해결의 즉각성에 미치는 효과. 인지과학, 4, 51-86.

이정모(2001). 인지심리학: 형성사, 개념적 기초, 조망. 서울: 아카넷.

이정모, 이재호(2000). 대상과 행위의 개념적 표상 차이: 명명과제의 점화효과 비교. 한국심리학회지: 실험 및 인지, 12, 201- 214.

이현수(1994). 임상심리학(제3전정판). 서울: 박영사.

이현수(1997). 건강과학개론. 서울: 중앙대학교출판부.

이훈구 역(1985). 학습심리학. 서울: 탐구당.

전겸구, 김교헌(1991). 대학생용 생활스트레스 척도의 개발: 제어이론적 접근. 한국심리학회지: 임상, 10(1), 137-158.

전양숙(1990). 성역할 특성과 우울과의 관계. 미발간 고려대학교 대학원 석사학위 청구논문.

조맹제(2011). 2011년도 정신질환실태 역학조사 보고서. 보건복지부.

진영선, 곽호완 역(1994). 공학심리학: 시스템 설계와 인간수행. 서울: 성원사.

최해연(2013). 대학생의 스트레스 대처 패턴과 심리적응적 특징. 한국심리학회지: 일반, 32(1), 1-21.

탁진국(2002). 직종에 따른 직무스트레스원과 직무스트레스에서의 차이. 한국심리학회지: 건강, 7(1), 125-142.

통계청(2013). 2011년 사망원인 통계.

한국심리학회(2007). 한국심리학회 요람(제6판). 사단법인 한국심리학회.

한국중독심리학회(2014). 한국중독심리학회 정관. 한국중독심리학회.

한국코칭심리학회(2014). 한국코칭심리학회 정관. 한국코칭심리학회.

한덕웅(2005). 인간의 동기심리. 서울: 박영사.

현성용 외(2008). 현대 심리학 이해. 서울: 학지사.

Adamson, R. E. (1952). Functional fixedness as related to problem solving. *Journal of Experimental Psychology, 44*, 288-291.

Adler, A. (1946). *Understanding human nature*. New York: Greenberg.

Adler, A. (1979). *Superiority and social interest*. New York: Norton & company.

Ahluwalia, I. B., Grummer-Strawn, L., & Scanlon, K. S. (1997). Exposure to environmental tobacco smoke and birth outcome: Increased effects on pregnant women aged 30 years or older. *American Journal of Epidemiology, 146*, 42-47.

Allport, G. (1937). *Personality: A psychological interpretation*. New York: Holt, Rinehart and Winston.

Allport, G. (1961). *Pattern and growth in personality*. New York: Holt, Rinehart and Winston.

American Psychiatric Association (1994). *Diagnostic and statistical manual of mental disorders* (4th ed.). Washington, DC: American Psychiatric Press.

American Psychiatric Association (2000). *Diagnostic and statistical manual of mental disorders* (4th ed., text revision). Washington DC: American Psychiatric Association.

American Psychiatric Association (2013). *Diagnostic and statistical manual of mental disorders* (5th ed.). Arlington, VA: American Psychiatric Publishing.

Anastasi, A., & Schaefer, C. E. (1971). Note on concepts of creativity and intelligence. *Journal of Creative Behavior, 3*, 113-116.

Antrobus, J. (1991). Dreaming: Cognitive process during cortical activation and high afferent thresholds. *Psychological Review, 98*, 96-121.

Antrobus, J. (1993). Dreaming: Could we do without it? In A. Moffitt, M. Kramer, & R. Hoffman (Eds.), *The functions of dreaming*. Albany: State University of New York Press.

Armstrong, D. M. (1980): *The Nature of Mind and Other Essays*. Ithaca, NY: Cornell University Press.

Aronfreed, J. (1976). Moral development from the standpoint of a general psychological theory. In T. Likona (Ed.), *Moral development and behavior*. New York: Holt, Rinehart & Winston.

Asch, S. E. (1946). Forming impressions of personality. *Journal of Abnormal and Social Psychology, 41*, 258-290.

Aschoff, J. (1965). Circadian rhythms in man. *Science, 148*, 1427-1432.

Atchley, R. C. (1971). Disengagement among professors. *Journal of Gerontology, 26*, 476-480.

Atchley, R. C. (1977). *Social forces in later life* (2nd ed.). Belmont, Calif.: Wadsworth.

Baddeley, A. (1990). *Human memory: Theory and practice*. Boston: Allyn & Bacon.

Baddeley, A. (1992). Working memory. *Science, 255*, 556-559.

Baddeley, A. (1999). *Essentials of human memory*. Philadelphia: Psychology Press.

Bagnardi, V., Blangiardo, M., La Vecchia, C., & Corrao, G. (2001). Alcohol consumption and the risk of cancer: A meta-analysis. *Alcohol Research & Health, 25*, 263-270.

Bahrick, H. P., Hall, L. K., & Berger, S. A. (1996). Accuracy and distortion in memory for high school grades. *Psychological Science, 7*, 265-271.

Bandura, A. (1965). Influence of models' reinforcement contingencies on the acquisition of imitative response. *Journal of personality and social psychology, 1*, 589-595.

Bargh, J. (2007). Social psychological approaches to consciousness. In P. D. Zelazo, M. Moscovitch, & E. Thompson (Eds.), *The Cambridge handbook of consciousness* (pp. 555-570). New York: Cambridge University Press.

Bargh, J., & Pietromonoco, P. (1982). Automatic information processing and social perception: The influence of trait information presented outside of conscious awareness on impression formation. *Journal of Personality and Social Psychology, 43*, 437-449.

Bargh, J. A., Chen, M., & Burrows, L. (1996). Automaticity of social behavior: Direct effects of trait construct and stereotype activation on action. *Journal of Personality and Social Psychology, 71*, 230-244.

Barnett, J. E., & Seefeldt, R. W. (1989). Read something once, why read it again? Repetitive reading and recall. *Journal of Reading Behavior, 21*, 351-360.

Barron, F. (1955). The disposition toward originality. *Journal of Abnormal and Social Psychology, 51*, 478-485.

Barsalou, L. W. (1992). *Cognitive psychology*. Hove, UK: LEA.

Baumeister, R. F., Smart, L., & Boden J. M. (1996). Relation of threatened egotism to violence and aggression: The darg side of self-esteem. *Psychological Review, 103*, 5-33.

Baumrind, D. (1967). Child care practices anteceding three patterns of preschool behavior. *Genetic Psychology Monographs, 75*, 43-88.

Baxter, L. R., Schwartz, J. M., Bergman, K. S., Szuba, M. P., Guze, B. H., Mazziotta, J. C., et al. (1992). Caudate glucose metabolic rate changes with both drug and behavior therapy for obsessive-compulsive disorder. *Archives of General Psychiatry, 49*, 681-689.

Bechtel, R. B., & Churchman, A. (Eds.) (2002). *Handbook of Environmental Psychology*. New York: Wiley.

Bellow, D. C., & Etzel, M. J. C. (1985). The role of novelty in the pleasure travel experience. *Journal of Travel Research, Summer*, 20-26.

Bering, J. M., & Bjorklund, D. F. (2007). The serpent's gift: Evolutionary psychology and consciousness. In P. D. Zelazo, M. Moscovitch, & E. Thompson, E. (Eds.), *Cambridge handbook of consciousness* (pp. 595-627). New York: Cambridge University Press.

Berlin, B., & Kay, P. (1969). Basic color terms: *Their universality and evolution*. Berkeley and Los Angeles: University of California Press.

Biederman, I. (1987). Recognition-by-components: A theory of human image understanding. *Psychological Review, 94*, 115-147.

Biener, L., & Siegel, M. (2000). Tobacco marketing and adolescent smoking: More support for a causal inference. *American Journal of Public Health, 90*, 407-411.

Blagrove, M. (1992). Dreams as a reflection of our waking concerns and abilities: A critique of the problem-solving paradigm in dream research. *Dreaming, 2*, 205-220.

Blagrove, M. (1996). Problems with the cognitive psychological modeling of dreaming. *Journal of Mind and Behavior, 17*, 99-134.

Blaney, P. H. (1986). Affect and memory: A review. *Psychological Bulletin, 99*, 229-246.

Bloom, B. S. (1964). *Stability and change in human characteristics*. New York: Wiley.

Bloom, L. C., & Mudd, S. A. (1991). Depth of processing approach to face recognition: A test of two theories. *Journal of Experimental Psychology: Learning, Memory, and Cognition, 17*, 556-565.

Bluedorn, A. C. (2002). *The human organization of time: Temporal realities and experience*. Stanford, CA: Stanford University Press.

Bond, R. (2005). Group size and conformity. *Group Processes & Intergroup Relations, 8*, 331-354.

Bottos, S., & Dewey, D. (2004). Perfectionists' appraisal of daily hassles and chronic headache. *Headache: The Journal of Head and Face Pain, 44*, 772-779.

Bower, G. H. (1981). Mood and memory. *American Psychologist, 36*, 129-148.

Bowerman, M., & Choi, S. (2001). Shaping meanings for language: Universal and language-specific in the acquisition of spatial semantic categories. In M. Bowerman & S. C. Levinson (Eds.), *Language acquisition and conceptual development* (pp. 475-511). Cambridge: Cambridge University Press.

Bowlby, J. (1969). *Attachment and loss, Vol. 1*. New York: Basic Books.

Boyle, S. H., Michalek, J. E., & Suarez, E. C. (2006). Covariation of psychological attributes and incident coronary heart disease in U.S. Air Force veterans of the Vietnam War. *Psychosomatic Medicine, 68*, 844-850.

Bransford, J. D., & Stein, B. S. (1984). *The IDEAL problem solver*. San Francisco, CA: Freeman.

Brewer, W. F. (1999). Scientific theories and naive theories as forms of mental representation: Psychologism revived. *Science and Education, 8*, 489-505.

Brewer, W. F., & Treyens, J. C. (1981). Role of schemata in memory for place. *Cognitive Psychology, 13*, 207-230.

Brewin, C., Reynolds, M., & Tata, P. (1999). Autobiographical memory processes and the course of depression. *Journal of Abnormal Psychology, 108*, 311-317.

Brody, N. (Ed.) (1987). Special issue on the unconscious. *Personality and Psychology Bulletin, 13*, 293-429.

Brown, A. E. (1936). Dreams in which the dreamer knows he is asleep. *Journal of Abnormal Psychology, 31*, 59-66.

Brown, A. S. (1991a). A review of the tip-of-the-tongue experience. *Psychological Bulletin, 109*, 204-223.

Brown, J. D. (1991). Staying fit and staying well: Physical fitness as a moderator of life stress. *Journal of Personality and Social Psychology, 60*, 555-561.

Bruner, J. S., Goodnow, J. J., & Austin, G. A. (1988). Categorization. In S. K. Reed (Ed.), *Cognition: Theory and applications* (2nd ed., pp. 152-174). Brooks/Cole Publishing Company.

Businck, R., & Kuiken, D. (1996). Identifying Types of Impactful Dreams: A Replication. *Dreaming, 6*, 97-120.

Buss, A. H., & Plomin, R. (1975). *A temperament theory of personality development*. New York: Wiley.

Calhoun, J. B. (1956). A comparative study of the social behavior of two inbred strains of house mice. *Ecologocal Monogram, 26*, 81.

Calhoun, J. B. (1962, February). Population density and social pathology. *Scientific American, 206*, 139-148.

Campbell, D. T. (1960). Blind variation and selective retention in creative thought as in other knowledge processes. *Psychological Review, 67*, 380-400.

Cannon, W. (1932). *The wisdom of the body*. New York: Norton.

Carney, P. R., Berry, R. B., & Geyer, J. D. (2004). *Clinical sleep disorders*. Philadelphia: Lippincott Williams & Wilkins.

Carroll, J. B. (2005). The three-stratum theory of cognitive skills. In D. P. Flanagan & P. L. Harrison (Eds.), *Contemporary intellectual assessment: Theories, tests, and issues* (2nd ed.). New York: Guilford Press.

Carskadon, M. A., Mitler, M. M., & Dement, W. C. (1974). A comparison of insomniacs and normals: Total sleep time and sleep latency. *Sleep Research, 3*, 130.

Cartwright, R. (1996). Dreams and adaptation to divorce. In D. Barrett (Ed.), *Trauma and dreams.* Cambridge, MA: Harvard University Press.

Cartwright, R. D. (1974). The influence of a conscious wish on dream. A methodological study of dream meaning and function. *Journal of Abnormal Psychology, 83,* 387-393.

Cattell, R. B. (1950). *Personality: A systematic theoretical and factual study.* New York: McGraw-Hill.

Cattell, R. B. (1965). *The scientific analysis of personality.* Baltimore, MD: Penguin.

Centers for Disease Control and Prevention (CDC). (1993). Cigarette smoking-attributable mortality and years of potential life lost-United States, 1990. *Morbidity and Mortality Weekly Report, 42*, 645-649.

Centers for Disease Control and Prevention (CDC). (1994). Reasons for tobacco use and symptoms of nicotine withdrawal among adolescent and young adult tobacco users-United States, 1993. *Morbidity and Mortality Weekly Report, 43*, 745-750.

Chandler, C. C. (1991). How memory for an event is influenced by related events: Interference in modified recognition tests. *Journal of Experimental Psychology: Learning, Memory, and Cognition, 17*, 115-125.

Chauduri, H. (1965). *Philosophy of meditation.* New York: Philosophical Library.

Chomsky, N. (1959). Review of verbal behavior by B. F. Skinner. *Language, 35*, 26-58.

Cohen, D. B., & Wolfe, G. (1973). Dream recall and repression: Evidence for an alternative hypothesis. *Journal of Consulting and Clinical Psychology, 41*, 349-355.

Cohen, S., & Edwards, J. R. (1989). Personality characteristics as moderators of the relationship between stress and disorder. In R. W. Neufeld (Ed.), *Advances in the investigation of psychological stress* (pp. 235-283). New York: John Wiley.

Cohen, S., & Wills, T. A. (1985). Stress, social support, and the buffering hypothesis. *Psychological Bulletin, 98*, 310-357.

Cooper, C. L., & Cartwright, S. (2001). A strategic approach to organizational stress management. In P. A. Hancock, & P. A. Desmond (Eds.), *Stress, workload, and fatigue. Human factors in transportation* (pp. 235-248). Mahwah, NJ: Erlbaum.

Crick, F., & Mitchinson, G. (1983) The function of dream sleep. *Nature, 304,* 111-114.

Csikszentmihalyi, M. (1997). *Finding flow.* New York: Basic Book.

Csikszentmihalyi, M. (1999). Implications of a systems perspectives for the study of creativity. In R. J. Sternberg (Ed.), *Handbook of creativity*. Cambridge: Cambridge University Press.

Cumming, E., & Henry, W. E. (1961). *Growing old: The process of disengagement*. New York: Basic Books.

Curtis, A. B., James, S. A., Strogatz, D. S., Raghunathan, T. E., & Harlow, S. (1997). Alcohol consumption and changes in blood pressure among African Americans: The Pitt County Study. *American Journal of Epidemiology, 146*, 727-733.

Czeisler, C. A., Duffy, J. F., Shanahan, T. L., Brown, E. N., Mitchell, J. F., Rimmer, D. W., Ronda, J. M., Silva, E. J., Allan, J. S., Emens J. S., Dijk, D. J., & Kronauer, R. E. (1999). Stability, precision, and near-24-hour period of the human circadian pacemaker. *Science, 284*, 2177-2181.

Darley, J. M., & Gross, P. H. (1983). A hypothesis-conforming bias in labeling effects. *Journal of Personality and Social Psychology, 44*, 20-33.

Davidson, R. J., Kabat-Zinn, J., Schumacher, J., Rosenkranz, M., Muller, D., Santorelli, S. F., Urbanowski, F., Harrington, A., Bonus, K., & Sheridan, J. F. (2003). Alterations in brain and immune function produced by mindfulness meditation. *Psychosomatic Medicine, 65*, 564-570.

Deaux, K. (1982). *Sex as a social category: Evidence for gender stereotypes*. Paper presented at the Annual Convention of the American Psychological Association, Washington, DC.

Deaux, K., & Lafrance, M. (1998). Gender. In D. Gilbert, S. Fiske, & G. Lindzey (Eds.), *Handbook of Social Psychology* (4th, ed., Vol. 1 pp. 788-829). New York: McGraw-Hill.

Deikman, A. J. (1963). Experimental meditation. *Journal of Nervous and Mental Disease, 136*, 329-373.

Dement, W. C., & Wolpert, E. (1958). The relation of eye movements, bodily mobility, and external stimuli to dream content. *Journal of Experimental Psychology, 55*, 543-553.

Department of Health and Human Services (USDHHS). (1998). *Health, United States*, 1998 (DHHS publication No. PHS 98-1232). Washington, D.C.: U.S. Government Printing Office.

Dew, M. A., Hoch, C. C., Buysse, D. J., Monk, T. H., Begley, A. E., Houck, P. R., Hall, M., Kupfer, D. J., & Reynolds, C. F. III (2003). Healthy older adults' sleep predicts all-cause mortality at 4 to 19 years of follow-up. *Psychosomatic Medicine, 65*, 63-73.

Diekelmann, S., & Born, J. (2010). The memory function of sleep. *Nature Reviews Neuroscience, 11*, 114-126.

Domhoff, G. W. (1985). *The mystique of dreams.* Berkeley: University of California Press.

Domhoff, G. W. (1996). *Finding meaning in dreams: A quantitative approach.* New York: Plenum.

Domhoff, G. W. (2005). Refocusing the neurocognitive approach to dreams: A critique of the Hobson versus Solms debate. *Dreaming, 15*, 3-20.

Domhoff, G. W. (2011). The neural substrate for dreaming: Is it a subsystem of the default network? *Consciousness and Cognition, 20*, 1163-1174.

Duncker, K. (1945). On Problem-solving (L. E. Lees, trans.). *Psychological Monographs*, 58 (5, Whole No. 270). Ch. VII.

Edgar, D. M., & Dement, W. C. (1992). Evidence for opponent processes in sleep/wake regulation. *Sleep Research, 20A*, 2.

Eggert, J., Theobald, H., & Engfeldt, P. (2004). Effects of alcohol consumption on female fertility during an 18-year period. *Fertility and Sterility, 81*, 379-383.

Eich, E. (1995). Mood as a mediator of place dependent memory. *Journal of Experimental Psychology: General, 124*, 293-308.

Elliott, J. M. (1964). Measuring creative abilities in public relations and advertising work. In C. W. Taylor (Ed.), *Widening horizons in creativity.* New York: Wiley.

Ellis, H. C. (1973). Stimulus encoding processes in human learning and memory. In G. H. Bower (Ed.), *The psychology of learning and motivation* (Vol. 7). N.Y.: Academic Press.

Ellman, S. J., Spielman, A., Luck, S., Steiner, S., & Halperin, R. (1991). REM deprivation: A review. In S. J. Ellman & J. S. Atrobus (Eds.), *The mind in sleep: Psychology and psychophysiology* (2nd ed., pp. 329-376). New York: John Wiley.

Endler, N. S., & Parker, J. D. A. (1990). The multidimensional assessment of coping: A critical evaluation. *Journal of Personality and Social Psychology, 58*, 844-854.

Engel, G. L. (1977). The need for a new medical model: A challenge for biomedicine.

Science, 196, 129-136.

Evans, G. W., Hygge, S., & Bullinger, M. (1995). Chronic noise and psychological stress. *Psychological Science, 6,* 333-338.

Eysenck, H. J. (1970). *The structur of human personality* (3rd ed.). London: Methuen.

Fantz, R. L. (1961). The origin of form perception. *Scientific American, May,* 450-463.

Farthing, G. W. (1992) *The psychology of consciousness.* Englewood Cliffs, NJ: Prentice Hall.

Fauvel, J. P., Quelin, P., Ducher, M., Rakotomalala, H., & Laville, M. (2001). Perceived job stress but not individual cardiovascular reactivity to stress is related to higher blood pressure at work. *Hypertension, 38*(1), 71-75.

Festinger, L. (1957). *A theory of cognitive dissonance.* Stanford, CA: Stanford University Press.

Festinger, L., & Carlsmith, J. M. (1959). Cognitive consequences of forced-compliance. *Journal of Abnormal and Social Psychology, 58,* 203-210.

Fishbein, M., & Ajzen, I. (1975). *Belief, attitude, intention and behavior.* Reading, MA: Addison-Wesley.

Fisher, S., & Greenberg, R. (1996) *Freud scientifically appraised.* New York: Wiley.

Folkman, S. (1984). Personal control and stress and coping processes: A theoretical analysis. *Journal of Personality and Social Psychology, 46,* 839-852.

Folkman, S., & Lazarus, R. S. (1980). An analysis of coping in a middle-aged community sample. *Journal of Health and Social Behavior, 21,* 219-239.

Folkman, S., & Moskowitz, J. T. (2004). Coping: Pitfalls and promise. *Annual Review of Psychology, 55,* 765-774.

Foos, P. W., & Clark, M. C. (1983). Learning from text: Effect of input order and expected test. *Human Learning, 2,* 177-183.

Forster, K. I. (1979). Levels of processing and the structure of the language processor. In W. E. Cooper & E. C. T. Walker (Eds.), *Sentence processing: Psycholinguistic studies presented to Merrill Garrett.* Hillsdale, NJ: Erlbaum.

Forsythe, C. J., & Compas, B. E. (1987). Interaction of cognitive appraisals of stressful events and coping: Testing the goodness of fit hypothesis. *Cognitive Therapy and Research, 11,* 473-479.

Foulkes, D. (1985). *Dreaming: A cognitive-psychological analysis.* Hillsdale, NJ: Erlbaum.

Foulkes, D. (1993). Data contraints on theorizing about dream function. In A. Moffitt, M. Kramer, & R. Hoffman (Eds.), *The functions of dreaming.* Albany: State University of New York Press.

Foulkes, W. D. (1962). Dream reports from different stages of sleep. *Journal of Abnormal and Social Psychology 65*, 14-25.

French, S. A., Perry, C. L., Leon, G. R., & Fulkerson, J. A. (1994). Weight concerns, dieting behavior and smoking initiation among adolescents: A prospective study. *American Journal of Public Health, 84*, 1818-1820.

Freud, S. (1933/1965). Revision of the theory of dreams. In J. Strachey (Ed. and Trans.), *New introductory lectures on psychoanalysis* (Vol. 22, Lect. 29). New York: Norton.

Freud, S. (1949). *An outline of psychoanalysis.* New York: Norton. (Translated by J. Strachey: originally published, 1940)

Fridlund, A. J. (1994). *Human facial expression: An evolutionary view.* San Diego: Academic Press.

Friedman, M., & Rosenman, R. (1959). Association of specific overt behavior pattern with blood and cardiovascular findings. *Journal of the American Method Association, 169*, 1286-1296.

Galanter, E. (1962). Contemporary psychophysics. In R. Brown, E. Galanter, E. Hess, & G. Maroler (Eds.), *New directions in psychology.* New York: Holt.

Gallup, G. G., Jr. (1997). On the rise and fall of self-conception in primates. *Annals of the New York Academy of Sciences, 818*, 73-84.

Ganster, D. C., & Schaubroek, J. (1995). The moderating effects of self-esteem on the work stress-employee health relationship. In R. Crandall, & P. L. Perrewe (Eds.), *Occupational stress: A handbook* (pp. 167-177). London: Taylor & Francis.

Gibson, J. J. (1979). *The ecological approach to visual perception.* Boston: Houghton Mifflin.

Gitlin, M., Nuechterlein, K., Subotnik, K. L., Ventura, J., Mintz, J., Fogelson, D. L., Bartzokis, G., & Aravagiri, M. (2001). Clinical outcome following neuroleptic discontinuation in patients with remitted recent-onset schizophrenia. *American Journal of Psychiatry, 158,* 1835-1842.

Glover, J. A., Ronning, R. R., & Reynolds, C. R. (Eds.) (1989). *Handbook of creativity.* New York: Plenum.

Godden, D. R., & Baddeley, A. D. (1975). Context-dependent memory in two natural environments: On land and underwater. *British Journal of Psychology, 66*, 325-332.

Goldberg, L. R. (1990). An alternative "description of personality": The Big-Five factor structure. *Journal of Personality and Social Psychology, 59*, 1216-1229.

Goldsmith, C. (2004). Fetal alcohol syndrome: A preventable tragedy. *Access, 18*(5), 34-38.

Grant, H. M., Bredahl, L. C., Clay, J., Ferrie, J., Groves, J. E., McDorman, T. A., & Dark, V. J. (1998). Context-dependent memory for meaningful material: Information for students. *Applied Cognitive Psychology, 12*, 617-623.

Greenberg, J. H. (1963). Some universals of grammar with particular reference to the order of meaningful elements. In J. H. Greenberg (Ed.), *Universals of language*, 58-90. Cambridge, Mass.: MIT Press.

Greeno, J. G. (1978). Natures of problem solving abilities. In W. K. Estes (Ed.), *Handbook of learning and cognitive processes* (Vol. 5). Hillsdale, NJ: Erlbaum.

Greenwald, A. G., Spangenberg, E. R., Pratkanis, A. R., & Eskenazi, J. (1991). Double-blind tests of subliminal self-help audiotapes. *Psychological Science, 2*, 119-122.

Guerin, P. J., & Chabot, D. R. (1997). Development of Family Systems Theory. In P. Wachetel & S. Messer (Eds.). *Theories of Psychotherapy: Origins and Evolution* (pp. 181-226). Washington DC: American Psychological Association.

Guilford, J. P. (1950). Creativity. *American Psychologist, 5*, 444-454.

Hafen, B. Q., Karren, K. J., Frandsen, K. J., & Smith, N. L. (1996). *Mind/body health: The effects of attitudes, emotions, and relationships.* Boston: Allyn and Bacon.

Hall, C. S. (1953). A cognitive theory of dreams. *Journal of General Psychology, 48*, 169-186.

Harley, T. A. (2001). *The psychology of language: From data to theory* (2nd ed.). UK: Psychology Press.

Harnadek, A. (1976). *Critical Thinking Book 1.* CA: Midwest Publications.

Harris, R. J., & Monaco, G. E. (1978). Psychology of pragmatic implication: Information processing between the lines. *Journal of Experimental Psychology: General, 107*, 1-22.

Heider, F. (1958). *The psychology of interpersonal relations.* New York: John Wiley.

Heine, M. K., Ober, B. A., & Shenaut, G. K. (1999). Naturally occurring and experimentally induced tip-of-the-tongue experiences in three adult age groups. *Psychology and Aging, 14*, 445-457.

Heston, L. L. (1966). Psychiatric disorders in foster home reared children of schizophrenic mothers. *British Journal of Psychiatry, 112*, 189-225.

Hewstone, M., Rubin, M., & Willis, H. (2002). Intergroup bias. *Annual Review of Psychology, 53*, 575-604.

Hobfoll, S. E., & Vaux, A. (1993). Social support: Resources and context. In L. Goldberger & S. Breznutz (Eds.), *Handbook of stress: Theoretical and clinical aspects* (2nd ed.), 685-705. New York: Free Press.

Hobson, J. A. (1988). *The dreaming brain*. New York: Basic Books.

Holmes, D. S. (1984). Meditation and somatic arousal reduction: A review of the experimental evidence. *American Psychologist, 39,* 1-10.

Holmes, T. H., & Rahe, R. H. (1967). The Social Readjustment Rating Scale. *Journal of Psychosomatic Research, 11,* 213-218.

Horner, K. R. (1996). Locus of control, neuroticism, and stressors: Combined influences on reported physical illness. *Personality and Individual Differences, 21*, 195-204.

House, J. S. (1981). *Work stress and social support*. Reding, MA: Addison-Wesley.

Howard, G., Wagenknecht, L. E., Burk, G. L., Diez-Roux, A., Evans, G. W., McGovern, P., et al. (1998). Cigarette smoking and progression of atherosclerosis: The Atherosclerosis Risk in Communities (ARIC) Study. *Journal of the American Medical Society, 279*, 119-124.

Iacono, W. G., & Lykken, D. T. (1997). The validity of the lie detector. Two survey of scientific opinion. *Journal of Applied Psychology, 82*, 426-433.

Intraub, H., Bender, R. S., & Mangels, J. A. (1992). Looking at pictures but imaging scenes. *Journal of Experimental Psychology: Learning, Memory, and Cognition, 18*, 180-191.

Janis, I. L. (1982). *Groupthink: Psychological studies of policy decisions and fiascos* (2nd ed.). Boston: Houghton Mifflin.

John, E. M., Savitz, D. A., & Sandler, D. P. (1991). Prenatal exposure to parents' smoking and childhood cancer. *American Journal of Epidemiology, 133*, 123-132.

John, O. P. (1990). The "Big Five" factor taxonomy: Dimensions of personality in the natural language and in questionnaires. In L. A. Pervin (Ed.), *Handbook of per-*

sonality: Theory and research (pp. 66-100). New York: Guilford Press.

Jung, C. G. (1961). *Memories, dreams, and reflections.* New York: Vintage Books.

Just, M. A., & Carpenter, P. A. (1987). *The psychology of reading and language comprehension.* Boston: Allyn and Bacon, Inc.

Kabat-Zinn, J. (1993). Mindfulness meditation: Health benefits of an ancient Buddhist practice. In D. Goleman & J. Gurin (Eds.), *Mind/Body Medicine* (pp. 259-275). Yonkers, NY: Consumer Reports Books.

Kahn, R. L., & Byosiere, P. B. (1992). Stress in organizations. In M. D. Dunnette & L. M. Hough (Eds.), *Handbook of industrial and organizational psychology* (Vol. 3, pp. 571-650). Palo Alto, CA: Consulting Psychologists Press.

Kahneman, D., & Tversky, A. (1972). Subjective probability: A judgement of representiveness. *Cognitive Psychology, 3*, 430-454.

Kaplan, A. (1964). *The conduct of inquiry: Methodology for behavioral science.* San Francisco, CA: Chandler.

Kaplan, H. I., Sadock, B. J., & Grebb, J. A. (1994). *Synopsis of Psychiatry* (7th ed.). Baltimore: Williams & Wilkins.

Karau, S. J., & Williams, K. D. (1993). Social loafing: A meta-analytic review and theoretical integration. *Journal of Personality and Social Psychology, 65*, 681-706.

Kassin, S. (2001). *Psychology* (3rd ed.). New Jersey: Prentice-Hall.

Kelley, H. H. (1973). The process of causal attribution. *American Psychologist, 28*, 107-128.

Kenealy, P. M. (1997). Mood-state-dependent retrieval: The effects of induced mood on memory reconsidered. *Quarterly Journal of Experimental Psychology: Human Experimental Psychology, 50*, 290-317.

Kerlinger, F. (1973). *Foundations of behavioral research.* Orlando, FL: Harcourt Brace & Company.

Kihlstrom, J. F. (2007). Consciousness in hypnosis. In P. D. Zelazo, M. Moscovitch, & E. Thompson (Eds.), *The Cambridge handbook of consciousness* (pp. 445-479). New York: Cambridge University Press.

Kimble, G. A. (1961). Conditioning as a function of the time between conditioned and unconditioned stimuli. *Journal of Experimental Psychology, 37,* 1-15.

Kleemeier, R. W. (1962). Intellectual change in the senior. *Proceedings of the Social*

Statistics Selection of the American Statistical Association, 1, 290-295.

Kobasa, S. C. (1979). Stressful life events, personality, and health: An inquiry into hardiness. *Journal of Personality and Social Psychology, 37*, 1-11.

Kobasa, S. C., Maddi, S. R., & Kahn, S. (1982). Hardiness and health: A prospective study. *Journal of Personality and Social Psychology, 42*, 168-177.

Koestler, A. (1964). *The act of creation.* New York: Macmillan.

Kohlberg, L. (1969). Stages and sequence: The cognitive-developmental approach to socialization. In A. A. Goslin (Ed.), *Handbook of socialization theory and research.* Skokie, II: Rand McNally.

Köhler, E., Keysers, C., Umilta M. A., Fogassi, L., Gallese, V., & Rizzolatti, G. (2002). Hearing sounds, understanding actions: Action represen-tation in mirror neurons. *Science, 297*, 846-848.

Krantz, D. S., Sheps, D. S., Carney, R. M., & Natelson, B. H. (2000). Effects of mental stress in patients with coronary artery disease: Evidence and clinical implications. *Journal of the American Medical Association, 283*, 1800-1802.

Krigan, Z., & Baron, R. S. (2007). Group polarigation and choice-dilemmas: How important is self-categorigation? *European Journal of Social Psychology, 37*(1), 191-201.

Kübler-Ross, E. (1969). *On death and dying.* New York: Macmillan.

Kubovy, M. (1999). Gestalt Psychology. In R. A. Wilson & F. C. Keil (Eds.), *The MIT Encyclopedia of the Cognitive Science* (pp. 346-349). Massachusetts Institute of Technology.

Kuiken, D., & Sikora, S. (1993). The impact of dreams on waking thoughts and feeling. In A. Moffitt, M. Kramer, and Hoffman, R. (Eds.), *The Functions of Dreaming* (pp. 419-476). New York: State University of New York Press.

Kunda, Z. (1999). *Social cognition: Marking sense of people.* Cambridge, Mass.: MIT Press.

LaBerge, S. (2007). Lucid dreaming. In D. Barrett & P. McNamara (Eds.), *The new science of dreaming, Vol. 2: Content, recall, and personality correlates* (pp. 307-328). Westport, CT: Praeger Perspectives.

LaBerge, S., & Levitan, L. (1995). Validity established of dreamlight cues for eliciting lucid dreaming. *Dreaming, 5*, 159-168.

Landrine, H., & Klonoff, E. A. (1996). The Schedule of Racist Events: A Measure of Racial Discrimination and a Study of its Negative Physical and Mental Health Consequences. *Journal of Black Psychology, 22*, 144-146.

Larsson, M. L., Frisk, M., Hallstrom, J., Kiviloog, J., & Lundback, B. (2001). Environmental tobacco smoke exposure during childhood is associated with increased prevalence of asthma in adults. *Chest, 120*, 711-717.

Lazarus, R. S., & Folkman, S. (1984). *Stress, appraisal, and coping.* New York: Springer.

Lentz, M. J., Landis, C. A., Rothermel, J., & Shaver, J. L. (1999). Effects of selective slow wave sleep disruption on musculoskeletal pain and fatigue in middle aged women. *Journal of Rheumatology, 26*, 1586-1592.

Levenson, R. W. (1992). Autonomic nervous system differences among emotions. *Psychological Science, 3*, 23-27.

Levin, R., & Nielsen, T. A. (2007). Disturbed dreaming, posttraumatic stress disorder, and affect distress: A review and neurocognitive model. *Psychological Bulletin, 133*, 482-528.

Levy, L., & Rowitz, L. (1984). Mapping out schizophrenia. *Human Behavior, 3*, 9-40.

Lichtenstein. S., Slovic, P., Fischhoff, B., Layman, M., & Combs, B. (1978). Judged freqeuncy of lethal events. *Journal of Experimental Psychology: Human Learn-ing and Memory, 4*, 551-578.

Lidz, T., Fleck, S., & Cornalison, A. R. (1965). *Schizophrenia and the family.* New York: International University Press.

Liu, L., & Ancoli-Israel, S. (2006). Insomnia in the older adult. *Sleep Medicine Clinics, 1*, 409-421.

Lockart, R. S., & Craik, F. I. M. (1990). Level of processing: A retrospective commentary on a framework for memory research. *Canadian Journal of Psychology, 44*, 87-122.

Loftus, E. F., Donders, K., Hoffman, H. G., & Schooler, J. W. (1989). Creating new memories that are quickly accessed and confidently held. *Memory and Cognition, 17*, 607-616.

Loomis, A. L., Harvey, E. N., & Hobart, G. A. (1937). Cerebral states during sleep as studied by human potentials. *Journal of Experimental Psychology, 21*, 127-144.

Luszki, M., & Luszki, W. (1985). Advantages of growing older. *Journal of the American Geriatric Society, 33*, 216-217.

Lynn, L. (1996). *Managing information overload.* New York: Amacom.

Maas, J. B. (1998). *Power sleep: The revolutionary program that prepares your mind for peak performance.* New York: Harper Collins.

Maddi, F. A., & Kobasa, S. C. (1984). *The hardy executive: Health under stress.* Homewood, IL: Dow Jones-Irwin.

Maquet, P. (2000). Functional neuroimaging of normal human sleep by positron emission tomography. *Journal of Sleep Research, 9,* 207-231.

Markman, A. B. (1999). *Knowledge representation.* Marhar, NJ: Erlbaum Associates.

Matthies, E., Hoeger, R., & Guski, R. (2000). Living on polluted soil: Determinants of stress symptoms. *Environment and Behavior, 32,* 270-286.

Mayer, R. E. (1983). *Thinking, problem solving, cognition.* New Yok: Freeman.

McClelland, D. C., & Atkinson, J. W. (1948). The projective expression of needs: I. The effects of different intensities of the hunger drive on perception. *Journal of Psychology, 25,* 1-4.

McKinnon, D. W. (1962). The personality correlates of creativity: A study of American architects. In proceedings of the 14th congress of applied psychology. Vol. 2, Excerpts reprinted in P. E. Vernon (Ed.), *Creativity.* Hamondsworth: Penguin Books (1970).

Medin, D. L., Lynch, E. B., & Solomon, K. O. (2000). Are there kinds of concepts? *Annual Review of Psychology. 51,* 121-147.

Medvec, V. H., Madey, S. F., & Gilovich, T. (1995). When less is more: Counterfactual thinking and satisfaction among Olympic medalists. *Journal of Personality and Social Psychology, 69,* 603-610.

Mesquita, B., & Frijda, N. H. (1992). Cultural variations in emotions: A review. *Psychological Bulletin, 112,* 179-204.

Metcalfe, J. (1986). Premonitions of insight predict impending error. *Journal of Experimental Psychology: Learning, Memory, and Cognition, 12,* 623-634.

Milgram, S. (1974). *Obedience to authority: An experimental view.* New York: Harper & Row.

Miller, G. A., & McNeill, D. (1969). Psycholinguistics. In G. Lindsey & E. Aronson (Eds.), *The Handbook of Social Psychology* (Volume 3). Mass: Addison-Wesley.

Miller, K. A. (2004). *Surviving information overload: The clear, practical guide to help you stay on top of what you need to know*. Grand Rapids, Mich.: Zondervan.

Miller, L. C. (1990). Intimacy and liking: Mutual influence and the role of unique relationships. *Journal of Personality and Social Psychology, 59,* 50-60.

Miller, N. E. (1969). Learning of visceral and glandular responses. *Science, 163,* 434-445.

Morris, C. G. (1985). *Psychology: An Introduction* (5th ed.). Englewood Cliffs, NJ: Prentice Hall, Inc.

Muchinsky, P. M. (1993). *Psychology applied to work* (4th ed.). Brooks/Cole Publishing Company.

Murray, H. A. (1938). *Explorations in personality.* New York: Oxford University Press.

Neulinger, J. (1980). *To leisure: An introduction.* Boston: Allyn & Bacon.

Nielsen, T. A., & Stenstrom, P. (2005). What are the memory sources of dreaming? *Nature, 437*, 1286-1289.

Nivision, M. E., & Endresen, T. M. (1993). An analysis of relationships among environmental noise, annoyance and sensitivity to noise, and the consequences for health and sleep. *Journal of Behavioral Medicine, 16,* 257-276.

Norman, W. T. (1963). Toward an adequate taxonomy of personality attributes: Replicated factor structure in peer nomination personality ratings. *Journal of Abnormal and Social Psychology, 66*, 574-583.

Orford, J., Krishnan, M., Balaam, M., Everitt, M., & van der Graaf, K. (2004). University student drinking: The role of motivational and social factors. *Drugs: Education, Prevention and Policy, 11,* 407-421.

Osborn, A. (1957). *Applied imagination.* New York: Charles Scribneis Sons.

Parrino, L., Milioli, G., De Paolis, F., Grassi, A., & Terzano, M. G. (2009). Paradoxical insomnia: The role of CAP and arousals in sleep misperception. *Sleep Medicine, 10*, 1139-1145.

Paulus, P. B., McCain, G., & Cox, V. C. (1978). Death rates, psychiatric commitments, blood pressure, and perceived crowding as a function of institutional crowding. *Environmental Psychology and Nonverbal Behavior, 3,* 107-116.

Pavlov, I. P. (1927). *Conditioned reflexes.* Oxford, England: Oxford University Press.

Peele, S. (2002, August 1). Harm reduction in clinical practice. *Counselor: The Magazine for Addiction Professionals,* 28-32.

Pettigrew, T. F., & Meertens, R. W. (1995). Subtle and blatant prejudice in western europe. *European Journal of Social Psychology, 25*, 57-76.

Petty, R. E., & Cacioppo, J. T. (1986). The Elaboration Likelihood Model of Persuasion. In L. Berkowitz (Ed.), *Advances in experimental social psychology, 19*, 123-205. New York: Academic Press.

Pierce, J. P., Distefan, J. M., Kaplan, R. M., & Gilpin, E. A. (2005). The role of curiosity in smoking initiation. *Addictive Behaviors, 30*, 685-696.

Pinker, S. (1994). *The language instinct: How the mind creates language*. N.Y.: Morrow.

Plomin, R., DeFries, J. C., & Fulker, D. W. (2007). *Nature and nurture during infancy and early childhood*. New York: Cambridge University Press.

Plutchik, R. (1984). Emotions: A general psychoevolutionary theory. In K. R. Scherer & P. Ekman (Eds.), *Approaches to emotion* (pp. 197-219). Hillsdale, New Jersey: Lawrence Erlbaum Associates.

Postmes, T., & Spears, R. (1998). Deindividuation and antinormative behavior: A meta analysis. *Psychological Bulletin, 123*, 238-259.

Premack, D. (1959). Toward empirical behavioral laws: Positive reinforcement. *Psychological Review, 66*, 219-233.

Premack, D. (1965). Reinforcement theory. In D. Levine (Ed.), *Nebraska Symposium on Motivation* (Vol. 13). Lincoln: University of Nebraska Press.

Ptacek, J. T., Smith, R. E., & Zanas, J. (1992). Gender, appraisal, and coping: A longitudinal analysis. *Journal of Personality, 60*, 747-770.

Quick, J. C., Quick, J. D., Nelson, D. L., & Hurrel, J. J. (1997). *Preventative stress management in organizations*. Washington, DC: American Psychological Association.

Quinn, J. F., Bodenhamer-Davis, E., & Koch, D. S. (2004). Ideology and the stagnation of AODA treatment modalities in America. *Deviant Behavior, 25*, 109-131.

Rachlin, H. (1976). *Introduction to modern behaviorism*. San Francisco: Freeman.

Rapoport, R., & Rapoport, R. (1975). *Leisure and the family life cycle*. Boston: Routledge and Kegan Paul.

Reed, S. K. (1988). *Cognition: Theory and applications*. Brooks/Cole.

Reitman, W. R. (1965). *Cognition and thought*. New York: John Wiley and sons.

Rimm, E. B., Williams, P., Fosher, K., Criqui, M., & Stampfer, M. J. (1999). Moderate alcohol intake and lower risk of coronary heart disease: Meta-analysis of effects on lipids and haemostatic factors. *British Medical Journal, 319*, 1523-1528.

Rips, L. J. (1999). Deductive reasoning. In R. A. Wilson, & F. C. Keil (Eds.), *The MIT Encyclopedia of the Cognitive Science* (pp. 346-349). Massachusetts Institute of Technology.

Roese, N. J. (1997). Counterfactual thinking. *Psychological Bulletin, 121*, 133-148.

Roffwarg, H. P., Herman, J. H., Bower-Anders, C., & Tauber, E. S. (1978). The effects of sustained alterations of waking visual input on dream content. In A. M. Arkin, J. S. Antrobus, & S. J. Ellman (Eds.), *The mind in sleep*. Hillsdale, NJ: Erlbaum.

Rogers, C. R. (1951). *Client-centered therapy: Its current practice, implications and theory.* Boston: Houghton Mifflin.

Rogers, C. R. (1959). A theory of the therapy, personality and interpersonal relationships, as developed in the client-centered framework. In S. Koch (Ed.), *Psychology: A study of a science* (Vol. 3). New York: McGraw-Hill.

Rorschach, H. (1942). *Psychodiagnostics.* Berne, Switzerland: Huber.

Rosch, E. H. (1973). Natural categories. *Cognitive psychology, 4,* 328-350.

Ross, L. (2001). Getting down to fundamentals: Lay dispositionism and the attributions of psychologists. *Psychological Inquiry, 12*, 37-40.

Ross, L., & Nisbett, R. E. (1991). *The person and the situation: Perspectives of Social Psychology.* New York: McGraw-Hill.

Roth, S., & Cohen, L. J. (1986). Approach, avoidance and coping with stress. *American Psychology*, *41*, 813-819.

Rotter, J. B. (1966). Generalized expectancies for internal versus external control of reinforcement. *Psychological Monographs, 8* (1, Whole No. 609).

Rotton, J., Yoshikawa, J., & Kaplan, F. (1979). *Perceived control, malodorous air pollution and behavioral aftereffects.* New Orleans, LA: Southeastern Psychological Association.

Russell, J. A., & Carroll, J. M. (1999). On the bipolarity of positive and negative affect. *Psychological Bulletin, 125,* 3-30.

Salamy, J. (1970). Instrumental responding to internal cues associated with REM sleep. *Psychonomic Science, 18,* 342-343.

Sampath, G., Shah, A., Krska, J., & Soni, S. D. (1992). Neuroleptic discontinuation in the very stable schizophrenic patient: Relapse rates and serum neuroleptic levels. *Human Psychopharmacology: Clinical and Experimental, 7*, 255-264.

Santrock, J. W. (2000). *Psychology* (6th ed.). McGraw-Hill Companies, Inc.

Sarason, I. G., & Sarason, B. R. (1993). *Abnormal psychology*. Englewood Cliffs, NJ: Prentice Hall.

Schoenbaum, M. (1997). Do smokers understand the mortality effects of smoking? Evidence from the Health and Retirement Survey. *American Journal of Public Health, 87*, 755-759.

Schredl, M. (2007). Dream recall: Models and empirical data. In D. Barrett & P. McNamara (Eds.), *The new science of dreaming, Vol. 2: Content, recall, and personality correlates* (pp. 79-114). Westport, CT: Praeger Perspectives.

Schredl, M., & Erlacher, D. (2008). Relationship between waking sport activities, reading and dream content in sport and psychology students. *Journal of Psychology, 142*, 267-275.

Schultz, C. B., & Pomerantz, M. (1976). Achievement motivation, locus of control, and academic achievement behavior. *Journal of Personality, 44*, 38-51.

Schwartz, J. M., Stoessel, P. W., Baxter, L. R., Martin, K. M., & Phelps, M. E. (1996). Systematic change in cerebral glucose metabolic rate after successful behavior modification treatment of obsessive compulsive disorder. *Archives of General Psychiatry, 53*, 109-113.

Sekuler, R., & Blake, R. (1985). *Perception*. Alfred A. Knopf, Inc.

Seligman, M. E. P. (1975). *Helplessness*. San Francisco: Freeman.

Seligman, M. E. P., & Maier, S. F. (1967). Failure to escape traumatic shock. *Journal of Experimental Psychology, 74*, 1-9.

Selye, H. (1956). *The stress of life*. New York: McGraw-Hill.

Selye, H. (1976). *Stress in health and disease*. Reading, MA: Butterworths.

Selye, H. (1982). History and present status of the stress concept. In L. Goldberger & S. Breznitz (Eds.), *Handbook of stress: Theoretical and clinical aspects* (pp. 7-17). New York: Free Press.

Siegel, J. M. (2009). Sleep viewed as a state of adaptive inactivity. *Nature Reviews Neuroscience, 10*, 747-753.

Siegel, M., & Skeer, M. (2003). Exposure to secondhand smoke and excess lung cancer mortality risk among workers in the "5 B's": Bars, bowling alleys, billiard halls, betting establishments, and bingo parlours. *Tobacco Control, 12*, 333-338.

Skinner, B. F. (1938). *The Behavior of organisms*. New York: appleton-Century-Crofts.

Skinner. B. F. (1957). *Verbal behavior*. Englewood cliffs, NJ: Prentice Hall.

Slomkowski, C., Rende, R., Novak, S., Lloyd-Richardson, E., & Niaura, R. (2005). Sibling effects on smoking in adolescence: Evidence for social influence from a genetically informative design. *Addiction, 100*, 430-438.

Smith, J., & Baltes, P. B. (1990). Wisdom-related knowledge: Age/cohort differences in responses to life-planning problems. *Developmental Psychology, 26,* 494-505.

Sno, H. N., & Linszen, D. H. (1990). The deja vu experience: Remembrance of things past? *American Journal of Psychiatry, 147*, 1587-1595.

Solms, M. (1997) *The neuropsychology of dreams: A clinicoanatomical study*. Mahwah, NJ: Erlbaum.

Solso, R. L., Maclin, M. K., & Maclin, O. H. (2005). *Cognitive psychology* (7th. ed.). Boston: Allyn and Bacon.

Steblay, N. M. (1992). A meta-analytic review of weapon-focus effect. *Law and Human Behavior, 21*, 283-298.

Sternberg, R. J., Lautrey, J., & Lubart, T. I. (2003). *Models of intelligence: International perspectives*. Washington, DC: American Psychological Association.

Stickgold, R., Malia, A., Maguire, D., Roddenberry, D., & O'Connor, M. (2000). Replaying the game: Hypnagogic images in normals and amnesics. *Science, 290*, 350-353.

Stoerig, P. (2007). Hunting the ghost: Toward a neuroscience of consciousness. In P. D. Zelazo, M. Moscovitch, & E. Thompson (Eds.), *The Cambridge handbook of consciousness* (pp. 707-730). New York: Cambridge University Press.

Sundstrom, E. (1978). Crowding as a consequential process: Review of research on the effects of population density on humans. In A. Baum & Y. M. Epstein (Eds.), *Human responses to crowding*, 31-116. Hillsdale, N.J.: Erlbaum.

Tangney, J. P., Miller, R. S., Flicker, L., & Barlow, D. H. (1996). Are shame, guilt, and embarrassment distinct emotions? *Journal of Personality and Social Psychology, 70*, 1256-1269.

Tashakkori, A., & Teddlie, C. (1998). *Mixed methodology: Combining qualitative and quantitative approaches*. Thousand Oaks, CA: Sage.

Teasdale, J. D., Segal, Z. V., Williams, J. M. G., Ridgeway, V. A., Soulsby, J. M., & Lau, M. A. (2000). Prevention of relapse/recurrence in major depression by mindfulness-based cognitive therapy. *Journal of Consulting and Clinical Psychology, 68*, 615-523.

Thagard, P. (1999). Induction. In R. A. Wilson, & F. C. Keil (Eds.), *The MIT Encyclopedia of the Cognitive Science* (pp. 346-349). Massachusetts Institute of Technology.

Thase, M. E., Fasiczka, A. L., Berman, S. R., Simons, A. D., & Reynolds, C. F. (1998). Electroencephalographic sleep profiles before and after cognitive behavior therapy of depression. *Arch Gen Psychiatry, 55*, 138-144.

Thomas, A., Chess, S., & Birch, H. (1970). The origin of personality. *Scientific American,* 102-109.

Tolman, E. C. (1959). Principles of purposive behavior. In S. Koch (Ed.), *Psychology: A study of a science* (Vol. 2). New York: McGraw-Hill.

Triandis, H. C. (2001). Individualism-collectivism and personality. *Journal of Personality, 69*, 907-924.

Troxel, W. M., Matthews, K. A., Bromberger, J. T., & Sutton-Tyrrell, K. (2003). Chronic stress burden, discrimination, and subclinical carotid artery disease in African American and Caucasian women. *Health Psychology, 22*, 300-309.

Tsuang, M. T., Gilbertson, M. W., & Faraone, S. V. (1991). The genetic of schizophrenia. Current knowledge and future directions. *Schizophrenia Research, 4*, 157-171.

Tulving, E., & Schacter, D. L. (1990). Priming and human memory systems. *Science, 247*, 301-306.

Tuma, D. J., & Casey, C. A. (2003). Dangerous byproducts of alcohol breakdown-Focus on adducts. *Alcohol Research and Health, 27,* 285-290.

Tversky, A,. & Kahneman. D. (1974). Judgements under uncertainty: Heuristics and biases. *Sciences, 185*, 1124-1131.

U.S. Department of Health and Human Services (USDHHS). (2004). *The health consequences of smoking: A report of the Surgeon General.* Atlanta, GA: US Department of Health and Human Services.

Ucros, C. G. (1989). Mood state-dependent memory: A meta-analysis. *Cognition and Emotion, 3*, 139-167.

Valenstein, E. (1986). *Great and Desperate Cures: The Rise and Decline of Psychosurgery and Other Radical Treatments for Mental Illness.* New York: Basic Books.

Vandeputte, M., & De Weerd, A. (2003). Sleep disorders and depressive feelings: A global survey with the Beck Depression Scale. *Sleep Medicine, 4*(4), 343-345.

Walk, R. D., & Gibson, E. J. (1961). A comparative and analytical study of visual depth perception. *Psychological Monographs, 75.*

Wallas, G. (1926). *The art of thought.* London: Cape.

Wamala, S. P., Mittleman, M. A., Horsten, M., Schenck-Gustafsson, K., & Orth-Gomer, K. (2000). Job stress and the occupational gradient in coronary heart disease risk in women. *Social Science & Medicine, 51,* 481-489.

Wason, P. C. (1966). Reasoning. In B. M. Ross (Ed.), *New horizons in psychology.* Harmondsworth, UK: Penguin.

Watson, J. B., & Rayner, R. (1920). Conditioned emotional reactions. *Journal of Experimental Psychology, 3,* 1-14.

Webester, D. M., Richter, L., & Kruglanski, A. W. (1996). On leaping to conclusions when feeling tired: Mental fatigue effects on impressional primacy. *Journal of Experimental Social Psychology, 32,* 181-195.

Wegner, D. M., Wenzlaff, R. M., & Kozak, M. (2004). Dream rebound: The return of suppressed thoughts in dreams. *Psychological Science, 15,* 232-236.

Weiner, B. (1989). *Human motivation.* Mahwah, NJ: Erlbaum.

Weinstein, N. D. (2001). Smokers' recognition of their vulnerability to harm. In P. Slovic (Ed.), *Smoking: Risk, perception, and policy* (pp. 81-96). California: Sage Publications.

Weisberg, R. W. (2006). *Creativity: Understanding innovation in problem solving, science, invention, and the arts.* New Jersey: John Wiley and Sons.

Wertheimer, M. (1923). Untersuchungen zur lehre von der gestalt, II. *Psychologische Forschung, 4,* 301-350.

Wessells, M. G. (1982). *Cognitive Psychology.* Harper & Row, Publishers, Inc.

Whorf, B. L. (1956). *Language, Thought, and Reality: Selected Writings of Benjamin Lee Whorf.* New York: John Wiley.

Wolfson, A. R., & Armitage, R. (2008). Sleep and its relationship to adolescent depression. In S. Nolen-Hoeksema & L. Hilt (Eds.), *Handbook of depression in adolescents* (pp. 279-302). New York: Taylor & Francis.

Wortman, C. B., & Brehm, J. W. (1975). Responses to uncontrollable outcomes: An integration of reactance theory and the learned helplessness model. In L. Berkowitz (Ed.), *Advances in experimental social psychology* (Vol. 8, pp. 277-336). New York: Academic Press.

Yourger, J., Adriance, W., & Berger, R. J. (1975). Sleep during transcendental meditation. *Perceptual and Motor Skills, 40*, 953-954.

Yusuf, S., Hawken, S., Ôunpuu, S., Dans, T., Avezum, A., Lanas, F., McQueen, M., Budaj, A., Pais, P., Varigos, J., & Lisheng, L. (2004). Effect of potentially modifiable risk factors associated with myocardial infarction in 52 countries (the Interheart Study): Case-control study. *The Lancet, 364*, 937-952.

Zimbardo, P. G. (1969). The human choice: Individuation, reason, and order versus deindividuation, impulse, and chaos. In W. J. Arnold, & D. Levine (Eds.), *Nebraska sympojium on motivation* (Vol. 170, Lincoln: University of Nebraska Press.

Zimbardo, P. G., & Gerrig, R. J. (1996). *Psychology and life* (4th ed.). Harper Collins Publisher Inc.

Zuckerman, M. (1994). *Behavioral expressions and biosocial bases of sensation seeking.* New York: Cambridge University Press.

찾/아/보/기

인 명

내 용

저자 소개

◆ 남승규(南承奎, Nam Seung Kyu) sknam@dju.kr
성균관대학교 심리학과 박사
(현) 대전대학교 경영대학 산업 · 광고심리학과 교수
한국소비자광고심리학회 회장

◆ 이재창(李在昌, Lee Jae-Chang) ljchang@dju.kr
연세대학교 심리학과 박사
(현) 대전대학교 경영대학 산업 · 광고심리학과 교수
대전대학교 취업경력개발원장

◆ 우석봉(禹碩封, Woo Seokbong) sbwoo@dju.kr
고려대학교 심리학과 박사
(현) 대전대학교 경영대학 산업 · 광고심리학과 부교수
한국소비자광고심리학회 대외협력위원장

◆ 박준호(朴濬鎬, Park Joonho) jjoon92@dju.kr
성균관대학교 심리학과 박사
(현) 대전대학교 경영대학 산업 · 광고심리학과 조교수
한국건강심리학회 수련위원장
한국임상심리학회 총무이사

심리학

-원리와 적용-

Psychology

2015년 1월 26일 1판 1쇄 발행
2025년 1월 20일 1판 7쇄 발행

지은이 • 남승규 · 이재창 · 우석봉 · 박준호
펴낸이 • 김 진 환
펴낸곳 • (주) 학지사
04031 서울특별시 마포구 양화로 15길 20 마인드월드빌딩 5층
대표전화 • 02) 330-5114 팩스 • 02) 324-2345
등록번호 • 제313-2006-000265호
홈페이지 • http://www.hakjisa.co.kr
인스타그램 • https://www.instagram.com/hakjisabook

ISBN 978-89-997-0584-7 93180

정가 20,000원

저자와의 협약으로 인지는 생략합니다.
파본은 구입처에서 교환하여 드립니다.